七訂

母子保健法の解釈と運用

厚生労働省子ども家庭局母子保健課　監修

中央法規

はじめに

昭和四十年に母子保健法が制定されて既に五〇年余を経過した。

この間我が国の母子保健は着実に進展し、年間の一〇〇〇出産当たりの生後一年未満の死亡数を指す乳児死亡率は関係者各位の努力により大きく改善してきており、日本は数値が最も低く、赤ちゃんが安全に生まれる国の一つとなっている。一方、少子化が進行し、出生数は減少しており、さらに人口は減少しつつある。

そのような中で、前回の改訂から、平成二十五年、平成二十八年、平成二十九年に母子保健法の改正が行われてきた。特に、近年では、核家族化等により、地域において妊産婦等の孤立感・負担感が強まっていることを踏まえて、母子保健サービスを確実に提供し、児童虐待防止も含めた各関係施策との連携を強化し、必要な支援を行う観点から、平成二十九年に母子保健法が改正された。

この第七訂版では、平成二十五年以降の改正を踏まえ、最新のものとして編集が行われた。本書が、母子保健行政に関わる方々の業務等に役立てば幸いである。

令和元年八月

厚生労働省子ども家庭局母子保健課

目次

附　録

凡　例

構　成

本書の構成は以下の通りである。

第一編　制定及び改正の経緯

第二編　各　論

附　録

内容更新の基準日（内容現在）

法令は、令和元年八月八日までに発行された官報を原典に内容を更新した。

ただし、改正規定の施行期日が令和元年九月一日以降となるものは未施行扱いとし、改正文と施行期日を掲載した。

解釈と運用

第二編においては、法の条ごとに要旨と解釈、必要に応じて運用を記した。

法本文内の該当語句にアラビア数字（1、2…）を付し、解釈において対応するアラビア数字を掲げ解説を記した。運用においては項目ごとに和数字（一、二…）を掲げた。

略表記

本書では、特に断りのない限り、以下のような略表記で示す。

法…母子保健法

令…母子保健法施行令

規則…母子保健法施行規則

（例）

○法第四条第一項…母子保健法第四条第一項

○令第二条第二項…母子保健法施行令第二条第二項

○規則第九条第三項…母子保健法施行規則第九条第三項

第一編　制定及び改正の経緯

第一節　制定の経緯

一　本法誕生の必然性は、すくなくとも昭和四十年においては、なかったともいわれている。法案要綱ができてから、国会の議決を経るまでの、さして長くない期間において、この法案が直面した若干の紆余曲折が、そのことを雄弁に物語っているというのである。さればといって、この法案の構想が生まれてから法律が成立するまでの間の胎動期間は決して短かったわけではないのであって、ずっと一〇年は、経っているであろう。児童福祉法に規定されている母子保健に関する事項を同法から独立させて、単独の法律とするべきであるという発想は、つとに厚生労働省子ども家庭局の前身である厚生省児童局においても聞かれた主張である。その動機の一つは、児童福祉法に規定できることは、あくまで児童の健全な出生と育成を図るための法律事項に限られており、母性一般について規定することは無理であるということ、さらに一つは、いずれの分野でも見られるとおり、斯界の要望が強いということであった。そしてこの発想は、一〇年間、ある時は頭を抬げ、またある時は埋もれ、それが実るだけの客観的条件は、熟すことがなかったのである。

二　わが国の公衆衛生は、著しく向上してきた。しかし立案時の母子保健の数字をこまかに洗ってみると、妊産婦死亡率は、地域的に格差があり、また、乳幼児死亡率も、改善されてきていたとはいっても、先進諸国にくらべ依然として高かった。そしてこのことが、単独法制定の契機の一つとなった。さらに、事業主体の問題があり、母子保健に関する事務は、都道府県知事（保健所）の事務から、市町村長の事務に移すべきであるという意見が出てきた。事実、市町村は、国民健康保険の保健施設活動を通じて、かなり母子保健についての実力を養ってきていたし、また、その意欲も十分あるように見受けられた。しかも、この意見は、当時見られた行政組織なかんずく事務再配分の考え方にも添うものであった。また、行政改革を意図した（第一次）臨時行政調査会及び補助金合理化審議会の答申も、たまたま、都道府県知事に対する母子保健に関する国庫補助金が、対象割にすると零細補助金の範疇に入るために、廃止すべき補助金の対象になり、市町村長に事務を委譲し、あわせて市町村交付税によって母子保健の事務を賄うという本構想にとっても、かっこうの材料となった。かくて、一〇年前から温められてきた母子保健単独法の構想が、漸く、具体的な日程に上ってきたのである。

三　まず市町村委譲については、旧厚生省内において児童福祉法の一部改正によって行う案が出されたが、同法改正のタイミング、母性の取扱いの問題をめぐって結局断念された。この前後、事務委譲とともに〝母性〟の問題がにわかにクローズアップされ、母性の保護に関する単独法の構想も打ち出されてきた。それは一つには、母子保健単独法の場合、児童福祉法から妊産婦、乳幼児を抽き出して新法に規定することについては、法律的な整理にかなり困難な点が意識されたことによる。しかし結局は、母子一体の考え方に基づいて母子保健法という法律の名称による一般へのアピールということも重要なことに考えられた。なお、母性の保護に関する法案の構想については、母子福祉法案が第四六回通常国会に提出されたのを契機に、社会党から提案されようとしたこともあった。

四　母子保健法案は、こうして立案に踏み切られた。そしてその主要な柱は、次のとおりであった。すなわち、理念の高揚、市町村長への事務委譲、母性と乳幼児の保健、指導、診査、栄養の援助、妊娠高血圧症候群等の医療援護及び養育医療であった。つまり、保健立法をその本質としようとするものであった。また、児童のうち、乳幼児のみを切りはなして母性と一体化を図ることであった。さらに、指導立法として、施設収容措置については、他の施設との関連もあり、かつ、施設体系全般についての再検討ということもあって、助産施設への収容措置は、あくまで児童福祉法に規定しておくべきであるという意見も強く主張され、承認された。しかしながら、こうなると立法論としても、新たに単独法を制定するという意義が極めて少ないものであるという批判を浴びなければならなかった。つまり内容が充実していないということであり、このことが法案の国会通過にあたり最後までたたることになった。

母子保健法案は、その全体として母子保健の基本法とは言いがたいが、その理念等の規定にもみられるように、指導精神を法をもって明確にし、その限りにおいては基本法たろうと意図するものである。本法案は、保健所法〔注：現地域保健法〕、優生保護法〔注：現母体保護法〕、結核予防法〔注：現感染症法〕等公衆衛生一般法令、児童福祉法、学校保健法〔注：現学校保健安全法〕、労働基準法、健康保険法等のおよそ母子保健に関連する他法と相まって、その目的を達成しようとする法律とされた。したがって、母性保護に関するＩＬＯ条約第百三号及びＩＬＯ勧告第九十五号などの内容については、それらが主として被用者である女子の労働条件の改善、出産に関する金銭給付（手当）、医療の給付内容の改善等を図ろうとするものであるが、これらは関係国内法である労働基準法、社会保険各法等がその主体となるものであるから、それらの分野における制度の改善を、本法の総則が期待しているものということができよう。

五　時間は前後するが、ある役割を果たしたのが中央児童福祉審議会の母子保健対策部会である。本部会は、母子保健をめぐる内外の若干の情勢を、身近に感じとり、つとに厚生省の意図をも察知し、当初から精力的に母子保健の改善等に取り組み、保健、労働基準、社会保険、教育等広範囲にわたる対策を主張し、厚生大臣に中間報告を行った。そして、児童家庭局は、この報告を基として法案の構想を練ったのであるが、報告の内容が広汎にわたり、その角度もやや技術的であるため、立法論としては、当時の行政組織等の面からみて、これを全面的にこなすのには、相当の困難が伴った。特に事務委譲については、行財政的見地からのアプローチが欲しかったといわれる。

六　社会保障制度審議会は、第二審として、当然のことながら、第一審たる児童福祉審議会の見解とビジョンに照らして政府案を問題にした。その結果として、また、本法が母子保健の基本法であるという事業界の創ったイメージにくらべて、この法案が母子の健康確保の方向にわずかに一歩を踏み出したにすぎないものであるから、今後ひきつづき改善を図るべきであるという意見のもとに、これを了承されることとなった。

七

時たまたま厚生行政は非常時に当面していた。すなわち、医療費の緊急是正の問題と健康保険の赤字対策としての健康保険法等保険三法の改正問題である。この問題をめぐって、療養担当者側と支払者側の対立が中央社会保険医療協議会、社会保険審議会及び社会保障制度審議会の場において激化し、時の政局もまたこれをめぐって揺れ動いたのであった。そして、政治の面特に国会において社会党は、医療費の取扱いに関連して厚生行政全般に対して、強い姿勢を示し、社会労働委員会の審議は停止し、一時いくつかの法案が棚ざらしの運命に遭った。母子保健法案も、もちろんその例外ではなかった。しかも、国会は、六月の参議院議員選挙を控えて、この種の法案の取扱いについては、与野党ともそれぞれの立場で、格別の神経を使っていたこともうかがわれたのである。かくて、本法案は、第四八回通常国会の本会議における提案理由説明だけに終り、遂に次国会における継続審議という結末に終り、廃案にならなかったのがせめてもの幸いという情勢であった。

ちなみに紹介すれば、第四八回通常国会に提出された本法案の提案理由は、要旨次のとおり説明された。すなわち、政府は、かねてより児童福祉行政の一環として妊産婦、乳幼児の保健指導等の母子保健対策を講ずることにより、その健康の保持増進に努めてきたところであるが、先進諸国にくらべて、わが国の妊産婦死亡率は未だに高率に止まり、また、戦後著しく改善向上をみた乳幼児の死亡率、体位、栄養状態等についても、その地域格差が依然として縮小されない等なお努力を要する課題が残されている。このような状況にかんがみ、今後母子保健の向上に関する対策を強力に推進してゆくために、健全な児童の出生及び育成の基盤ともなるべき母性の保護のための措置を講ずるとともに、乳幼児が健全な成長を遂げる上で欠くことのできない保健に関する対策の充実強化を図る必要があると考え、この法律案を提出した次第である。

母子保健法案の概略は、次のとおり。最初に、この法律案においては、母子保健に関する原理として、健全な児童の出生及び育成の基盤ともなるべき母性の保護及び尊重並びに心身ともに健全な人として成長してゆくための条件ともなるべき乳幼児の健康の保持増進が図られるべきことを明らかにするとともに、国及び地方公共団体は、母性及び乳幼児の保護者とともに、母性及び乳幼児の健康の保持増進に努めるべきことを明確にしている。次に、母子保健の向上に関する措置の第一として、母子保健に関する社会一般の知識の啓発及び従来児童福祉法において都道府県知事又は保健所長の事務とされていた妊産婦、乳幼児の保健指導、健康診査、新生児の訪問指導等については、今回これを市町村長が行うべき事務とすることにより、母子保健事業が、住民により密着した行政として一層その効果が期待できるように配意するとともに、いわゆる未熟児に対する訪問指導及び養育医療については、そのまま事業の特殊性にかんがみ、都道府県知事又は保健所長において行うようにしている。第二に、妊産婦及び乳幼児に対する栄養の摂取に関し、市町村が必要な援助に努めることを規定している。第三に、妊娠又は出産に支障を及ぼすおそれのある疾病に係る医療についての妊産婦に対する援助であるが、これは妊娠高血圧症候群対策を中心とする母体又は胎児の保護のために必要な援助につき、都道府県が努力すべきことを明らかにしたものである。最後に、母子保健施設に関する規定であるが、これは従来から、市町村における母子保健事業の拠点として重要な役割を果たしている母子健康センターについて、市町村がその設置に努力すべきこととしている。

八　この法の特定事項に対して特に消極的意見が主張しはじめられた。東京都の保健所のグループ、他は地方自治体の労働関係に立脚した主張によるものである。前者は厚生省の中央、地方機関の関係においてそれまで意思統一が行われてきたところであり、後者は、地方自治体という立場で中央児童福祉審議会の審議の場において意見の一致をみているところであった。これらの主張は、時期的には、第四八回通常国会の末期から参議院選挙を経て、第四九回特別国会に至るまでの間に、陰に陽に表明されてきた。都の保健所グループの主張は、法案が母子保健事務を都知事から区長に委任することは、都と区の関係と現状からみて、かえってキメが粗くなるから、現状維持が望ましいということであった。これに対して厚生省特に児童家庭局は、都だけの特例は筋が通らないこと、また、地方自治法施行令の都の特例規定を適用させることは、立法の趣旨からいってできないという理由で既定方針を維持した。ちなみに、当時特別区は母子保健法原案に賛成、都の執行部の意見もまた保健所長の見解とは異なっていた。しかしこの問題は、政治の面において、また、都以外の保健所に対しても、波紋を投げた形になった。そして、この都の保健所の問題も一つのきっかけとなって、単に都と区の問題だけでなく、市町村長への委譲そのものについて慎重に検討すべきであるという社会党の主張が強く出され、結局この問題から、母子保健の責任体制は、従来どおり都道府県知事が原則で、市町村長はその委任によって行うという形の与党修正案が出され、母子保健法案は一部修正の上成立したのである。

九　母子保健法の審議会、政府、国家等における審議等の主要な経過を参考までに記せば、次のとおりである。

三十九年四月十三日　中央児童福祉審議会に対して諮問、四十年一月二十七日　中央児童福祉審議会母子保健対策部会から同審議会総会に報告、二月五日　自民党社会部会、八日　自民党社会部会、政策審議会、九日総務会、十二日　社会保障制度審議会答申、十六日　閣議決定、二十三日　第四八回通常国会に提出、三月十八日　衆議院本会議趣旨説明、二十四日　参議院本会議趣旨説明、二十五日　衆議院社会労働委員会提案理由説明、八月九日　第四九回臨時国会衆議院社会労働委員会提案理由説明、十日　衆議院社会労働委員会修正可決、同本会議可決、十一日　参議院社会労働委員会可決、同本会議可決、八月十八日　母子保健法が公布、四十一年一月一日に母子保健法が施行

第二節　改正の経緯

一　本法制定以後の母子保健の水準の向上にはめざましいものがある。ちなみに、乳児死亡率は、出生一〇〇〇対一八・五（昭和四十年）から一〇・〇（昭和五十年）、五・五（昭和六十年）と推移し、平成十八年には二・

六と四〇年前の七分の一程度となり、世界最低となっている。また同様に、同時点において新生児死亡率は、一一・七→六・八→三・四→一・三と八分の一以下に、周産期死亡率は三〇・一→一六・〇→一五・四→四・七と六分の一以下に低下してきている。先進国にくらべて未だ高いといわれる妊産婦死亡率も、出生一〇万対八七・六→二八・七→一五・八→四・八と一〇分の一以下となっている。いずれも平成に入ってから数値がほぼ横這いであることから、乗り越えるべき減少の限界に近づいているといっても過言ではないだろう。先進国にくらべて高率であるというのも、日本の統計把握の優秀さに由来するとする説もあるくらいである。

このような水準向上に本法が果たした役割には少なからぬものがあると考えられるが、同時に、高度経済成長期を経て格段に上昇した国民の所得水準、衛生状態という国民生活の基盤の充実、国民皆保険の浸透と保険給付内容の改善、医療機関の整備、また、これに伴う施設内出産が完全に常態化したこと、産科を中心として、小児科、外科等関連科におけるめざましい医学医療技術の進歩、そして保健師、愛育班員等、幅広い母子保健関係者の地道な努力の複合により到達できたものである。

二　一方、行政全体に関係する新たな動きがでてきた。

高度経済成長期の終焉は税収の伸び悩みから赤字国債の増発を招き、国家財政は窮乏化していった。そこで、国家財政の再建と行政改革の推進が国家的課題とされるようになってきたのである。

昭和五十六年三月に（第二次）臨時行政調査会が発足し、行政改革が本格的にスタートした。同調査会が二年の役割を終えた昭和五十八年には、六月から行政改革の推進をフォローアップするため㈰臨時行政改革推進審議会が発足し、更に同審議会が三年の存置期間を経過した後翌六十二年四月から㈷臨時行革推進審議会が設けられた。

この臨調、㈰行革審における検討は広範囲に及び、国の組織、公務員制度、財政から始まっておよそこの検討と関係のない行政分野はなかったといってよいほどの広がりを見せた。

この検討の中で、児童福祉審議会と地方社会福祉審議会との統合自由化の方向が打ち出された。このことは、昭和六十年度行革大綱に裏打ちされ、昭和六十年七月公布された「地方公共団体の事務に係る国の関与等の整理、合理化等に関する法律」による児童福祉法、母子保健法の改正で実施されることとなった。その施行は昭和六十一年一月十二日であった。

三　また、同様の行政改革にからむ動きの中から、国の地方公共団体に対する負担金・補助金の引下げと機関委任事務の団体事務化というテーマが浮上してきた。

臨調第三次（基本）答申、第五次（最終）答申を経た昭和五十九年夏の次年度予算の概算要求の時点に至り、政府部内において高率補助の取扱いが論議されることとなり、その年の暮の六十年度政府予算案編成の際、補助率が二分の一を超える高率補助の補助率は一律おおむね一割程度削減されることとなった。これにより、母子保健法による保健指導（第十条）及び養育医療に要する費用に係る国庫補助率についても、一〇分の八から一〇分の七に引き下げられることとなった。なお、この決定の際、関係閣僚間で、①この引下げ措置は一年間の暫定措置とすること、また、②昭和六十一年度以降の補助率の取扱いについては、国と地方の役割分担・費用負担の見直し等とともに検討することの二点も併せて取り決められた。この昭和六十年度における補助率の暫定措置については、翌六十年一月「国の補助金等の整理及び合理化並びに臨時特例給付等に関する法律案」が国会に提出され、五月にその成立をみた。この法律により母子保健法の本法附則として附則第十七条が追加され、国庫補助率を定めている本則第二十一条第二項の特例が設けられた。

その後、昭和六十一年度以降の取扱いを検討するため、関係閣僚間の取決めを受け、六十年五月に、大蔵・厚生・自治各大臣・内閣官房長官による「補助金問題関係閣僚会議」が設けられるとともに、この閣僚会議の下に学識経験者からなる「補助金問題検討会」が設けられた。この検討会は、社会保障を中心に、国と地方の役割分担と費用負担の在り方の見直しにつき鋭意検討を加え、その年の十二月に報告を提出し、これを受け、補助金問題関係閣僚会議の決定と六十一年度予算政府案の決定が行われた。また、この予算の決定と同時に、六十一年度行政改革大綱の決定が行われた。

それらの内容は、母子保健に関しては、①機関委任事務の団体委任事務化、②昭和六十一年度から三年間、国庫補助率は一〇分の五とすること、である。

このうち、②の補助率の変更については、六十一年一月、「国の補助金等の臨時特例等に関する法律案」（通称補助金一括法）を提出し、五月に成立をみた。これにより、母子保健法に附則第十八条が追加され、昭和六十一年度から昭和六十三年度までの補助率の特例が規定された。

①の団体委任事務化については、「地方公共団体の執行機関が国の機関として行う事務の整理及び合理化に関する法律案」が同年の第一〇四回国会に提出され、結局同年十二月第一〇七回国会において成立し、翌六十二年四月から施行された。この改正により、母子保健の各種措置が団体事務化された。なお、公費負担医療を担当する医療機関の指定など一部の事務については、その性格に鑑み、引き続き機関委任事務のままとされた。

地方公共団体にとっては、団体事務化により、裁量の幅が広がることとなったが、機関委任事務・団体事務の差異は、主として法制上の国と地方公共団体（の機関）との関係の差異であり、この変化が直ちには現場に変化をもたらすものではなかったと考えられる。

四

その後、補助率の取扱いについては、昭和六十三年度末の暫定措置の期間切れを前にして予算編成過程で検討が進められ、平成元年一月の閣議了解で、生活保護等については、従来の本則八割、暫定七割から本則四分の三に恒久措置として改めることとされた一方、母子保健については、老人福祉、児童福祉、身体障害者福祉、知的障害者福祉等と同様、従来の本則八割、暫定五割から、本則二分の一に恒久措置として改めることとされた。

この改正は、平成元年四月に成立した「国の補助金等の整理及び合理化並びに臨時特例等に関する法律」により行われ、母子保健法本則第二十一条第二項及び第二十七条第三項が改正された。

五　平成元年十二月提出の臨時行政改革推進審議会「国と地方の関係等に関する答申」において「保健所の機能のあり方を見直し、保健サービス業務については、市町村に委譲する。当面、母子保健に関する知識の普及等の事務を市町村に委譲する」と指摘されているのを受け、平成三年五月に、法律の一部改正を行い、

・母子保健に関する知識の普及を都道府県のみならず、市町村にも義務付け、また、

・母子健康手帳の交付事務を市町村に委譲し、

平成四年四月から施行している。

六　平成五年七月の地域保健基本問題研究会の報告や公衆衛生審議会の意見具申を受け、平成六年の第一二九回国会に「地域保健対策強化のための関係法律の整備に関する法律案」が提出され、同年六月に成立した。この法律により母子保健法が改正され、平成九年四月から施行されている（⑷、⑸は平成六年七月施行）が、その内容は以下のとおりである。

⑴　妊産婦又は乳幼児の保護者に対する保健指導、新生児の訪問指導、三歳児健康診査及び妊産婦の訪問指導の実施主体を市町村とすること。

⑵　市町村の行う健康診査の対象に満一歳六か月を超え満二歳に達しない幼児を加えること。

⑶　妊娠、出産又は育児に関する保健指導の対象に妊産婦の配偶者を加えること。

⑷　国及び地方公共団体は、妊産婦及び乳幼児に対し高度な医療が提供されるよう、必要な医療施設の整備に努めなければならないこととすること。

⑸　国は、母性及び乳幼児の健康の保持増進に必要な調査研究の推進に努めなければならないこととすること。

⑹　母子保健事業の体制整備のための所要の規定の整備。

・都道府県は、市町村相互間の連絡調整を行い、及び市町村の求めに応じ、必要な技術的援助を行う

・母子保健事業の実施に当たっての学校保健及び児童福祉対策との連携等

七　地方分権論議の高まりを背景として、平成五年六月、国会の衆・参両院で地方分権の推進に関する決議が行われ、平成七年五月に地方分権推進法が成立、同年七月に設置された地方分権推進委員会が数次の勧告を行い、それらを受けて平成十年五月に地方分権推進計画が閣議決定された。

この計画においては、国と地方公共団体との関係について、地方自治の本旨を基本とする対等・協力の新しい関係を築くため、機関委任事務制度を廃止することとし、これに伴い、地方公共団体の処理する事務を自治事務と法定受託事務とに再構成したうえで、自治事務のうち、その性質上特に必要があるものについて、国民の利益を保護する緊急の必要がある場合には、国は、法律の定めるところにより、直接事務を行うことができることとされた。

この計画を受け、平成十一年七月、地方分権の推進を図るための関係法律の整備等に関する法律（地方分権一括法）が制定され、原則として平成十二年四月から施行されている。

母子保健法との関係では、同法に基づく地方公共団体の処理する事務は全て自治事務とされ、児童の利益を保護するために緊急の必要があると認められる場合における指定養育医療機関の管理者に対する都道府県知事の指示等について、直接厚生大臣が執行できることとされた。

なお、自治事務とは、特別な性質、背景等をもつ事務である法定受託事務を除くすべての事務であり、法定受託事務とは、地方公共団体の事務のうち、国（又は都道府県）が本来果たすべき役割に係るものであって、国（又は都道府県）においてその適正な処理を特に確保する必要があるものとして法律又はこれに基づく政令に特に定めるもの（地方自治法第二条第九項）である。

八　平成十六年十二月三日、「平成十七年度予算編成の基本方針」が閣議決定され、国と地方に関する「三位一体の改革」を推進することにより、地方財政においては、権限と責任を大幅に拡大し、真に住民に必要な行政サービスを地方が自らの責任で自主的、効率的に選択できる幅を拡大するとともに、国・地方を通じた簡素で効率的な行財政システムの構築を図ることとされた。これに伴い、国民健康保険の国庫負担率の見直し、国庫補助金等の廃止及び交付金の創設等の措置を講ずるものとされ、母子保健においては、一歳六か月児健康診査及び三歳児健康診査に要する費用について国庫負担の対象外とされた。

九　平成二十三年には、低体重児の届け出・未熟児の訪問指導及び養育医療の給付が市町村に移譲された。さらに、児童虐待による痛ましい事件が後を絶たない中、平成二十八年には、自治体での死亡事例ケースの検証の中で、母子保健の担当者からは、虐待防止において母子保健分野が果たす役割が明確でないことから、十分な連携が行われていないという声が挙がり、このため、母子保健における虐待の位置づけを明確にし、虐待防止との連携の強化を図る必要性が高まったことから、国及び地方公共団体の責務の規定を改正し、母性並びに乳児及び幼児の健康の保持及び増進に関与する施策を講ずるにあたっては、当該施策が虐待の予防及び早期発見に資するものであることに留意しなければならないことが規定された。

十　核家族化等により、地域において妊産婦等の孤立感・負担感が強まっていることを踏まえて、母子保健サービスを確実に提供し、児童虐待防止も含めた各関係施策との連携を強化し、必要な支援を行う観点から、平成二十九年より、母子健康包括支援センターが法律上位置付けられた。

十一　平成三十年一月、厚生労働省の「データヘルス改革推進本部」のもとに「乳幼児期・学童期の健康情報」プロジェクトチームが設置されたことを受け、同年四月に子ども家庭局長の下に「データヘルス時代の母子保健情報の利活用に関する検討会」を設置し、同年七月に「中間報告書」がとりまとめられた。

「中間報告書」において、適切な情報の引き継ぎにより、未受診者への受診勧奨や一貫した保健指導等が可能になるという観点から、マイナンバー制度を活用し、乳幼児健診の受診の有無等の電子化した情報について、転居時に市町村間で引き継がれる仕組みを構築することとされたため、市町村間で情報の引き継ぎを行うための規定を設けた。

第二編　各　論

第一章　総　則

（目的）
第一条　この法律[1]は、母性[2]並びに乳児及び幼児[3]の健康の保持及び増進[4]を図るため、母子保健に関する原理[5]を明らかにするとともに、母性並びに乳児及び幼児に対する保健指導[6]、健康診査[7]、医療[8]その他の措置[9]を講じ、もつて国民保健の向上に寄与すること[10]を目的とする。

要旨

本条は、この法律の目的を規定したものである。すなわち、この法律は、母子保健の原理を明らかにすること並びに母性及び乳幼児に対する保健指導等の措置を講ずることの二つの手段をもって、終局的には国民保健の向上に、寄与しようとするものである。

解釈

1　この法律（母子保健法について）　この法律の制定前においては、母子保健に関する施策は、児童福祉法に規定されており、児童の健全な育成の目的の下、児童（乳児、幼児及び少年）並びに妊産婦の健康の保持増進が図られていたが、妊産婦以外の、例えば未婚の女子など母性の保健衛生については、児童福祉法では対象とはなっておらず、国及び地方公共団体の行政上ないし予算上の措置として、施策が講じられているに過ぎなかった。しかしながら、この母性を対象とする保健衛生事業は、児童の健全育成と、せいぜいそれと密接な関係を有する妊産婦の段階までしか視野に入れていない児童福祉法において体系化することは無理があると考えられ、かつ、その他の政治的、行政的諸事情により母子保健法（以下「本法」という）が制定された。

本法は、総則第一条から第四条までの規定にみられるように、およそ母子保健に関する限り、その理念及び指導精神においては基本法たろうとするものである。しかしながら、母子の健康の保持増進、生活保障、正常な労働条件の保障等を含めた基本法として、そのもとに児童福祉法、母体保護法、学校保健安全法、労働基準法、男女雇用機会均等法（雇用の分野における男女の均等な機会及び待遇の確保等に関する法律）、育児休業、介護休業等育児又は家族介護を行う労働者の福祉に関する法律、健康保険法等の社会保険その他母子保健に関する諸立法が体系化されるという性質のものではない。あくまで、これらの法律と相まって母子の保健の向上を図り、あるいはその他の保健関係法令全体と相まって国民保健の向上に寄与しようとするものである。また、本法は母性と乳幼児の保健衛生法であり、医学をはじめとする保健衛生諸学によって処理することを主とした分野の法律であり、生活保障又は公的扶助という性質は有していないが、一部に低所得階層に配慮した規定を設けるなど福祉の面も有している。

2　母性　母としての性質である。ここでは主として医学、公衆衛生学等の分野における概念であって、本法で用いられる母性という語と、倫理的意味の母性とは、異なるものである。具体的には女性の妊娠、出産及び育児の機能の顕在化に着目した概念ということができる。この母性という語があえて用いられたのは、本法立法前の児童福祉法で対象となっていた妊産婦のみでは、母子保健の向上対策としては不十分であるので、母性一般についてその身体的生理的特殊性を尊重してその保護の全きを期そうとする趣旨に基づくものである。もっとも本法の各規定で母性の語が用いられるときは、規定上児童の健全育成の基盤として特にその保護が必要とされるものと解されるので、その意味では老人は一般的には含まれない（狭義の母性）。しかし、その場合でも、それらの女子が妊産婦又は育児中の母などにくらべて、尊重される必要がないとか、保護される必要がないという趣旨でないことはもちろんである。

なお、本法においては、第六条で妊産婦、乳児、幼児、新生児、未熟児などについては年齢等の条件によって定義しているが、母性については、母性というものが身体上保護されなければならない特殊な条件を有するいわば社会的弱者ともいうべき性質であることにかんがみ、これを保護し、尊重する理念のもとに、その健康の保持増進を図ろうとするものであって、年齢的、機能的その他の方法により画一的に定義することは、必ずしも適当でないという考えから特に母性それ自体の定義はなされていない。

3　乳児及び幼児　第六条の解釈2及び3参照。

4　健康の保持及び増進　医学、公衆衛生学その他人体の保健衛生に関する諸学の関与する分野における事項であり、したがって、治療はもとより、予防も含まれる。

5　母子保健に関する原理　母子保健の意義、方向、技術的方法論のあり方など、母子保健についての根本的な理論体系を指すものとされている。母子及び父子並びに寡婦福祉法（昭和三十九年法律第百二十九号）第一条（目的）において、同法が母子家庭等及び寡婦の福祉に関する原理を明らかにすることとしているのと同じ趣旨に基づくものである。本法においては、母性の尊重、妊産婦、乳幼児一体の原理、予防体系なかんずく保健指導、健康診査の有機的関連づけから、治療への移行などの構想が制度化されているが、母子保健の基本的な理由なかんずく、母性の尊重、母性及び保護者の努力並びに国・地方公共団体の責務を明らかにしようとする企てと考えられる。

6　保健指導　第十条の解釈5参照。

7　健康診査　第十二条の解釈2参照。

8　医療　本法では、法定医療として、未熟児の養育医療があるが、未熟児が健康保険法その他の医療保険各法による被保険者又は被扶養者である場合は、医療保険各法による給付が優先して行われることとなっており、医療保険各法による給付が行われた残りの部分すなわちその医療費のうち本人が直接負担する部分について養育医療の給付の対象とする取扱いが行われる。なお、第二十条の養育医療の解釈を参照されたい。

9　その他の措置　保健指導、健康診査及び医療は、それぞれ母性及び乳幼児の健康の保持及び増進を目的とするものであるが、その他の措置もこれを目的とするものであることはいうまでもない。本法では、栄養の摂取に関する援助、母子健康包括支援センターの設置や、知識の普及として行われる母子保健に関する各種の相談や指導助言等を定めているが、その他、母子保健に関する事項として考えられるものも含まれる。

10　国民保健の向上に寄与する　憲法第二十五条は、その第一項で、すべて国民は、健康で文化的な最低限度の生活を営む権利を有するものとし、さらに第二項で、国は、すべての生活部面について、社会福祉、社会保障及び公衆衛生の向上及び増進に努めなければならないことを明らかにしており、さらにこの具体的な行政事務としては、厚生労働省設置法第三条第一項において、公衆衛生の向上及び増進を同省の任務としている。本法は、1において説明したとおり、およそ母子保健に関係のある医療、公衆衛生、社会保険、労働その他数々の諸制度と相まって、母子保健の向上に寄与し、かつ、理念的にはその基本法たらんとするものであって、母子保健の向上を通じて、憲法第二十五条が国の使命として国民に保障する健康の保持増進に寄与するものということができる。

（母性の尊重）

第二条　母性は、すべての児童[1]がすこやかに生まれ、かつ、育てられる基盤[2]であることにかんがみ、尊重され、かつ、保護されなければならない。[3]

要　旨

本条は、母性尊重の理念を宣明した倫理的規定であって、母性は児童の健全な出生と成長の基盤であるから、尊重され、保護される権利を有することを宣言し、確認するものである。

第一章第二条から第五条までは、母子保健の原理について規定するものである。この種の規定は、児童福祉法をはじめとしてその他の法律にみられるものであるが、母子保健法を、母子保健に関する基本法たらしめようとする意図によるものである。

わが国が、戦前戦後を問わず、憲法によって政治が行われる立憲国家であることには変わりがないが、人が、生まれながらに持っている、人間らしく、幸せに生きるためになくてはならない根本的な権利〝基本的人権〟は、現憲法によって、はじめて認められたものである。ところが、わが国の社会では、母性の保護は、従来、かならずしも重視されてはいなかった。地域や階層によっては、経済的理由もあって極度に劣悪な環境と精神的処遇に甘んじている例もなしとはせず、特に、少なくなっているとはいえ、妊産婦などの母性の過重労働その他母性と子どもの健康の保持の点からも憂慮される実情もある。立法当時少なからずあったこのような事情にかんがみ、母性は、単に母性としてではなく、あくまで児童の健全な出生と成長のために、保護され、尊重されるべきであることを主張しているのが、本条であり、母性の権利宣言ともいうべきものである。時代が進んだ今日においても高らかに掲げられねばならない。

解釈

1　児童　児童の範囲についての取扱いは、法律によって異なる。(イ)憲法第二十七条第三項には「児童は、これを酷使してはならない」との規定があるが、児童の範囲は明らかにしていない。(ロ)母子及び父子並びに寡婦福祉法第六条第三項では、「児童」を二〇歳に満たない者と定めている。(ハ)労働基準法第六章「年少者」は、年少者の労働の保護規定を設けているが、ここでは一八歳未満の者を「年少者」とし（同法第五十七条及び第六十条）、そのなかでとくに一五歳未満を児童と称し特別の保護を加えている（同法第五十六条）。(ニ)学校教育法第十七条は「満六歳に達した日の翌日以後における最初の学年の初めから、満十二歳に達した日の属する学年の終わりまで」の子女を小学校に就学しなければならない子女として学齢児童（同法第十八条）と称し、中学に就学すべき者である「学齢生徒」（同法第十八条）及び幼稚園の対象たる「幼児」（同法第二十二条及び第二十六条）と区別している。

2　児童がすこやかに生まれ、かつ、育てられる基盤　児童が心身ともにすこやかに生まれ、かつ、育成されるように、すべての国民が努力すべき義務は、児童福祉法第一条に児童福祉の原理として規定されており、その原理は、本法の原理でもあることを示している。「すこやかに生まれ」というのは、児童の健全な出生の前提として、両親の婚姻が心身ともに健全になされ、妊娠と出産が正常かつ安全であることを意味している。そのような意味での母性は、児童自身の健全な育成と同様に、むしろその前提たる意味において、それ以上に重要なことであるので、母性の尊重と保護が特に期待されるゆえんである。

3　尊重され、かつ、保護されなければならない　母性は、児童の健全な出生と育成のために尊重され、保護される権利を有するといっても、その権利は、憲法にいう基本的人権と同じように、母性たる人間にもともと備わっている基本的権利ともいうべきもので、この利益を主張するための力ともいうべき権利は、さらに具体的な法律上の規定を必要とすることはいうまでもない。

運用

児童委員の業務　児童福祉法第十六条の規定に基づいて、市町村の区域に児童委員が置かれ、民生委員法による民生委員がこの児童委員にあてられ、都道府県知事の指揮監督を受けることとされている。児童委員は、担当区域内の保護指導が必要な妊産婦と乳幼児の発見に努め、福祉事務所、児童相談所又は保健所に通告し、本法に基づく保健指導、健康診査、栄養の援助、医療の援護、養育医療の給付等の母子保健上の措置並びに児童福祉法に基づく助産の給付の措置等について援助、指導することが必要である。また、妊娠の届出の励行、産前産後の定期的保健指導の勧奨、母子健康手帳の活用等についての指導、妊娠高血圧症候群の重症化予防、保健所等が行う訪問指導制度の周知徹底についての協力、低体重児の届出の指導、未熟児の訪問指導を受ける指導、養育医療の給付の指導についての趣旨の徹底を行うことが必要である。さらに、家族計画の指導を受けること、低所得階層の家庭に対する受胎調節実地指導員の制度のあることの啓蒙、一歳六か月児及び三歳児の健康診査を必ず受ける指導等も重要な指導事項である。

（乳幼児の健康の保持増進）

第三条　乳児及び幼児は、心身ともに健全な人[1]として成長してゆくために、その健康が保持され、かつ、増進されなければならない。[2]

要旨

本条は、第二条の母性の権利に対応して、乳児及び幼児が健康の保持及び増進の権利を有することを宣言し、確認したものである。

解　釈

1　心身ともに健全な人　肉体的、知的及び、感情的にその成長が均衡をもって行われている人格をいう。

2　健康が保持され、かつ、増進されなければならない　憲法第二十五条第一項は、「すべて国民は、健康で文化的な最低限度の生活を営む権利を有する」として国民が生存権的基本的人権を有することを、第二項において「国は、すべての生活部面について、社会福祉、社会保障及び公衆衛生の向上及び増進に努めなければならない」として国の社会的施策についての責務を規定している。それぞれ、国家の責務ないし任務ともいうべきものを宣言したものである。しかし、国は、国民一般に対して概括的にこのような責務を負担し、これを国政上の任務としたのであるが、個々の国民、乳児及び幼児に対して、具体的かつ現実的にこのような義務を有しないし、また、国民もこの規定によって直接に、国に対して具体的かつ現実的にこのような権利を有するものではない。

この乳幼児の権利は、単に両親に対してではなく、国及び地方公共団体に対し、この権利をもつという意味であるが、その権利は、基本的人権と同様に自然法的に存在する権利であり、乳児及び幼児に本来備わっている権利であって、請求することのできる権利は、個々の事項につきさらに法律によって具体的に規定されることが必要であることは、母性の権利の場合と同様である。

（母性及び保護者の努力）

第四条　母性[1]は、みずからすすんで、妊娠、出産[2]又は育児についての正しい理解を深め、その健康の保持及び増進に努めなければならない。[3]

2　乳児又は幼児の保護者は、[4]みずからすすんで、育児についての正しい理解を深め、乳児又は幼児の健康の保持及び増進に努めなければならない。

要旨

第一項は母性が自身の健康について、第二項は保護者がその保護する乳幼児の健康について、その保持増進に努力すべき義務を課したものである。

解釈

1　母性　第一条の母性の解釈を参照されたい。本条では、単に抽象的な意味での母性ではなく、具体的な人格たる母性すなわち行為主体としての母性を意味している。本条第一項の努力義務を有する母性は、妊婦、産婦又は育児中の母親に限定されない。

2　妊娠、出産　本条の妊娠、出産は、具体的な事象に限られない。また、医療保険におけるような具体的な権利の発生原因たる保険事故としての妊娠や出産の概念とは一致しない。

3　みずからすすんで理解を深め、努めなければならない　本条第一項と第二項は、思想的には第五条に先行するものであって、母子保健に関するみずからの努力は、国又は地方公共団体の責務以前の義務として考えられている。本条の努力は、第九条の規定に基づいて都道府県及び市町村が行う知識の普及に関する事業を裏付けとする。

4　保護者　第六条の解釈4参照。

（国及び地方公共団体の責務）

第五条　国及び地方公共団体[1]は、母性並びに乳児及び幼児の健康の保持及び増進に努めなければならない。[2]

2　国及び地方公共団体は、母性並びに乳児及び幼児の健康の保持及び増進に関する施策[3]を講ずるに当たつては、当該施策が乳児及び幼児に対する虐待の予防及び早期発見に資するものであること[4]に留意するとともに、その施策を通じて、前三条に規定する母子保健の理念が具現されるように配慮しなければならない。

要旨

第一項は母性並びに乳児及び幼児の健康の保持及び増進に努める義務が、国及び地方公共団体にあること、第二項はこれらの施策には、母性の尊重、乳幼児の健康の保持増進並びに母性及び保護者の努力の母子保健に関する理念が乳児及び幼児に対する虐待の予防及び早期発見に資するものであることに留意し、具現されなければならない旨を明らかにしたものである。

解釈

1　地方公共団体　都道府県及び市町村の普通地方公共団体並びに特別区、地方公共団体の組合及び財産区の特別地方公共団体をいう。

2　努めなければならない　児童福祉法第二条の「国及び地方公共団体は、児童の保護者とともに、児童を心身ともに健やかに育成する責任を負う」ということにくらべると、義務の度合を第四条の母性及び乳幼児の保護者の努力義務と同様のものとし、努力義務を宣言したものである。これによって母性自身及び保護者とともに、国及び地方公共団体も、母性と乳幼児の健康の保持及び増進に努める義務を有していることが明らかにされたものである。本条は、憲法第二十五条第二項の「国は、すべての生活部面について、社会福祉、社会保障及び公衆衛生の向上及び増進に努めなければならない」の規定に対応するものである。

3　母性並びに乳児及び幼児の健康の保持及び増進に関する施策　この施策は、前三条の基本的理念が具現されるように配慮するべき施策を指すものであり、本法に規定する施策はもとより、およそ母子保健に関する保健指導、医療、労働、栄養・体位の向上、所得等に関する施策が考えられる。

4　施策が乳児及び幼児に対する虐待の予防及び早期発見に資するものであること　国・地方公共団体は、母子保健施策が児童虐待の発生予防・早期発見に資するものであることに留意しなければならない旨を明らかにしたものである。

（用語の定義）

第六条　この法律において「妊産婦[1]」とは、妊娠中又は出産後一年以内の女子をいう。

2　この法律において「乳児[2]」とは、一歳に満たない者をいう。

3　この法律において「幼児[3]」とは、満一歳から小学校就学の始期に達するまでの者をいう。

4　この法律において「保護者[4]」とは、親権を行う者[5]、未成年後見人[6]その他の者で[7]、乳児又は幼児を現に監護[8]する者をいう。

5　この法律において「新生児」とは、出生後二十八日[9]を経過しない乳児をいう。

6　この法律において「未熟児」とは、身体の発育が未熟のまま出生した乳児[10]であつて、正常児が出生時に有する諸機能を得るに至るまでのものをいう。

要旨

本条は、本法において用いられる用語について定義したものである。母性については、定義されていないが第一条の解釈2を参照されたい。

解釈

1　妊産婦　第一項は、本法の対象となる妊産婦の範囲を明確にしたものである。妊娠中とは現に妊娠しているという意味で、本法第十五条の規定による妊娠の届出をしたかどうかを問わない。出産後一年以内というのは、子を生んでから満一年たたないという意味で、流産及び死産の場合も含まれる。本法にいう妊産婦は、医療関係部門において普通用いられている用例とは必ずしも一致しない。妊婦についてはおおむねその範囲は一であるが、産婦については、普通規則的な陣痛が始まってから胎盤娩出までのものを産婦といい、分娩をしてから六週ないし八週の期間内にあるものつまり分娩による母体の性器及び全身の変化が妊娠前の状態に復帰するまでに普通要する期間内にあるものをじょく婦といっているので、本法の産婦の方が時間的に範囲が広いといえる。

2　乳児　第二項は、本法における乳児の範囲を明確にした規定である。乳児とは生まれてから満一歳にならない者をいうが、そのものが哺乳期にあるかどうかは問わない。

3　幼児　第三項は、本法の対象となる幼児の範囲を明確にした規定である。小学校就学の始期とは、学校教育法第十七条第一項の規定により保護者は、子女の満六歳に達した日の翌日以後における最初の学年の初めから就学させる義務を負うが、同法施行規則第五十九条の規定により、小学校の学年は四月一日に始まることとなっているので、満六歳になってからはじめてめぐってくる四月一日を指す。幼児をこのような時期でおさえたのは、主として学校教育との関係を考慮したからである。

4　保護者　第四項は、本法で用いられている保護者の範囲を明確にした規定であるが、児童福祉法第六条の保護者の範囲と同じである。保護者というのは、児童を現に監護する者をいい、親権を行う者又は未成年後見人は、児童を現に監護する者の代表的な例であるが、親権を行う者又は未成年後見人であっても、児童を現に監護していなければ、この法律でいう保護者ではない。したがって、他人に預けているような場合は、監護していることにはならない。

5　親権を行う者　民法第八百十八条及び第八百十九条に規定する親権者たる父母のほかに、未成年者に代わって親権を行使するいわゆる親権代行者すなわち民法第八百三十三条及び第八百六十七条の規定に基づいて親権を行う者並びに児童福祉法第四十七条の規定に基づいて親権を行う児童福祉施設の長がこれに該当する。

6　未成年後見人　民法第八百三十九条の規定に基づき、未成年者に対して最後に親権を行う者で管理権を有する者が遺言で指定した未成年後見人いわゆる指定未成年後見人及び同法第八百四十条の規定に基づいて未成年後見人となるべきものがない場合において未成年被後見人の親族その他の利害関係人の請求によって、家庭裁判所が選任したいわゆる選定未成年後見人の両者である。

7　その他の者　児童を預かっている叔父、工場の寄宿舎の舎監、従業員として商店に住みこんでいるときの商店主などが、現に児童を監護している場合に保護者に該当する。

8　監護　監督し、かつ、保護することである。すなわち、主として精神面から児童の生活について種々配慮するとともに、物質面から日常生活において児童の衣食住等の面倒をみることである。

9　出生後二十八日　子どもが母体内にいる時は胎児、母体から生まれてくれば新生児と呼ばれるが、普通、新生児は成熟児すなわち四〇週ごろに生まれたものをいう。新生児は、医学上、学者によっては生まれてから一〇日、一四日等の説もあり、また、臨床的には普通一週間といわれている。世界保健機関（以下「ＷＨＯ」という。）できめられている衛生統計学的な考え方では、生後二八日を新生児として扱っているが、これはあくまで衛生統計の立場からであって、臨床的な問題ではない。本法では、この衛生統計的な取扱いに則って、生後二八日を経過しない乳児を新生児としてとらえることとしている。子どもは、出生により変わった環境におかれ、自力で生命を維持しなければならないが、その環境に順応する間を新生児として特別の保護を必要とする期間とした。

本条第六項の未熟児も乳児であるが、本法では、市町村長の訪問指導が未熟児を対象として行われたときは、新生児としての訪問指導を行うことによる競合は避けられることとなっている。

10　身体の発育が未熟のまま出生した乳児　ＷＨＯの国際的な申し合せでは、生まれたときの体重が二五〇〇グラム未満であれば、低体重児ということとされ、諸統計はその取扱いとされている。本法においては、低体重は二五〇〇グラム未満とされているが、未熟児はその生下時体重が二五〇〇グラム未満であろうとなかろうと、身体の発育が未熟の者を未熟児としている。また、正常児が出生時に有する諸機能を得るに至るまでは、未熟児として扱われるのであって、一定の期間というものはきめられていない。

（都道府県児童福祉審議会等の権限）

第七条　児童福祉法（昭和二十二年法律第百六十四号）第八条第二項に規定する都道府県児童福祉審議会[1]（同条第一項ただし書に規定する都道府県にあつては、地方社会福祉審議会。以下この条において同じ。）及び同条第四項に規定する市町村児童福祉審議会は、母子保健に関する事項[2]につき、調査審議[3]するほか、同条第二項に規定する都道府県児童福祉審議会は都道府県知事の、同条第四項に規定する市町村児童福祉審議会は市町村長の諮問にそれぞれ答え、又は関係行政機関に意見を具申することができる。

要旨

本条は、児童福祉法に規定する児童福祉審議会等において母子保健に関して調査審議し、必要に応じ関係行政機関に意見具申することができる旨を規定したものである。

解釈

1　児童福祉審議会　児童福祉法第八条は児童福祉審議会の設置、管理及び権限について、第九条は同審議会の組織について規定したものであるが、同法第八条第二項及び第三項の規定によれば、同審議会は、児童及び妊産婦の福祉に関する事項を調査審議することを目的とする機関である。都道府県には都道府県ごとに都道府県児童福祉審議会が必置され、市町村には市町村児童福祉審議会が任意に設置されており、まず審議会における調査審議は主として審議会がみずから議題を見出して調査審議し、又はそれぞれの審議会を管理する都道府県知事又は市町村長の諮問に応じて調査審議する。

なお、児童福祉審議会の審議すべき事項を地方社会福祉審議会に審議させることを条例で定めている都道府県にあっては、地方社会福祉審議会がその任に当たる。

2　母子保健に関する事項　児童福祉審議会（一部の地方社会福祉審議会を含む）は、児童及び妊産婦の福祉に関する事項について調査審議し、又は意見を具申することができることになっているが、母子保健一般なかんずく母性の保健について妊産婦以外の女子の福祉を図ることについては、同法上は当然にはこれらのことを行うことはできないと考えられる。そこで本法では独自にそれらの調査審議等を行うことができる途を開いたものであるが、母子保健に関する事項とは、母性並びに乳児及び幼児の健康の保持増進に関する事項である。おおむね本法第一条から第四条までの基本理念の示す範囲と考えてよい。

3　調査審議　審議会は、調査審議のためみずから必要な資料を収集するほか、特に必要があると認めるときは、関係行政機関に対し、所属職員の出席説明及び資料の提出を求めることができる（児童福祉法第八条第五項）。

関係行政機関の中には裁判所や議会などの司法機関又は立法機関は入らない。

本審議会は、調査審議の機関であって都道府県知事又は市町村長の諮問に答えることを主たる職務とするから、行政権を行使する委員会とはその性格を異にする。

〔児童福祉法〕

第八条　第八項、第二十七条第六項、第三十三条の十五第三項、第三十五条第六項、第四十六条第四項及び第五十九条第五項の規定によりその権限に属させられた事項を調査審議するため、都道府県に児童福祉に関する審議会その他の合議制の機関を置くものとする。ただし、社会福祉法（昭和二十六年法律第四十五号）第十二条第一項の規定により同法第七条第一項に規定する地方社会福祉審議会（以下「地方社会福祉審議会」という。）に児童福祉に関する事項を調査審議させる都道府県にあつては、この限りでない。

② 前項に規定する審議会その他の合議制の機関（以下「都道府県児童福祉審議会」という。）は、同項に定めるもののほか、児童、妊産婦及び知的障害者の福祉に関する事項を調査審議することができる。

③ 市町村は、第三十四条の十五第四項の規定によりその権限に属させられた事項及び前項の事項を調査審議するため、児童福祉に関する審議会その他の合議制の機関を置くことができる。

④ 都道府県児童福祉審議会は、都道府県知事の、前項に規定する審議会その他の合議制の機関（以下「市町村児童福祉審議会」という。）は、市町村長の管理に属し、それぞれその諮問に答え、又は関係行政機関に意見を具申することができる。

⑤ 都道府県児童福祉審議会及び市町村児童福祉審議会（以下「児童福祉審議会」という。）は、特に必要があると認めるときは、関係行政機関に対し、所属職員の出席説明及び資料の提出を求めることができる。

⑥ 児童福祉審議会は、特に必要があると認めるときは、児童、妊産婦及び知的障害者、これらの者の家族その他の関係者に対し、第一項本文及び第二項の事項を調査審議するため必要な報告若しくは資料の提出を求め、又はその者の出席を求め、その意見を聴くことができる。

⑦ 社会保障審議会及び児童福祉審議会は、必要に応じ、相互に資料を提供する等常に緊密な連絡をとらなければならない。

⑧ 社会保障審議会及び都道府県児童福祉審議会（第一項ただし書に規定する都道府県にあつては、地方社会福祉審議会とする。第二十七条第六項、第三十三条の十二第一項及び第三項、第三十三条の十三、第三十三条の十五、第三十五条第六項、第四十六条第

四項並びに第五十九条第五項及び第六項において同じ。）は、児童及び知的障害者の福祉を図るため、芸能、出版物、玩具、遊戯等を推薦し、又はそれらを製作し、興行し、若しくは販売する者等に対し、必要な勧告をすることができる。

注　第八条は、令和元年六月二六日法律第四六号により次のように改正され、令和二年四月一日から施行される。

第八条第一項中「第八項」を「第九項」に改め、同条第六項の次に次の一項を加える。

⑦　児童福祉審議会は、前項の規定により意見を聴く場合においては、意見を述べる者の心身の状況、その者の置かれている環境その他の状況に配慮しなければならない。

第九条　児童福祉審議会の委員は、児童福祉審議会の権限に属する事項に関し公正な判断をすることができる者であつて、かつ、児童又は知的障害者の福祉に関する事業に従事する者及び学識経験のある者のうちから、都道府県知事又は市町村長が任命する。

②　児童福祉審議会において、特別の事項を調査審議するため必要があるときは、臨時委員を置くことができる。

③　児童福祉審議会の臨時委員は、前項の事項に関し公正な判断をすることができる者であつて、かつ、児童又は知的障害者の福祉に関する事業に従事する者及び学識経験のある者のうちから、都道府県知事又は市町村長が任命する。

④　児童福祉審議会に、委員の互選による委員長及び副委員長各一人を置く。

（都道府県の援助等）

第八条　都道府県[1]は、この法律の規定により市町村が行う母子保健に関する事業の実施に関し、市町村相互間の連絡調整[2]を行い、及び市町村の求めに応じ、その設置する保健所による技術的事項についての指導、助言その他当該市町村に対する必要な技術的援助[3]を行うものとする。

要旨

都道府県の市町村相互間の連絡調整及び技術的援助の義務を規定したものである。

解釈

1　**都道府県**　本条は、母子保健事業の実施主体を市町村に一元化した平成六年の改正において整備された規定である。母子保健事業を市町村に委譲するに当たっては、市町村によっては、健康診査等を行う医師等が、当該市町村内では確保できず、区域を越えた確保が必要であるなど広域的な連絡調整が必要な場合や、保健師等の要員や市町村保健センター等の設備が不十分で独力では事業の実施が困難な場合がある。このため、都道府県における市町村の連絡調整及び技術的援助の規定を置き、市町村における母子保健事業の円滑な実施を図ることとしたものである。この改正により、市町村の求めに応じ都道府県は必要な技術的協力を行うことが原則となり、市町村での円滑な事業実施が可能になるという効果があるものと思われる。

2　**連絡調整**　医師の確保について関係団体と市町村の連絡窓口になること、市町村が助産の給付事業を行うに当たり、区域外の指定医療機関の利用が可能になるよう広域的な調整を行うこと等がある。

3　**技術的援助**　保健師等の要員のあっせん、保健所の設備の提供等がある。

（実施の委託）

第八条の二　市町村は、この法律に基づく母子保健に関する事業の一部について、病院若しくは診療所又は医師、助産師その他適当と認められる者に対し、その実施を委託することができる。[1]

要旨

市町村が母子保健事業の一部について、その実施を病院等に委託することができることとした規定である。

解釈

1　委託することができる　市町村、とくに出生数の少ない小規模な町村においては、健康診査等を実施するため必要な要員、設備を備えることは困難な場合があるため、病院等に事業を委託せざるをえないケースが多いものと考えられる。このため、法律上委託が可能であることを明示する必要があることから、母子保健事業の一部（主として健康診査）について、病院等に委託することができることを入念的に法律に規定したものである。

（連携及び調和の確保）

第八条の三　都道府県及び市町村は、この法律に基づく母子保健に関する事業の実施に当たつては、学校保健安全法[1]（昭和三十三年法律第五十六号）、児童福祉法その他の法令[2]に基づく母性及び児童の保健及び福祉に関する事業との連携及び調和の確保[3]に努めなければならない。

要旨

都道府県及び市町村は、母子保健事業の実施に当たって、学校保健安全法、児童福祉法その他の法令に基づく母性及び児童の保健及び福祉に関する事業との連携及び調整に努める規定である。

解釈

1　学校保健安全法　三歳以降の児童について、学校保健での健康診査・保健指導の結果を母子保健に活用する（例えば、母子健康手帳に記載してもらい、母子保健における指導の際に活用できるようにする等）ことや、慢性疾患の児童等について母子保健での指導と学校保健での指導の一貫性を確保するため協議・調整を行うなど、母子保健と関連の事業との連携の確保が期待される。

2　その他の法令　職場における保健事業を規定する労働安全衛生法等のことをいう。

3　連携及び調和の確保　母子保健事業の実施に当たっては、健康診査で障害が発見された場合すみやかに障害児対策につなげるなど児童福祉法に基づく事業との連携・調整や、三歳以降の幼児の保健について幼稚園での保健との連携・調整等が求められている。このため、平成六年の改正において、市町村で一元的に母子保健事業を実施するに当たり必要な体制整備の一環として、規定されたものである。

第二章　母子保健の向上に関する措置

（知識の普及）

第九条　都道府県及び市町村は、母性[1]又は乳児若しくは幼児[2]の健康の保持及び増進[3]のため、妊娠、出産又は育児に関し、相談に応じ、個別的又は集団的に、必要な指導及び助言を行い[4]、並びに地域住民の活動を支援すること[5]等により、母子保健に関する知識の普及に努め[6]なければならない。

要旨

本条は、都道府県及び市町村が、母子保健に関する知識の普及に努めるべきことを規定したものである。

解釈

１　母性　第一条の解釈２参照。

２　乳児若しくは幼児　第六条の解釈２及び３参照。

３　健康の保持及び増進　第一条の解釈４参照。

４　相談に応じ、個別的又は集団的に、必要な指導及び助言を行う　知識の普及の仕方を例示的に規定したものである。例えば妊産婦や乳幼児の保護者から持ち込まれる健康相談、育児相談等に応じ、地域婦人会、母親学級等を中心に、講演会、講習会等を開催し、母子保健に関する一般的知識の普及伝達を図り、あるいは職場、青年会等の未婚の男女を対象に、家族計画、受胎調節、母子栄養、妊産婦、乳幼児の疾病予防その他妊娠、出産、育児に関する一般的知識を集団的に賦与し、さらに、受胎調節の具体的方法を個別に指導し、家族計画の正しいあり方について助言を与え、現に妊娠している者に個別に保健指導を行い、乳幼児の疾病予防その他育児のあり方等につき個別的に指導し、助言する等がこれにあたる。

５　地域住民の活動を支援すること　母子保健に関する知識の普及については、現在、保健所や市町村の職員を中心にして行われているところであるが、近年核家族化や地域連帯意識の希薄化等に伴い、育児に携わる親が孤立化し、身近な相談相手が得られにくくなっている状況にあることから、行政における相談指導の取り組みのみならず、妊婦や母親など地域住民の活動を支援し、妊娠、出産又は育児に関し一層の知識の普及に努める必要があるため規定したものである。現在母子保健推進員の委嘱のほか、愛育班（地域の母親グループ）の研修等を事業化している。

６　知識の普及に努める　本条は、母子保健について一般の知識の向上を図るため、都道府県及び市町村のとるべき措置として知識の普及に努めるべきことを規定している。一方、地域保健法第六条第一号に保健所の業務として、地域保健に関する思想の普及及び向上に関し、保健所が企画、調整、指導及びこれらに必要な事業を行う旨規定されている。本条は、母子保健施策推進の衝にあたる都道府県知事の義務を明らかにする趣旨で規定されているものである。

また、平成三年五月の改正により都道府県及び保健所を設置する市に加え、一般の市町村にも知識の普及義務が課せられることとなった。

正しい妊娠、出産を促し、妊娠、分娩、出産、育児等に伴いがちの母子の心身の異常の発生を極力減少させるためには、婚前指導や母親学級等を通じて受胎調節、母子栄養、妊産婦、乳幼児保健とその疾病予防をはじめ日常の生活習慣等についての妊産婦、乳幼児や家族に対する正しい保健知識の普及を図ることが何より大切な前提条件となる。このようなところから、都道府県及び市町村は、集団指導に努めるとともに、必要に応じて、個別指導にも努めるべきことを規定したものである。

知識の普及は、単に一方的な情報の伝達にとどまるものではなく、実際に妊産婦や乳幼児の保護者がこれを理解し実践することが不可欠である。このような意味から第十条にいう保健指導等と概念上これを峻別することは困難であり、むしろ相互に重なりあうことにより、より効果的な母子保健の向上が期待される。

（保健指導）

第十条　市町村[1]は、妊産婦[2]若しくはその配偶者[3]又は乳児若しくは幼児の保護者[4]に対して、妊娠、出産又は育児に関し、必要な保健指導[5]を行い[6]、又は医師、歯科医師、助産師若しくは保健師[7]について保健指導を受けることを勧奨しなければならない。

要旨

本条は、妊産婦とその配偶者及び乳幼児の保護者に対する保健指導について定めたものである。すなわち、市町村は、妊産婦とその配偶者又は乳幼児の保護者に対して、妊娠、出産又は育児について、必要な保健指導を実施し、又は妊産婦とその配偶者や乳幼児の保護者がすすんで医師、歯科医師、助産師若しくは保健師について保健指導を受けるよう勧奨する責務をもつものであることを規定したものである。

解釈

１　市町村　平成六年の法改正において、基本的なサービスとして妊産婦等の保健指導は住民に身近な市町村で実施することとされた。妊産婦等の保健指導の実施主体を都道府県等から市町村に変更することにより、住民の便宜の向上が図られるとともに、妊娠、出産、育児や乳幼児の保健についての一貫した指導が可能となった。

2　妊産婦　第六条の解釈1参照。

3　配偶者　核家族化、女性の社会進出等に伴い、妊産婦の健康の管理に当たっては配偶者の協力が不可欠であり、また、育児について父親の積極的参加が求められていることから、平成六年の改正において、妊娠、出産又は育児に関する保健指導の対象に妊産婦の配偶者が加えられた。このことによって、市町村において、両親学級という形で妊産婦及びその配偶者が参加する保健指導の実施が推進され、妊産婦の健康管理への配偶者の協力の確保、父親の育児参加の促進が期待されるものである。

4　乳児若しくは幼児の保護者　第六条の解釈4参照。

5　保健指導　保健指導とは、診察ないし診断の結果必要な療養の指導、疾病の予防若しくは健康増進に必要な保健上の注意、助言を与え、日常生活において保健上守るべき事柄を指示し、指導することをいうものである。医師法、歯科医師法、保健師助産師看護師法においても医療ないし診察、治療等とは区別して使われている。しかしながら、本条にいう保健指導は、このような身分関係を規定する諸法と異なり、診断、検査をはじめ、予防その他健康の保持増進を目的として行われる助言等を含む。保健指導をこのように広義に解するのは、保健指導の前提として、精密な診察及び諸検査を行い、その結果によってはじめて正しい保健指導を行うことができるからである。この場合、保健指導の内容及び保健指導の対象は、医師、歯科医師、助産師又は保健師ごとにそれぞれの身分を規制する法律の定めるところによるのは当然である。

なお、乳幼児の場合には、診察及び諸検査は、乳幼児について行われ、その結果に基づく狭義の保健指導は、乳幼児の保護者に対してなされるものである。

6　必要な保健指導を行う　本条において、市町村は、みずから、必要な保健指導を実施し、母子保健の向上に積極的に努めるべきことを規定したものである。必要な保健指導とは、技術的必要性のほかに、行財政能力に照らして行う場合も含まれ、技術的必要性としては、附近に適当な医療機関等がなく、保健指導を受けるべき手頃な施設のない場合をはじめ、このような施設があっても経済的理由で民間の保健指導を受けられない場合、妊産婦や乳幼児の健康状態が一般的によくない地域で特に市町村が保健指導に力を入れる必要がある場合等をいう。

7　医師、歯科医師、助産師若しくは保健師　それぞれ医師法、歯科医師法、保健師助産師看護師法の定めるところに従って、国家試験に合格し、厚生労働大臣の免許を受けた者をいい、民間医師等に限らず保健所職員たる医師等公的機関に属するものをも含む。助産師が業として行い得る保健指導の対象は、保健師助産師看護師法によって、妊婦、じょく婦又は新生児に限られている。また、保健師、助産師が業として行い得る保健指導の内容は、医師、歯科医師より狭く、医療を除く保健指導とされている（医師法第一条・第二条・第二十四条の二、歯科医師法第一条・第二条・第二十三条の二、保健師助産師看護師法第二条・第三条・第七条第一項～第三項参照）。

運用

一　妊産婦の保健指導

(1)　妊産婦保健指導の中核となる市町村は、妊産婦なかんずく妊婦の保健指導が円滑に行われるように、管内の実状を把握し、医師会、助産師部会との連絡を密にし、医師、助産師又は市町村による保健指導の調整を図る必要がある。市町村では、市町村保健センター等における保健指導として、専門医師又は助産師による保健指導を定期的に行うとともに、X線検査、血液検査などの精密検査を引き受け、妊産婦保健指導の万全を期す必要がある。特に助産師との連絡を密にして、精密検査は市町村保健センターで引き受けるような体制をとっておく必要がある。

(2)　妊産婦に対する保健指導は、助産師及び医師によって行われる。すなわち、助産師は、正常な状態にある妊婦の保健指導及び分娩の介助に当たり、異常を発見した場合は、速やかに医師に連絡して適当な処置を受けるようにとりはからわなければならない。また、医師は、助産師より連絡のあった場合は、そのつど、精密な健康診断を行い、妊婦に対する一般的保健指導を行うとともに、妊娠及び出産に伴う疾病の予防及び治療、異常分娩の防止又は異常分娩に対する処置その他必要な医学的措置を行う。このようにして、助産師と医師との緊密な連絡によって、妊娠、分娩、出産における母体の保護並びに流早産、死産の防止など母子保健の徹底を期すことになる。

二　乳幼児の保健指導　乳幼児に対する保健指導は、主として保健師及び医師によって行われる。すなわち、保健師は、乳幼児の母又はその他の保護者に対して、乳幼児の保育に関し、保健上必要な事柄のすべてについて指導することとなるが、特に栄養及び発育、疾病の予防に努め、必要な事柄については医師との連絡を密にして、適当な処置を受けさせるようにとりはからうことが肝要である。また、医師は、保健師から連絡があった場合には、そのつど、精密な健康診断を行うとともに、疾病異常がある乳幼児に対しては、速やかに適切な処置を講ずる。

保健師及び医師は、乳幼児の保健指導に当たっては、乳幼児の健康及び発育の状態のみでなく、母親及び家族の健康状態、家庭の生活環境などに留意し、疾病の予防及び指導について必要な指導及び処置をとることが必要である。なお、経済的理由により保護を要する者については、児童委員その他関係方面と連絡をとり、保護に努めることが必要である。

三　保健指導を受けることの勧奨　市町村は、妊産婦、乳幼児の保護者に対して、妊娠、出産、育児に関し、保健指導を受けることを勧奨する義務がある。「勧奨」とは、広く、一般にすすめる意であって、その方法としては、個人個人についてすすめる場合と、広く衛生教育又は広報活動等によってすすめる場合が考えられる。

（新生児の訪問指導）

第十一条　市町村長は、前条の場合において[1]、当該乳児が新生児[2]であつて、育児上必要があると認めるとき[3]は、医師、保健師、助産師又はその他の職員をして当該新生児の保護者を訪問させ、必要な指導[4]を行わせるものとする。ただし、当該新生児につき、第十九条の規定による指導[5]が行われるときは、この限りでない。

2　前項の規定による新生児に対する訪問指導は、当該新生児が新生児でなくなつた後においても、継続[6]することができる。

要旨

市町村は、保健指導を必要とする新生児に対しては、その心身の特殊の条件に着目して、その保護者を訪問して保健指導を行わせるのを原則とすることを規定したものである。新生児の訪問指導は、新生児期間中に行われるものであるが、第二項において、新生児期間をすぎた場合でも、訪問による保健指導が必要な場合には、これを新生児期間中に引き続いて行うことができる旨を規定したものである。

解釈

1　前条の場合において　第十条において、市町村は、妊産婦若しくはその配偶者又は乳児若しくは幼児の保護者に対して、必要な保健指導を行う義務があることを規定している。その場合に保健指導の対象となったものが新生児であって、さらに育児上必要があると認めるときは、都道府県等の職員を新生児の保護者の家庭に訪問させて本条の規定による指導を行うものとする。つまり、新生児の訪問指導は、保健指導の一態様であるが、第十条の一般的保健指導と併合して行うことができる。

2　新生児　第六条の解釈9参照。

3　育児上必要があると認めるとき　一般に、新生児は、抵抗力が弱く、いろいろの疾病や事故にかかりやすく、しかも些細な事故が思わぬ事態を招きがちで、育児上最も注意を要する時期である。したがって、この期間中の新生児の発育、栄養、生活環境、疾病予防等に対する保護者の措置は、常に、慎重かつ適切であることを要する。保護者は、通常、出産前後、医師、助産師等のもとにあって、一般的な保健指導を受けているものと考えられるが、なお、地域によっては、無介助で居宅分娩が行われる場合もないではなく、自発的に保健指導を受けることの必要性の認識が不十分な場合や、そのような認識が十分あっても、病院、診療所から遠く、附近に開業助産師等もない等の理由で、不十分な知識しかないような医療関係機関にのみ依存していたのでは、十分な保健指導を期待できないときなど、ここにいう育児上必要があると認めるときに該当する。そのほか、妊娠中母体に異常のあった新生児、異常分娩で出生した新生児、強い黄疸その他の異常のある新生児をはじめ、第一子で、保護者が育児に未経験な新生児等の場合も、同様である。

4　必要な指導　新生児の育児について、発育、栄養、衣服、生活環境、疾病予防等に関し、必要な指導をいう。保護者に対する問診、新生児の視診などによる観察を行い、異常又は疾病の発見並びに早期治療を受けるべきことの指導、助言を含むが、治療は含まない。

5　第十九条の規定による指導　未熟児に対する訪問指導を意味する。未熟児は、身体の機能が未熟のまま出生したものであるため、その養育には、新生児以上に注意する必要がある。そのため、未熟児については、必要に応じ、訪問による指導が行われることになっている。そこで、未熟児に対する訪問指導が行われる場合には、新生児としての訪問指導を別に行う必要がなくなるわけである。ただし、未熟児であっても、特に、新生児に対する育児指導以上の養育指導を必要としない場合には、一般の新生児と同様の訪問指導が行われるのみで、未熟児としての養育指導は行われない。

6　新生児でなくなった後の継続指導　新生児とは、出生後二八日を経過しない乳児をいう(第六条第五項参照)。

したがって、その訪問指導は、出生後二八日を経過すれば行われなくなるのを原則とする。しかしながら、二八日を経過しても、なお、その健康状態、発育の状況、生活環境等によって、訪問による保健指導を継続するのが適当であると判断される場合には、これを続けて行うものである。

新生児である期間には、特に保健指導を必要としなかったものが、新生児期間をすぎて保健指導を必要とする状態になった場合は、本条第二項の規定による継続指導に該当しない。そのような場合には、第十条による乳児のための保健指導が行われるのを原則とするが、市町村の判断により、第十条の規定による保健指導が、本条第二項とは関係なく、保護者を訪問するという形で行われる場合もあるであろう。第十条は、保健指導をどのような形で市町村が行うべきかということについて、特段の定めをしていないからである。

運用

一　対象の把握　分娩に立ち会った医師又は助産師等による把握を原則とするが、同時に市町村において妊娠届の受理に際して、あらかじめ新生児の把握に努める。また、分娩介助者のいない場合の対策として、市町村は、出生届等の取扱事務の迅速化を図ることにより早期把握に努め、特に無介助分娩があるような地区については、保健所、市町村、児童委員等を通じて指導の強化を図るなどにより対象の把握に努めるものである。

二　訪問指導の関連措置　助産師、保健師による訪問指導の結果、疾病又は異常を発見した場合には、保護者にその旨を教え、ただちに医療機関において受診するよう指導する等の措置がとられる。

（健康診査）

第十二条　市町村は、次に掲げる者に対し、厚生労働省令[1]の定めるところにより、健康診査[2]を行わなければならない。
一　満一歳六か月を超え満二歳に達しない幼児[3]
二　満三歳を超え満四歳に達しない幼児[4]
2　前項の厚生労働省令は、健康増進法（平成十四年法律第百三号）第九条第一項に規定する健康診査等指針（第十六条第四項において単に「健康診査等指針」という。）と調和が保たれたものでなければならない。

要旨

市町村は、一歳六か月児及び三歳児に対して、健康診査を行う義務があることを規定したものである。乳幼児の健康の保持増進を図るためには、定期的に健康診断及び検査を受け、常にその健康状態を明らかにしておく必要があるが、特に一歳六か月児及び三歳児については、その時期に行われる保健の措置の如何が、その後の成長に重要な影響を及ぼすので、これを市町村の義務として規定したものである。

解釈

1　厚生労働省令　母子保健法施行規則（昭和四十年厚生省令第五十五号）を指す。

2　健康診査　疾病の予防又は健康の保持増進に必要な保健上の注意や助言を与え、日々の生活において保健上守るべき事項を指示、指導する狭義の保健指導の前提となる診察及び諸検査と、これに附随して行われる指導、助言をここでは健康診査という。一歳六か月児及び三歳児の健康診査の項目については、規則第二条を参照のこと。なお、この検査項目の診査に際し、留意すべき事項については、本条の運用を参照されたい。

第十条の規定に基づいて行われる乳幼児についての保健指導は、個々の乳幼児の健康状態や、そのおかれている生活環境に応じて、市町村がその内容と方法とを定めることになっている。これに対して、本条は、市町村が、義務として、省令に従って一定の内容の健康診査を、全部の一歳六か月児及び三歳児に対して一斉に施行すべきことを規定したものであり、単なる診察・諸検査に加え、必要な指導・助言が行われた場合には、一歳六か月児及び三歳児については、第十条の保健指導の義務は、果たされたことになるものとみなされよう。

なお、本健康診査に要する費用は、第二十一条の規定により市町村が支弁し、第二十一条の三の規定により二分の一を国が負担するが、法律上、費用徴収は行われない。

3　満一歳六か月を超え満二歳に達しない幼児　満一歳六か月を超えるのは、出生後一年六か月目の日の午前零時を過ぎた瞬間であり、満二歳に達するのは、出生後二度目の誕生日の午前零時に達する瞬間である（年齢計算ニ関スル法律（明治三十五年法律第五十号）参照）。

4　満三歳を超え満四歳に達しない幼児　右と同じく、満三歳を超えるのは、出生後三度目の誕生日の午前零時を過ぎた瞬間であり、満四歳に達するのは、四度目の誕生日の午前零時に達する瞬間である（年齢計算ニ関スル法律（明治三十五年法律第五十号）参照）。

運用

一　健康診査の方針　一歳六か月児健康診査及び三歳児健康診査は、幼児期において、身体発育及び精神発達の面から最も重要な時期である一歳六か月児及び三歳児のすべてに対し、医師、歯科医師等による総合的健康診査を実施し、その結果に基づいて適当な指導及び措置を行うものである。具体的には、発育状態、栄養の良否、疾病の有無などの健康診断にとどまらず、歯科及び精神発達などの検査、食欲不振及び諸種習癖の相談、指導、予防接種実施の有無などの確認など多角的な検診を行い、あわせて肢体不自由、知的障害、視力又は聴力障害など各種心身障害の早期発見に役立たせるものである。なお、一歳六か月児健康診査については、先天的な原因等による神経的障害の早期発見に大きな効果があるのに対して、三歳児健康診査は主として視聴覚や社会的発達（対人関係等）の障害の早期発見に効果が期待される。

二　一歳六か月児健康診査及び三歳児健康診査は、市町村が実施の中核となるが、保健所及び福祉事務所、児童相談所、児童委員など関係諸機関、さらには医師、歯科医師などの協力を得て、円滑な運営を図ることが必要である。

三　健康診査の実施は、対象児童数、地域の実情などに応じて、市町村単位又は地区単位に行い、実施時期は、地区の実情を十分考慮し、できるだけ春秋の温暖な時期を選び、また、各種伝染病の流行時期は避けるような配慮が望ましく、実施場所は、保健所、公民館、保育所、母子健康包括支援センター、学校、国民健康保険の病院、診療所など地区住民の利用しやすい場所を選ぶことが望ましい。

四　規則第二条の各項目の診査に際しては、母子健康手帳の記載事項を参考のうえ、次の事項について乳幼児の保護者にたずね、あらかじめ了知しておくことが望ましい。

(1)　家族及び同居者の健康状態
(2)　妊娠、分娩の経過
(3)　出生直後の状態、出生児の体重
(4)　満一年前後の体重
(5)　歩行開始時期、離乳完了の時期
(6)　既往疾患

五　健康診査が終了し、その結果がわかったときは、受診児の保護者に対し、健康診査の結果を教え、必要に応じて適当な指導を行う。引き続き指導の必要がある場合には、保健所、母子健康包括支援センター、専門医などについて、事後指導を受けるように勧奨し、また、異常と認めた場合には、専門機関で受診をするように説明するなど、事後措置の徹底を図ることが肝要である。

〔**母子保健法施行規則**〕

（健康診査）

第二条　母子保健法（昭和四十年法律第百四十一号。以下「法」という。）第十二条の規定による満一歳六か月を超え満二歳に達しない幼児に対する健康診査は、次の各号に掲げる項目について行うものとする。

一　身体発育状況

二　栄養状態

三　脊《せき》柱及び胸郭の疾病及び異常の有無

四　皮膚の疾病の有無

五　歯及び口腔《くう》の疾病及び異常の有無

六　四肢《し》運動障害の有無

七　精神発達の状況

八　言語障害の有無

九　予防接種の実施状況

十　育児上問題となる事項

十一　その他の疾病及び異常の有無

2　法第十二条の規定による満三歳を超え満四歳に達しない幼児に対する健康診査は、次の各号に掲げる項目について行うものとする。

一　身体発育状況

二　栄養状態

三　脊《せき》柱及び胸郭の疾病及び異常の有無

四　皮膚の疾病の有無

五　眼の疾病及び異常の有無

六　耳、鼻及び咽《いん》頭の疾病及び異常の有無

七　歯及び口腔《くう》の疾病及び異常の有無

八　四肢《し》運動障害の有無
九　精神発達の状況
十　言語障害の有無
十一　予防接種の実施状況
十二　育児上問題となる事項
十三　その他の疾病及び異常の有無

〔健康増進法〕
（健康診査の実施等に関する指針）
第九条　厚生労働大臣は、生涯にわたる国民の健康の増進に向けた自主的な努力を促進するため、健康診査の実施及びその結果の通知、健康手帳（自らの健康管理のために必要な事項を記載する手帳をいう。）の交付その他の措置に関し、健康増進事業実施者に対する健康診査の実施等に関する指針（以下「健康診査等指針」という。）を定めるものとする。

第十三条　前条の健康診査[1]のほか、市町村は、必要に応じ、[2]妊産婦又は乳児若しくは幼児に対して、健康診査を行い、[3]又は健康診査を受けることを勧奨[4]しなければならない。
2　厚生労働大臣は、前項の規定による妊婦に対する健康診査についての望ましい基準[5]を定めるものとする。

要旨

市町村は、一歳六か月児及び三歳児に対して、健康診査を行う義務を有するのみではなく、その他の乳幼児や、妊産婦に対しても、母子保健の実情に応じ、積極的に健康診査を実施し、あるいは妊産婦、乳幼児に対して、健康診査を受けるよう勧奨しなければならないこと及び厚生労働大臣は、妊婦に対する健康診査についての望ましい基準を定めることを規定したものである。

解　釈

1　本条の健康診査　妊娠、出産により抵抗力の弱くなっている妊産婦及び身体の発育が不完全な乳幼児も、予防措置として、異常の有無を早期に確認し、必要に応じて、適切な指導を行う必要があるという趣旨に基づくものである。医学の発達等により適切な健康診査が可能となり、その健康診査を行うことが行政的にも適切な場合や地域的に特に母子保健の水準の低い場合とか、特殊の疾病が流行したため、母子保健の水準が低下し、又は低下するおそれがあると思われるときに健康診査を実施する場合あるいは個別に必要な保健指導を行う場合等が考えられる。さらに、本条は、市町村が、健康診査を施行するのみならず、妊産婦、乳幼児に対して自発的に健康診査を受けることを勧奨する義務がある旨規定している。これは、母子保健の向上に関し、市町村が、必要な努力をすると同時に、妊産婦、乳幼児の保護者が、各々本人又はみずから監護する乳幼児の健康の保持、増進に努めるべき義務を持っているという第四条の規定と相呼応するものであって、行政機関は、本人又は保護者が、いわばその第一義的義務ともいうべき健康診査の受診を常時、勧奨すべきであるという趣旨によるものである。

2　必要に応じ　医学の発達等により適切な健康診査を行うことが可能となり、その健康診査を行うことが行政的にも適切と判断される場合や、妊産婦死亡率の高い地域、妊娠高血圧症候群の多発地域、乳幼児の健康の水準の低い地域その他母子保健の向上を図るうえで、健康診査を行い、これに基づく保健指導が有効に働くと判断される場合をいう。

3　健康診査を行い　市町村が、みずから健康診査を行わなければならないという意味である。しかしながら、これによって、市町村が、妊産婦ないし乳幼児の健康診査を職権で施行できるという趣旨に解すべきではなく、少なくとも市町村が、必要に応じ、健康診査の場を設ける義務を有するものと解すべきである。

4　健康診査を受けることを勧奨する　本条前段による市町村が行う健康診査を受けることを勧奨することも含むが、主としては、市町村以外の公私の機関によって随時個別的あるいは集団的な健康診査を積極的に受けることを勧奨することをいう。この規定は、第四条に規定する母性及び乳幼児の保護者の自発的努力に関する規定に相呼応するもので、市町村は、勧奨によって、母性及び乳幼児の保護者の義務の自発的履行を促すよう努めるべきであるという趣旨に基づくものである。

5　望ましい基準　妊婦に対する健康診査についての望ましい基準として、厚生労働省告示（平成二十七年三月三十一日第二百二十六号）では、以下のことについて規定されている。①妊婦健康診査の実施時期及び回数等、②妊婦健康診査の内容等（問診、診察等、検査、保健指導）、市町村の責務（市町村は、妊婦健康診査の受診の重要性について、妊婦等に対する周知・広報に努めるものとする等）。

〔告　示〕

◉妊婦に対する健康診査についての望ましい基準

〔平成二十七年三月三十一日
厚生労働省告示第二百二十六号〕

第一　妊婦健康診査の実施時期及び回数等

一　市町村は、次のイからハまでに掲げる妊娠週数の区分に応じ、それぞれイからハまでに掲げる頻度で妊婦に対する健康診査（以下「妊婦健康診査」という。）を行い、妊婦一人につき、出産までに十四回程度行うものとする。

イ　妊娠初期から妊娠二十三週まで　おおむね四週間に一回

ロ　妊娠二十四週から三十五週まで　おおむね二週間に一回

ハ　妊娠三十六週から出産まで　おおむね一週間に一回

二　市町村は、妊婦一人につき十四回程度の妊婦健康診査の実施に要する費用を負担するものとする。

第二　妊婦健康診査の内容等

一　市町村は、各回の妊婦健康診査においては、次に掲げる事項について実施するものとする。

イ　問診、診察等

妊娠週数に応じた問診、診察等により、健康状態を把握するものとすること。

ロ　検査

子宮底長、腹囲、血圧、浮腫、尿（糖及び蛋《たん》白）、体重等の検査を行うものとする。なお、初回の妊婦健康診査においては、身長の検査を行うものとすること。

ハ　保健指導

妊娠中の食事や生活上の注意事項等について具体的な指導を行うとともに、妊婦の精神的な健康の保持に留意し、妊娠、出産及び育児に対する不安や悩みの解消が図られるようにするものとすること。

二　市町村は、一に掲げるもののほか、必要に応じた医学的検査を妊娠期間中の適切な時期に実施するものとする。医学的検査については、次の表の上欄に掲げる検査の項目の区分に応じ、それぞれ下欄に掲げる妊娠週数及び回数を目安として行うものとする。

検査の項目	妊娠週数及び回数の目安
血液型等の検査（ABO血液型、Rh血液型及び不規則抗体に係るもの）	妊娠初期に一回
B型肝炎抗原検査	
C型肝炎抗体検査	
HIV抗体検査	
梅毒血清反応検査	
風疹ウイルス抗体検査	
血糖検査	妊娠初期に一回及び妊娠二十四週から妊娠三十五週までの間に一回

血算検査	妊娠初期に一回、妊娠二十四週から妊娠三十五週までの間に一回及び妊娠三十六週から出産までの間に一回
ＨＴＬＶ—１抗体検査	妊娠初期から妊娠三十週までの間に一回
子宮頸《けい》がん検診（細胞診）	妊娠初期に一回
超音波検査	妊娠初期から妊娠二十三週までの間に二回、妊娠二十四週から妊娠三十五週までの間に一回及び妊娠三十六週から出産までの間に一回
性器クラミジア検査	妊娠初期から妊娠三十週までの間に一回
Ｂ群溶血性レンサ球菌（ＧＢＳ）検査	妊娠三十三週から妊娠三十七週までの間に一回

第三　市町村の責務

一　市町村は、妊婦健康診査の受診の重要性について、妊婦等に対する周知・広報に努めるものとする。

二　市町村は、里帰り先等において妊婦健康診査を受診する妊婦の経済的負担の軽減を図るため、妊婦の居住地以外の病院、診療所又は助産所と事前に契約を行う等の配慮をするよう努めるものとする。

三　市町村は、妊婦健康診査を実施する医療機関等と連携体制を構築し、養育支援を必要とする妊婦に対し、適切な支援を提供するよう努めるものとする。

（栄養の摂取に関する援助）

第十四条　市町村[1]は、妊産婦又は乳児若しくは幼児に対して、栄養の摂取につき必要な援助[2]をするように努めるものとする。

要旨

妊産婦及び乳幼児の保健のためには、常に十分な栄養を摂取することが極めて重要である。法制定時には、わが国の妊産婦、乳幼児の栄養状態は、地域差があるのみならず、全般的にまだ悪く、そのことが乳幼児の体位に影響を及ぼしたり、また、妊産婦、乳幼児の高い死亡率に反映していた。さらに、栄養欠陥に基因すると思われる有症者の数も多かった。このようなところから、本条において、市町村が、栄養の摂取につき、必要な援助をするよう努力すべきであるという原理を規定したものである。なお、本条を手がかりとして、近年、一部先進国において行われている妊産婦、乳幼児に対する栄養補給制度等をも参考に、将来、そのような事業が、日本でも制度化される可能性をも考えながら規定されたものである。

解釈

1　市町村　特別区を含むもので、地方自治法第二百八十一条等を参照されたい。

2　栄養の摂取につき必要な援助　妊産婦、乳幼児の栄養の摂取が、母子保健の向上のために極めて重要であることにかんがみ、本条の援助は、主として物的ないし経済的援助をいうものであり、人工栄養、離乳その他の技術の指導等は、第九条の知識の普及として行うべきものである。

運用

本条の関連事業としては、国の間接補助事業として昭和四十年八月から、生活保護の被保護世帯、市町村民税非課税世帯及び所得税非課税世帯の妊産婦又は乳児（特に栄養強化を必要とするもの）を主たる対象として、市区町村が実施主体として無償でミルクを支給することとなった。

（妊娠の届出）

第十五条　妊娠した者は、厚生労働省令[1]で定める事項[2]につき、速やかに[3]、市町村長に妊娠の届出をするようにしなければならない[4]。

要　旨

本条は、妊娠した者に対し、速やかに、妊娠の届出をするようにすべきことを規定したものである。母子保健の向上に関して市町村がとるべき措置として本法に規定されている各種の事業が適切に住民にゆきとどくためには、行政機関が妊娠している者を早期に把握していることが必要であり、そのためには妊娠した者がその旨を届け出てくれることが最も便利である。そこで、妊娠していることが確定している者は、すすんで、妊娠の届出を市町村長に対して行うように努めるべきことを規定したものである。

解　釈

1　厚生労働省令　母子保健法施行規則（昭和四十年厚生省令第五十五号）を指す。

2　厚生労働省令で定める事項　規則第三条において、妊娠の届出事項が定められている。妊娠の届出は、次の事項を記載した妊娠届出書を妊娠した者の居住地の市町村長に提出することによって行うこととなる。

なお、妊娠届出書の様式について週単位による妊娠期間の表示の普及を図るため、当分の間、妊娠月数のほか妊娠週数についても記載できるようにすることとされている〔妊娠届出書及び低体重児出生届の様式について（昭和五十三年十二月二十七日児母衛第二二号）〕。

(1)　届出年月日　(2)　氏名、年齢、個人番号及び職業　(3)　居住地　(4)　妊娠月数　(5)　医師又は助産師の診断又は保健指導を受けたときは、その氏名　(6)　性病及び結核に関する健康診断の有無

妊娠の届出は、速やかに行う必要があるが、電話による連絡は認められていない。

なお、本規則では、医師又は助産師の診断又は保健指導を受けた場合には、その氏名を届け出ることとし、その後の指導の適切を期している。また、「居住地」は、住所又は居所をいうものである。

3　速やかに　妊娠しているという事実が確定したら、ただちにという意味であるが、日限については別段の定めがない。

4　届出をするようにしなければならない　妊娠の届出は、妊産婦や乳幼児を行政的に適確に把握し、これによって、必要な保健指導や健康診査を行い、母子健康手帳を交付して必要な母子保健の正しい知識の周知を徹底させるために妊娠した者に義務づけられるものである。しかしながら、妊婦に対して妊娠の届出を保健指導その他の保健福祉の措置との関連において励行させて妊婦を早期に行政的に把握することが望ましいことではあっても、妊娠したという事実は、あくまでも個人ないし妊婦とその相手方との問題であって、第三者が介入すべき事柄ではない。このことは、妊娠した者に対し、保健サービスを提供する立場にある行政機関についても同様である。したがって、妊娠の届出を妊婦の義務規定として規定せず、あくまで妊娠の届出制の本旨についての正しい理解のもとに妊娠した者本人の自発的意思に基づく届出に期待しようとする意味でこのように規定されたものである。

〔**母子保健法施行規則**〕

（妊娠の届出）

第三条　法第十五条の厚生労働省令で定める事項は、次のとおりとする。

一　届出年月日

二　氏名、年齢、個人番号（行政手続における特定の個人を識別するための番号の利用等に関する法律（平成二十五年法律第二十七号）第二条第五項に規定する個人番号をいう。）及び職業

三　居住地

四　妊娠月数

五　医師又は助産師の診断又は保健指導を受けたときは、その氏名

六　性病及び結核に関する健康診断の有無

（母子健康手帳[1]）

第十六条　市町村は、妊娠の届出をした者[2]に対して、母子健康手帳を交付[3]しなければならない。

2　妊産婦は、医師、歯科医師、助産師又は保健師について、健康診査[5]又は保健指導[6]を受けたときは、その都度、母子健康手帳に必要な事項の記載を受けなければならない。乳児又は幼児の健康診査[7]又は保健指導[8]を受けた当該乳児又は幼児の保護者についても、同様とする。

3　母子健康手帳[4]の様式は、厚生労働省令[9]で定める。

4　前項の厚生労働省令は、健康診査等指針と調和が保たれたものでなければならない。

要旨

本条は、母子健康手帳の交付及びその使用に関して定めたものである。

解釈

1　母子健康手帳　妊産婦及び乳幼児の保健指導の基礎資料となるものとして、妊娠、出産、育児に関する母子の健康状態を一貫して記録しておくためのものとして、妊娠の届出をした者に対して市町村が交付すべきこととした。

交付主体については、平成三年五月の改正により、都道府県又は保健所を設置する市から市町村に移ったところである（平成四年四月から）。

2　妊娠の届出をした者　母子健康手帳の交付は、妊娠の届出をした者に対して行われるのを原則とする。この場合、母子健康手帳の交付を受けた者が二人以上の子を出生したときは、その子の数に応じた母子健康手帳が交付される。また、妊娠中に妊娠届をしなかったために、母子健康手帳の交付を受けなかった場合には、出生後において母子健康手帳が交付される。

3　交付　母子健康手帳の交付について、二人以上の子を出産したときは追加交付し、破り、よごし又は失ったときには、再交付することなど「母子健康手帳の作成及び取扱い要領について（平成三年十月厚生省児童家庭局長通知）」により基準が示されている。地方公共団体においては、この旨取扱方法を定め運用することが望まれている。

4　母子健康手帳　母子健康手帳は、妊娠、出産及び育児に関する一貫した健康記録であるとともに、乳幼児の保護者に対する育児に関する指導書である。母子健康手帳の様式は、厚生労働省令で定めるとされているが、その内容は、妊娠、出産及び育児に関する指導心得の記事、健康記録欄、予防接種記録欄等であり、母子の健康手帳として広く利用されることが期待されている。母子健康手帳が、このように、母子の健康記録であり、かつ、育児の手引書として性格づけられるものである以上、妊娠した者に対して交付されるというのは、あくまで原則を規定したものと解する。

なお、母子健康手帳には、ジフテリアや百日ぜき、破傷風、急性灰白髄炎（ポリオ）、麻しん（はしか）等の予防接種に関する欄があって、各種の予防接種を受けた場合には、ここに必要な事項を記載することによって、予防接種済証の交付に代えられることとなっている（予防接種法第五条第一項、第六条第一項、第十条及び同法施行規則第四条第三項参照）。

5　妊産婦の健康診査　第十三条の解釈1参照。

6　妊産婦の保健指導　第十条の解釈5及び第十七条第一項参照。

7　乳児又は幼児の健康診査　第十二条の解釈3、第十三条の解釈1参照。

8　乳児又は幼児の保健指導　第十条の解釈5、第十一条の解釈1、第十九条の解釈等参照。

9　厚生労働省令　母子保健法施行規則（昭和四十年厚生省令第五十五号）を指す。同規則第七条及び様式第三号により母子健康手帳の様式が定められている。

〔**母子保健法施行規則**〕

（母子健康手帳の様式）

第七条　母子健康手帳には、様式第三号に定める面のほか、次の各号に掲げる事項を示した面を設けるものとする。

一　日常生活上の注意、健康診査の受診勧奨、栄養の摂取方法、歯科衛生等妊産婦の健康管理に当たり必要な情報

二　育児上の注意、疾病予防、栄養の摂取方法等新生児の養育に当たり必要な情報

三　育児上の注意、疾病予防、栄養の摂取方法、歯科衛生等乳幼児の養育に当たり必要な情報

四　予防接種の種類、接種時期、接種に当たつての注意等予防接種に関する情報

五　母子保健に関する制度の概要、児童憲章等母子保健の向上に資する情報

六　母子健康手帳の再交付に関する手続等母子健康手帳を使用するに当たつての留意事項

様式第三号（略）

（妊産婦の訪問指導等）

第十七条　第十三条第一項の規定による健康診査を行つた市町村の長は、その結果に基づき[1]、当該妊産婦の健康状態に応じ、保健指導を要する者[2]については、医師、助産師、保健師又はその他の職員をして、その妊産婦を訪問させて[3]必要な指導を行わせ、妊娠又は出産に支障を及ぼすおそれがある疾病[4]にかかつている疑いのある者については、医師又は歯科医師の診療を受けることを勧奨するものとする。

2　市町村は[5]、妊産婦が前項の勧奨に基づいて[6]妊娠又は出産に支障を及ぼすおそれがある疾病につき医師又は歯科医師の診療を受けるために必要な援助[7]を与えるように努めなければならない。

要旨

健康診査の結果、保健指導を受けることが必要であることが明らかになった妊産婦について、その身体的条件又は生活環境等の理由により市町村が、訪問による指導を行う必要があると認めた場合には、医師、助産師、保健師又はその他の職員をして、当該妊産婦の家庭を訪問させ、必要な指導を行わせることとし、妊娠又は出産に支障を及ぼすおそれがある疾病にかかっている疑いのある者については、医師又は歯科医師の診療を受けることを勧奨し、もって、正常な妊娠、出産の確保に努めるべきことを規定したものである。また、第二項においては、市町村は、経済的理由によって、本条第一項の勧奨を受けた妊産婦が、医師、歯科医師の診療を受けることが著しく困難であると認める場合に、必要な経済的その他の援助を与えるように努め、もって、妊産婦の死亡及び後障害を防ぎ、あわせて未熟児及び心身障害児発生の防止を図るべきことを規定したものである。

解釈

1　その結果に基づき　第十三条第一項の規定に基づき、市町村は、妊産婦の健康診査を行い、又は妊産婦に対して健康診査を受けることを勧奨する義務を有する。したがって、個々の妊産婦が、保健指導を受ける必要があるか否か、あるいは、妊娠高血圧症候群その他の疾病にかかっているか否かの把握は、原則としてこの健康診査を通じて行われる。つまり、本条において「その結果に基づき」と規定しているのは、本法の体系が、市町村が実施する各個の母子保健事業のうち、健康診査とこれに基づく保健指導とをまず大きく事業の根幹に据え、このうち、保健指導を訪問による指導とそうでない指導に細分し、さらに、これらの方法による保健指導の結果、専門医等の受診を必要とするものについては、専門医等への橋渡しをするという具合に、個別事業を一連の有機的連携を有する全体の中で観念していることに基づくものである。したがって、それが市町村の実施するものと勧奨によるものとを問わず、第十三条の健康診査を受けたものが、本条による訪問指導その他の措置の対象となる。

2　保健指導を要する者　後の「妊娠又は出産に支障を及ぼすおそれがある疾病にかかっている疑いのある者」と対比されている関係上、異常のある者については、訪問指導は、行われないのを原則とする。ただし、疾病にかかっている疑いのある者が、勧奨に基づき医師等の診療を受けた結果、訪問による指導の措置をとるのが妥当と認めるにいたった場合を排除するものではない。

3　妊産婦を訪問させて　訪問による指導の対象が、妊産婦であることを示したものである。妊産婦を家庭に訪問し、その家庭環境、生活環境等からみて、妊産婦の健康の保持、増進に関する限りでの日常生活の万般にわたる指導、助言を妊産婦の家族に対して行う場合を含むものと解する。

４　妊娠又は出産に支障を及ぼすおそれのある疾病　妊娠又は出産に伴って起こる各種の疾病、例えば、産じょく熱、妊娠高血圧症候群、出血、子宮外妊娠等をはじめ、妊娠、出産に伴う疾病ではないが、妊産婦や胎児、新生児の健康に障害を及ぼすと思われる疾病、例えば、肺結核、血液型不適合、心疾患、梅毒、多胎等がこれに当たる。

５　市町村　本項の規定により、妊産婦に与えられる専門医等の診療を受けるに必要な援助は、市町村の責務とされている。

元来、疾病に関する診療ないし治療を受けるか否かの判断及び決定は、疾病にり患している者本人ないしその家族の意思に専ら依存しているものである。しかしながら、当該疾病の重さや早期診断と治療の必要性の認識の欠如、医療関係機関との隔り、経済的理由による受診、治療受療の困難等のため、診断、治療を受ける必要があるにもかかわらず、これを受け得ないもののため、必要な援助の手を市町村が差し延べるべきことを規定したものである。本事業は、専門的要素のある事務であるが、妊産婦に対する指導の一貫性の確保（妊娠高血圧症候群は、妊娠当初からり患しているわけではなく、疾病の状況の変動により実施主体が変わることは望ましくない。）の観点から、必要に応じ都道府県の援助を受けつつ市町村が事業を実施することとしたものである。

６　前項の勧奨に基づいて　前項の「その結果に基づき」とある規定の趣旨と同様、必要な援助を受ける原則的対象を規定したものである。必要な援助を受けられるものを前項の勧奨に基づいて医師等の診療を受けるものに限定する趣旨ではない。個別的な母子保健事業を有機的連携をもった全体との関連のうちで把握した場合、観念的には、前項の勧奨に基づかないで妊娠又は出産に支障を及ぼすおそれがある疾病につき医師等の診療を受ける必要がある妊産婦は存在しない筈であるというにすぎない。

７　必要な援助　医師等の診療を受けるに必要な一切の援助をいう。診療を受ける期間、家庭の手不足を補うためのホームヘルパーの制度の確立等経済的援助のみにとどまらない。

（低体重児の届出）

第十八条　体重が二千五百グラム未満の乳児[1・2]が出生[3]したときは、その保護者[4]は、速やかに[5]、その旨[6]をその乳児の現在地の市町村[7]に届け出なければならない[8]。

要旨

本条は、未熟児の出生を速やかに把握し、早期に適切な養育が行われるよう指導援護を行うため、低体重児が出生した場合の届出義務を保護者に課したものである。

解釈

1　体重が二千五百グラム未満の乳児　未熟児は、正常の新生児にくらべて生理的に未熟であり、疾病にもかかりやすく、出生後速やかに適切な処置をとる必要がある。しかしながら、新生児が未熟児であるかどうかの判断は必ずしも明確ではないので、体重によって一応それを推定し、体重が二五〇〇グラム未満であれば速やかに届出を行うことにより、未熟児の早期把握及び早期対策を図ろうとするものである。なお、二五〇〇グラム未満の低体重児は、必ずしもそのすべてが未熟児であるというわけではないが、体重が低ければ未熟児である可能性が高いことと、明確な基準設定の必要上、二五〇〇グラム未満の低体重児のすべてについて、その保護者に届出義務を課し、未熟児保健対策の万全を期したものである。

2　本条の乳児　原則として出生時の体重が二五〇〇グラム未満の乳児をいう。乳児とは、一歳に満たない者をいう（第六条第二項）。

3　出生　第六条の解釈9参照。

4　保護者　第六条の解釈４参照。

5　速やかに　未熟児対策は、なによりも未熟児であることの早期把握から始まる。早期把握ができず、適切な処置をとることが遅れたため、とりかえしのつかない事態になることが極めて多いので、法律上、速やかに届け出ることを義務づけたものである。したがって、この場合、「速やかに」とは、特に「一刻も早く」という趣旨に解すべきである。

6　その旨　二五〇〇グラム未満の低体重児が出生した事実をいうが、運用上は、乳児の出生の日時及び場所、性別、出生時の体重並びに妊娠月数等も併せて必要になろう。

7　乳児の現在地の市町村　低体重児出生の届出は、その緊急性にかんがみ、現在地届出主義をとっている。現在地というのは、住民票に記載されている住所とは直接かかわりなく、現在居る場所ないし多少の時間的継続関係をもって居住している場所という程度の意味である。したがって、たとえばＡ市に住所をもつ妊婦が、出産のためたまたまＢ市にある自分の実家にいって出産した場合、その乳児が低体重児であればＢ市長に届出を行うことになる。つまり、乳児出生時の場所を管轄する市町村に届け出ることになるわけである。

8　届け出なければならない　届出は、本来低体重児なりその保護者のために行うものであるが、未熟児に対し早期に適切な措置を行ううえでその早期把握は絶対に欠かせないものであることから、義務規定とされている。

運用

低体重児の出生の届出　低体重児の出生の届出は、適宜地方公共団体において定めるが、次の様式例が参考となろう。しかしながら、前述したように、未熟児対策は、早期把握したがって迅速な届出がその前提となるので、口頭又は電話などによることも差し支えない。

なお、この低体重児の届出は、戸籍法に基づく出生届（同法第四十九条）とは別個のものであるから、たまたま市町村の窓口に届け出たような場合でも、出生届は別個に提出しなければならないし、反対に、出生届を提出

低　体　重　児　出　生　届

乳児	ふりがな 氏名		個人番号	
	現在地	郵便番号 （電話　　　　）		
	出生場所 （医療機関名）	（電話　　　　）		
	出生日時	年　　月　　日　午前 午後　　時　　分		
	在胎週数 （妊娠期間）	週　　日	第　　子，単胎／多胎（　　胎）	
	出生時の体重・身長	グラム　　センチ	性別	男・女
産婦	ふりがな 氏名及び年齢	（　　歳）	個人番号	
	住所地 （住民票所在地）	郵便番号		
	居住地 （住所地と異なる場合）	郵便番号		
	連絡可能な電話番号			
参考事項	（お子さんの様子や心配なこと、相談したいことなどを記入して下さい。）			

母子保健法第18条に基づき、低体重児の出生を届出ます。

令和　　年　　月　　日

届出者住所　　郵便番号

電話番号

氏　　名（自署もしくは記名押印）

乳児との関係

殿

記載上の注意

- 「現在地」の欄は、現在所在する場所を記入してください。病院等に入院しているときは、その住所を記入してください。
- 「住所地」の欄は、住民票上の住所を記入してください。
- 「居住地」欄は、現在居住している住所を記入してください。帰省等している場合は帰省先等を記入してください。

備考

- 低体重児とは、出生時の体重が2500g未満の乳児をいいます。

したからといって、この低体重児の届出を行わなくともよいという筋合ではないことはいうまでもない。
しかしながら、出生届により、母子保健を担当する部局が事実を了知した場合は、重ねてこの届を提出させる実益は薄い。

（未熟児の訪問指導）

第十九条　市町村長は、その区域内に現在地を有する未熟児[1,2]について、養育上必要があると認めるとき[3]は、医師、保健師、助産師又はその他の職員[4]をして、その未熟児の保護者[5]を訪問させ[6]、必要な指導[7]を行わせるものとする。

2　第十一条第二項の規定は、前項の規定による訪問指導に準用する。[8]

要旨

本条は、市町村長が、その管轄区域内の未熟児について、養育上の必要に応じ、医師、保健師、助産師、その他の職員をして、その保護者を訪問指導させることを規定したものである。

未熟児は、第十八条の解釈においても述べたように、正常な新生児と比べて生理的に未熟であり、また、疾病にもかかりやすいので、出生後速やかに適切な処置を講ずる必要があり、そのため、家庭内で養育できる未熟児については、訪問指導によって必要な処置をとることとしている（第一項）。また、未熟児対策の万全を期するため、未熟児が未熟児でなくなった後つまり身体の発育や諸機能が正常児なみになった後等においても、なお訪問指導を継続する必要があると認めるときは、引き続きこれを行うことができることとしている(第二項)。なお、家庭に対する訪問指導だけでは、適切な養育が期待できない未熟児については、第二十条において養育医療の給付が行われる。

解釈

1　未熟児　第六条の解釈10参照。

2　その区域内に現在地を有する未熟児　第十八条の解釈7参照。

3　養育上必要があると認めるとき　未熟児はすべて訪問指導等の処置を行う必要があるかというとそうではなく、正常児に近いものもあり、保健所が積極的に特段の処置をとる必要のないものもいる。そこで市町村長は、届出等に基づき、未熟児の体重、症状、家庭環境等を考慮して、必要に応じて行うこととされている。

「養育上」の概念は、新生児についての第十一条第一項の「育児上」の概念とは異なる。すなわち、新生児は、外界に対する抵抗力がきわめて弱く、そのため特にその栄養、環境及び疾病予防に留意する必要があるわけであるが、それは単に生後まだ日が浅いつまり二八日を経過していないという理由からである。いいかえれば、新生児という概念自体、ある状態にある児童一般をいうものであり、すべての成人はかつてそうであったわけであって、単純に一定期間の未経過であるにすぎず、「育児上」の概念も、その重要性のいかんはさておき、この意味においてとらえられる筋合のものである。しかるに、「養育上」という概念は、生後一歳に満たない乳児のうち、一般児つまり正常児にくらべて身体の発育が未発達であり、正常児のもつ諸機能をもたないという劣位の状態にある未熟児を対象として、一般的に栄養、環境及び疾病予防に留意するのみならず、一歩進んで、こうした発育不良あるいは機能未熟の状態から脱し、正常児に復するという積極的な意味をもつものである。したがって、養育上必要があるかどうかは、このような観点にたって、判断されるわけである。

4　医師、保健師、助産師又はその他の職員　第十条の解釈、第十一条の解釈及び第十七条の解釈を参照されたい。

5　保護者　第六条の解釈４参照。

6　訪問させ　第十一条の解釈及び運用参照。

7　必要な指導　未熟児は、正常な新生児と比べて生理的に未熟であり、疾病にもかかりやすい状態にあるのに対し、未熟児の訪問指導は、それを克服し、正常児に復せしめるという特殊な患者管理的性格を有するのであるが、そのため、未熟児の母親やその他の看護者に対し未熟児の症状や家庭環境に応じて、適切な養育の指導を行い、不測の事態の発生を防ぐとともに、一日も早く正常児としての機能を得させ、また、発育させることが必要である。なお、必要な指導については、本条の運用を参照されたい。

8　前項の規定による訪問指導に準用する　未熟児の訪問指導は、原則として未熟児である間つまり正常児としての発育を遂げ、若しくは正常児としての諸機能を取得するまでの間又は生後一年を経過しない乳児の状態にある間に限られるのであるが、その未熟児の健康状態、家庭環境その他の事情によってその期間内で訪問指導を打ち切ることが適当でないと判断されるときは、訪問指導が必要でなくなるまで、訪問指導を継続することができるように新生児についての規定を準用したものである。すなわち、未熟児が正常児としての諸機能を得ても事後指導が必要な場合もあるし、また、生後一年たって乳児でなくなっても、まだ未熟児の状態を脱することができない場合もあるので、新生児の場合と同様、継続指導の途を開いたものである。

運用

一　訪問指導　未熟児対策の重要性はすでに述べたとおりであるが、在宅の未熟児についての訪問指導はその対象も広汎にわたり、いわば未熟児対策の中核となるものであるから、訪問指導の実施については、保健師をはじめ保健所職員の充実及び訓練を行うとともに、市町村や国民健康保険組合の保健従事者並びに開業医師及び開業助産師等と緊密な連絡をとることはもとより、母子衛生地域組織等の積極的な協力を求めるなど、適切な運用を図ることが肝要である。

二　医師、保健師等の訪問指導　医師、保健師等が訪問指導を行うに際しては、出生に立ち合った医師や助産師と協力し、家庭の十分な理解のもとに適切な指導を行う必要がある。特に保健師による訪問指導は、主治医がいる場合には、その医師の指示に従い、また、開業助産師若しくは市町村の保健師又は助産師の指導を受けている未熟児については、訪問指導の方法、回数などについて十分協議し、効率的な指導を行うことが必要である。

訪問指導は、未熟児の症状、家庭環境その他を考慮して、必要に応じて行うことは、本条の解釈3において述べたとおりである。なお、医療機関に入院している未熟児についても、医療機関との連絡を密にし、退院後は、必要に応じて訪問指導を実施することが必要である。

（健康診査に関する情報の提供の求め）

第十九条の二　市町村は、妊産婦若しくは乳児若しくは幼児であつて、かつて当該市町村以外の市町村（以下この項において「他の市町村」という。）に居住していた者又は当該妊産婦の配偶者若しくは当該乳児若しくは幼児の保護者に対し、第十条の保健指導[1]、第十一条、第十七条第一項若しくは前条の訪問指導[2]、第十二条第一項若しくは第十三条第一項の健康診査[3]又は第二十二条第二項第二号から第五号までに掲げる事業[4]を行うために必要があると認めるときは、当該他の市町村に対し、厚生労働省令[5]で定めるところにより、当該妊産婦又は乳児若しくは幼児に対する第十二条第一項又は第十三条第一項の健康診査に関する情報の提供を求めることができる。

２　市町村は、前項の規定による情報の提供の求めについては、電子情報処理組織を使用する方法その他の情報通信の技術を利用する方法であつて厚生労働省令で定めるものにより行うよう努めなければならない。

要旨

市町村は、他の市町村に対し、乳幼児健康診査及び妊婦健康診査に関する情報の提供を求めることができることを規定したものである。

解釈

１　第十条の保健指導　第十条の解釈５参照。

２　第十一条、第十七条第一項若しくは前条の訪問指導　第十一条の解釈１、第十七条の解釈、第十九条の解釈等参照。

３　第十二条第一項若しくは第十三条第一項の健康診査　第十二条の解釈２、第十三条の解釈１参照。

４　第二十二条第二項第二号から第五号までに掲げる事業　第二十二条の解釈参照。

５　厚生労働省令　母子保健法施行規則（昭和四十年厚生省令第五十五号）を指す。本厚生労働省令において、提供を求めることができる健康診査に関する情報の範囲を限定している。

運用

一　健康診査に関する情報の提供の求め　健康診査の実施状況や実施の結果については、対象者が転居した場合であっても、転居先の自治体へ受診情報を引き継ぎ、管理することで、未受診者への受診勧奨や一貫した保健指導など、適切な保健指導・健康診査等の実施につながる。

二　電子情報処理組織　効率的かつ効果的な行政事務という観点、及び災害時等の紛失や棄損にも強く適切な健康管理に資するという観点からは、当該引き継ぎは電子的に行われることが望ましい。

（養育医療）[1]

第二十条　市町村は、養育のため病院[2]又は診療所[3]に入院することを必要とする未熟児[4]に対し、その養育に必要な医療（以下「養育医療」という。）の給付[5]を行い、又はこれに代えて養育医療に要する費用を支給することができる。[6]

2　前項の規定による費用の支給は、養育医療の給付が困難であると認められる場合[7]に限り、行なうことができる。

3　養育医療の給付の範囲[8]は、次のとおりとする。

一　診察

二　薬剤又は治療材料の支給

三　医学的処置、手術及びその他の治療

四　病院又は診療所への入院及びその他の療養に伴う世話その他の看護

五　移送

4　養育医療の給付は、都道府県知事が次項[10]の規定により指定する病院若しくは診療所又は薬局（以下「指定養育医療機関[9]」という。）に委託して行うものとする。

5　都道府県知事は、病院若しくは診療所又は薬局[11]の開設者の同意を得て[12]、第一項の規定による養育医療を担当させる機関を指定する。[13]

6　第一項の規定により支給する費用の額は、次項の規定により準用する児童福祉法第十九条の十二の規定[14]により指定養育医療機関が請求することができる診療報酬の例により算定した額のうち、本人及びその扶養義務者（民法（明治二十九年法律第八十九号）に定める扶養義務者をいう。第二十一条の四第一項において同じ。）が負担することができないと認められる額とする。

7　児童福祉法第十九条の十二、第十九条の二十及び第二十一条の三の規定[15]は養育医療の給付について、同法第二十条第七項及び第八項[16]並びに第二十一条の規定[17]は指定養育医療機関について、それぞれ準用する。この場合において、同法第十九条の十二中「診療方針」とあるのは「診療方針及び診療報酬」と、同法第十九条の二十（第二項を除く。）中「小児慢性特定疾病医療費の」とあるのは「診療報酬の」と、同条第一項中「第十九条の三第十項」とあるのは「母子保健法第二十条第七項において読み替えて準用する第十九条の十二」と、同条第四項中「都道府県」とあるのは「市町村」と、同法第二十一条の三第二項中「都道府県の」とあるのは「市町村の」と読み替えるものとする。

要旨

未熟児対策としては、届出による未熟児の早期把握（第十八条）並びに在宅未熟児に対する保健師等の家庭訪問による養育指導のほか、入院を必要とする重症未熟児に対する養育医療の給付があるが、本条は、この養育医療の給付について定めたものである。

便宜各項の要旨を簡単に述べると、第一項は、入院を必要とする未熟児に対して、市町村が養育に必要な医療の給付を行うことにより、第十九条の訪問指導とあわせて、未熟児の養育に関して一貫した制度を確立し、未熟児対策の万全を期した規定である。第二項は、本来養育医療の給付は、指定養育医療機関においてこれを受けることを原則とするが、看護、移送等の面でどうしても指定養育医療機関で給付を受けることが困難である場合が生ずるので、そうした場合に限って、例外的に医療の給付に代えて費用の支給を行うことができる旨を規定したものである。第三項は、養育医療の給付の範囲を規定したものである。第四項は、養育医療の給付を適切に行う必要上、都道府県知事が指定した養育医療機関に委託して給付を行うことを規定したものである。第五項は、養育医療機関の指定について規定したものである。第六項は、第一項の規定により支給する費用の額を規定したものである。第七項は、指定養育医療機関の義務、診療方針及び診療報酬、医療費の審査及び支払い、指定養育医療機関の検査等並びに指定養育医療機関の辞退及び指定の取消し等については、児童福祉法の指定育成医療機関及び指定療育機関の関連規定を準用することを規定したものである。

解　釈

1　養育医療　養育のため病院又は診療所に入院することを必要とするような未熟児、例えば出生時の体重が極めて少ない、体温が異常に低いとか、あるいは呼吸器や消化器に異常があるとか、運動が異常に少なく、死んだように眠っているとかという状態にある未熟児で入院による養育を要するものに対する医学的処置や薬剤等の支給をいう。なお、「養育」については、第十九条の解釈3を参照されたい。

2　病院　医療法第一条の五第一項に定める病院をいう。すなわち、医師又は歯科医師が、公衆又は特定多数人のため医業又は歯科医業を行う場所であって、患者二〇人以上の収容施設を有するものをいう。病院は、傷病者が、科学的でかつ適正な診療を受けることができる便宜を与えることを主たる目的として組織され、かつ、運営されるものでなければならない。

3　診療所　医療法第一条の五第二項に定める診療所をいう。すなわち、医師又は歯科医師が、公衆又は特定多数人のため医業又は歯科医業を行う場所であって、患者の収容施設を有しないもの又は患者一九人以下の収容施設を有するものをいう。なお、医療法第五条において、診療所の特例が認められ、公衆又は特定多数人のため往診のみによって診療に従事する医師又は歯科医師については、同法第六条の五（医業等に関する広告の制限）、第八条（診療所等開設の届出）及び第九条（病院等の廃止の届出）の適用に関し、それぞれその住所をもって診療所とみなすこととされている。この場合、未熟児を入院させることはできないことはいうまでもない。

4　入院することを必要とする未熟児　病院や診療所に入院することを必要とするかしないかの判断は、極めてむずかしいので、実際上は、次のいずれかに該当するもので、医師が入院養育を必要と認めた未熟児を、対象としている。

(1)　出生時の体重が二〇〇〇グラム以下のもの
(2)　生活力が特に薄弱であって、次に掲げるいずれかの症状を示すもの
(ア)　一般状態
(i)　運動不安、けいれんがあるもの
(ii)　運動が異常に少ないもの
(イ)　体温が摂氏三四度以下のもの
(ウ)　呼吸器系、循環器系
(i)　強度のチアノーゼが持続するもの、チアノーゼ発作を繰り返すもの
(ii)　呼吸数が毎分五〇を超えて増加の傾向があるか又は毎分三〇以下のもの
(iii)　出血傾向の強いもの
(エ)　消化器系
(i)　生後二四時間以上排便のないもの

(ii)　生後四八時間以上おう吐が持続しているもの

(iii)　血性吐物、血性便のあるもの

(オ)　黄疸

(i)　生後数時間以内に黄疸が現われるか、又は異常に強い黄疸のあるもの

5　その養育に必要な医療の給付　養育に必要な医療つまり養育医療については、本条の解釈1を参照されたい。また、養育医療の給付の範囲については、本条第三項に掲げるように、診察、薬剤又は治療材料の支給、医学的処置、手術及びその他の治療、病院又は診療所への入院、看護並びに移送をいうが、これらの各事項の説明については、本条の解釈8を参照されたい。

6　これに代えて、養育医療に要する費用を支給することができる　養育医療は、特に養育医療機関として適切であるとして指定を受けた医療機関により、現物給付をもってなされるのを建前とするが、看護、移送等について、特に現物給付により難い場合に限り、これを補充するため例外的に費用の支給を行うことができるものとされている。「これに代えて」というのは、まさにその趣旨であって、当初から現物給付と金銭の支給が二者択一関係にあるのではなく、原則はあくまで現物給付であって、金銭の支給は、移送などのように現物給付を行うことが困難であるものについてのみ認められる（第二項）。なお、看護については、基準看護の指定を受けている病院などであれば、現物給付を行うことができるので、特別の場合を除けば、金銭の支給は必要でないと考えるべきであろう。その理由は、養育医療機関の指定に当たって、都道府県知事が専門的見地から、医療担当者の技術及び医療機関の設備等について慎重に検討して行う趣旨からの当然の帰結である。現物給付が困難なものについて金銭を支給する場合は、確実に養育医療のための薬剤又は治療材料の購入又は入退院等の交通費等に使用されなければならず、このための適切な指導が必要である。現在、費用の支給は、当分の間の措置として、指定養育医療機関による医療を受ける場合の看護及び移送に限り認めることとされ、市町村長

介護者の分についても、これを承認して差し支えないとされている。

とされている。なお、移送に要する費用については、入院に際し、介護者が必要であると認められる場合は、健康保険の場合の看護料の基準の限度以内とし、移送費についてはその経路について必要とする交通費の実費が承認したもののみについて支給することとされている。また、支給する額の算定基準は、看護料については

7　養育医療の給付が困難であると認められる場合

養育医療の給付が客観的にみてできない場合をいうが、実際には、運用上、看護及び移送については、一定の条件の下に養育医療の給付が困難であると認められるとして、費用の支給がなされている。すなわち、看護については、未熟児の症状が重篤であって、医師又は看護師が常時監視して、随時適切な処置を必要とする場合に承認することとし、承認期間は、病状に応じ最少限必要な期間とされている。また、移送については、入院の場合に限ることとされている。

8　養育医療の給付の範囲

「診察」には、処方箋の交付も診察に伴う行為として認められる。「薬剤」には、ビタミン剤や鉄剤などのほか、ガーゼなども含まれる。「治療材料」とは、例えば氷などのように治療に直接必要な消耗的材料をいうが、輸血に使用する血液（人血）もまた治療材料として取り扱われる。「医学的処置」とは、酸素吸入や薬の塗布、注射等をいう。「手術」及び「その他の治療」とは、一般の医療の場合、前者は患部の切開、縫合せ等をいい、後者は、理学的療法などをいうものとされている。「病院」及び「診療所」の定義については、本条の解釈2及び3を、また、「入院」については、本条の解釈4を参照されたい。「看護」とは、治療上必要な場合に未熟児の世話又は診療の補助をすることをいうが、未熟児の保護者が付添うことは含まない。「移送」とは、入院のため車などを利用することであるが、未熟児は特に移送中の看護に留意する必要があるので、救急用自動車を有しないときは乗用車を用いることとし、移送用保育器及び酸素吸入装置を準備して、医師及び看護師の付添のもとに移送することが望ましいとされている。

9　指定養育医療機関

(1)　養育医療の給付を適切に行うためには、一定の条件を具備した医療機関で行うことを必要とし、そのため、本法では指定養育医療機関制度を設けている。指定養育医療機関の具備すべき基準は、おおむね次のとおりとされている。

(ア)　産科又は小児科を標ぼうしていること。
(イ)　独立した未熟児用の病室を有すること。
(ウ)　保育器、酸素吸入装置、その他未熟児養育医療に必要な器具を有すること。
(エ)　未熟児養育に習熟した医師及び看護師を適当数有すること。
(オ)　以上のほか、本条の解釈8において述べたように、未熟児移送の危険性にかんがみ、できる限り救急用自動車ないし乗用車、移送用保育器及び酸素吸入装置の設備を有し、収容未熟児の移送を担当することができるものであること。

(2)　指定養育医療機関は、その病院若しくは診療所又は薬局の見やすい箇所に、標示をしなければならない（規則第十一条）。標示の様式は、次のとおりである。

○養育医療指定病院（診療所・薬局）

備考　この標示の規格は、縦百二十五ミリメートル、横五十五ミリメートルとし、その材料は、金属又は硬質の木材を用いるものとすること。

(3)　指定養育医療機関の開設者（国を除く。）は、その医療機関が次のいずれかに該当するようになったときは、その事項及びその年月日を、速やかに、その所在地の都道府県知事に届け出なければならない（規則第十二条）。

(ア)　病院又は診療所にあっては、その名称及び所在地、開設者の住所及び氏名又は名称、標ぼうしている診療科名、養育医療を主として担当する医師の氏名及び略歴、養育医療を行うために必要な施設及び設備の概要並びに救急用自動車その他未熟児を輸送するに足る自動車の有無並びに養育医療のための収容定員に変更があったとき、薬局にあっては、その名称及び所在地、開設者の住所及び氏名又は名称並びに調剤のために必要な設備及び施設の概要に変更があったとき。

(イ)　指定養育医療機関の業務を休止し、又は再開したとき。

(ウ)　病院又は診療所にあっては、その構造設備に基準違反があったり、衛生上有害と認められる等又は管理者若しくは開設者に犯罪若しくは医事に関する不正行為がある等により、医療法の規定によって、都道府県知事の施設の使用制限命令、管理者の変更命令、開設許可の取消、閉鎖命令等の処分を受けたとき。薬局にあっては、これらとほぼ同様の理由により、医薬品、医療機器等の品質、有効性及び安全性の確保等に関する法律（以下、「医薬品医療機器等法」という。）の規定によって、都道府県知事の処分を受けたとき。

(4)　指定養育医療機関の開設者は、三〇日以上の予告期間を設けて、その指定を辞退することができる（規則第十三条）。なお、本条の解釈16を参照されたい。

10　委託して行う　養育医療の給付は、市町村が行うものであるが、給付の具体的方法いいかえれば給付の事実行為は、都道府県知事が指定した指定養育医療機関に委託することとしている。

11　病院若しくは診療所又は薬局　都道府県立の病院等を含む。

12　開設者の同意を得て　病院及び診療所の開設については、医療法第七条及び第八条を、薬局の開設については、医薬品医療機器等法第四条を参照されたい。なお、病院等の開設者は、その性質上自然人又は法人格を有する団体に限ると解すべきである。

13 指定する　指定は、国の機関としての都道府県知事が開設者の同意を得て行うものであって、指定養育医療機関になると、養育医療を担当する法律上の義務が生ずる（本条解釈17参照）。なお、指定は、実際には指定を受けようとする医療機関の開設者の申請によって行われ、その手続きは次のとおりであるが、病院及び診療所の場合と薬局の場合では申請書の記載事項が若干異なる。まず、前者については、指定を受けようとする病院又は診療所の開設者は、次の事項を記載した申請書を所在地の都道府県知事（地方自治法第二百五十二条の十九第一項の指定都市又は同法第二百五十二条の二十二第一項の中核市にあっては、市長）に提出しなければならない（規則第十条第一項）。

(1)　病院又は診療所の名称及び所在地
(2)　開設者の住所及び氏名又は名称
(3)　標ぼうしている診療科名
(4)　養育医療を主として担当する医師の氏名及び略歴
(5)　養育医療を行うために必要な施設及び設備の概要並びに救急用自動車その他未熟児を輸送するに足る自動車の有無
(6)　養育医療のための収容定員
(7)　医師、助産師及び看護師の数並びに患者の収容定員

次に、薬局の場合にあっては、指定を受けようとする薬局の開設者は、次の事項を記載した申請書をその所在地の都道府県知事（前記指定都市又は中核市にあっては、市長）に提出しなければならない（規則第十条第二項）。

(1)　薬局の名称及び所在地

(2)　開設者の住所及び氏名又は名称
(3)　調剤のために必要な設備及び施設の概要

14　児童福祉法第十九条の十二の規定　育成医療について市町村が支給する費用の額について定めたものである。この規定の準用により、本条第一項の規定により支給する養育医療に要する費用の額は、指定養育医療機関が請求することができる診療報酬の例により算定した額のうち、本人及びその扶養義務者が負担することができないと認められる額とされている。なお、この場合の扶養義務者は、民法に定める扶養義務者つまり直系血族及び兄弟姉妹と、特別な事情により家庭裁判所によって扶養義務を負わされた三親等の親族のことである。

15　児童福祉法第十九条の二十、第十九条の二十及び第二十一条の三の規定　「第十九条の十二」は、指定小児慢性特定疾病医療費の額の決定等について、「第十九条の二十」は、小児慢性特定疾病医療機関の診療方針について、「第二十一条の三」は、指定療育機関の検査について定めた規定である。

16　児童福祉法第二十条第七項及び第八項の規定　「第七項」は、指定療育機関の指定の辞退について、「第八項」は、指定療育機関の指定の取消しについて定めた規定である。

本項において、これらの規定を準用していることにより、指定養育医療機関についても同様、指定の辞退等ができることになる。すなわち、まず、指定養育医療機関は、三〇日以上の予告期間を設けて、その指定を辞退することができる。養育医療の緊急性にかんがみ、指定の辞退については、三〇日以上の予告期間を設け、辞退についてその把握に欠けるため生ずる障害を避けることとしている。なお、指定の辞退をしようとするときは、指定養育医療機関の開設者は、その旨を、その指定を受けた都道府県知事（前記指定都市又は中核市にあっては、市長）に申し出ることとされている（規則第十三条）。

次に、都道府県知事（前記指定都市又は中核市にあっては、市長）は、指定養育医療機関が、厚生労働大臣の定める医療担当規程による養育医療担当の義務に違反したとき、その他指定養育医療機関に養育医療を担当させるについて著しく不適当であると認められる理由があるときは、それぞれその指定した医療機関について、その指定を取り消すことができる。

17　児童福祉法第二十一条の規定　指定育成医療機関の義務について定めた規定である。すなわち、本項でこの規定を準用していることにより、指定養育医療機関は、厚生労働大臣の定めるところにより、養育医療を担当しなければならないとされ、義務が課せられている。これは、医療機関が指定養育医療機関として指定された場合に、養育医療担当の義務がないと、都道府県知事の行う養育医療の給付事業に支障をきたすからである。なお、本項に基づき「厚生労働大臣の定める」ものとして、指定養育医療機関医療担当規程（昭和四十年厚生省告示第五百七十三号）が定められている（八五頁収載）。

運用

一　養育医療の給付　養育医療の給付の申請は、その給付を必要とする未熟児の保護者が行う。すなわち、養育医療の給付を受けようとするときは、保護者は、未熟児の居住地の市町村に申請しなければならない。申請の手続きとしては、次に掲げる申請書を提出して行うが、この申請書には、医師が記載した次に掲げる養育医療意見書並びに世帯調書及びその関係証明書を添附することとなる。この世帯調書及びその関係証明書は、養育医療に要する費用の徴収月額の決定の基礎となるものである。なお、費用徴収等の詳細については、第二十一条の四の解釈及び運用において述べることとする。

この申請を保健所を経由することとしている場合には、保健所長は、養育医療の給付申請書を受理したときは、速やかに、申請書及び養育医療意見書の内容を審査のうえ、給付の必要性の有無についての意見を附して、市町村長に進達する。申請又は進達を受けた市町村長は、養育医療を給付するかどうかを決定することとなるが、給付を行うことに決定したときは、養育医療券を申請者に交付し、かつ、医療券に記載された指定養育医療機関にその旨を通知することとなる。なお、医療券の交付に際しては、申請者に対し、その取扱いについて

養育医療給付申請書							
本人	氏名《ふりがな》		男・女	生年月日	令和	年　月　日	
	住所地 （住民票所在地）	郵便番号		個人番号			
	現在地 （住所地と異なる場合）	郵便番号					
扶養義務者	氏名《ふりがな》		本人との続柄				
	居住地	郵便番号					
	電話番号		個人番号				
被保険者証等の記号及び番号							
被保険者等の名称							
希望する指定養育医療機関の名称及び所在地 （所在地は本人現在地と同じ場合は省略可能）							
備考							

別紙関係書類を添えて上記のとおり養育医療の給付を申請します。

申請者住所　　郵便番号

本人との続柄
申請者氏名（自署もしくは記名押印）

電話番号
令和　　年　　月　　日

市（区）町村長　　　　　　　殿

申請受付年月日		決定年月日	

記載上の注意
「住所地」の欄は、住民票上の住所を記入してください。
「現在地」の欄は、現在所在する場所を記入してください。病院等に入院しているときは、その住所を記入してください。
「居住地」欄は、現在居住している住所を記入してください。帰省等している場合は帰省先等を記入してください。

養育医療意見書

ふりがな 氏名		男・女	生年月日	令和	年　月　日
在胎週数	（単胎／双胎（　胎））	出生時の体重			グラム

症状の概要	1　一般状態	(1)　運動不安・痙攣 (2)　運動が異常に少ない
	2　体温	(1)　摂氏３４度以下
	3　呼吸器 循環器	(1)　強度のチアノーゼ持続 (2)　チアノーゼ発作を繰り返す (3)　呼吸数が毎分５０以上で増加傾向 (4)　呼吸数が毎分３０以下 (5)　出血傾向が強い
	4　消化器	(1)　生後２４時間以上排便がない (2)　生後４８時間以上嘔吐が持続 (3)　血性吐物がある (4)　血性便がある
	5　黄疸	(1)　生後数時間以内に発生　　(2)異常に強い
	その他の所見 （合併症の有無等）	

診療予定期間	令和　年　月　日　から　令和　年　月　日　まで
現在受けている医療	保育器の使用　人工換気療法　酸素吸入　経管栄養　持続静脈内注射 その他の医療
症状の経過	

上記のとおり診断する。

令和　　年　　月　　日

医療機関の名称及び所在地

郵便番号

電話番号

医師氏名　　　　　　　　　　　　印

十分指導するとともに、費用の負担などについても、あらかじめ周知させておく必要がある。養育医療の給付を行わないことに決定したときは、理由を明らかにして、給付を行わない旨を速やかに申請者に通知する。なお、養育医療の性質から、実際には給付の申請の際、すでに指定養育医療機関による医療を受けているものも少なくないと思われるが、この場合、医療開始の日から医療券の交付までの期間の医療も養育医療の給付とする取扱いであり、したがって、指定養育医療機関にこの旨を十分周知させる必要がある。また、医療は、医療券を指定養育医療機関に提出して給付を受けることとなっているが、やむを得ない理由で医療券を提出できない場合には、とりあえず医療を行い、その理由がなくなった後、速やかに、医療券を提出させることになる。

次に医療券の取扱いについて若干説明することとする。まず、医療券の有効期間の記載に当たっては、その始期はその指定養育医療機関による当該医療開始の日にさかのぼる取扱いである。また、その終期は、当該医療の終了期限であるので、診療の終了予定期限に若干の余裕を考慮して記入することが望ましい。有効期間について、病院診療所用の医療券と薬局用の医療券で異なっていることはおかしいので、両者は同一とする必要がある。医療券の有効期間を過ぎて養育医療を継続する必要がある場合は、事前に指定養育医療機関が市町村長に対し医師の意見書を添え協議を行い、当該市町村長の承認を受け、養育医療の継続ができる途が開かれている。

二　養育医療費の審査及び支払い　養育医療に係る診療報酬は、市町村長が本人及びその扶養義務者からその負担できる額を徴収することになるのであるが、その具体的手続きについては次により行う。

(1)　指定養育医療機関に対する診療報酬の審査及び支払いに関する事務は、特別の理由がない限り、社会保険診療報酬支払基金又は国民健康保険団体連合会に委託して行う。したがって、これらの事務等に関して、都道府県内におかれた支払基金の事務所又は国民健康保険団体連合会と十分打合せのうえ、円滑に実施する必要がある。

(2)　指定養育医療機関が市町村長に対し行う診療報酬の請求は、各月に行った養育医療の診療報酬（社会保険各法により負担される部分を除く。）について、養育医療診療報酬請求書及び養育医療報酬請求明細書を、翌月十日までにその指定養育医療機関の所在する都道府県の区域内におかれた支払基金事務所又は国民健康保険団体連合会に提出して行う。

(3)　支払基金事務所又は国民健康保険団体連合会は、指定養育医療機関から請求書及び明細書の提出があったときは、速やかにその内容を審査し、おそくともその月の二十三日までに審査の結果による支払額を算出したうえ、その請求書及び明細書に指定養育医療機関別の診療報酬請求内訳書を添え、都道府県知事に提出するとともに、指定養育医療機関に対する診療報酬の支払いを開始し、その月の末日までに完了する。請求書等の提出を受けた都道府県知事は、その審査結果の内容を慎重に点検し、所要の審査を行ったうえ、その請求書及び明細書に所要の記載等を行い、その月の末日までに支払基金事務所又は国民健康保険団体連合会に送付する。

〔**母子保健法施行規則**〕

（養育医療）

第九条　法第二十条第一項の規定による養育医療の給付を受けようとするときは、当該未熟児の保護者は、その未熟児の居住地の市町村長に申請しなければならない。

2　市町村長は、前項の申請に基づいて養育医療の給付を行うときは、様式第一号による養育医療券を申請者に交付するものとする。

3　前項の養育医療券の交付を受けた者は、その監護する未熟児につき養育医療を受けさせるに当たつては、養育医療券を指定養育医療機関に提出しなければならない。

（指定の申請）

第十条　法第二十条第五項の規定による都道府県知事（地方自治法（昭和二十二年法律第六十七号）第二百五十二条の十九第一項の指定都市（以下「指定都市」という。）又は同法第二百五十二条の二十二第一項の中核市（以下「中核市」という。）にあつては、市長とする。以下同じ。）の指定を受けようとする病院又は診療所の開設者は、次の各号に掲げる事項を記載した申請書を、その所在地の都道府県知事に提出しなければならない。

一　病院又は診療所の名称及び所在地

二　開設者の住所及び氏名又は名称

三　標ぼうしている診療科名

四　養育医療を主として担当する医師の氏名及び略歴

五　養育医療を行なうために必要な施設及び設備の概要並びに救急用自動車その他未熟児を輸送するに足る自動車の有無

六　養育医療のための収容定員

七　医師、助産師及び看護師の数並びに患者の収容定員

2　法第二十条第五項の規定による都道府県知事の指定を受けようとする薬局の開設者は、次の各号に掲げる事項を記載した申請書をその所在地の都道府県知事に提出しなければならない。

一　薬局の名称及び所在地

二　開設者の住所及び氏名又は名称

三　調剤のために必要な設備及び施設の概要

（標示）

第十一条　指定養育医療機関は、その病院若しくは診療所又は薬局の見やすい箇所に、様式第二号による標示をしなければならない。

（届出）

第十二条　指定養育医療機関の開設者は、当該指定養育医療機関が次の各号のいずれかに該当するに至つたときは、その事項及びその年月日を、すみやかに、その所在地の都道府県知事に届け出なければならない。

一　病院又は診療所にあつては第十条第一項各号（第七号を除く。）に掲げる事項に、薬局にあつては同条第二項各号に掲げる事項に変更があつたとき。

二　当該指定養育医療機関の業務を休止し、又は再開したとき。

三　医療法（昭和二十三年法律第二百五号）第二十四条、第二十八条若しくは第二十九条又は医薬品、医療機器等の品質、有効性及び安全性の確保等に関する法律（昭和三十五年法律第百四十五号）第七十二条第四項、第七十五条第一項若しくは第七十五条の二第一項に規定する処分を受けたとき。

（指定辞退の申出）

第十三条　指定養育医療機関の開設者は、法第二十条第七項において準用する児童福祉法（昭和二十二年法律第百六十四号）第二十条第七項の規定により指定を辞退しようとするときは、その旨を、その指定を受けた都道府県知事に申し出なければならない。

（診療報酬の請求及び支払）

第十四条　都道府県知事が法第二十条第七項において準用する児童福祉法第十九条の二十第一項の規定により医療費の審査を行うこととしている場合においては、指定養育医療機関は、療養の給付及び公費負担医療に関する費用の請求に関する省令（昭和五十一年厚生省令第三十六号）の定めるところにより、当該指定養育医療機関が行つた医療に係る診療報酬を請求するものとする。

2　前項の場合において、市町村は、当該指定養育医療機関に対し、都道府県知事が当該指定養育医療機関の所在する都道府県の社会保険診療報酬支払基金事務所に設けられた審査委員会、社会保険診療報酬支払基金法（昭和二十三年法律第百二十九号）に定める特別審査委員会、国民健康保険法（昭和三十三年法律第百九十二号）に定める国民健康保険診療報酬審査委員会又は同法第四十五条第六項に規定する厚生労働大臣が指定する法人に設置される診療報酬の審査に関する組織の意見を聴いて決定した額に基づいて、その診療報酬を支払うものとする。

（権限の委任）

第十六条　法第二十八条の規定により、次に掲げる厚生労働大臣の権限は、地方厚生局長に委任する。ただし、厚生労働大臣が第一号及び第二号に掲げる権限を自ら行うことを妨げない。

一　法第二十条第七項において準用する児童福祉法第二十一条の三第三項に規定する権限

二　法第二十七条第一項に規定する権限

〔母子保健法施行令〕

（医療に関する審査機関）

第一条　母子保健法（以下「法」という。）第二十条第七項において準用する児童福祉法（昭和二十二年法律第百六十四号）第十九条の二十第三項に規定する政令で定める医療に関する審査機関は、社会保険診療報酬支払基金法（昭和二十三年法律第百二十九号）に定める特別審査委員会及び国民健康保険法（昭和三十三年法律第百九十二号）第四十五条第六項に規定する厚生労働大臣が指定する法人に設置される診療報酬の審査に関する組織とする。

〔告　示〕

◉指定養育医療機関医療担当規程

〔昭和四十年十二月二十八日　厚生省告示第五百七十三号〕

改正　昭五一厚告二二九・平六厚告二一八・三一五・平二五厚労告七七

（通則）

第一条　指定養育医療機関は、母子保健法（昭和四十年法律第百四十一号）及び母子保健法施行規則（昭和四十年厚生省令第五十五号）の定めるところによるほか、この規程の定めるところにより、懇切丁寧に、同法の規定による未熟児の養育医療を担当しなければならない。

（診療開始時の注意）

第二条　指定養育医療機関は、市町村長が交付した養育医療券を提出して養育医療の給付に関する診療を求められたときは、正当な理由がなく拒んではならない。

第三条　指定養育医療機関は、養育医療券を提出して養育医療の給付に関する診療を求められたときは、当該養育医療券が有効であることを確かめなければならない。

（援助）

第四条　指定養育医療機関は、養育医療券の有効期間を延長する必要があると認めたとき、又は未熟児に対し移送を行うことが必要であり、かつ、自ら行うことができないと認めたときは、速やかに、その者に対し必要な援助を与えなければならない。

（証明書等の交付）

第五条　指定養育医療機関は、未熟児の保護者又は養育医療券を交付した市町村長から、その行つている養育医療につき、必要な証明書、意見書等の交付を求められたときは、無償で交付しなければならない。

（診療録）

第六条　指定養育医療機関は、未熟児に関する診療録に健康保険の例によつて医療の担当に関し必要な事項を記載しなければならない。

（帳簿の保存）

第七条　指定養育医療機関は、診療報酬の請求に関する帳簿その他の書類を、その完結の日から三年間保存しなければならない。

（通知）

第八条　指定養育医療機関は、養育医療の給付に関し次の各号の一に該当する事実を知つたときは、速やかに、意見を付して養育医療券を交付した市町村長に通知しなければならない。

一　正当な理由がなく療養に関する指導に従わないこと。

二　詐欺その他不正な手段により診療を受け、又は受けようとしたこと。

第九条　指定養育医療機関は、未熟児が退院（転医の場合を除く。）するときは、その未熟児及び退院後の保護者の氏名、退院後の居住地並びに退院年月日を、退院後の未熟児の居住地の市町村長に通知しなければならない。

（薬局に関する特例）

第十条　指定養育医療機関である薬局については、第四条及び前条の規定は適用せず、第六条中「診療録」とあるのは「調剤録」と読み替えるものとする。

（医療施設の整備）

第二十条の二　国及び地方公共団体は、妊産婦並びに乳児及び幼児の心身の特性に応じた高度の医療[1]が適切に提供されるよう、必要な医療施設の整備に努めなければならない。

要旨

妊産婦及び乳幼児に対する心身の特性に応じた高度の医療の提供のため、必要な医療施設の整備についての国及び地方公共団体の努力義務を規定したものである。

解釈

１　妊産婦並びに乳児及び幼児の心身の特性に応じた高度な医療　母子医療については、生涯を通じた健康の第一歩となるものであることから、政策的に医療を提供することが必要である。国においては、昭和六十年三月に閣議決定された「国立病院・療養所の再編成・合理化の基本指針」において、母子医療の分野における高度先進医療を政策的に実施することとされており、地方公共団体においても、政策的観点から高度な母子医療の提供についての責任を担う必要がある。また、妊産婦、乳幼児に対する通常の医療は一般の産科、小児科の医療機関において提供されているが、高度な技術を必要とする周産期における緊急の医療及び乳幼児の難治性疾患に対する医療については、一般の医療機関では対応が困難であり、その提供体制の整備のために、①周産期集中治療病棟、新生児集中治療病棟、②小児専門病院、③小児慢性疾患病棟、④初期医療と専門医療の連携体制等について整備が必要であることから、平成六年の改正において、本条が規定されたものである。

なお、これらの機関や施設は不採算である傾向があるため、民間病院が担うことが困難な状況であるとともに、児童福祉法にも規定されているとおりわが国の将来を担う子どもの育成は国及び地方公共団体の責務となっていることから、その一環として、公的医療機関における妊産婦及び乳幼児の心身の特性に応じた高度な医療の提供について規定している。

ところで、医療法第一条の三においては、医療を提供する体制の確保についての国及び地方公共団体の努力義務が規定されているが、これは、国及び地方公共団体に対する一般的な努力義務を規定したもので具体的な義務を課すものではないと解されている。そのため、母子医療についてはその特殊性にかんがみ具体的に国公立病院の整備について規定されたものである。

（調査研究の推進）

第二十条の三　国は、乳児及び幼児の障害の予防のための研究その他母性並びに乳児及び幼児の健康の保持及び増進のため必要な調査研究[1]の推進に努めなければならない。

要旨

母性並びに乳幼児の健康の保持及び増進のために必要な調査研究の推進に関する国の努力義務を規定したものである。

解釈

1　調査研究　母子保健対策に関する体制の整備に当たっては、保健・医療両面の水準を高めるため、研究の実施が不可欠である。とくに、市町村での保健事業の実施基盤の整備のためには、例えば、健康診査等の検査項目の見直しやその効率的実施のための研究が必要であり、また、高度な母子医療の提供のためには、周産期医療システム等についての研究が必要である。このような研究は、全国に普遍的なものが中心であるため、国が責任をもって行うこととし、その努力義務を規定したものである。

（費用の支弁）

第二十一条　市町村が行う第十二条第一項の規定による健康診査[1]に要する費用及び第二十条の規定による措置[2]に要する費用は、当該市町村の支弁とする。[3]

要旨

本条は、市町村が行う第十二条第一項の規定による健康診査及び第二十条の規定による養育医療の措置に要する費用の支弁について定めたものである。

解釈

1　第十二条第一項の規定による健康診査　第十二条の解釈３参照。

2　第二十条の規定による措置　養育医療の給付を行い、又はこれに代えて養育医療に要する費用を支給することをいう。

3　支弁とする　「支弁する」という言葉は、財源の引当がある場合にその財源から金銭を義務的に支出すべきことをあらわすのに用いられ、単に金銭を支払うことを意味する「支出」や、金銭債務の履行として金銭を渡すことを意味する「支払い」とは異なる。

（都道府県の負担）

第二十一条の二　都道府県は、政令の定めるところにより[1]、前条の規定により市町村が支弁する費用のうち、第二十条の規定による措置に要する費用については、その四分の一を負担するものとする。

要旨

本条は、市町村が支弁する費用のうち、養育医療に要する費用については、その四分の一を負担することについて定めたものである。

解釈

1　政令の定めるところにより　令第二条に規定されている。都道府県の負担は、各年度において、厚生労働大臣が定める基準によって算定した養育医療の給付（養育医療に要する費用の支給を含む。）に要する費用の額から厚生労働大臣が定める基準によって算定した徴収金の額その他その費用のための収入の額を控除した額についで行う。

（国の負担）

第二十一条の三　国は、政令の定めるところにより[1]、第二十一条の規定により市町村が支弁する費用のうち、第二十条の規定による措置に要する費用については、その二分の一を負担するものとする。[2]

要旨

本条は、第十二条の規定による健康診査に要する費用及び第二十条の規定による養育医療の措置に要する費用についての国の負担について定めたものである。

解釈

１　政令の定めるところ　令第二条に規定する国の費用の負担及び算定基準をいう。

２　負担するものとする　第二十条第一項の規定による措置に要する費用についての国の負担は、各年度において、厚生労働大臣が定める基準によって算定した養育医療の給付に要する費用の額から、厚生労働大臣が定める基準によって算定した本人又はその扶養義務者から徴収する徴収金（第二十一条の四第一項）の額その他その費用のための収入の額を控除した額とされている（令第二条）。この養育医療の給付は、本法に明文の規定はないが、健康保険法その他医療保険各法との趣旨解釈から、被扶養者又は被保険者が医療保険各法において負担すべき自己負担額について給付される。したがって、令第二条の養育医療の給付に要する費用の額は、この残額を指す。

運用

養育医療の措置に要する費用の交付　市町村が支弁した養育医療の措置に要する費用に対する国の負担金の交付額は、次の⑴及び⑵の額を比較して少ない方の額からさらに一定の調定を行った額を控除した額に二分の一を乗じて得た額である。

⑴　法第二十条第三項に規定する各号の給付のうち、次の㈠及び㈡により算定した額の合計額から、これらの費用について医療保険各法による負担額を控除した額

㈠　診察、薬剤又は治療材料の支給、医学的処置、手術及びその他の治療並びに病院又は診療所への入院及びその療養に伴う世話その他の看護に係る費用については、健康保険法の規定による療養に要する費用の

額の算定方法により算定した額

(イ)　移送に係る費用については、原則として入院に必要な最小限度の交通費の実支出額

(2)　市町村が支弁した委託料などの対象経費の実支出額から寄附金その他の収入額を控除した額

〔**母子保健法施行令**〕

（国の費用の負担）

第二条　法第二十条第一項の規定による措置に要する費用についての法第二十一条の二又は法第二十一条の三の規定による都道府県又は国の負担は、各年度において、厚生労働大臣が定める基準によつて算定した同項の規定による養育医療の給付（養育医療に要する費用の支給を含む。）に要する費用の額から厚生労働大臣が定める基準によつて算定した当該費用に係る法第二十一条の四第一項の規定による徴収金の額その他その費用のための収入の額を控除した額について行う。

（費用の徴収）

第二十一条の四　第二十条の規定による養育医療の給付に要する費用を支弁した市町村長は、当該措置を受けた者又はその扶養義務者[1]から、その負担能力に応じて、当該措置に要する費用の全部又は一部を徴収することができる。[2]

2　前項の規定による費用の徴収は、徴収されるべき者の居住地又は財産所在地の市町村に嘱託することができる。[3]

3　第一項の規定により徴収される費用を、指定の期限内に納付しない者があるときは、地方税の滞納処分

の例[4]により処分することができる。この場合における徴収金の先取特権の順位[5]は、国税及び地方税に次ぐものとする。

要旨

本条は、第二十条の規定による養育医療の措置に要する費用の徴収について定めたものである。

解釈

１　当該措置を受けた者又はその扶養義務者　「当該措置を受けた者」は、市町村が行う養育医療の給付を受けた未熟児のことである。また、「その扶養義務者」は、民法に定める扶養義務者をいうものとされている。すなわち、当該未熟児の父母、祖父母、養父母等の直系血族及び兄弟姉妹のほか、家庭裁判所で扶養の義務を負わされた叔父、叔母など民法第八百七十七条に定められている者である。

２　徴収することができる　養育医療の給付は、その給付を受ける未熟児又はその扶養義務者の貧富にかかわらず、保育器の使用、強制栄養等を必要とするすべての未熟児に対し、病院等へ収容して行うという積極的措置であって、その措置に要した費用は、その費用を負担できる者からこれを徴収することとし、その権能を長に与えたものである。もちろん、経済的理由から負担できない場合にはその限度で徴収しないこととしている。具体的にいくら徴収するかについては、市町村の裁量に委ねられている。

３　徴収されるべき者の居住地又は財産所在地の市町村に嘱託することができる　「徴収されるべき者」とは、養育医療の給付を受けた未熟児及びこれらの者の扶養義務者であって、費用の全額徴収免除の措置を受けていないものをいう。「居住地」とは、住所又は居所をいう。「財産所在地」は、その者の財産があるところであるから、一箇所であるとは限らない。要するにこの規定は、養育医療の給付に要する費用を徴収されるべき者又はその扶養義務者の居住地がその措置をした都道府県以外にあったり、その財産が遠隔地、離島、へき地にあるときなどのようにみずから徴収することが困難な場合に、他の市町村に嘱託して徴収する途を開いたものである。なお、「市町村」には、東京都の特別区を含む。

4　地方税の滞納処分の例　地方税法に定める滞納処分の規定によることをいう。「滞納処分」とは、地方税法の定めるところにしたがって行う財産、債権などの差押え、公売処分などの行為をいう。

5　先取特権　「先取特権」とは、納付義務者の財産が強制的に換価された場合、その換価代金から優先して徴収し得る権利をいう。

運用

費用の徴収　養育医療に要する費用について本人又は扶養義務者から徴収する額は、市町村が原則としてその児童の属する世帯の前年分の一か月平均所得税額等に応じて、月額によって決定することとし、国庫負担金の算定上その徴収月額は一定の徴収基準額表に定めた徴収基準月額により算定した額とする。ただし、その児童の措置に要した費用について都道府県等の支弁額から医療保険各法の負担額を差し引いた額を超えてはならない。

第三章　母子健康包括支援センター

第二十二条　市町村[1]は、必要に応じ、母子健康包括支援センター[2]を設置するように努めなければならない。

2　母子健康包括支援センターは、第一号から第四号までに掲げる事業を行い、又はこれらの事業に併せて第五号に掲げる事業を行うことにより、母性並びに乳児及び幼児の健康の保持及び増進に関する包括的な支援を行うことを目的とする施設とする。

一　母性並びに乳児及び幼児の健康の保持及び増進に関する支援に必要な実情の把握を行うこと。

二　母子保健に関する各種の相談に応ずること。

三　母性並びに乳児及び幼児に対する保健指導を行うこと。

四　母性及び児童の保健医療又は福祉に関する機関との連絡調整その他母性並びに乳児及び幼児の健康の保持及び増進に関し、厚生労働省令で定める支援[3]を行うこと。

五　健康診査、助産その他の母子保健に関する事業[4]を行うこと（前各号に掲げる事業を除く。）。

3　市町村は、母子健康包括支援センターにおいて、第九条の相談、指導及び助言並びに第十条の保健指導を行うに当たつては、児童福祉法第二十一条の十一第一項の情報の収集及び提供、相談並びに助言並びに同条第二項のあつせん、調整及び要請と一体的に行う[5]ように努めなければならない。

要旨

本条は、主に妊産婦及び乳幼児の実情を把握し、妊娠・出産・子育てに関する各種の相談に応じ、必要に応じて支援プランの策定や、地域の保健医療又は福祉に関する機関との連絡調整を行い、母子保健施策と子育て支援施策との一体的な提供を通じて、妊産婦及び乳幼児の健康の保持及び増進に関する包括的な支援を行うことにより、もって地域の特性に応じた妊娠期から子育て期にわたる切れ目のない支援を提供する体制を構築することを目的として、母子健康包括支援センターを設置する努力義務を市町村に課したものである。

解釈

1　市町村　特別区及び一部事務組合を含む。ただし、市町村が認めた者へ委託等を行うことができる。

2　母子健康包括支援センター　必須事業として、①母性並びに乳児及び幼児の保健に関し、実情を把握すること、②母子保健に関する各種の相談に応ずること、③母性並びに乳児及び幼児の保健指導を行うこと、④母性及び児童の保健医療又は福祉に関する機関との連絡調整その他の厚生労働省令で定める支援を行うこと。また、任意事業として、健康診査、助産その他の母子保健に関する事業（①〜④を除く。）を行うことができる。

3　厚生労働省令で定める支援　厚生労働省令において、援助の内容として、各々の妊産婦等に対する支援の必要性を評価し、評価に基づく必要な支援に関するプラン（母性並びに乳児及び幼児に対する支援に関する計画）の作成、当該プランの進捗管理及び見直しを行うことが定められている。

4　健康診査、助産その他の母子保健に関する事業　健康診査、助産のほか母子保健に関する事業としては、知識の普及、栄養の摂取に関する援助、母子健康手帳の交付等の事業を行うことが想定されている。

5　一体的に行う　母子保健には、妊娠・出産に関することのみならず、育児に関することも含まれるところ、保健指導、健康診査等の母子保健に関する事業は、妊産婦等の精神的・身体的健康状態のみならず生活状況一般に関する情報（生活習慣、生活環境、困りごと等）を把握する契機となっており、把握した情報を踏まえ、母子保健に関する支援のみならず子育て支援もあわせて行うことが妊産婦等の健康の保持及び増進にとって有益であることから、一体的に運用する旨が規定された。この場合の「一体的に行う」とは、特定の対象者に対して母子保健に関する支援と子育て支援があわせて提供されることを意味し、①同一の施設（担当部署）において、両支援をあわせて行うことのみならず、②異なる施設（担当部署）が、対象者の状況・支援の必要性についての共通認識のもとで連携しながら、両支援をあわせて行うことも含まれる。

運用

一　妊産婦及び乳幼児等の実情を把握すること　妊娠・出産・産後・子育ての期間を通じて、妊産婦及び乳幼児等（以下「妊産婦等」という。）の母子保健や子育てに関する支援に必要となる実情の把握を継続的に実施すること。以下のアからウまでの支援は主として妊娠・出産・産後の期間において、エの支援は主として子育て期において行われることが想定される。

ア　母子保健に関する専門知識を有する保健師、助産師、看護師及びソーシャルワーカー（社会福祉士等）（以下「保健師等」という。）が、妊娠の届出等の機会を通して得た情報を基に、面接や電話等により妊産婦等と定期的に連絡をとることにより、対象地域の妊産婦等の母子保健事業の利用状況、身体的・精神的状態、生活習慣、生活環境、家庭の養育力、転出入の状況、その他困りごと等を継続的に把握すること。

イ　妊産婦等の支援台帳を作成する。支援台帳には、氏名、分娩予定日、状況等の項目を定め、必要となる情報をすぐに活用できる体制を整えること。

ウ　保健医療又は福祉の関係機関に出向き、積極的に情報の収集に努めること。

エ　利用者支援専門員（一定の実務経験を有し、子育て支援員研修を受講した者をいう。）、地域子育て支援拠点の専任職員等（以下「利用者支援専門員等」という。）又は保健師等が、相談を通じて、妊産婦等のみならず子育て家庭の個別のニーズを把握し、相談や支援等に係る記録を蓄積すること。

二　妊娠・出産・子育てに関する各種の相談に応じ、必要な情報提供・助言・保健指導を行うこと　センターは、妊娠期から子育て期にわたる切れ目のない支援のため、妊産婦等からの各種の相談に応じることとする。複数の施設・場所で役割分担をして実施する場合においても、相談を受けた施設・場所において、担当外の相談内容も含めて聞き取り、センター間で必要な情報を共有し、三及び四の支援を行うこと。以下のア及びイの支援は主として妊娠・出産・産後の期間において、ウ及びエの支援は主として子育て期において行われることが想定される。

ア　保健師等が、妊娠・出産・子育て等の母子保健に関する相談に応じ、必要な助言・保健指導を行うこと。

イ　保健師等が、一で把握した情報に基づき、利用可能な母子保健サービス等を選定し情報提供すること。

ウ　利用者支援専門員等又は保健師等が、子育て支援に関する相談に応じ、必要な助言を行うこと。

エ　利用者支援専門員等又は保健師等が、一で把握した情報に基づき、利用可能な子育て支援サービスを選定し情報提供すること。

三　支援プランを策定すること　保健師等が、妊娠・出産・産後・子育ての期間を通じて、必要に応じ、個別の妊産婦等を対象とした支援プランを策定すること。なお、支援プランの策定は、主として妊娠・出産・産後の期間において行われることが想定される。

ア　保健師等が、心身の不調や育児不安があること等から手厚い支援を要する者に対する支援の方法や、対応方針について検討等を実施する協議会又はケース検討会議等を設け、関係機関と協力して支援プランを策定すること。

イ　保健師等が、支援プランの効果を評価・確認しながら、必要に応じて見直しを行い、妊産婦等を包括的・継続的に支えていくように努めること。

四　保健医療又は福祉の関係機関との連絡調整を行うこと　妊娠・出産・産後・子育ての期間を通じて、保健医療又は福祉の関係機関との連絡調整を行うこと。なお、以下のア及びイの支援は主として妊娠・出産・産後の期間において行われることが想定され、ウの支援は主として子育て期において行われることが想定される。

ア　保健師等が、一で把握した情報に基づき、必要な支援を選択し、速やかに保健所、児童相談所、医療機関、児童福祉施設その他の関係機関の担当者につなぐとともに、担当者間で定期的に連絡をとり必要な情報を共有すること。

イ　妊産婦等に対する支援が包括的に提供されるよう、保健師等が中心となって、関係機関との協議の場を設けるとともに、ネットワークづくりを行うこと。

ウ　利用者支援専門員等又は保健師等が、一で把握した情報に基づき、保育所等や地域の子育て支援事業等から必要な支援を選択し、速やかに関係機関につなぐとともに、担当者間で定期的に連絡をとり必要な情報を共有すること。

五　母子保健事業　地域の実情に応じて、妊娠に関する普及啓発、妊娠の届出・母子健康手帳の交付、母親学級・両親学級、妊産婦健康診査、妊産婦訪問指導、低体重児の届出、新生児訪問指導、未熟児訪問指導、乳幼児健康診査、予防接種、産前・産後サポート事業、産後ケア事業等の母子保健事業を実施すること。

六　子育て支援事業　地域の実情に応じて、乳児家庭全戸訪問事業、養育支援訪問事業、子育て短期支援事業、地域子育て支援拠点事業、一時預かり事業、病児保育事業、子育て援助活動支援事業（ファミリー・サポート・センター事業）等の子育て支援事業を実施すること。

七　必要職員体制

①　保健師等を一名以上配置すること。なお、担当職員としてソーシャルワーカー（社会福祉士等）のみを配置する場合には、近隣の市町村保健センター等の保健師、助産師又は看護師との連携体制を確保すること。

②　①に加え、利用者支援専門員を一名以上配置すること。ただし、地域の実情、センターの規模や職員構成

等に鑑み、保健師等が利用者支援専門員が行う業務についても対応できると判断できる場合は、この限りでない。

〔母子保健法施行規則〕

（支援プランの作成等）

第十五条　法第二十二条第二項第四号の厚生労働省令で定める支援は、母性並びに乳児及び幼児のうちその心身の状態等に照らし健康の保持及び増進に関する包括的な支援を必要とすると認められる者に対して、母性並びに乳児及び幼児に対する支援に関する計画（以下「支援プラン」という。）の作成並びに支援の実施状況及び当該者の状態を定期的に確認し、当該状態を踏まえ、当該者に係る支援プランの見直しを行うこととする。

第四章　雑　則

（非課税）
第二十三条　第二十条の規定により支給を受けた金品[1]を標準として[2]、租税その他の公課[3]を課することができない。

要旨

本条は、養育医療の給付又はこれに代わる費用として支給されたものについて、公課を禁止することを定めた規定である。

解釈

1　第二十条の規定により支給を受けた金品　養育医療の給付及びこれに代わる費用として支給を受けた金銭のことである。本法では、これらのもの以外に非課税の論議の対象となるものはない。

2　標準として　支給を受けた金銭等をその者の収入又は財産とみて公課の対象又は基準とすることをいう。

3　租税その他の公課　「租税」とは、所得税、印紙税などの国税及び都道府県民税、市町村民税のような地方税のことであり、「公課」とは、地方自治法第二百二十四条以下の規定により地方公共団体が徴収する分担金、手数料などをいう。

（差押えの禁止）

第二十四条　第二十条の規定により金品[1]の支給を受けることとなつた者の当該支給を受ける権利[2]は、差し押える[3]ことができない。

要旨

本条は、養育医療の給付に代わる費用の支給を受けることとなった者のその支給を受ける権利について、差押えを禁止した規定である。

解釈

1　金品　養育医療の給付は、現物給付であるから差押えの対象になり得ないので、ここにいう「金品」は、給付に代えて養育医療に要する費用として支給される金銭をいうものと解される。

2　当該支給を受ける権利　本条の解釈1に定める金銭の支給を受ける権利と解すべきである。

3　差し押え　民事訴訟法、国税徴収法等による差押えをいう。

第二十五条　削除

（大都市等の特例）

第二十六条　この法律中都道府県が処理することとされている事務で政令で定めるもの[1]は、地方自治法（昭和二十二年法律第六十七号）第二百五十二条の十九第一項の指定都市[2]（以下「指定都市」という。）及び同法第二百五十二条の二十二第一項の中核市[3]（以下「中核市」という。）においては、政令の定めるところにより、指定都市又は中核市（以下「指定都市等」という。）が処理するものとする。この場合においては、この法律中都道府県に関する規定は、指定都市等に関する規定として、指定都市等に適用があるものとする。[4]

要旨

本条は、地方自治法の規定による指定都市及び中核市について、児童福祉法等と同様、本法において都道府県が処理することとされている事務で政令で定めるものは、政令の定めるところにより、指定都市等が処理するものとしたものである。

解釈

1　この法律中都道府県が処理することとされている事務で政令で定めるもの　本条の規定により、指定都市等が処理する事務は、令第三条の規定に基づく地方自治法施行令第百七十四条の三十一の三及び第百七十四条の四十九の十一の規定により、本法に定める一切の事務とされている。

2　指定都市　人口五〇万以上の市で、地方自治法第二百五十二条の十九第一項の指定都市の指定に関する政令により指定されたものをいい、平成三十一年四月現在、大阪市、名古屋市、京都市、横浜市、神戸市、北九州市、札幌市、川崎市、福岡市、広島市、仙台市、千葉市、さいたま市、静岡市、堺市、新潟市、浜松市、岡山市、相模原市及び熊本市の二〇都市が指定を受けている。

3　中核市　人口二〇万以上の市で、地方自治法第二百五十二条の二十二第一項の中核市の指定に関する政令により指定されたものをいい、平成三十一年四月現在、宇都宮市、金沢市、岐阜市、姫路市、鹿児島市、秋田市、

郡山市、和歌山市、長崎市、大分市、豊田市、福山市、高知市、宮崎市、いわき市、長野市、豊橋市、高松市、旭川市、松山市、横須賀市、奈良市、倉敷市、川越市、船橋市、岡崎市、高槻市、東大阪市、富山市、函館市、下関市、青森市、盛岡市、柏市、西宮市、久留米市、前橋市、大津市、尼崎市、高崎市、豊中市、那覇市、枚方市、八王子市、越谷市、呉市、佐世保市、八戸市、福島市、川口市、八尾市、明石市、鳥取市、松江市、山形市、福井市、甲府市及び寝屋川市の五八都市が指定を受けている。

4　政令の定めるところ　令第三条に定めるものをいう。

〔**母子保健法施行令**〕

（大都市等の特例）

第三条　地方自治法（昭和二十二年法律第六十七号）第二百五十二条の十九第一項の指定都市（以下「指定都市」という。）において、法第二十六条第一項の規定により、指定都市が処理する事務については、地方自治法施行令（昭和二十二年政令第十六号）第百七十四条の三十一の三に定めるところによる。

2　地方自治法第二百五十二条の二十二第一項の中核市（以下「中核市」という。）において、法第二十六条第一項の規定により、中核市が処理する事務については、地方自治法施行令第百七十四条の四十九の十一に定めるところによる。

〔**地方自治法施行令**〕

（母子保健に関する事務）

第百七十四条の三十一の三　地方自治法第二百五十二条の十九第一項の規定により、指定都市が処理する母子保健に関する事務は、母子保健法（昭和四十年法律第百四十一号）及び母子保健法施行令（昭和四十年政令第三百八十五号）の規定により、都道府県が処理することとされている事務とする。この場合においては、第三項において特別の定めがあるものを除き、同法及び同令中都道府県に関する規定は、指定都市に関する規定として指定都市に適用があるものとする。

2　指定都市の市長は、前項の規定により母子保健法第二十条第七項において準用する児童福祉法第十九条の二十第一項の規定による事務を管理し及び執行する場合においては、同条第三項の意見の聴取に関し、社会保険診療報酬支払基金法による社会保険診療報酬支払基金と契約を締結するものとする。

3　第一項の場合においては、母子保健法第八条の規定は、これを適用しない。

（母子保健に関する事務）

第百七十四条の四十九の十一　地方自治法第二百五十二条の二十二第一項の規定により、中核市が処理する母子保健に関する事務は、母子保健法及び母子保健法施行令の規定により、都道府県が処理することとされている事務とする。この場合においては、次項において準用する第百七十四条の三十一の三第三項において特別の定めがあるものを除き、同法及び同令中都道府県に関する規定は、中核市に関する規定として中核市に適用があるものとする。

2　第百七十四条の三十一の三第二項及び第三項の規定は、中核市について準用する。この場合において、同条第二項中「前項」とあり、同条第三項中「第一項」とあるのは、「第百七十四条の四十九の十一第一項」と読み替えるものとする。

（緊急時における厚生労働大臣の事務執行）

第二十七条　第二十条第七項において準用する児童福祉法第二十一条の三第一項の規定により都道府県知事の権限に属するものとされている事務[1]は、未熟児の利益を保護する緊急の必要があると厚生労働大臣が認める場合にあつては、厚生労働大臣又は都道府県知事が行うものとする。この場合においては、第二十条第七項において準用する同法の規定中都道府県知事に関する規定（当該事務に係るものに限る。）は、厚生労働大臣に関する規定として厚生労働大臣に適用があるものとする。

2　前項の場合において、厚生労働大臣又は都道府県知事が当該事務を行うときは、相互に密接な連携[2]の下に行うものとする。

要　旨

自治事務として地方公共団体が処理する事項のうち、その性質上特に必要があるものであって、国民の利益を保護する緊急の必要があるものについては、法律で定めるところにより、国が直接事務を行うことができるとされた（地方分権推進計画（平成十年五月））。

本条はこうしたことを踏まえ、都道府県知事の権限に属する指定養育医療機関に対する報告徴収権と実地の立ち入り検査権について、一次的な事務執行は地方公共団体においてなされることを前提としつつも、未熟児の利益を保護する緊急の必要があると厚生労働大臣が認める場合には、厚生労働大臣と都道府県知事の密接な連携の下に、厚生労働大臣もその権限を行使できることとしたものである。

解　釈

1　第二十条第七項において準用する児童福祉法第二十一条の三第一項の規定により都道府県知事の権限に属するものとされている事務　指定養育医療機関の診療報酬請求の適正を期するため、都道府県知事に対して必要な報告徴収権と実地の立ち入り検査権を認めることを意味する。

2　相互に密接な連携　本条第一項の規定により、未熟児の利益を保護する緊急の必要があると厚生労働大臣が認める場合、指定養育医療機関に対する報告徴収と実地の立ち入り検査を行う権限を厚生労働大臣と都道府県知事がもつことになるため、当該事務の適切な執行を図る観点から、両者が密接な連携の下に事務を執行することとしたものである。

（権限の委任）

第二十八条　この法律に規定する厚生労働大臣の権限は、厚生労働省令[1]で定めるところにより、地方厚生局長に委任することができる。

2　前項の規定により地方厚生局長に委任された権限は、厚生労働省令[1]で定めるところにより、地方厚生支局長に委任することができる。

要旨

母子保健法に規定する厚生労働大臣の権限のうち、指定養育医療機関の指定等に関する権限について、地方厚生局長に委任するものである。

解釈

1　厚生労働省令　地方厚生局長に委任する厚生労働大臣の権限として第一項の厚生労働省令で定める権限は、指定養育医療機関の指定及び指定取消し、指定養育医療機関に対する報告徴収権と実地の立ち入り検査権、緊急時における指定養育医療機関に対する事務執行である。

地方厚生局長の権限を地方厚生支局長に委任する本条第二項の厚生労働省令は現在未制定である。

附　録

◉母子保健法

〔昭和四十年八月十八日
法律第百四十一号〕

改正　昭六〇法律三七・九〇・昭六一法律四六・一〇九・平元法律二二・平三法律七九・平五法律八九・平六法律四九・五六・八四・平一一法律八七・一〇二・一五一・一六〇・平一三法律一五三・平一四法律一〇三・平一五法律一二一・平一七法律二五・一二三・平二〇法律七三・平二三法律一〇五・平二四法律六七・平二六法律五一・平二八法律六三・令元法律一六

母子保健法

目次

第一章　総則

（目的）

第一条　この法律は、母性並びに乳児及び幼児の健康の保持及び増進を図るため、母子保健に関する原理を明らかにするとともに、母性並びに乳児及び幼児に対する保健指導、健康診査、医療その他の措置を講じ、もつて国民保健の向上に寄与することを目的とする。

（母性の尊重）

第二条　母性は、すべての児童がすこやかに生まれ、かつ、育てられる基盤であることにかんがみ、尊重され、かつ、保護されなければならない。

（乳幼児の健康の保持増進）

第三条　乳児及び幼児は、心身ともに健全な人として成長してゆくために、その健康が保持され、かつ、増進されなければならない。

（母性及び保護者の努力）

第四条　母性は、みずからすすんで、妊娠、出産又は育児についての正しい理解を深め、その健康の保持及び増進に努めなければならない。

2　乳児又は幼児の保護者は、みずからすすんで、育児についての正しい理解を深め、乳児又は幼児の健康の保持及び増進に努めなければならない。

（国及び地方公共団体の責務）

第五条　国及び地方公共団体は、母性並びに乳児及び幼児の健康の保持及び増進に努めなければならない。

2　国及び地方公共団体は、母性並びに乳児及び幼児の健康の保持及び増進に関する施策を講ずるに当たつては、当該施策が乳児及び幼児に対する虐待の予防及び早期発見に資するものであることに留意するとともに、その施策を通じて、前三条に規定する母子保健の理念が具現されるように配慮しなければならない。

（用語の定義）

第六条　この法律において「妊産婦」とは、妊娠中又は出産後一年以内の女子をいう。

2　この法律において「乳児」とは、一歳に満たない者をいう。
3　この法律において「幼児」とは、満一歳から小学校就学の始期に達するまでの者をいう。
4　この法律において「保護者」とは、親権を行う者、未成年後見人その他の者で、乳児又は幼児を現に監護する者をいう。
5　この法律において「新生児」とは、出生後二十八日を経過しない乳児をいう。
6　この法律において「未熟児」とは、身体の発育が未熟のまま出生した乳児であつて、正常児が出生時に有する諸機能を得るに至るまでのものをいう。

（都道府県児童福祉審議会等の権限）

第七条　児童福祉法（昭和二十二年法律第百六十四号）第八条第二項に規定する都道府県児童福祉審議会（同条第一項ただし書に規定する都道府県にあつては、地方社会福祉審議会。以下この条において同じ。）及び同条第四項に規定する市町村児童福祉審議会は、母子保健に関する事項につき、調査審議するほか、同条第二項に規定する都道府県児童福祉審議会は都道府県知事の、同条第四項に規定する市町村児童福祉審議会は市町村長の諮問にそれぞれ答え、又は関係行政機関に意見を具申することができる。

（都道府県の援助等）

第八条　都道府県は、この法律の規定により市町村が行う母子保健に関する事業の実施に関し、市町村相互間の連絡調整を行い、及び市町村の求めに応じ、その設置する保健所による技術的事項についての指導、助言その他当該市町村に対する必要な技術的援助を行うものとする。

（実施の委託）

第八条の二　市町村は、この法律に基づく母子保健に関する事業の一部について、病院若しくは診療所又は医師、助産師その他適当と認められる者に対し、その実施を委託することができる。

（連携及び調和の確保）

第八条の三　都道府県及び市町村は、この法律に基づく母子保健に関する事業の実施に当たつては、学校保健安全法（昭和三十三年法律第五十六号）、児童福祉法その他の法令に基づく母性及び児童の保健及び福祉に関する事業との連携及び調和の確保に努めなければならない。

第二章　母子保健の向上に関する措置

（知識の普及）

第九条　都道府県及び市町村は、母性又は乳児若しくは幼児の健康の保持及び増進のため、妊娠、出産又は育児に関し、相談に応じ、個別的又は集団的に、必要な指導及び助言を行い、並びに地域住民の活動を支援すること等により、母子保健に関する知識の普及に努めなければならない。

（保健指導）

第十条　市町村は、妊産婦若しくはその配偶者又は乳児若しくは幼児の保護者に対して、妊娠、出産又は育児に関し、必要な保健指導を行い、又は医師、歯科医師、助産師若しくは保健師について保健指導を受けることを勧奨しなければならない。

（新生児の訪問指導）

第十一条　市町村長は、前条の場合において、当該乳児が新生児であつて、育児上必要があると認めるときは、医師、保健師、助産師又はその他の職員をして当該新生児の保護者を訪問させ、必要な指導を行わせるものとする。ただし、当該新生児につき、第十九条の規定による指導が行われるときは、この限りでない。

2　前項の規定による新生児に対する訪問指導は、当該新生児が新生児でなくなつた後においても、継続することができる。

（健康診査）

第十二条　市町村は、次に掲げる者に対し、厚生労働省令の定めるところにより、健康診査を行わなければならない。

一　満一歳六か月を超え満二歳に達しない幼児

二　満三歳を超え満四歳に達しない幼児

2　前項の厚生労働省令は、健康増進法（平成十四年法律第百三号）第九条第一項に規定する健康診査等指針（第十六条第四項において単に「健康診査等指針」という。）と調和が保たれたものでなければならない。

第十三条　前条の健康診査のほか、市町村は、必要に応じ、妊産婦又は乳児若しくは幼児に対して、健康診査を行い、又は健康診査を受けることを勧奨しなければならない。

2　厚生労働大臣は、前項の規定による妊婦に対する健康診査についての望ましい基準を定めるものとする。

（栄養の摂取に関する援助）

第十四条　市町村は、妊産婦又は乳児若しくは幼児に対して、栄養の摂取につき必要な援助をするように努めるものとする。

（妊娠の届出）

第十五条　妊娠した者は、厚生労働省令で定める事項につき、速やかに、市町村長に妊娠の届出をするようにしなければならない。

（母子健康手帳）

第十六条　市町村は、妊娠の届出をした者に対して、母子健康手帳を交付しなければならない。

2　妊産婦は、医師、歯科医師、助産師又は保健師について、健康診査又は保健指導を受けたときは、その都度、母子健康手帳に必要な事項の記載を受けなければならない。乳児又は幼児の健康診査又は保健指導を受けた当該乳児又は幼児の保護者についても、同様とする。

3　母子健康手帳の様式は、厚生労働省令で定める。

4　前項の厚生労働省令は、健康診査等指針と調和が保たれたものでなければならない。

（妊産婦の訪問指導等）

第十七条　第十三条第一項の規定による健康診査を行つた市町村の長は、その結果に基づき、当該妊産婦の健康状態に応じ、保健指導を要する者については、医師、助産師、保健師又はその他の職員をして、その妊産婦を訪問させて必要な指導を行わせ、妊娠又は出産に支障を及ぼすおそれがある疾病にかかつている疑いのある者については、医師又は歯科医師の診療を受けることを勧奨するものとする。

2　市町村は、妊産婦が前項の勧奨に基づいて妊娠又は出産に支障を及ぼすおそれがある疾病につき医師又は歯科医師の診療を受けるために必要な援助を与えるように努めなければならない。

（低体重児の届出）

第十八条　体重が二千五百グラム未満の乳児が出生したときは、その保護者は、速やかに、その旨をその乳児の現在地の市町村に届け出なければならない。

（未熟児の訪問指導）

第十九条　市町村長は、その区域内に現在地を有する未熟児について、養育上必要があると認めるときは、医師、保健師、助産師又はその他の職員をして、その未熟児の保護者を訪問させ、必要な指導を行わせるものとする。

2　第十一条第二項の規定は、前項の規定による訪問指導に準用する。

（健康診査に関する情報の提供の求め）

第十九条の二　市町村は、妊産婦若しくは乳児若しくは幼児であつて、かつて当該市町村以外の市町村（以下この項において「他の市町村」という。）に居住していた者又は当該妊産婦の配偶者若しくは当該乳児若しくは幼児の保護者に対し、第十条の保健指導、第十一条、第十七条第一項若しくは前条の訪問指導、第十二条第一項若しくは第十三条第一項の健康診査又は第二十二条第二項第二号から第五号までに掲げる事業を行うために必要があると認めるときは、当該他の市町村に対し、厚生労働省令で定めるところにより、当該妊産婦又は乳児若しくは幼児に対する第十二条第一項又は第十三条第一項の健康診査に関する情報の提供を求めることができる。

2　市町村は、前項の規定による情報の提供の求めについては、電子情報処理組織を使用する方法その他の情報通信の技術を利用する方法であつて厚生労働省令で定めるものにより行うよう努めなければならない。

（養育医療）

第二十条　市町村は、養育のため病院又は診療所に入院することを必要とする未熟児に対し、その養育に必要な医療（以下「養育医療」という。）の給付を行い、又はこれに代えて養育医療に要する費用を支給することができる。

2　前項の規定による費用の支給は、養育医療の給付が困難であると認められる場合に限り、行なうことができる。

3　養育医療の給付の範囲は、次のとおりとする。

一　診察

二　薬剤又は治療材料の支給

三　医学的処置、手術及びその他の治療

四　病院又は診療所への入院及びその療養に伴う世話その他の看護

五　移送

4　養育医療の給付は、都道府県知事が次項の規定により指定する病院若しくは診療所又は薬局（以下「指定養育医療機関」という。）に委託して行うものとする。

5　都道府県知事は、病院若しくは診療所又は薬局の開設者の同意を得て、第一項の規定による養育医療を担当させる機関を指定する。

6　第一項の規定により支給する費用の額は、次項の規定により準用する児童福祉法第十九条の十二の規定により指定養育医療機関が請求することができる診療報酬の例により算定した額のうち、本人及びその扶養義務者（民法（明治二十九年法律第八十九号）に定める扶養義務者をいう。第二十一条の四第一項において同じ。）が負担することができないと認められる額とする。

7　児童福祉法第十九条の十二、第十九条の二十及び第二十一条の三の規定は養育医療の給付について、同法第二十条第七項及び第八項並びに第二十一条の規定は指定養育医療機関について、それぞれ準用する。この場合において、同法第十九条の十二中「診療方針」とあるのは「診療方針及び診療報酬」と、同法第十九条の二十（第二項を除く。）中「小児慢性特定疾病医療費の」とあるのは「診療報酬の」と、同条第一項中「第十九条の三第十項」とあるのは「母子保健法第二十条第七項において読み替えて準用する第十九条の十二」と、同条第四項中「都道府県」とあるのは「市町村」と、同法第二十一条の三第二項中「都道府県の」とあるのは「市町村の」と読み替えるものとする。

（医療施設の整備）

第二十条の二　国及び地方公共団体は、妊産婦並びに乳児及び幼児の心身の特性に応じた高度の医療が適切に提供されるよう、必要な医療施設の整備に努めなければならない。

（調査研究の推進）

第二十条の三　国は、乳児及び幼児の障害の予防のための研究その他母性並びに乳児及び幼児の健康の保持及び増進のため必要な調査研究の推進に努めなければならない。

（費用の支弁）

第二十一条　市町村が行う第十二条第一項の規定による健康診査に要する費用及び第二十条の規定による措置に要する費用は、当該市町村の支弁とする。

（都道府県の負担）

第二十一条の二　都道府県は、政令の定めるところにより、前条の規定により市町村が支弁する費用のうち、第二十条の規定による措置に要する費用については、その四分の一を負担するものとする。

（国の負担）

第二十一条の三　国は、政令の定めるところにより、第二十一条の規定により市町村が支弁する費用のうち、第二十条の規定による措置に要する費用については、その二分の一を負担するものとする。

（費用の徴収）

第二十一条の四　第二十条の規定による養育医療の給付に要する費用を支弁した市町村長は、当該措置を受けた者又はその扶養義務者から、その負担能力に応じて、当該措置に要する費用の全部又は一部を徴収することができる。
2　前項の規定による費用の徴収は、徴収されるべき者の居住地又は財産所在地の市町村に嘱託することができる。
3　第一項の規定により徴収される費用を、指定の期限内に納付しない者があるときは、地方税の滞納処分の例により処分することができる。この場合における徴収金の先取特権の順位は、国税及び地方税に次ぐものとする。

第三章　母子健康包括支援センター

第二十二条　市町村は、必要に応じ、母子健康包括支援センターを設置するように努めなければならない。
2　母子健康包括支援センターは、第一号から第四号までに掲げる事業を行い、又はこれらの事業に併せて第五号に掲げる事業を行うことにより、母性並びに乳児及び幼児の健康の保持及び増進に関する包括的な支援を行うことを目的とする施設とする。
一　母性並びに乳児及び幼児の健康の保持及び増進に関する支援に必要な実情の把握を行うこと。
二　母子保健に関する各種の相談に応ずること。
三　母性並びに乳児及び幼児に対する保健指導を行うこと。
四　母性及び児童の保健医療又は福祉に関する機関との連絡調整その他母性並びに乳児及び幼児の健康の保持及び増進に関し、厚生労働省令で定める支援を行うこと。
五　健康診査、助産その他の母子保健に関する事業を行うこと（前各号に掲げる事業を除く。）。
3　市町村は、母子健康包括支援センターにおいて、第九条の相談、指導及び助言並びに第十条の保健指導を行うに当たつては、児童福祉法第二十一条の十一第一項の情報の収集及び提供、相談並びに助言並びに同条第二項のあつせん、調整及び要請と一体的に行うように努めなければならない。

第四章　雑則

（非課税）
第二十三条　第二十条の規定により支給を受けた金品を標準として、租税その他の公課を課することができない。

（差押えの禁止）

第二十四条　第二十条の規定により金品の支給を受けることとなつた者の当該支給を受ける権利は、差し押えることができない。

第二十五条　削除

（大都市等の特例）

第二十六条　この法律中都道府県が処理することとされている事務で政令で定めるものは、地方自治法（昭和二十二年法律第六十七号）第二百五十二条の十九第一項の指定都市（以下「指定都市」という。）及び同法第二百五十二条の二十二第一項の中核市（以下「中核市」という。）においては、政令の定めるところにより、指定都市又は中核市（以下「指定都市等」という。）が処理するものとする。この場合においては、この法律中都道府県に関する規定は、指定都市等に関する規定として、指定都市等に適用があるものとする。

（緊急時における厚生労働大臣の事務執行）

第二十七条　第二十条第七項において準用する児童福祉法第二十一条の三第一項の規定により都道府県知事の権限に属するものとされている事務は、未熟児の利益を保護する緊急の必要があると厚生労働大臣が認める場合にあつては、厚生労働大臣又は都道府県知事が行うものとする。この場合においては、第二十条第七項において準用する同法の規定中都道府県知事に関する規定（当該事務に係るものに限る。）は、厚生労働大臣に関する規定として厚生労働大臣に適用があるものとする。

2　前項の場合において、厚生労働大臣又は都道府県知事が当該事務を行うときは、相互に密接な連携の下に行うものとする。

（権限の委任）

第二十八条　この法律に規定する厚生労働大臣の権限は、厚生労働省令で定めるところにより、地方厚生局長に委任することができる。

2　前項の規定により地方厚生局長に委任された権限は、厚生労働省令で定めるところにより、地方厚生支局長に委任することができる。

附　則（抄）

（施行期日）

第一条　この法律は、公布の日〔昭和四十年八月十八日〕から起算して六箇月をこえない範囲内において政令で定める日〔昭和四十一年一月一日〕から施行する。

（養育医療の給付に関する経過措置）

第二条　この法律の施行前に、この法律の施行後の期間にわたつて、附則第五条の規定による改正前の児童福祉法第二十一条の四第一項の規定による養育医療の給付をすべき旨の決定を受けた者は、この法律の施行後の期間に係る当該給付については、第二十条第一項の規定による養育医療の給付をすべき旨の決定を受けたものとみなす。

2　この法律の施行前に附則第五条の規定による改正前の児童福祉法第二十一条の五第一項の規定により指定された指定養育医療機関は、第二十条第五項の規定により指定された指定養育医療機関とみなす。

（母子健康手帳に関する経過措置）

第三条　この法律の施行前に附則第五条の規定による改正前の児童福祉法第二十条の二第一項の規定により交付された母子手帳は、第十六条第一項の規定により交付された母子健康手帳とみなす。

（昭和六十年度の特例）

第十七条　第二十一条第二項及び第二十七条第三項の規定の昭和六十年度における適用については、これらの規定中「十分の八」とあるのは、「十分の七」とする。

（昭和六十一年度から昭和六十三年度までの特例）

第十八条　第二十一条第二項及び第二十七条第三項の規定の昭和六十一年度から昭和六十三年度までの各年度における適用については、これらの規定中「十分の八」とあるのは、「十分の五」とする。

附　則（令和元年五月三一日法律第一六号）（抄）

（施行期日）

第一条　この法律は、公布の日から起算して九月を超えない範囲内において政令で定める日から施行する。ただし、次の各号に掲げる規定は、当該各号に定める日から施行する。

一　〔前略〕第七条の規定並びに附則第七条から第九条まで〔中略〕の規定　公布の日

（政令への委任）

第八条　この附則に定めるもののほか、この法律の施行に関し必要な経過措置（罰則に関する経過措置を含む。）は、政令で定める。

（検討）

第九条　政府は、この法律の公布後速やかに、次に掲げる事項について検討を加え、その結果に基づいて必要な措置を講ずるものとする。

一　新情報通信技術活用法第三条第二号に規定する行政機関等のうち同号イに掲げるもの（会計検査院を除く。以下この項において単に「行政機関等」という。）による情報通信技術に係る物品及び役務の調達並びに情報システムの整備及び運用（以下この項において「情報通信技術に係る政府調達等」という。）が適正かつ効率的に行われるよう、内閣官房において、当該行政機関等の所掌するそれぞれの事務の特性を勘案して、情報通信技術に係る政府調達等に必要な予算を一括して要求し、確保するとともに、当該予算を関係する行政機関等に配分することとすること。

二　行政機関等が情報通信技術に係る政府調達等を行うに際し、情報通信技術に関する専門的な知識経験を有する職員を有効に活用することができるよう、当該行政機関等の所掌するそれぞれの事務の特性を勘案して、関係する行政機関等の相互の連携協力体制を整備すること。

2　政府は、前項に定めるもののほか、この法律の施行後三年を目途として、この法律による改正後のそれぞれの法律の施行の状況について検討を加え、必要があると認めるときは、その結果に基づいて必要な措置を講ずるものとする。

◉母子保健法施行令

〔昭和四十年十二月二十八日
政令第三百八十五号〕

改正　昭五一政令二一五・昭五九政令三五・二六八・昭六二政令四・五四・平六政令二二三・三九八・平八政令三一八・平九政令三七・八四・平一一政令三九三・平一二政令三〇九・平一四政令二八二・平一七政令一四三・平一八政令一〇・三二〇・平二三政令四〇七・平二六政令三五七

母子保健法施行令

内閣は、母子保健法（昭和四十年法律第百四十一号）第二十一条第二項及び第二十六条第一項の規定に基づき、この政令を制定する。

（医療に関する審査機関）

第一条　母子保健法（以下「法」という。）第二十条第七項において準用する児童福祉法（昭和二十二年法律第百六十四号）第十九条の二十第三項に規定する政令で定める医療に関する審査機関は、社会保険診療報酬支払基金法（昭和二十三年法律第百二十九号）に定める特別審査委員会及び国民健康保険法（昭和三十三年法律第百九十二号）第四十五条第六項に規定する厚生労働大臣が指定する法人に設置される診療報酬の審査に関する組織とする。

（国又は都道府県の費用の負担）

第二条　法第二十条第一項の規定による措置に要する費用についての法第二十一条の二又は第二十一条の三の規定による都道府県又は国の負担は、各年度において、厚生労働大臣が定める基準によつて算定した同項の規定による養育医療の給付（養育医療に要する費用の支給を含む。）に要する費用の額から厚生労働大臣が定める基準によつて算定した当該費用に係る法第二十一条の四第一項の規定による徴収金の額その他その費用のための収入の額を控除した額について行う。

（大都市等の特例）

第三条　地方自治法（昭和二十二年法律第六十七号）第二百五十二条の十九第一項の指定都市（以下「指定都市」という。）において、法第二十六条第一項の規定により、指定都市が処理する事務については、地方自治法施行令（昭和二十二年政令第十六号）第百七十四条の三十一の三に定めるところによる。

2　地方自治法第二百五十二条の二十二第一項の中核市（以下「中核市」という。）において、法第二十六条第一項の規定により、中核市が処理する事務については、地方自治法施行令第百七十四条の四十九の十一に定めるところによる。

附　則（抄）

（施行期日）

第一条　この政令は、昭和四十一年一月一日から施行する。

附　則（平成二六年一二月一二日政令第三五七号）（抄）

（施行期日）

第一条　この政令は、平成二十七年一月一日から施行する。〔以下略〕

◉母子保健法施行規則

〔昭和四十年十二月二十八日
厚生省令第五十五号〕

改正　昭四一厚令四一・昭四二厚令五二・昭四五厚令四・昭四七厚令四・昭四九厚令二・三二・三九・昭五一厚令一四・三六・三七・昭五三厚令六三・昭五八厚令三・昭五九厚令一八・四九・昭六二厚令八・一五・平元厚令一〇・平三厚令五四・平六厚令四七・六七・平七厚令三・五・平八厚令六二・平九厚令三二・平一〇厚令五八・平一二厚令一〇一・一二七・平一四厚労令三・一四・平一五厚労令一七三・平一六厚労令一一二・平一七厚労令一三・平一八厚労令一〇・七八・一一一・一六九・平二〇厚労令五三・七七・平二三厚労令一五〇・一五八・平二四厚労令一五〇・平二五厚労令五一・平二六厚労令八七・一一二・一二二・平二七厚労令五五・一五〇・平二八厚労令一五五・平二九厚労令三八・令元厚労令一・七・二〇

母子保健法（昭和四十年法律第百四十一号）第十二条、第十五条第一項及び第二項、第十六条第一項及び第三項並びに第十八条の規定に基づき、並びに同法を実施するため、母子保健法施行規則を次のように定める。

母子保健法施行規則

第一条　削除

（健康診査）

第二条　母子保健法（昭和四十年法律第百四十一号。以下「法」という。）第十二条の規定による満一歳六か月を超え満二歳に達しない幼児に対する健康診査は、次の各号に掲げる項目について行うものとする。

一　身体発育状況

二　栄養状態

三　脊《せき》柱及び胸郭の疾病及び異常の有無
四　皮膚の疾病の有無
五　歯及び口腔《くう》の疾病及び異常の有無
六　四肢《し》運動障害の有無
七　精神発達の状況
八　言語障害の有無
九　予防接種の実施状況
十　育児上問題となる事項
十一　その他の疾病及び異常の有無

2　法第十二条の規定による満三歳を超え満四歳に達しない幼児に対する健康診査は、次の各号に掲げる項目について行うものとする。
一　身体発育状況
二　栄養状態
三　脊《せき》柱及び胸郭の疾病及び異常の有無
四　皮膚の疾病の有無
五　眼の疾病及び異常の有無
六　耳、鼻及び咽《いん》頭の疾病及び異常の有無
七　歯及び口腔《くう》の疾病及び異常の有無
八　四肢《し》運動障害の有無
九　精神発達の状況
十　言語障害の有無

十一　予防接種の実施状況
十二　育児上問題となる事項
十三　その他の疾病及び異常の有無

（妊娠の届出）

第三条　法第十五条の厚生労働省令で定める事項は、次のとおりとする。

一　届出年月日
二　氏名、年齢、個人番号（行政手続における特定の個人を識別するための番号の利用等に関する法律（平成二十五年法律第二十七号）第二条第五項に規定する個人番号をいう。）及び職業
三　居住地
四　妊娠月数
五　医師又は助産師の診断又は保健指導を受けたときは、その氏名
六　性病及び結核に関する健康診断の有無

第四条から第六条まで　削除

（母子健康手帳の様式）

第七条　母子健康手帳には、様式第三号に定める面のほか、次の各号に掲げる事項を示した面を設けるものとする。

一　日常生活上の注意、健康診査の受診勧奨、栄養の摂取方法、歯科衛生等妊産婦の健康管理に当たり必要な情報
二　育児上の注意、疾病予防、栄養の摂取方法等新生児の養育に当たり必要な情報
三　育児上の注意、疾病予防、栄養の摂取方法、歯科衛生等乳幼児の養育に当たり必要な情報
四　予防接種の種類、接種時期、接種に当たつての注意等予防接種に関する情報
五　母子保健に関する制度の概要、児童憲章等母子保健の向上に資する情報
六　母子健康手帳の再交付に関する手続等母子健康手帳を使用するに当たつての留意事項

（健康診査に関する情報の提供の求め）

第八条　法第十九条の二第一項の規定により提供を求めることができる情報は、乳児又は幼児に対する法第十二条第一項又は第十三条第一項の健康診査（以下「健康診査」という。）に関する情報のうち、次に掲げるものとする。

一　健康診査（精密健康診査（既に行われた健康診査の結果に基づき、より精密なものとして行われる健康診査をいう。第三号及び第四号において同じ。）を除く。次号において同じ。）の受診の有無

二　健康診査を受診している場合にあつては、次に掲げる情報

イ　受診の年月日

ロ　受診した市町村名

ハ　当該受診の年月日における乳児又は幼児の月齢

ニ　当該健康診査の結果であつて、次に掲げるもの

(1)　身体発育状況

(2)　当該健康診査の所見

三　精密健康診査が必要である旨の通知の有無

四　前号の通知があつた場合にあつては、次に掲げる情報

イ　当該通知の年月日

ロ　精密健康診査の受診の有無

ハ　精密健康診査を受診している場合にあつては、受診の年月日

ニ　当該精密健康診査の所見

（情報通信の技術を利用する方法）

第八条の二　法第十九条の二第二項の厚生労働省令で定める方法は、次に掲げる方法とする。

一　電子情報処理組織を使用する方法のうちイ又はロに掲げるもの

イ　送信者の使用に係る電子計算機と受信者の使用に係る電子計算機とを接続する電気通信回線を通じて送信し、受信者の使用に係る電子計算機に備えられたファイルに記録する方法

ロ　送信者の使用に係る電子計算機に備えられたファイルに記録された情報の内容を電気通信回線を通じて情報の提供を受ける者の閲覧に供し、当該情報の提供を受ける者の使用に係る電子計算機に備えられたファイルに当該情報を記録する方法

二　磁気ディスクその他これに準ずる方法により一定の情報を確実に記録しておくことができる物をもつて調製するファイルに情報を記録したものを交付する方法

2　前項各号に掲げる方法は、受信者がファイルへの記録を出力することにより書面を作成することができるものでなければならない。

（養育医療）

第九条　法第二十条第一項の規定による養育医療の給付を受けようとするときは、当該未熟児の保護者は、その未熟児の居住地の市町村長に申請しなければならない。

2　市町村長は、前項の申請に基づいて養育医療の給付を行うときは、様式第一号による養育医療券を申請者に交付するものとする。

3　前項の養育医療券の交付を受けた者は、その監護する未熟児につき養育医療を受けさせるに当たつては、養育医療券を指定養育医療機関に提出しなければならない。

（指定の申請）

第十条　法第二十条第五項の規定による都道府県知事（地方自治法（昭和二十二年法律第六十七号）第二百五十二条の十九第一項の指定都市（以下「指定都市」という。）又は同法第二百五十二条の二十二第一項の中核市（以下「中核市」という。）にあつては、市長とする。以下同じ。）の指定を受けようとする病院又は診療所の開設者は、次の各号に掲げる事項を記載した申請書を、その所在地の都道府県知事に提出しなければならない。

一　病院又は診療所の名称及び所在地
二　開設者の住所及び氏名又は名称
三　標ぼうしている診療科名
四　養育医療を主として担当する医師の氏名及び略歴
五　養育医療を行なうために必要な施設及び設備の概要並びに救急用自動車その他未熟児を輸送するに足る自動車の有無
六　養育医療のための収容定員
七　医師、助産師及び看護師の数並びに患者の収容定員

2　法第二十条第五項の規定による都道府県知事の指定を受けようとする薬局の開設者は、次の各号に掲げる事項を記載した申請書をその所在地の都道府県知事に提出しなければならない。
一　薬局の名称及び所在地
二　開設者の住所及び氏名又は名称
三　調剤のために必要な設備及び施設の概要

（標示）

第十一条　指定養育医療機関は、その病院若しくは診療所又は薬局の見やすい箇所に、様式第二号による標示をしなければならない。

（届出）

第十二条　指定養育医療機関の開設者は、当該指定養育医療機関が次の各号のいずれかに該当するに至つたときは、その事項及びその年月日を、すみやかに、その所在地の都道府県知事に届け出なければならない。
一　病院又は診療所にあつては第十条第一項各号（第七号を除く。）に掲げる事項に、薬局にあつては同条第二項各号に掲げる事項に変更があつたとき。

二　当該指定養育医療機関の業務を休止し、又は再開したとき。

三　医療法（昭和二十三年法律第二百五号）第二十四条、第二十八条若しくは第二十九条又は医薬品、医療機器等の品質、有効性及び安全性の確保等に関する法律（昭和三十五年法律第百四十五号）第七十二条第四項、第七十五条第一項若しくは第七十五条の二第一項に規定する処分を受けたとき。

（指定辞退の申出）

第十三条　指定養育医療機関の開設者は、法第二十条第七項において準用する児童福祉法（昭和二十二年法律第百六十四号）第二十条第七項の規定により指定を辞退しようとするときは、その旨を、その指定を受けた都道府県知事に申し出なければならない。

（診療報酬の請求及び支払）

第十四条　都道府県知事が法第二十条第七項において準用する児童福祉法第十九条の二十第一項の規定により医療費の審査を行うこととしている場合においては、指定養育医療機関は、療養の給付及び公費負担医療に関する費用の請求に関する省令（昭和五十一年厚生省令第三十六号）の定めるところにより、当該指定養育医療機関が行つた医療に係る診療報酬を請求するものとする。

2　前項の場合において、市町村は、当該指定養育医療機関に対し、都道府県知事が当該指定養育医療機関の所在する都道府県の社会保険診療報酬支払基金事務所に設けられた審査委員会、社会保険診療報酬支払基金法（昭和二十三年法律第百二十九号）に定める特別審査委員会、国民健康保険法（昭和三十三年法律第百九十二号）に定める国民健康保険診療報酬審査委員会又は同法第四十五条第六項に規定する厚生労働大臣が指定する法人に設置される診療報酬の審査に関する組織の意見を聴いて決定した額に基づいて、その診療報酬を支払うものとする。

（支援プランの作成等）

第十五条　法第二十二条第二項第四号の厚生労働省令で定める支援は、母性並びに乳児及び幼児のうちその心身の状態等に照らし健康の保持及び増進に関する包括的な支援を必要とすると認められる者に対して、母性並びに乳児及び幼児に対する支援に関する計画（以下「支援プラン」という。）の作成並びに支援の実施状況及び当該者の状態を定期的に確認し、当該状態を踏まえ、当該者に係る支援プランの見直しを行うこととする。

（権限の委任）

第十六条　法第二十八条の規定により、次に掲げる厚生労働大臣の権限は、地方厚生局長に委任する。ただし、厚生労働大臣が第一号及び第二号に掲げる権限を自ら行うことを妨げない。

一　法第二十条第七項において準用する児童福祉法第二十一条の三第三項に規定する権限

二　法第二十七条第一項に規定する権限

附　則（抄）

（施行期日）

第一条　この省令は、昭和四十一年一月一日から施行する。

附　則（令和元年六月二八日厚生労働省令第二〇号）（抄）

（施行期日）

第一条　この省令は、不正競争防止法等の一部を改正する法律の施行の日（令和元年七月一日）から施行する。

（様式に関する経過措置）

第二条　この省令の施行の際現にあるこの省令による改正前の様式（次項において「旧様式」という。）により使用されている書類は、この省令による改正後の様式によるものとみなす。

2　この省令の施行の際現にある旧様式による用紙については、当分の間、これを取り繕って使用することができる。

様式第一号(一)(第九条関係)

養育医療券(病院・診療所用)				
公費負担者番号				交　付　年　月　日
公費負担医療の受給者番号				令和　年　月　日
被保険者証等の記号及び番号		保険者等の名称		
受　療　者	氏　名			
	生年月日	平成 令和　年　月　日		男・女
申　請　者	氏　名			
	生年月日	大正 昭和 平成 令和　年　月　日	受療者との続柄	
	住　所		職　業	
指定養育医療機関(病院・診療所)	名　称			
	所在地			
診療予定期間	令和　年　月　日から　令和　年　月　日まで			
この券の有効期間	令和　年　月　日から　令和　年　月　日まで			
上記のとおり決定する。 令和　年　月　日 市町村長 氏　名㊞				

(日本産業規格A列5番)

様式第一号(二)(第九条関係)

<table>
<tr><td colspan="12">養育医療券(薬局用)</td></tr>
<tr><td colspan="2">公費負担者番号</td><td colspan="2"></td><td colspan="2"></td><td colspan="2"></td><td colspan="5">交　付　年　月　日</td></tr>
<tr><td colspan="2">公費負担医療の受給者番号</td><td colspan="2"></td><td colspan="2"></td><td colspan="2"></td><td colspan="5">令和　年　月　日</td></tr>
<tr><td colspan="2">被保険者証等の記号及び番号</td><td></td><td colspan="2">保険者等の名称</td><td colspan="7"></td></tr>
<tr><td colspan="2" rowspan="2">受　療　者</td><td>氏　名</td><td colspan="9"></td></tr>
<tr><td>生年月日</td><td colspan="4">平成
令和　年　月　日</td><td colspan="5">男・女</td></tr>
<tr><td colspan="2" rowspan="3">申　請　者</td><td>氏　名</td><td colspan="9"></td></tr>
<tr><td>生年月日</td><td colspan="4">大正
昭和
平成
令和　年　月　日</td><td>受療者との続柄</td><td colspan="4"></td></tr>
<tr><td>住　所</td><td colspan="4"></td><td>職　業</td><td colspan="4"></td></tr>
<tr><td rowspan="2">指定養育医療機関</td><td>薬　局</td><td>名　称
所在地</td><td colspan="9"></td></tr>
<tr><td>病院・診療所</td><td>名　称
所在地</td><td colspan="9"></td></tr>
<tr><td colspan="2">調剤予定期間</td><td colspan="10">令和　年　月　日から　令和　年　月　日まで</td></tr>
<tr><td colspan="2">この券の有効期間</td><td colspan="10">令和　年　月　日から　令和　年　月　日まで</td></tr>
<tr><td colspan="12">上記のとおり決定する。
令和　年　月　日

市町村長
氏　名 印</td></tr>
</table>

(日本産業規格A列5番)

様式第二号（第十一条関係）

○　養育医療指定病院（診療所・薬局）

備考　この標示の規格は、縦百二十五ミリメートル、横五十五ミリメートルとし、その材料は、金属又は硬質の木材を用いるものとすること。

様式第三号（第七条関係）

市町村（特別区）名

母 子 健 康 手 帳

令和　　年　　月　　日交付　　No.＿＿＿＿＿＿

保護者の氏名《ふりがな》：＿＿＿＿＿＿
：＿＿＿＿＿＿

子の氏名《ふりがな》＿＿＿＿＿＿（第　　子）

生年月日：令和　　年　　月　　日　性別：＿＿＿＿

＜この欄は手帳を受け取ったらすぐに自分で記入してください。＞

	続柄	氏《ふ》　名《りがな》	生年月日（年齢）	職業
子の保護者	母（妊婦）		年　月　日生（　歳）	
	父		年　月　日生（　歳）	
			年　月　日生（　歳）	
	居住地	電話		
		電話		
		電話		

出 生 届 出 済 証 明

子の氏名	男・女
出生の場所	都道府県　　市区町村
出生の年月日	年　　月　　日

上記の者については　　　　年　　月　　日
出生の届出があったことを証明する。

市区町村長　　　　　　印

※赤ちゃんが生まれたら14日以内に出生届をして、同時に上欄に出生届出済の証明を受けてください。

- 1 -

妊娠

＜このページは妊婦自身で記入してください。＞

妊婦の健康状態等

身長	cm	ふだんの体重	kg	結婚年齢	歳
BMI		BMI＝体重（kg）÷身長（m）÷身長（m） （体格指数）			

○次の病気にかかったことがありますか。（あるものに○印）
　高血圧　慢性腎《じん》炎　糖尿病　肝炎　心臓病　甲状腺《せん》の病気
　精神疾患（心の病気）　その他病気（病名　　　　　　　　）
○次の感染症にかかったことがありますか。
　風しん（三日はしか）　（はい（　　歳）　いいえ　予防接種を受けた）
　麻しん（はしか）　（はい（　　歳）　いいえ　予防接種を受けた）
　水痘《とう》（水ぼうそう）　（はい（　　歳）　いいえ　予防接種を受けた）
○今までに手術を受けたことがありますか。
　なし　あり（病名　　　　　　　　）
○服用中の薬（常用薬）（　　　　　　　　）

○家庭や仕事など日常生活で強いストレスを感じていますか。　はい　いいえ
○今回の妊娠に際し、過去の妊娠・分娩《べん》に関連して心配なことはありますか。　はい　いいえ
○その他心配なこと（　　　　　　　　）

○たばこを吸いますか。　いいえ　はい（1日　　本）
○同居者は同室でたばこを吸いますか。　いいえ　はい（1日　　本）
○酒類を飲みますか。　いいえ　はい（1日　　程度）
※喫煙と飲酒は、赤ちゃんの成長に大きな影響を及ぼしますので、やめましょう。

夫の健康状態	健康	よくない（病名	）

いままでの妊娠

出産年月	妊娠・出産・産後の状態	出生児の体重・性別	現在の子の状態
年　月	正常・異常（妊娠　週（第　月）頃）	g 男 女	健・否

※妊娠についての悩みや、出産・育児の不安がある方は、保健所、市町村（保健センター）、医療機関等に気軽に相談しましょう。

＜このページは妊婦自身で記入してください。＞

妊婦の職業と環境

妊娠

妊娠に気づいたときの状況	職業				
	仕事の内容と職場環境※				
	仕事をする時間	1日約（　　）時間・（　）時～（　）時 交代制など変則的な勤務（あり・なし）			
	通勤や仕事に利用する乗り物				
	通勤の時間	片道（　　）分	混雑の程度	ひどい・普通	

妊娠してからの変更点	仕事を休んだ　（妊娠　週（第　月）のとき） 仕事を変えた　（妊娠　週（第　月）のとき） 仕事をやめた　（妊娠　週（第　月）のとき） その他　（　　　　）
産前休業	月　日から　日間
産後休業	月　日から　日間
育児休業	月　日から　月　日まで
（父親・母親）	月　日から　月　日まで
住居の種類	一戸建て（　階建） 集合住宅（　階建　階・エレベーター：有・無） その他（　　　　）

騒音	静・普通・騒	日当たり	良・普通・悪
同居	子ども（　　人）・夫・夫の父・夫の母・実父・実母 その他（　　人）		

※立ち作業など負担の大きい作業が多い、温湿度が厳しい、たばこの煙がひどい、振動が多い、ストレスが多い、休憩がとりにくい、時間外労働が多いなどの特記事項も記入してください。

妊娠

妊婦自身の記録（1）

ご自身の体調や妊婦健康診査の際に尋ねたいこと、赤ちゃんを迎える両親の気持ちなどを書き留めておきましょう。

＜妊娠３か月＞　妊娠８週　～　妊娠11週（　月　日　～　月　日）

※妊娠・出産について気軽に相談できる人を見つけておくと安心です。

＜妊娠４か月＞　妊娠12週　～　妊娠15週（　月　日　～　月　日）

※妊娠初期の血液検査結果を確認しましょう（以降も各種検査結果について確認しましょう。）。
※里帰り出産を予定している場合は、医師や助産師、家族と話し合い、準備しましょう。

最終月経開始日	年　月　日
この妊娠の初診日	年　月　日
胎動を感じた日	年　月　日
分娩《べん》予定日	年　月　日

※働く女性は、妊婦健康診査で医師等から指導（予防的措置も含みます。）があった際は、「母性健康管理指導事項連絡カード」を活用しましょう。

妊婦自身の記録（2）

ご自身の体調や妊婦健康診査の際に尋ねたいこと、赤ちゃんを迎える両親の気持ちなどを書き留めておきましょう。

＜妊娠５か月＞　妊娠16週　～　妊娠19週（　月　日　～　月　日）

※働く女性・男性のための出産、育児に関する制度を確認しましょう。

＜妊娠６か月＞　妊娠20週　～　妊娠23週（　月　日　～　月　日）

※胎動を感じた時の気持ちを書いておきましょう。

※妊婦健康診査は必ず受けましょう。
妊娠中は、気がかりなことがなくても、身体にはいろいろな変化が起こっています。きちんと妊婦健康診査を受けましょう。

※妊娠中注意したい症状
次のような症状は、母体や胎児に重大な影響を及ぼす病気の症状かもしれませんので、医師に相談しましょう。

（**むくみ・性器出血・おなかの張り・腹痛・発熱・下痢・がんこな便秘**
ふだんと違ったおりもの・強い頭痛・めまい・はきけ・嘔《おう》吐）

また、つわりで衰弱がひどいとき、イライラや動悸《き》がはげしく、不安感が強いとき、今まであった胎動を感じなくなったときは、すぐに医師に相談しましょう。

妊娠

妊娠

妊婦自身の記録（３）

ご自身の体調や妊婦健康診査の際に尋ねたいこと、赤ちゃんを迎える両親の気持ちなどを書き留めておきましょう。

＜妊娠７か月＞　妊娠24週　～　妊娠27週（　月　日　～　月　日）
＜妊娠８か月＞　妊娠28週　～　妊娠31週（　月　日　～　月　日）

出産前後の居住地	住所　　　　電話
妊娠・分娩《べん》に係る緊急連絡先（知らせて欲しい人）	氏名《ふりがな》　　　　電話 氏名《ふりがな》　　　　電話
分娩《べん》施設へのアクセス方法	自家用車・タクシー・徒歩・その他（　　　） 所要時間（　時間　分）
出産前後、家事や育児を手伝ってくれる人	

※出血や破水、おなかの強い張りや痛み、胎動の減少を感じたら、すぐに医療機関で受診しましょう。

妊婦自身の記録（４）

ご自身の体調や妊婦健康診査の際に尋ねたいこと、赤ちゃんを迎える両親の気持ちなどを書き留めておきましょう。

妊娠

＜妊娠９か月＞　妊娠32週　～　妊娠35週（　月　日　～　月　日）
※出産に備えて連絡先や分娩《べん》施設に持参するものを確認しておきましょう。 ※出産や産後の生活について、不安な点や不明な点はかかりつけの医療機関や市町村の保健師などに相談しましょう。
＜妊娠10か月＞　妊娠36週　～　妊娠39週（　月　日　～　月　日）

妊娠40週　～ （　月　日～）	出産日：　　年　　月　　日 ※赤ちゃん誕生を迎えた両親の気持ちを記入しておきましょう。

※出血や破水、おなかの強い張りや痛み、胎動の減少を感じたら、すぐに医療機関で受診しましょう。

妊娠

妊娠中の経過

診察 月日	妊娠 週数－日	子宮 底長	腹囲	体重 妊娠前の体重 (　)	血圧	浮腫	尿蛋《たん》白	尿糖
／	－	cm	cm	kg		－＋⧺	－＋⧺	－＋⧺
／	－					－＋⧺	－＋⧺	－＋⧺
／	－					－＋⧺	－＋⧺	－＋⧺
／	－					－＋⧺	－＋⧺	－＋⧺
／	－					－＋⧺	－＋⧺	－＋⧺
／	－					－＋⧺	－＋⧺	－＋⧺
／	－					－＋⧺	－＋⧺	－＋⧺
／	－					－＋⧺	－＋⧺	－＋⧺
／	－					－＋⧺	－＋⧺	－＋⧺
／	－					－＋⧺	－＋⧺	－＋⧺
／	－					－＋⧺	－＋⧺	－＋⧺
／	－					－＋⧺	－＋⧺	－＋⧺
／	－					－＋⧺	－＋⧺	－＋⧺
／	－					－＋⧺	－＋⧺	－＋⧺
／	－					－＋⧺	－＋⧺	－＋⧺
／	－					－＋⧺	－＋⧺	－＋⧺

- 8 -

その他の検査 (血液検査、血糖、超音波など)	特記事項 (安静・休業などの指示や切迫早産等の産科疾患や合併症など)	施設名又は担当者名

※妊婦健康診査を受けるときはもちろん、外出時はいつも持参しましょう。

- 9 -

妊娠

妊娠

検査の記録

検　査　項　目	検査年月日	備　　考
血液型	年　月　日	ABO　　型　Rh
不規則抗体	年　月　日	
子宮頸《けい》がん検診	年　月　日	
梅毒血清反応	年　月　日	
HBs抗原	年　月　日	
HCV抗体	年　月　日	
HIV抗体	年　月　日	
風しんウイルス抗体	年　月　日	
HTLV－1抗体	年　月　日	
クラミジア抗原	年　月　日	
B群溶血性連鎖球菌	年　月　日	
	年　月　日	
	年　月　日	
	年　月　日	
	年　月　日	
	年　月　日	
	年　月　日	
	年　月　日	
	年　月　日	

※検査結果を記録する場合は、妊婦に説明し同意を得ること。

- 10 -

予　備　欄

妊娠

- 11 -

妊娠

<このページは妊婦自身で記入してください。>

母親（両親）学級受講記録

受講年月日	課目	備考
年　月　日		
年　月　日		
年　月　日		
年　月　日		
年　月　日		
年　月　日		
年　月　日		
年　月　日		

予備欄

妊娠

妊娠中と産後の歯の状態

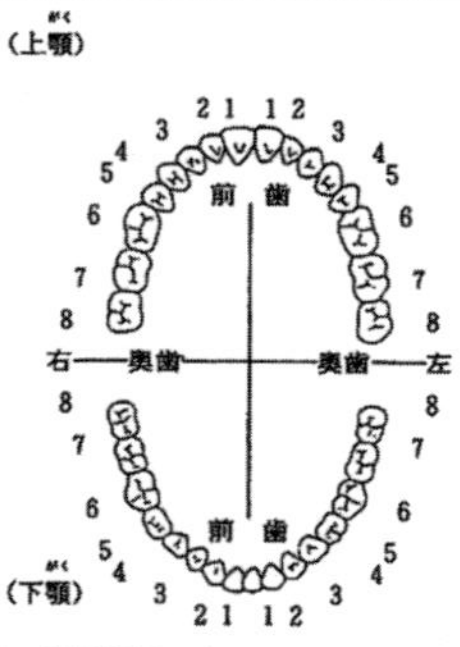

歯の状態記号：健全歯／　むし歯（未処置歯）C
処置歯○　喪失歯△

初回診査	年　月　日
妊娠	週
要治療のむし歯	なし あり（　本）
歯石	なし　あり
歯肉の炎症	なし あり（要指導） あり（要治療）
特記事項	
施設名又は担当者名	

8	7	6	5	4	3	2	1	1	2	3	4	5	6	7	8	妊娠・産後	週
																歯石	なし　あり
8	7	6	5	4	3	2	1	1	2	3	4	5	6	7	8	歯肉の炎症	なし あり（要指導） あり（要治療）
特記事項																	
年　月　日診査										施設名又は担当者名							

8	7	6	5	4	3	2	1	1	2	3	4	5	6	7	8	妊娠・産後	週
																歯石	なし　あり
8	7	6	5	4	3	2	1	1	2	3	4	5	6	7	8	歯肉の炎症	なし あり（要指導） あり（要治療）
特記事項																	
年　月　日診査										施設名又は担当者名							

※むし歯や歯周病などの病気は妊娠中に悪くなりやすいものです。歯周病は早産等の原因となることがあるので注意し、歯科医師に相談しましょう。
※歯科医師にかかるときは、妊娠中であることを話してください。

出産

出産の状態

妊娠期間	妊娠　　週　　日		
娩《べん》出日時	年　月　日　前/午/後　時　分		
分娩《べん》経過	頭位・骨盤位・その他（　　） 特記事項		
分娩《べん》方法			
分娩《べん》所要時間		出血量	少量・中量・多量（　　ml）
輸血（血液製剤含む）の有無	無・有（　　）		

出産時の児の状態			
	性別・数	男・女・不明	単・多（　胎）
	計測値	体重　　g	身長　　.　cm
		胸囲　　.　cm	頭囲　　.　cm
	特別な所見・処置	新生児仮死→（死亡・蘇《そ》生）・死産	

証明	出生証明書・死産証書（死胎検案書）・出生証明書及び死亡診断書	
出産の場所 名称		
分娩《べん》取扱者 氏名	医師 助産師	その他

＜出産後・退院時の診察のときに記入してもらいましょう。＞

出産後の母体の経過

産後日月数	子宮復古	悪《お》露《ろ》	乳房の状態	血圧	尿蛋《たん》白	尿糖	体重	備考
	良・否	正・否			−＋卄	−＋卄	kg	
	良・否	正・否			−＋卄	−＋卄		
	良・否	正・否			−＋卄	−＋卄		
	良・否	正・否			−＋卄	−＋卄		
	良・否	正・否			−＋卄	−＋卄		

母親自身の記録

○赤ちゃんに初めてお乳を飲ませたのは生後（　　　）時間目です。

○そのとき、与えたお乳は（母乳・人工乳）です。

○気分が沈んだり涙もろくなったり、何もやる気になれないといったことがありますか。　**いいえ　はい　何ともいえない**

○産後、気がついたこと、変わったことがあれば医師、助産師などに相談しましょう。

入浴	産後　日（　月　日）	家事開始	産後　日（　月　日）
家事以外の労働開始	産後　日（　月　日）	月経再開	年　月　日
家族計画指導	なし・あり（医師・受胎調節実地指導員・助産師）　年　月　日		

出産

乳児

早期新生児期【生後1週間以内】の経過

日　齢※	体　重(g)	哺《ほ》　乳　力	黄　　　疸《だん》	そ　の　他
		普通・弱	なし・普通・強	
		普通・弱	なし・普通・強	

ビタミンK_2シロップ投与　実施日　　／　　／

出生時またはその後の異常：なし
あり（　　　その処置　　　）

退院時の記録（　　年　　月　　日 生後　　日）

体　重　　　g	栄　養　法	母　乳・混　合・人　工　乳

引き続き観察を要する事項：

施設名又は担当者名		電話	

後期新生児期【生後1～4週】の経過

日　齢※	体重（g）	哺《ほ》乳力	栄　養　法	施設名又は担当者名
		普通・弱	母乳・混合・人工乳	
		普通・弱	母乳・混合・人工乳	

新生児訪問指導等の記録（　　年　　月　　日　生後　　日）

日　齢※	体重(g)	身長(cm)	胸囲(cm)	頭囲(cm)	栄　養　法
					母乳・混合・人工乳

施設名又は担当者名	

特記事項：

※生まれた当日を0日として数えること。

検査の記録

検　査　項　目	検査年月日	備　　考
先天性代謝異常検査	年　月　日	
新生児聴覚検査（自動ABR・OAE）	年　月　日	右（パス・リファー） 左（パス・リファー）
リファー（要再検査）の場合	年　月　日	

※検査結果を記録する場合は、保護者に説明し同意を得ること。

乳児

予　備　欄

保護者の記録【1か月頃】　（　　　年　　月　　日記録）

年　　月　　日で1か月になりました。

○裸にすると手足をよく動かしますか。	はい	いいえ
○お乳をよく飲みますか。	はい	いいえ
○大きな音にビクッと手足を伸ばしたり、泣き出すことがありますか。	はい	いいえ
○おへそはかわいていますか。（ジクジクしている時は医師にみてもらいましょう。）	はい	いいえ
○子育てについて気軽に相談できる人はいますか。	はい	いいえ

乳児

○子育てについて不安や困難を感じることはありますか。　**いいえ　はい　何ともいえない**

○成長の様子、育児の心配、かかった病気、感想などを自由に記入しましょう。

※これからの予防接種のスケジュールを確認しましょう。

便色の確認の記録

うんちの色に注意しましょう

明るいところでカードの色と見比べてください。

1番～3番に近い色だと思う

4番～7番だったのが**1番～3番**に近くなった

どちらかが当てはまるときは、胆道閉鎖症などの病気の可能性がありますので、1日も早く小児科医、小児外科医等の診察を受けてください。

便色の記入欄（観察日と右欄に当てはまる色番号）

生後2週	
年　　月　　日	番

生後1か月	
年　　月　　日	番

生後1～4か月	
年　　月　　日	番

生後4か月くらいまでは、うんちの色に注意が必要です。生後2週を過ぎても皮膚や白目（しろめ）が黄色い場合、おしっこが濃い黄色の場合にも、すぐに医師等に相談しましょう。

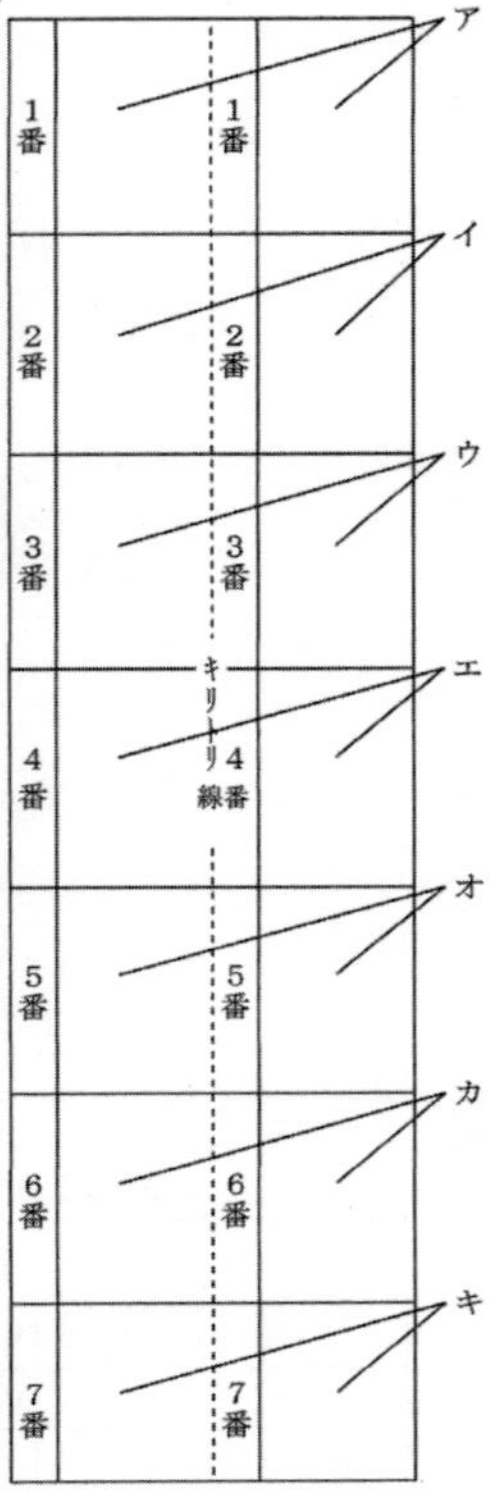

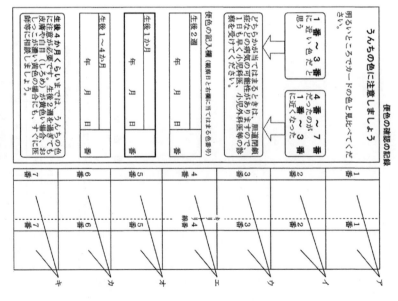

1 か 月 児 健 康 診 査

（　　年　　月　　日実施・　　か月　　日）

体 重　　　　g	身 長　　　．　　cm
胸 囲　　　．　　cm	頭 囲　　　．　　cm
栄養状態：　良 ・ 要指導	栄養法：　母 乳・混 合・人工乳
健康・要観察	
特記事項	
施設名又は担当者名	

乳児

次の健康診査までの記録

（自宅で測定した身長・体重も記入しましょう。）

年 月 日	月 齢	体 重	身 長	特 記 事 項	施設名又は担当者名
		g	． cm		

保護者の記録【3～4か月頃】　（　　年　月　日記録）

○首がすわったのはいつですか。　（　月　日頃）
（「首がすわる」とは、支えなしで首がぐらつかない状態をいいます。）

○あやすとよく笑いますか。　**はい　いいえ**

○目つきや目の動きがおかしいのではないかと気になりますか。　**いいえ　はい**

○見えない方向から声をかけてみると、そちらの方を見ようとしますか。　**はい　いいえ**

○外気浴をしていますか。　**はい　いいえ**
（天気のよい日に薄着で散歩するなどしてあげましょう。）

○子育てについて気軽に相談できる人はいますか。　**はい　いいえ**

○子育てについて不安や困難を感じることはありますか。　**いいえ　はい　何ともいえない**

○成長の様子、育児の心配、かかった病気、感想などを自由に記入しましょう。

乳児

3 ～ 4 か 月 児 健 康 診 査
（　年　月　日実施・　か月　日）

体重　　g	身長　　.　cm
胸囲　　.　cm	頭囲　　.　cm
栄養状態：　良 ・ 要指導	栄養法：　母乳・混合・人工乳
股《こ》関節開排制限：　なし ・あり	
健康・要観察	
特記事項	
施設名又は担当者名	

次の健康診査までの記録
（自宅で測定した身長・体重も記入しましょう。）

年 月 日	月 齢	体 重	身 長	特 記 事 項	施設名又は担当者名
		g	.　cm		

乳児

乳児

保護者の記録【6～7か月頃】　（　　年　月　日記録）

○寝返りをしたのはいつですか。　（　月　日頃）
○ひとりすわりをしたのはいつですか。　（　月　日頃）
（「ひとりすわり」とは、支えなくてもすわれることをいいます。）
○からだのそばにあるおもちゃに手をのばしてつかみますか。　はい　いいえ
○家族といっしょにいるとき、話しかけるような声を出しますか。　はい　いいえ
○テレビやラジオの音がしはじめると、すぐそちらを見ますか。　はい　いいえ
○離乳食を始めましたか。　はい　いいえ
（離乳食を始めて1か月位したら1日2回食にし、食品の種類をふやしていきましょう。7、8か月頃から舌でつぶせる固さにします。）
○ひとみが白く見えたり、黄緑色に光って見えたりすることがありますか。※　いいえ　はい
○子育てについて気軽に相談できる人はいますか。　はい　いいえ
○子育てについて不安や困難を感じることはありますか。　いいえ　はい　何ともいえない
○成長の様子、育児の心配、かかった病気、離乳食の心配、感想などを自由に記入しましょう。

※ひとみが白く見えたり、黄緑色に光って見えたりするときは眼の病気の心配があります。すぐに眼科医の診察を受けましょう。

6～7か月児健康診査

（　年　月　日実施・　か月　日）

体重　g	身長　.　cm
胸囲　.　cm	頭囲　.　cm
栄養状態：良・要指導	栄養法：母乳・混合・人工乳
離乳：開始・未開始	歯　本
口の中の疾患や異常※：なし・あり（　　）	
健康・要観察	
特記事項	
施設名又は担当者名	

乳児

次の健康診査までの記録
（自宅で測定した身長・体重も記入しましょう。）

年月日	月齢	体重	身長	特記事項	施設名又は担当者名
		g	.　cm		

※口の中の疾患や異常は、むし歯、歯ぐきの病気、かみ合わせの不具合等を含みます。

乳児

保護者の記録【9～10か月頃】　（　　年　　月　　日記録）

○はいはいをしたのはいつですか。　（　　月　　日頃）
○つかまり立ちをしたのはいつですか。　（　　月　　日頃）
○指で、小さい物をつまみますか。　はい　いいえ
（たばこや豆などの異物誤飲に注意しましょう。）
○機嫌よくひとり遊びができますか。　はい　いいえ
○離乳は順調にすすんでいますか。　はい　いいえ
（離乳食を１日３回食にし、９か月頃から歯ぐきでつぶせる固さにします。）
○そっと近づいて、ささやき声で呼びかけると振り向きますか。　はい　いいえ
○後追いをしますか。　はい　いいえ
○歯の生え方、形、色、歯肉などについて、気になることがありますか。　いいえ　はい
○子育てについて気軽に相談できる人はいますか。　はい　いいえ
○子育てについて不安や困難を感じることはありますか。　いいえ　はい　何ともいえない
○成長の様子、育児の心配、かかった病気、感想などを自由に記入しましょう。

歯の生えた月日を右の図に記入しましょう。
（生え始め：　　か月）
むし歯など歯の異常に気づいたら右の図に×印をつけておきましょう。

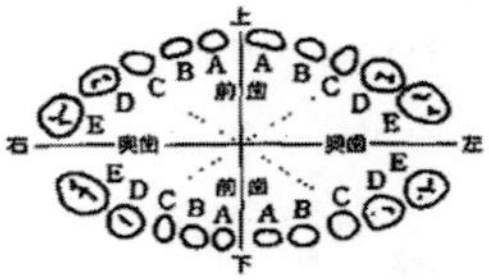

9 ～ 10 か 月 児 健 康 診 査

（　　年　　月　　日実施・　　か月　　日）

体　重　　　g	身　長　　　.　　　cm
胸　囲　　　.　　　cm	頭　囲　　　.　　　cm
栄養状態：　良　・　要指導	離乳食は１日　　　回
歯（　　）本	口の中の疾患や異常　：　な　し・あ　り（　　　）
健康・要観察	
特記事項	
施設名又は担当者名	

乳児

次の健康診査までの記録
（自宅で測定した身長・体重も記入しましょう。）

年　月　日	月　齢	体　重	身　長	特　記　事　項	施設名又は担当者名
		g	.　cm		

幼児

保護者の記録【1歳の頃】　（　　年　月　日記録）

年　月　日で1歳になりました。

両親から1歳の誕生日のメッセージを記入しましょう。

○つたい歩きをしたのはいつですか。　（　月　日頃）
○バイバイ、コンニチハなどの身振りをしますか。　はい　いいえ
○音楽に合わせて、からだを楽しそうに動かしますか。　はい　いいえ
○大人の言う簡単なことば（おいで、ちょうだいなど）がわかりますか。　はい　いいえ
○部屋の離れたところにあるおもちゃを指さすと、その方向をみますか。　はい　いいえ
○一緒に遊ぶと喜びますか。　はい　いいえ
○どんな遊びが好きですか。（遊びの例：　　　）
○1日3回の食事のリズムがつきましたか。　はい　いいえ
（食欲をなくさぬよう、また、むし歯予防のために、砂糖の多い飲食物を控えましょう。）
○歯みがきの練習をはじめていますか。　はい　いいえ
○子育てについて気軽に相談できる人はいますか。　はい　いいえ
○子育てについて不安や困難を感じることはありますか。　いいえ　はい　何ともいえない
○成長の様子、育児の心配、かかった病気、感想などを自由に記入しましょう。

1 歳 児 健 康 診 査

（　年　月　日実施・　歳　か月）

体重　　g	身長　　.　cm		
胸囲　　.　cm	頭囲　　.　cm		
栄養状態：　良　・　要指導	母乳：飲んでいない・飲んでいる		
1日に食事（　）回、間食（おやつ）（　）回	目の異常（眼位異常・その他）	なし・あり・疑（　　）	
健康・要観察			

歯の状態										要治療のむし歯：なし・あり（　本） 歯の汚れ：きれい・少ない・多い 歯肉・粘膜：異常なし・あり（　） かみ合わせ：よい・経過観察 （　年　月　日診査）
E	D	C	B	A	A	B	C	D	E	
E	D	C	B	A	A	B	C	D	E	

特記事項

施設名又は担当者名	

次の健康診査までの記録
（自宅で測定した身長・体重も記入しましょう。）

年　月　日	年　齢	体　重	身　長	特記事項	施設名又は担当者名
		g	.　cm		

幼児

幼児

＜このページは１歳６か月児健康診査までに記入しておきましょう。＞

保護者の記録【１歳６か月の頃】　（　　　　年　　月　　日記録）

○ひとり歩きをしたのはいつですか。	（　　歳　　月頃）
○ママ、ブーブーなど意味のあることばをいくつか話しますか。	はい　いいえ
○自分でコップを持って水を飲めますか。	はい　いいえ
○哺《ほ》乳ビンを使っていますか。 （いつまでも哺《ほ》乳ビンを使って飲むのは、むし歯につながるおそれがあるので、やめるようにしましょう。）	いいえ　はい
○食事や間食（おやつ）の時間はだいたい決まっていますか。	はい　いいえ
○歯の仕上げみがきをしてあげていますか。	はい　いいえ
○極端にまぶしがったり、目の動きがおかしいのではないかと気になったりしますか。※	いいえ　はい
○うしろから名前を呼んだとき、振り向きますか。	はい　いいえ
○どんな遊びが好きですか。　（遊びの例：　　　　　　）	
○歯にフッ化物（フッ素）の塗布やフッ素入り歯磨きの使用をしていますか。	はい　いいえ
○子育てについて気軽に相談できる人はいますか。	はい　いいえ
○子育てについて不安や困難を感じることはありますか。	いいえ　はい　何ともいえない

○成長の様子、育児の心配、かかった病気、感想などを自由に記入しましょう。

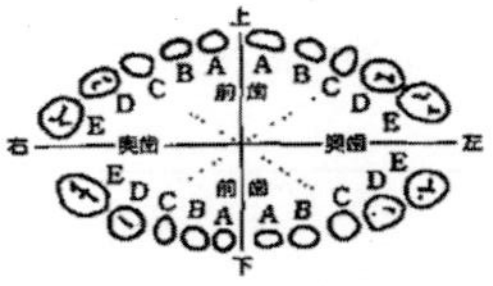

むし歯など歯の異常に気づいたら
右の図に×印をつけておきましょう。

※外に出た時に極端にまぶしがったり、目を細めたり、首を傾けたりするときには、目に異常のある可能性がありますので、眼科医に相談しましょう。

＜1歳6か月児健康診査は、全ての市区町村で実施されていますので、必ず受けましょう。＞

１歳６か月児健康診査

（　　年　　月　　日実施・　　歳　　か月）

体　重	.　kg	身　長	.　cm
胸　囲	.　cm	頭　囲	.　cm
栄養状態：良・要指導	母乳：飲んでいない・飲んでいる	離乳：完了・未完了	
目の異常（眼位異常・視力・その他）	なし・あり・疑（　　）	耳の異常（難聴・その他）	なし・あり・疑（　　）
予防接種（受けているものに○を付ける。）	Hib　小児肺炎球菌　B型肝炎　ジフテリア　百日せき　破傷風　ポリオ　BCG　麻しん　風しん　水痘		
健康・要観察			

歯の状態										
	E	D	C	B	A	A	B	C	D	E
	E	D	C	B	A	A	B	C	D	E

むし歯の罹《り》患型：O₁ O₂ A B C
要治療のむし歯：なし・あり（　　本）
歯の汚れ：きれい・少ない・多い
歯肉・粘膜：異常なし・あり（　　）
かみ合わせ：よい・経過観察
（　　年　　月　　日診査）

特記事項

施設名又は担当者名	

次の健康診査までの記録
（自宅で測定した身長・体重も記入しましょう。）

年　月　日	年　齢	体　重	身　長	特　記　事　項	施設名又は担当者名
		.　kg	.　cm		

※むし歯の罹《り》患型　O₁：むし歯なし、歯もきれい　O₂：むし歯なし、歯の汚れ多い　A：奥歯または前歯にむし歯　B：奥歯と前歯にむし歯　C：下前歯にもむし歯

幼児

保護者の記録【２歳の頃】(　　　年　　月　　日記録)

年　　月　　日で２歳になりました。

両親から２歳の誕生日のメッセージを記入しましょう。

幼児

○走ることができますか。	はい	いいえ
○スプーンを使って自分で食べますか。	はい	いいえ
○積木で塔のようなものを作ったり、横に並べて電車などにみたてたりして遊ぶことをしますか。	はい	いいえ
○テレビや大人の身振りのまねをしますか。	はい	いいえ
○２語文(ワンワンキタ、マンマチョウダイ)などを言いますか。	はい	いいえ
○肉や繊維のある野菜を食べますか。	はい	いいえ
○歯の仕上げみがきをしてあげていますか。	はい	いいえ

○どんな遊びが好きですか。　(遊びの例：　　　　　　　　)

○子育てについて気軽に相談できる人はいますか。	はい	いいえ

○子育てについて不安や困難を感じることはありますか。　**いいえ　はい　何ともいえない**

○成長の様子、育児の心配、かかった病気、感想などを自由に記入しましょう。

２　歳　児　健　康　診　査

(　　年　　月　　日実施・　　歳　　か月)

体　重	.　　kg	身　長	.　　cm
頭　囲	.　　cm	栄養状態：ふとり気味・普通・やせ気味	
目の異常 (眼位異常・視力・その他)	なし・あり・疑 (　　)	耳の異常 (難聴・その他)	なし・あり・疑 (　　)

健康・要観察

歯の状態										
	E	D	C	B	A	A	B	C	D	E
	E	D	C	B	A	A	B	C	D	E

むし歯の罹《り》患型：O_1 O_2 A B C
要治療のむし歯：なし・あり (　　本)
歯の汚れ：きれい・少ない・多い
歯肉・粘膜：異常なし・あり (　　)
かみ合わせ：よい・経過観察
(　　年　　月　　日診査)

特記事項

施設名又は担当者名	

幼児

次の健康診査までの記録
(自宅で測定した身長・体重も記入しましょう。)

年　月　日	年　齢	体　重	身　長	特記事項	施設名又は担当者名
		.　kg	.　cm		

＜このページは３歳児健康診査までに記入しておきましょう。＞

保護者の記録【３歳の頃】　（　　年　月　日記録）

年　月　日で３歳になりました。

両親から３歳の誕生日のメッセージを記入しましょう。

幼児

○手を使わずにひとりで階段をのぼれますか。	はい	いいえ
○クレヨンなどで丸（円）を書きますか。	はい	いいえ
○衣服の着脱をひとりでしたがりますか。	はい	いいえ
○自分の名前が言えますか。	はい	いいえ
○歯みがきや手洗いをしていますか。	はい	いいえ
○歯の仕上げみがきをしてあげていますか。	はい	いいえ
○いつも指しゃぶりをしていますか。	いいえ	はい
○よくかんで食べる習慣はありますか。	はい	いいえ
○斜視はありますか。	いいえ	はい
○物を見るとき目を細めたり、極端に近づけて見たりしますか。	いいえ	はい
○耳の聞こえが悪いのではないかと気になりますか。	いいえ	はい
○かみ合わせや歯並びで気になることがありますか。	いいえ	はい
○歯にフッ化物（フッ素）の塗布やフッ素入り歯磨きの使用をしていますか。	はい	いいえ
○ままごと、ヒーローごっこなど、ごっこ遊びができますか。	はい	いいえ
○遊び友だちがいますか。	はい	いいえ
○子育てについて気軽に相談できる人はいますか。	はい	いいえ

○子育てについて不安や困難を感じることはありますか。　いいえ　はい　何ともいえない

○成長の様子、育児の心配、かかった病気、感想などを自由に記入しましょう。

＜３歳児健康診査は、全ての市区町村で実施されていますので、必ず受けましょう。＞

３ 歳 児 健 康 診 査

（　　年　月　日実施・　歳　か月）

体　重　　　.　　kg	身　長　　　.　　cm
頭　囲　　　.　　cm	栄養状態：ふとり気味・普通・やせ気味

目の異常（眼位異常・視力・その他）：なし・あり・疑（　　　）

耳の異常（難聴・その他）：なし・あり・疑（　　　）

予防接種（受けているものに○を付ける。）　Hib　小児肺炎球菌　B型肝炎　ジフテリア　百日せき　破傷風　ポリオ　BCG　麻しん　風しん　水痘　日本脳炎

健康・要観察

歯の状態										
	E	D	C	B	A	A	B	C	D	E
	E	D	C	B	A	A	B	C	D	E

むし歯の罹《り》患型：O　A　B　C_1　C_2
要治療のむし歯：なし・あり（　　本）
歯の汚れ：きれい・少ない・多い
歯肉・粘膜：異常なし・あり（　　）
かみ合わせ：よい・経過観察
（　　年　月　日診査）

特記事項

施設名又は担当者名	

次の健康診査までの記録
（自宅で測定した身長・体重も記入しましょう。）

年　月　日	年　齢	体　重	身　長	特　記　事　項	施設名又は担当者名
		.　kg	.　cm		

※むし歯の罹《り》患型　O：むし歯なし　A：奥歯または前歯にむし歯
B：奥歯と前歯にむし歯　C_1：下前歯がむし歯　C_2：下前歯やその他にむし歯

幼児

幼児

保護者の記録【４歳の頃】（　　　年　　月　　日記録）

年　　月　　日で４歳になりました。

両親から４歳の誕生日のメッセージを記入しましょう。

○階段の２、３段目の高さからとびおりるようなことをしますか。	はい	いいえ
○片足でケンケンをしてとびますか。	はい	いいえ
○自分の経験したことをお母さんやお父さんに話しますか。	はい	いいえ
○お手本を見て十字が描けますか。	はい	いいえ
○はさみを上手に使えますか。	はい	いいえ
○衣服の着脱ができますか。	はい	いいえ
○友だちと、ごっこ遊びをしますか。	はい	いいえ
○歯みがき、口ゆすぎ（ぶくぶくうがい）手洗いをしますか。	はい	いいえ
○歯の仕上げみがきをしてあげていますか。	はい	いいえ
○いつも指しゃぶりをしていますか。	いいえ	はい
○食べ物の好き嫌いはありますか。	いいえ	はい
（嫌いなものの例：　　　　　　　）		
○おしっこをひとりでしますか。	はい	いいえ
○子育てについて気軽に相談できる人はいますか。	はい	いいえ

○子育てについて不安や困難を感じることはありますか。　**いいえ　はい　何ともいえない**

○成長の様子、育児の心配、かかった病気、感想などを自由に記入しましょう。

- 36 -

４　歳　児　健　康　診　査

（　　　年　　月　　日実施・　　歳　　か月）

体　重　　　　．　　　kg	身　長　　　　．　　　cm
頭　囲　　　　．　　　cm	栄養状態：ふとり気味・普通・やせ気味

目の異常（眼位異常・視力：右（　）・左（　）・その他）：なし・あり・疑（　）

耳の異常（難聴・その他）：なし・あり・疑（　　　　　）

健康・要観察

歯の状態										
	E	D	C	B	A	A	B	C	D	E
	E	D	C	B	A	A	B	C	D	E

要治療のむし歯：なし・あり（　　本）
歯の汚れ：きれい・少ない・多い
歯肉・粘膜：異常なし・あり（　　　）
かみ合わせ：よい・経過観察
（　　　年　　月　　日診査）

特記事項

施設名又は担当者名	

次の健康診査までの記録
（自宅で測定した身長・体重も記入しましょう。）

年　月　日	年　齢	体　重	身　長	特　記　事　項	施設名又は担当者名
		．kg	．cm		

幼児

- 37 -

保護者の記録【５歳の頃】（　　　年　月　日記録）

年　月　日で５歳になりました。

両親から５歳の誕生日のメッセージを記入しましょう。

幼児

○でんぐり返しができますか。	はい	いいえ
○思い出して絵を書くことができますか。	はい	いいえ
○色（赤、黄、緑、青）がわかりますか。	はい	いいえ
○はっきりした発音で話ができますか。	はい	いいえ
○うんちをひとりでしますか。	はい	いいえ
○幼稚園、保育所などの集団生活になじみ、楽しく過ごしていますか。	はい	いいえ
○動物や花をかわいがったり、他人を思いやる気持ちを持ったりしているようですか。	はい	いいえ
○家族と一緒に食事を食べていますか。	はい	いいえ
○歯の仕上げみがきをしてあげていますか。	はい	いいえ
○いつも指しゃぶりをしていますか。	いいえ	はい
○お話を読んであげるとその内容が分かるようになりましたか。	はい	いいえ
○子育てについて気軽に相談できる人はいますか。	はい	いいえ

○子育てについて不安や困難を感じることはありますか。　いいえ　はい　何ともいえない

○成長の様子、育児の心配、かかった病気、感想などを自由に記入しましょう。

５　歳　児　健　康　診　査

（　　年　月　日実施・　歳　か月）

体　重　　.　kg	身　長　　.　cm
頭　囲　　.　cm	栄養状態：ふとり気味・普通・やせ気味

目の異常（眼位異常・視力：右（　）・左（　）・その他）：なし・あり・疑（　）

耳の異常（難聴・その他）：なし・あり・疑（　　）

健康・要観察

歯の状態												
	6	5	4	3	2	1	1	2	3	4	5	6
		E	D	C	B	A	A	B	C	D	E	
		E	D	C	B	A	A	B	C	D	E	
	6	5	4	3	2	1	1	2	3	4	5	6

要治療のむし歯：なし・あり（乳歯　本　永久歯　本）
歯の汚れ：きれい・少ない・多い
歯肉・粘膜：異常なし・あり（　　）
かみ合わせ：よい・経過観察
歯・口腔《くう》の疾病異常：（　　）
（　　年　月　日診査）

特記事項

施設名又は担当者名	

次の健康診査までの記録
（自宅で測定した身長・体重も記入しましょう。）

年　月　日	年　齢	体　重	身　長	特　記　事　項	施設名又は担当者名
		.　kg	.　cm		

幼児

保護者の記録【６歳の頃】　（　　年　月　日記録）

年　月　日で６歳になりました。

両親から６歳の誕生日のメッセージを記入しましょう。

幼児

○片足で５～10秒間立っていられますか。	はい	いいえ
○四角の形をまねて、書けますか。	はい	いいえ
○自分の「前後」「左右」がおおよそわかりますか。	はい	いいえ
○ひらがなの自分の名前を読んだり、書いたりできますか。	はい	いいえ
○おもちゃやお菓子などをほしくても我慢できるようになりましたか。	はい	いいえ
○約束やルールを守って遊べますか。	はい	いいえ
○第一大臼《きゅう》歯（乳歯列の奥に生える永久歯）は生えましたか。	はい	いいえ
○歯の仕上げみがきをしてあげていますか。	はい	いいえ
○朝食を毎日食べますか。	はい	いいえ
○子育てについて気軽に相談できる人はいますか。	はい	いいえ

○子育てについて不安や困難を感じることはありますか。　いいえ　はい　何ともいえない

○成長の様子、育児の心配、かかった病気、感想などを自由に記入しましょう。

６歳児健康診査

（　　年　月　日実施・　歳　か月）

体重　　.　kg	身長　　.　cm
頭囲　　.　cm	栄養状態：ふとり気味・普通・やせ気味
目の異常（眼位異常・視力：右（ ）・左（ ）・その他）：なし・あり・疑（ ）	
耳の異常（難聴・その他）：なし・あり・疑（　　）	
予防接種（受けているものに○を付ける。）	Hib　小児肺炎球菌　B型肝炎　ジフテリア　百日せき　破傷風　ポリオ　BCG　麻しん　風しん　水痘　日本脳炎
健康・要観察	

歯の状態													
	6	5	4	3	2	1	1	2	3	4	5	6	要治療のむし歯：なし・あり（乳歯　本　永久歯　本） 歯の汚れ：きれい・少ない・多い
		E	D	C	B	A	A	B	C	D	E		歯肉・粘膜：異常なし・あり（　　）
		E	D	C	B	A	A	B	C	D	E		かみ合わせ：よい・経過観察
	6	5	4	3	2	1	1	2	3	4	5	6	歯・口腔《くう》の疾病異常：（　　） （　　年　月　日診査）

特記事項

施設名又は担当者名	

幼児

次の健康診査までの記録
（自宅で測定した身長・体重も記入しましょう。）

年月日	年齢	体重	身長	特記事項	施設名又は担当者名
		.　kg	.　cm		

＜お子さんの体重や身長をこのグラフに記入しましょう。＞

男の子　乳児身体発育曲線（平成22年調査）

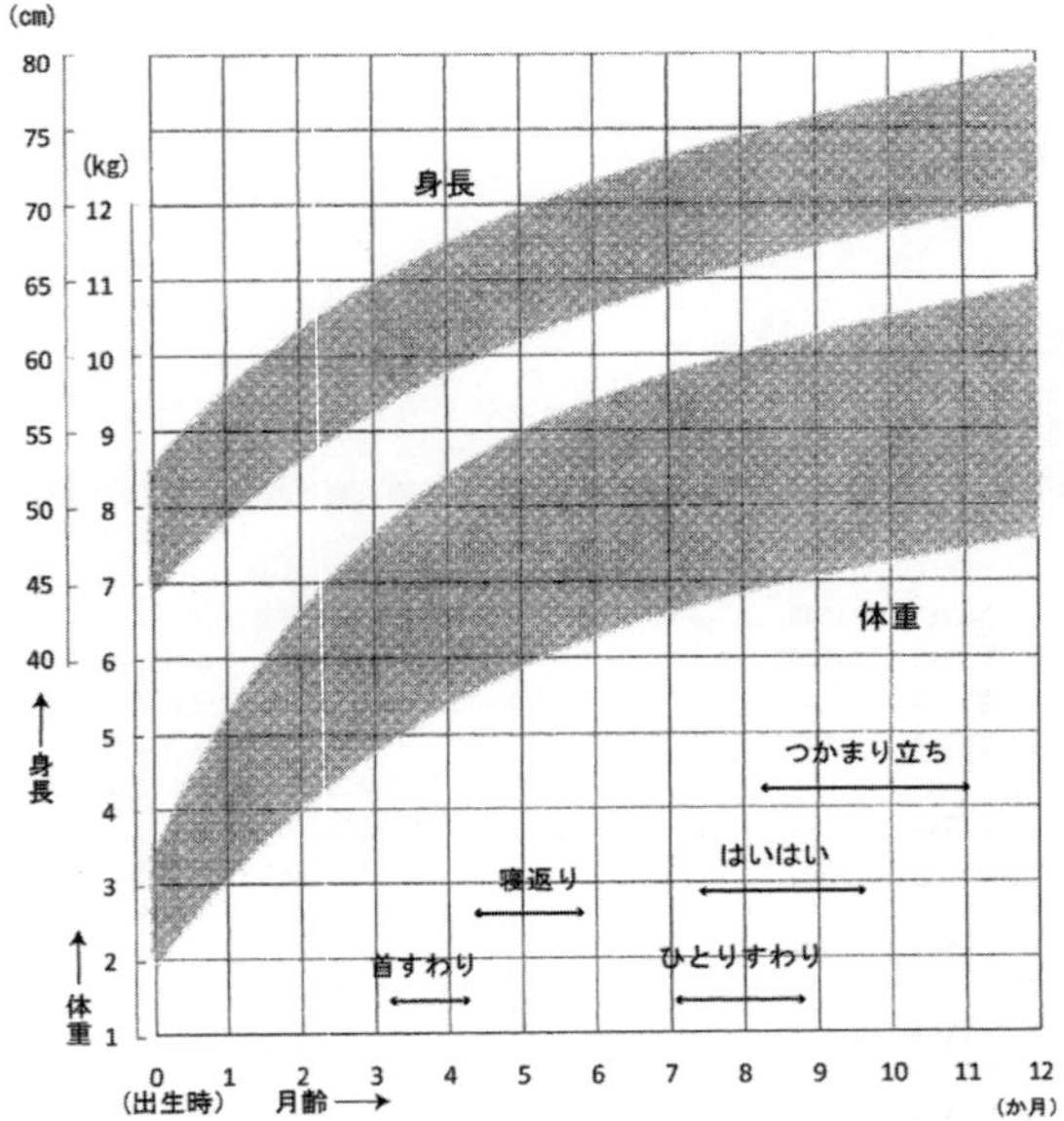

首すわり、寝返り、ひとりすわり、はいはい、つかまり立ち及びひとり歩きの矢印は、約半数の子どもができるようになる月・年齢から、約９割の子どもができるようになる月・年齢までの目安を表したものです。
お子さんができるようになったときを矢印で記入しましょう。

（出典）厚生労働省平成22年乳幼児身体発育調査報告

＜お子さんの体重や身長をこのグラフに記入しましょう。＞

男の子　幼児身体発育曲線（平成22年調査）

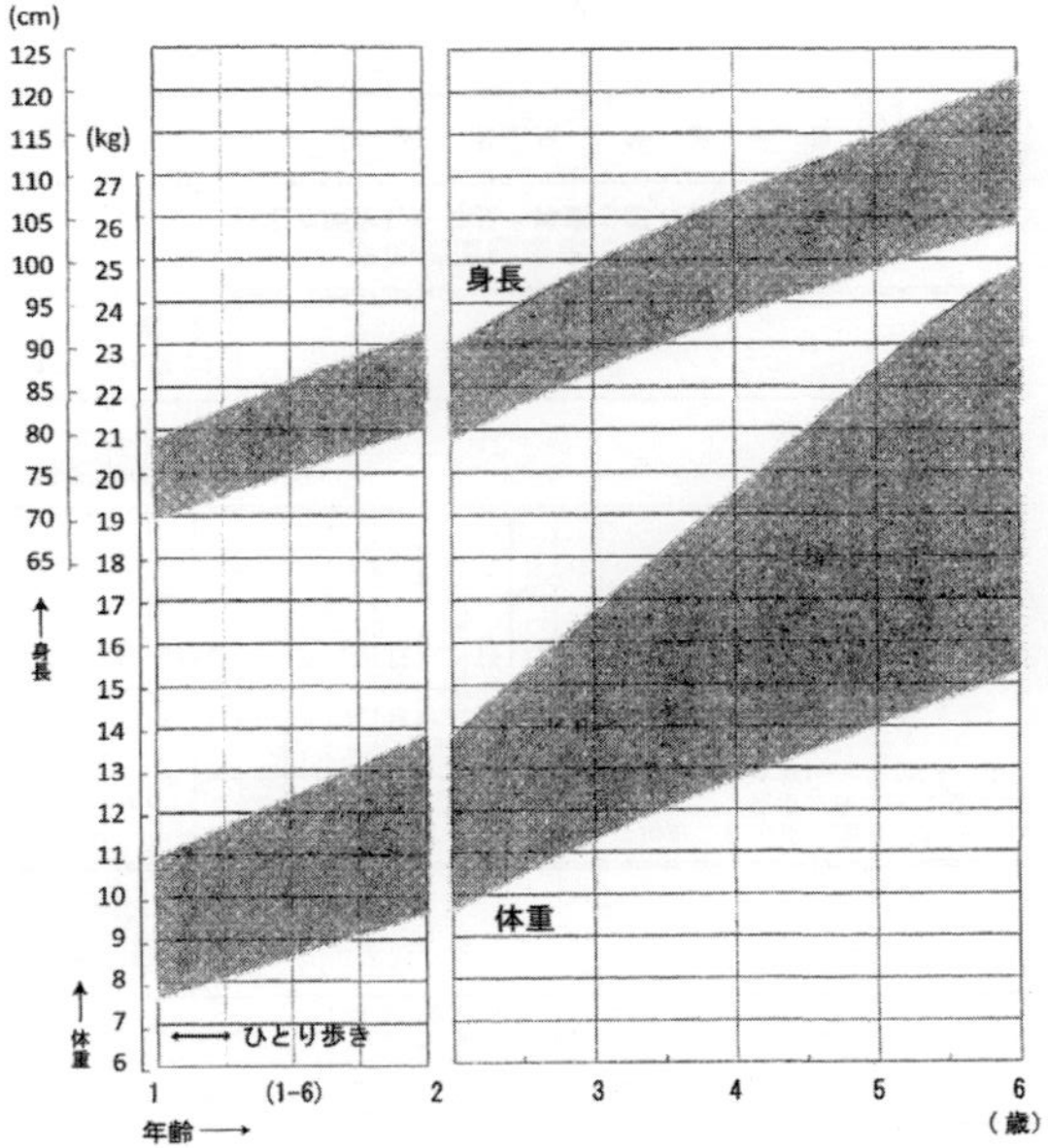

身長と体重のグラフ：帯の中には、各月・年齢の94パーセントの子どもの値が入ります。乳幼児の発育は個人差が大きいですが、このグラフを一応の目安としてください。なお、２歳未満の身長は寝かせて測り、２歳以上の身長は立たせて測ったものです。

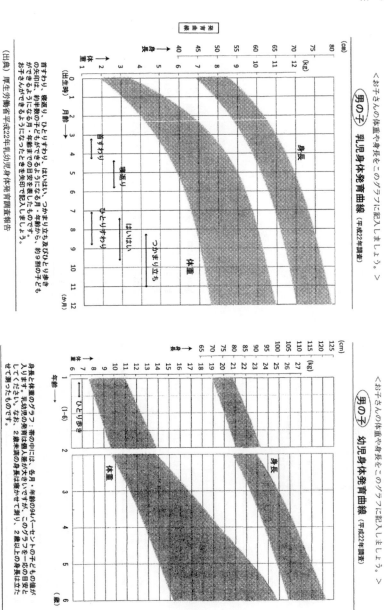

発育曲線

＜お子さんの体重や身長をこのグラフに記入しましょう。＞

女の子 乳児身体発育曲線（平成22年調査）

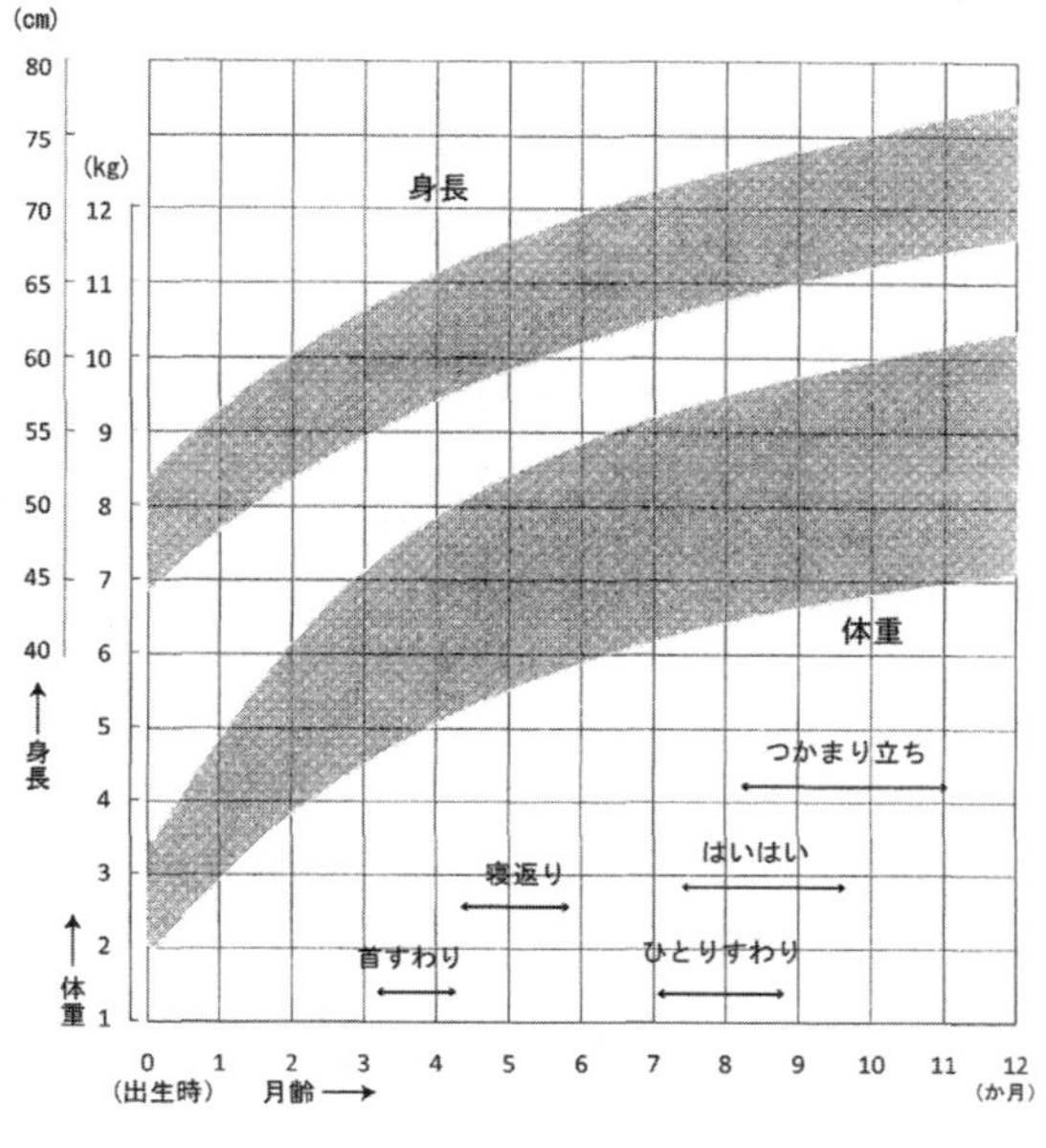

首すわり、寝返り、ひとりすわり、はいはい、つかまり立ち及びひとり歩きの矢印は、約半数の子どもができるようになる月・年齢から、約９割の子どもができるようになる月・年齢までの目安を表したものです。
お子さんができるようになったときを矢印で記入しましょう。

- 44 -

＜お子さんの体重や身長をこのグラフに記入しましょう。＞

女の子 幼児身体発育曲線（平成22年調査）

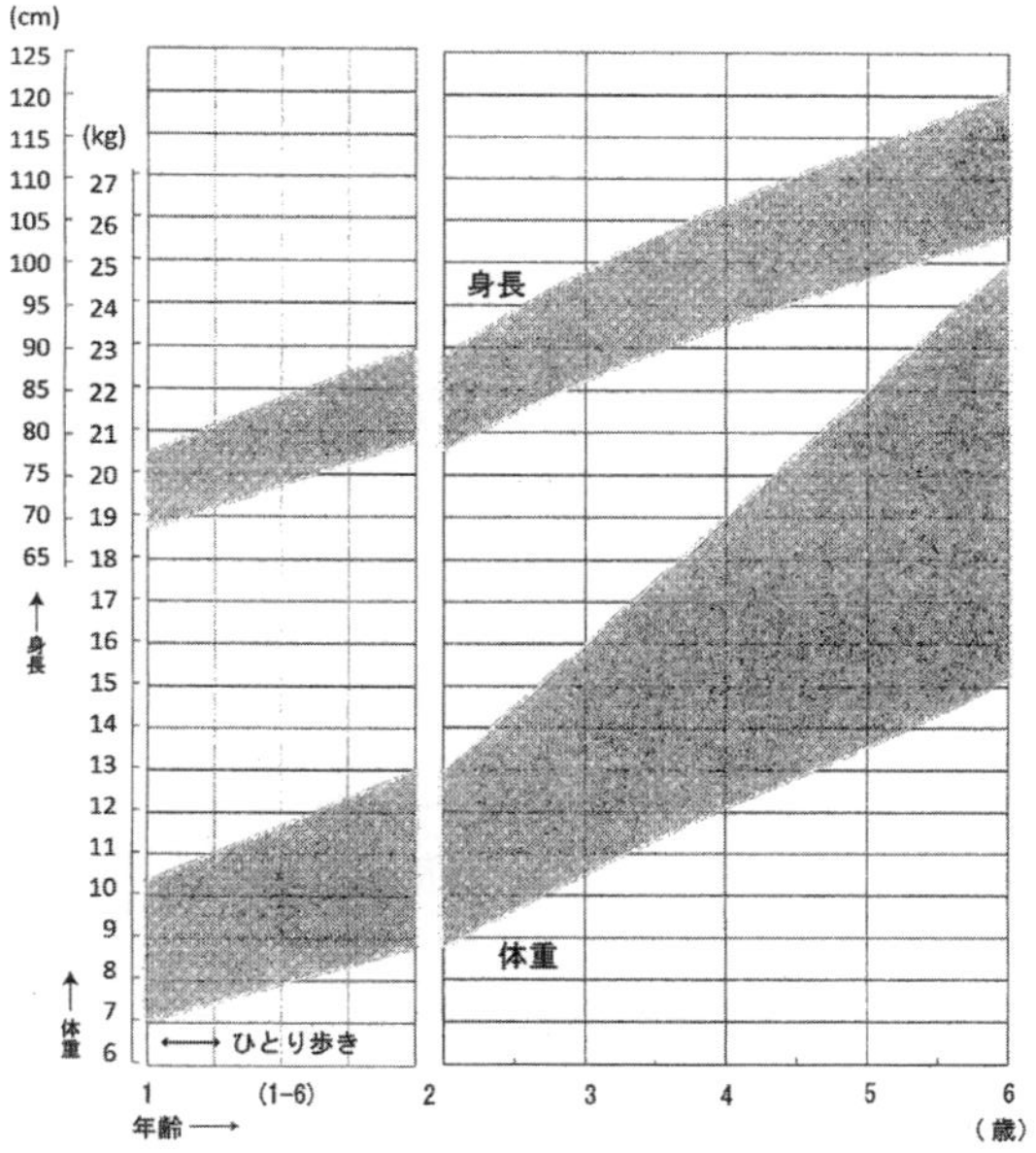

身長と体重のグラフ：帯の中には、各月・年齢の94パーセントの子どもの値が入ります。乳幼児の発育は個人差が大きいですが、このグラフを一応の目安としてください。なお、２歳未満の身長は寝かせて測り、２歳以上の身長は立たせて測ったものです。

- 45 -

発育曲線

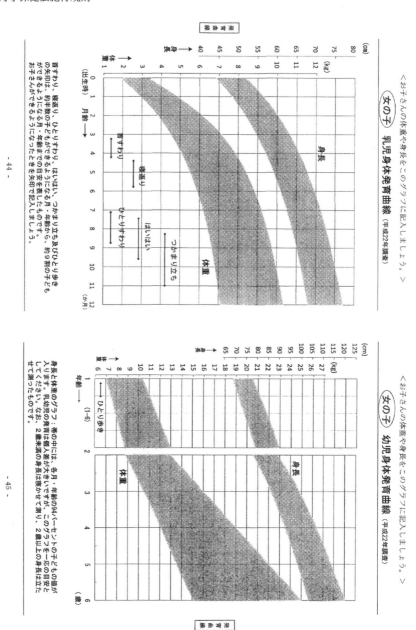

<お子さんの頭囲をこのグラフに記入しましょう。>

男の子　乳幼児身体発育曲線（平成22年調査）

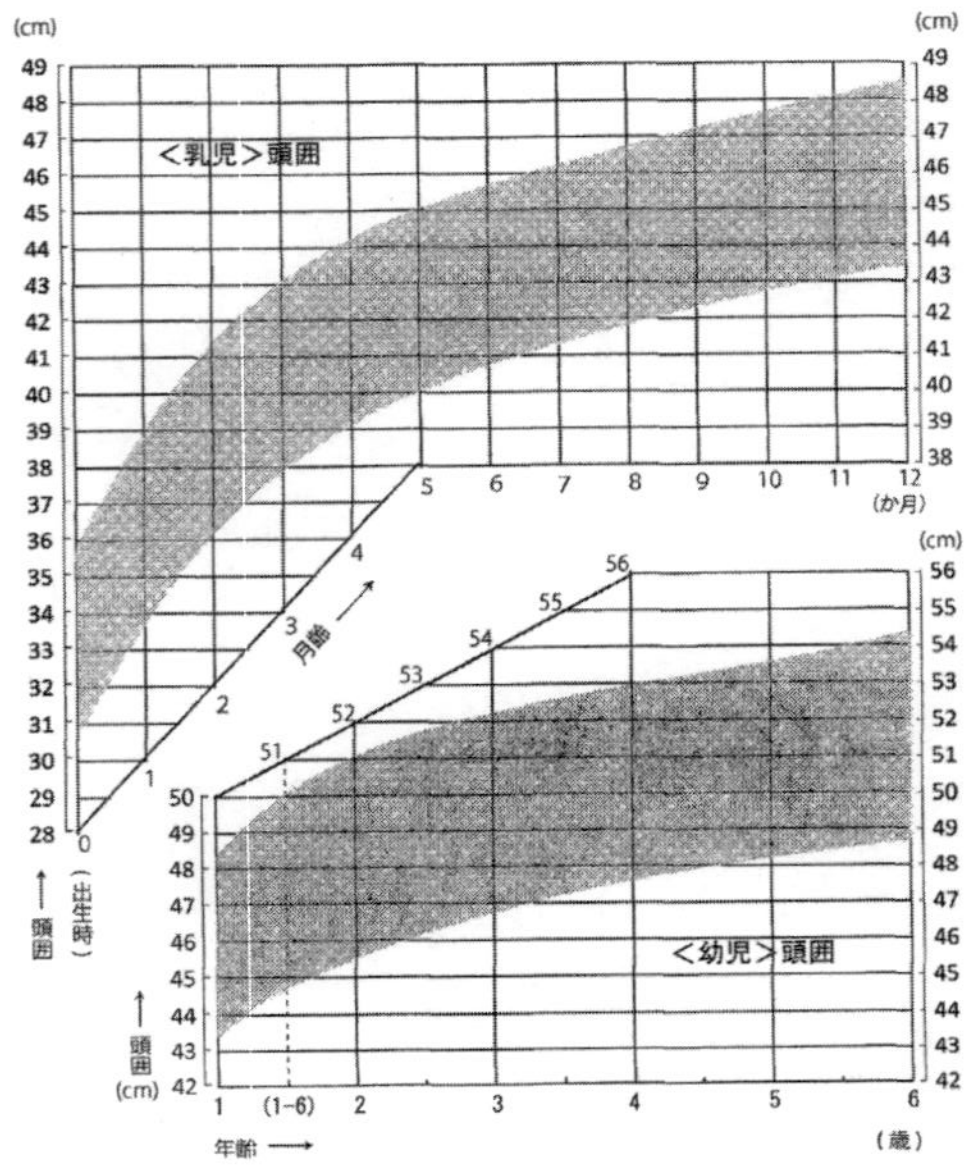

頭囲のグラフ：帯の中に94パーセントの子どもの値が入ります。なお、頭囲は左右の眉《まゆ》の直上を通るようにして測ったものです。

発育曲線

<お子さんの頭囲をこのグラフに記入しましょう。>

女の子　乳幼児身体発育曲線（平成22年調査）

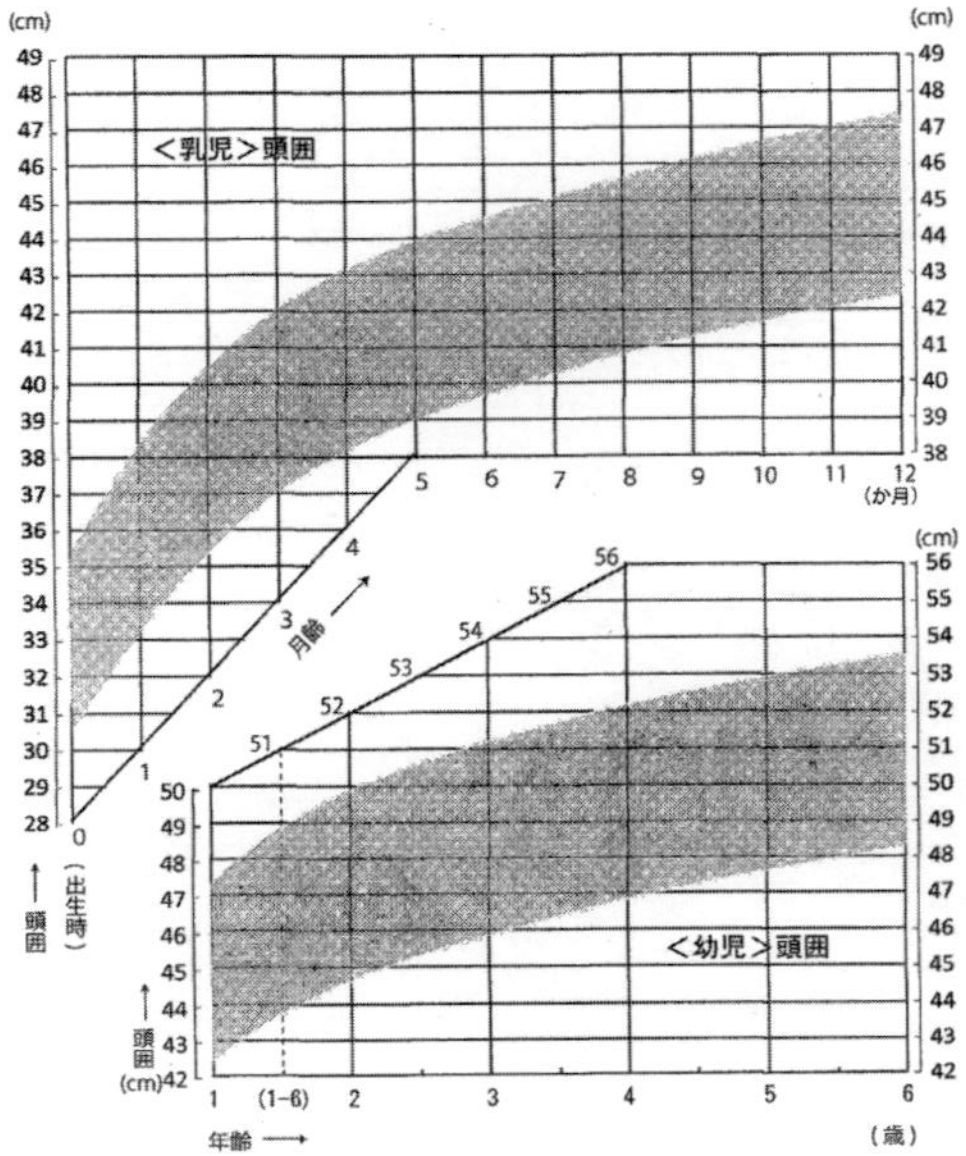

頭囲のグラフ：帯の中に94パーセントの子どもの値が入ります。なお、頭囲は左右の眉《まゆ》の直上を通るようにして測ったものです。

発育曲線

発育曲線

＜お子さんの体重と身長が交差する点をグラフに記入しましょう。＞

男の子　幼児の身長体重曲線（平成22年調査）

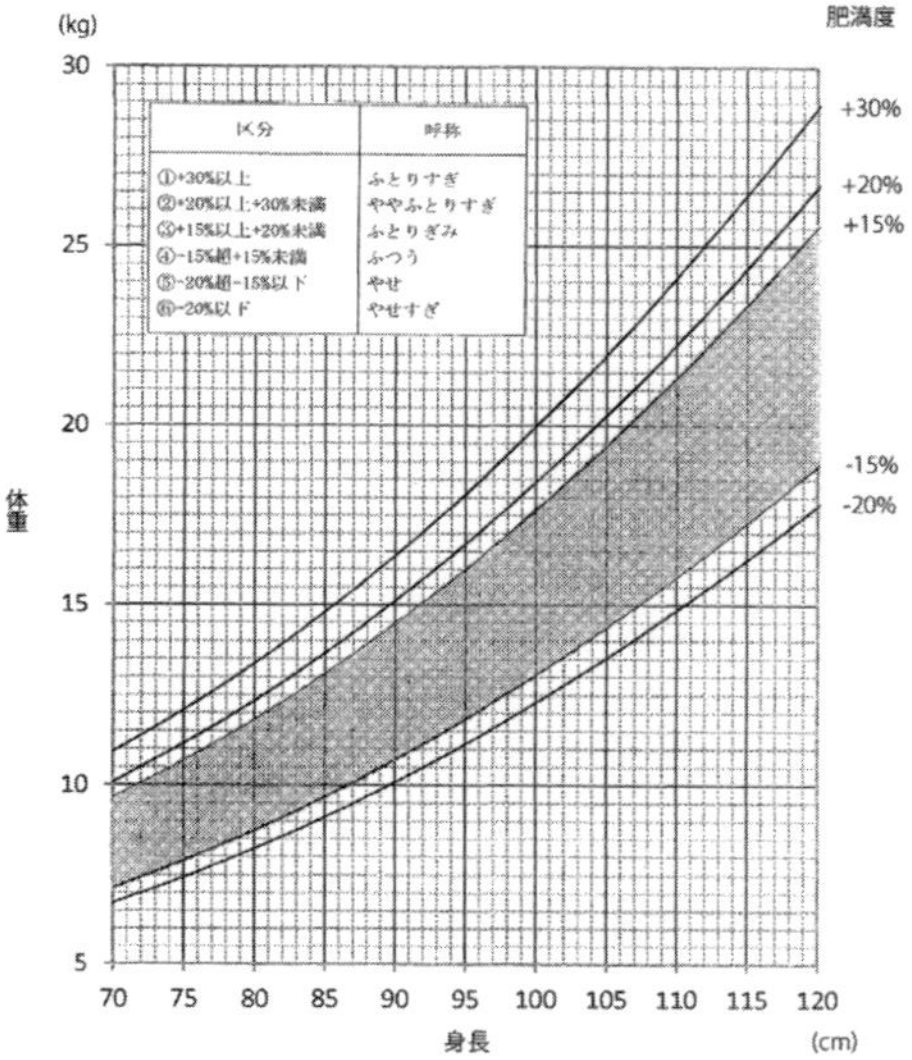

子どものからだつきは成長とともに変化し、個人差も大きいのですが、この曲線を肥満とやせの一応の目安としてください。「ふつう」に入らないからといってただちに異常というわけではありませんが、心配な場合は医師等に相談しましょう。身体計測を行ったときはこのグラフに記入し、成長に伴う変化をみるようにしましょう。

- 48 -

＜お子さんの体重と身長が交差する点をグラフに記入しましょう。＞

女の子　幼児の身長体重曲線（平成22年調査）

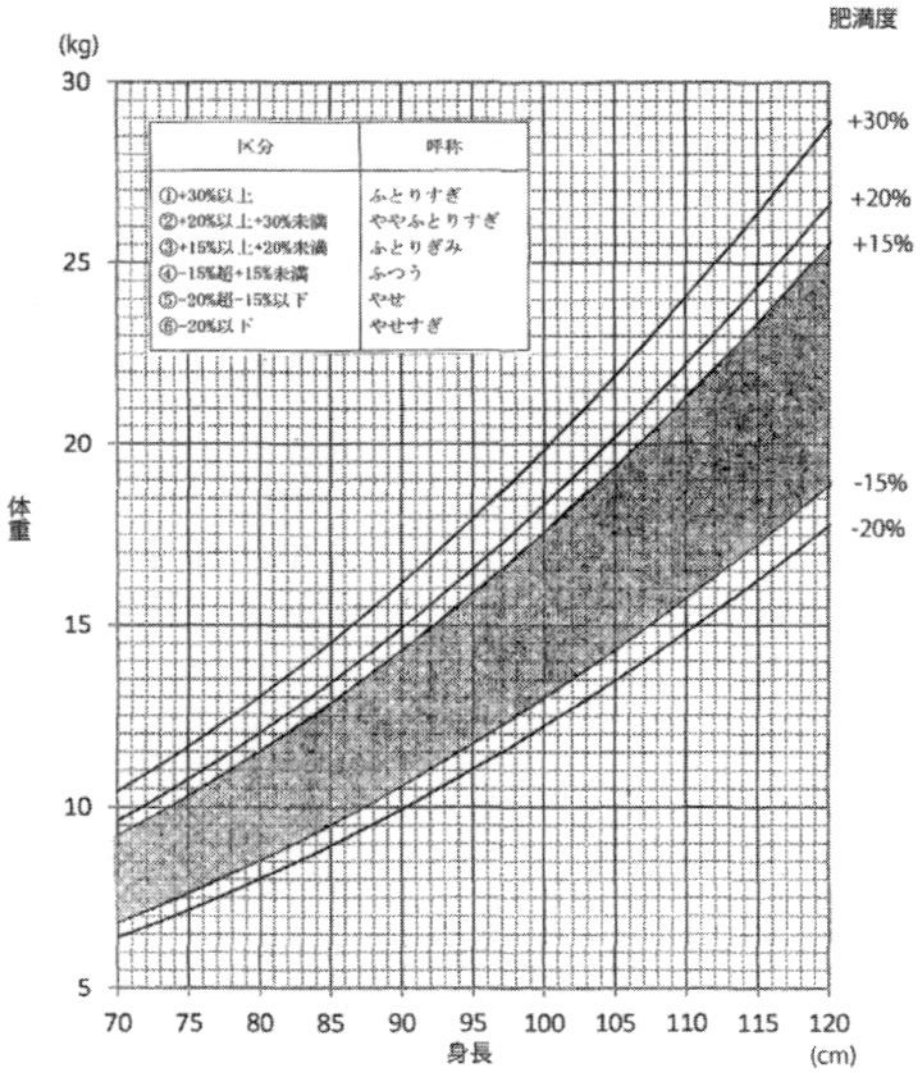

子どものからだつきは成長とともに変化し、個人差も大きいのですが、この曲線を肥満とやせの一応の目安としてください。「ふつう」に入らないからといってただちに異常というわけではありませんが、心配な場合は医師等に相談しましょう。身体計測を行ったときはこのグラフに記入し、成長に伴う変化をみるようにしましょう。

- 49 -

発育曲線

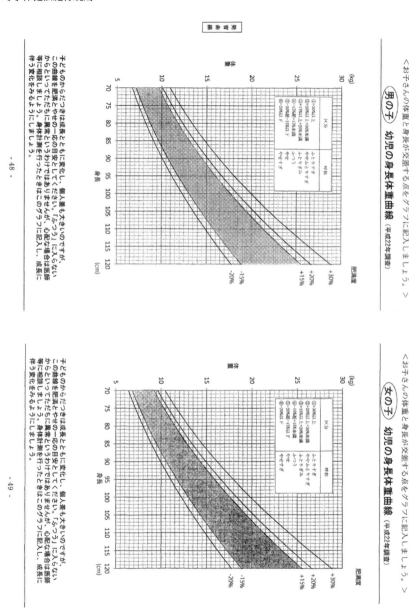

予防接種の記録（1）
Immunization Record

感染症から子ども（自分の子どもはもちろん、周りの子どもたちも）を守るために、予防接種は非常に効果の高い手段の一つです。子どもたちの健康を守るために予防接種の効果と副反応をよく理解し、子どもに予防接種を受けさせましょう。

ワクチンの種類 Vaccine		接種年月日 Y/M/D (年齢)	メーカー／ロット Manufacturer/ Lot.No.	接種者署名 Physician	備考 Remarks
インフルエンザ菌b型 (Hib) Haemophilus type b	1回				
	2回				
	3回				
	追加				
小児肺炎球菌 Streptococcus pneumoniae	1回				
	2回				
	3回				
	追加				
B型肝炎 Viral Hepatitis type B	1回				
	2回				
	3回				

●その他

予防接種の記録（2）

ジフテリア・百日せき・破傷風・ポリオ
Diphtheria・Pertussis・Tetanus・Polio

時期		ワクチンの種類 Vaccine	接種年月日 Y/M/D (年齢)	メーカー／ロット Manufacturer/ Lot.No.	接種者署名 Physician	備考 Remarks
第1期初回	1回					
	2回					
	3回					
第1期追加						

BCG

接種年月日 Y/M/D (年齢)	メーカー／ロット Manufacturer/ Lot.No.	接種者署名 Physician	備考 Remarks

ワクチンの種類 Vaccine		接種年月日 Y/M/D (年齢)	メーカー／ロット Manufacturer/ Lot.No.	接種者署名 Physician	備考 Remarks
麻しん・風しん	第1期				
	第2期				

ワクチンの種類 Vaccine		接種年月日 Y/M/D (年齢)	メーカー／ロット Manufacturer/ Lot.No.	接種者署名 Physician	備考 Remarks
水痘 Varicella	1回				
	2回				

予防接種

予防接種の記録（3）

日本脳炎 Japanese Encephalitis					
時期		接種年月日 Y/M/D (年齢)	メーカー／ロット Manufacturer/ Lot.No.	接種者署名 Physician	備考 Remarks
第1期初回	1回				
	2回				
第1期追加					

ワクチンの種類 Vaccine		接種年月日 Y/M/D (年齢)	メーカー／ロット Manufacturer/ Lot.No.	接種者署名 Physician	備考 Remarks
ヒトパピローマウイルス (HPV) Human Papilloma (2価・4価)	1回				
	2回				
	3回				

●薬剤や食品などのアレルギー記入欄

- 52 -

備考　19ページ中、アの部分の色彩は灰白色、イの部分の色彩は象牙色、ウの部分の色彩は明るい黄緑色、エの部分の色彩は暗い黄色、オの部分の色彩は黄土色、カの部分の色彩は金茶色、キの部分の色彩は暗いオリーブ色とする。

○「健やか親子21（第2次）」について検討会報告書

（平成26年4月「健やか親子21」の最終評価等に関する検討会）

目　次

（本書）

※　参考資料等は下記の厚生労働省 HP よりご覧いただけます。
https://www.mhlw.go.jp/stf/shingi/0000041585.html

第１　はじめに

平成13年（2001年）から開始された「健やか親子２１」は、20世紀の母子保健の取組の成果を踏まえ、残された課題と新たな課題を整理するとともに、課題それぞれについての目標を設定することにより、関係者、関係機関・団体が一体となって母子保健に関する取組を推進する国民運動計画であり、21世紀の母子保健の主要な取組を提示するビジョンである。

併せて、「健やか親子２１」は、安心して子どもを産み、健やかに育てることの基礎となる少子化対策としての意義に加え、少子・高齢化社会において、国民が健康で明るく元気に生活できる社会の実現を図るための国民の健康づくり運動（健康日本２１）の一翼を担うものである。

現在の「健やか親子２１」（以下「現計画」という。）では、21世紀に取り組むべき主要な４つの課題を設定し、課題の解決に向けて関係者、関係機関・団体が一体となって取組を進めてきた。

- 課題１　思春期の保健対策の強化と健康教育の推進
- 課題２　妊娠・出産に関する安全性と快適さの確保と不妊への支援
- 課題３　小児保健医療水準を維持・向上させるための環境整備
- 課題４　子どもの心の安らかな発達の促進と育児不安の軽減

当初、現計画は、平成13年から平成22年までの10年間を計画期間として開始されたが、次世代育成支援対策推進法（平成15年法律第120号）に基づく次世代育成行動計画と連携して更なる取組の推進を図る観点から、その計画期間を平成26年まで４年間延長し、現在に至っている。この間、平成17年と平成22年に中間評価を行ってきた。

現計画については、平成26年末で終期を迎えることから、現計画の最終評価と、次なる「健やか親子２１」について検討するため、平成25年７月に、関係する専門家等による本検討会が設置された。

本検討会では、まず、３回にわたる議論を経て、目標の達成状況や関連する取組の状況に関する評価を行い、同年11月に「「健やか親子２１」最終評価報告書」をとりまとめた。

さらに、本検討会においては、平成27年度から始まる「健やか親子２１（第２次)」の策定に向けて、現在の母子保健及び育児を取り巻く状況や、晩婚化や未婚率の上昇といった変化を踏まえ、６回にわたり検討を進めた。

今般、その検討結果として、「「健やか親子２１（第２次)」について　検討会報告書」をとりまとめ、「すべての子どもが健やかに育つ社会」の実現に向けて、今後10年間を見据えた母子保健の主要な取組を提示することとした。

今後、本報告書を踏まえ、国民をはじめ国、地方公共団体、専門団体、推進協議会やその他民間団体等が連携し、「健やか親子２１」が国民運動計画として更に推進・展開されることを期待する。

第２　現状

１　少子化社会における母子保健対策の意義

わが国の母子保健対策は、母子の生命を守る、あるいは母子の健康の保持・増進を図ることを一義的な目的としている。母子保健における支援は、妊娠期から始まり、周産期、乳幼児期、学童期、思春期、そしてまた妊娠期へと循環する。妊娠・出産・子育てへのライフサイクルを通じた切れ目ない支援体制構築の重要性については、平成25年８月にとりまとめられた社会保障制度改革国民会議報告書においても指摘されているところである。

昨今、少子化や子育て世帯の孤立化といった社会構造の変化や、核家族や共働き世帯の増加といった家族形態の多様化等、子育てを取り巻く環境が大きく変化しており、わが国における、住民と行政とを直接繋ぐ役割を担う母子保健対策の意義は、より一層増している。母子保健対策がすべての母子を対象に事業を展開していることから、母子をはじめとした住民と行政とが直接接する貴重な機会を十分に活用し、個々のニーズを把握するとともに、地域の支援ニーズを把握することが重要である。併せて、子育て環境の変化に対応していくために課題を整理し、地域の実情を踏まえた母子保健対策の充実と、母子保健の枠を越えた有機的な連携を築く必要がある。

切れ目ない母子の健康支援を行うためには、地域の母子保健と、学校保健や産業保健との連携が必要不可欠である。まず、学校保健との連携の観点からは、学校での健康教育への協力や医療機関と連携した健康管理への支援を行うとともに、乳幼児健康診査等で把握した子どもの健康に関する情報が、就学前後で途切れることなく学童・生徒の健康支援においても活用されることが重要である。次に、産業保健との連携の観点からは、就労している妊婦に対する健康支援を両者が協同して進め、また、育児中の男女の心身の健康を保持・増進するための職場環境の整備に対して、地域保健の専門的立場から協力することも求められる。

このように、母子を取り巻く環境が複雑化・多様化する近年においては、妊娠中から子育て中の親子とその家族が、主体的に自らの健康に関心を持つとともに、お互いを支え合い理解し合えるような環境づくりが必要となる。加えて、学校や企業等も含めた地域社会全体で子どもの健やかな成長を見守るとともに、子育て世代の親を孤立させないよう温かく見守り支える地域づくりも重要である。

２　母子保健及び育児を取り巻く状況

近年の母子保健及び育児を取り巻く状況は、母子保健の水準が大幅に改善する一方で、晩婚化や未婚率の上昇、子育て世代の家族形態が多様化する等、大きな変化が見られている。また、現行の「健やか親子２１」の策定当時（2000（平成12）年）と比較しても、この10数年間で人口減少社会を迎える等、大きな変化がある。「健やか親子２１（第２次）」を策定するにあたっては、今後10年間、20年間の状況の変化を見据えつつ、必要な母子保健事業を展開する必要がある。

（１）少子化の進行

○総人口と人口構成の変化

2012（平成24）年の我が国の総人口は、約１億2,752万人となり、前年比約28万人の減少となった。2005（平成17）年前後には人口増加率はマイナスを記録し人口減少社会に入り（図１）、現行の「健やか親子２１」の策定時（2000（平成12）年）と現在は状況が大きく異なる。

図１　日本の長期人口すう勢

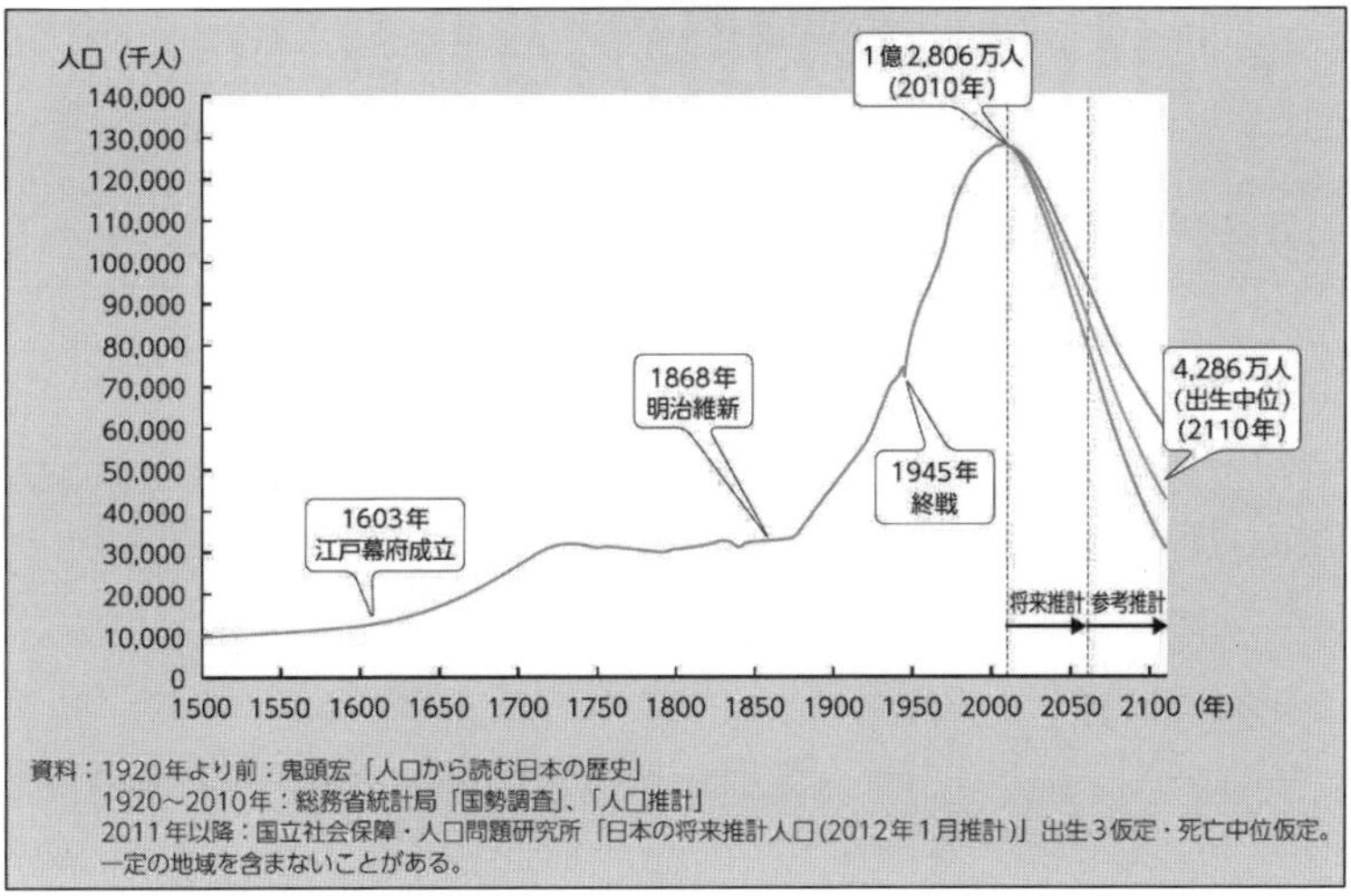

資料：平成25年版厚生労働白書[1](p. 5)

年齢３区分別人口の割合では、現行の「健やか親子２１」策定時は年少人口（0～14歳）が14.6%、生産年齢人口（15～64歳）が68.1%、老年人口（65歳以上）が17.4%だったのが、2012（平成24）年には年少人口が13.0%、生産年齢人口が62.9%、老年人口が24.1%と大きく変化してきている。この約30年の間には、老年人口は189%増加し、年少人口は40%減少している（図２、図３）。

1　厚生労働省(2012). 平成25年版厚生労働白書−若者の意識を探る−, 平成24年度厚生労働行政年次報告. 平成26年4月14日アクセス, http://www.mhlw.go.jp/wp/hakusyo/kousei/13/

図２　日本の人口推移と将来推計人口

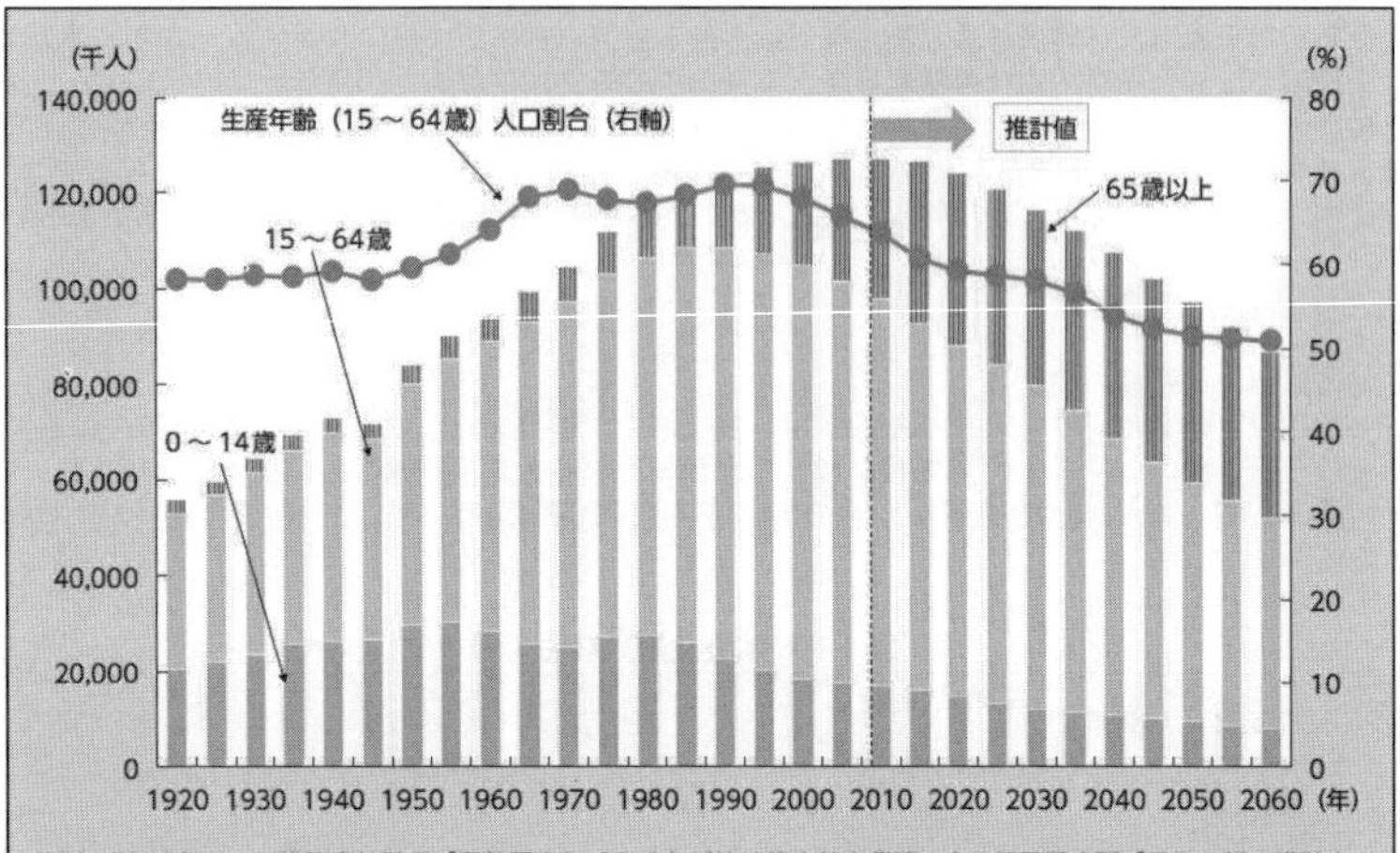

資料：2010年までは総務省統計局「国勢調査」、2015年以降は国立社会保障・人口問題研究所「日本の将来推計人口（2012年1月推計）中位推計」
（注）1945年は沖縄県を除く。

資料：平成 25 年版厚生労働白書（p. 5）

図３　人口構成割合の変化

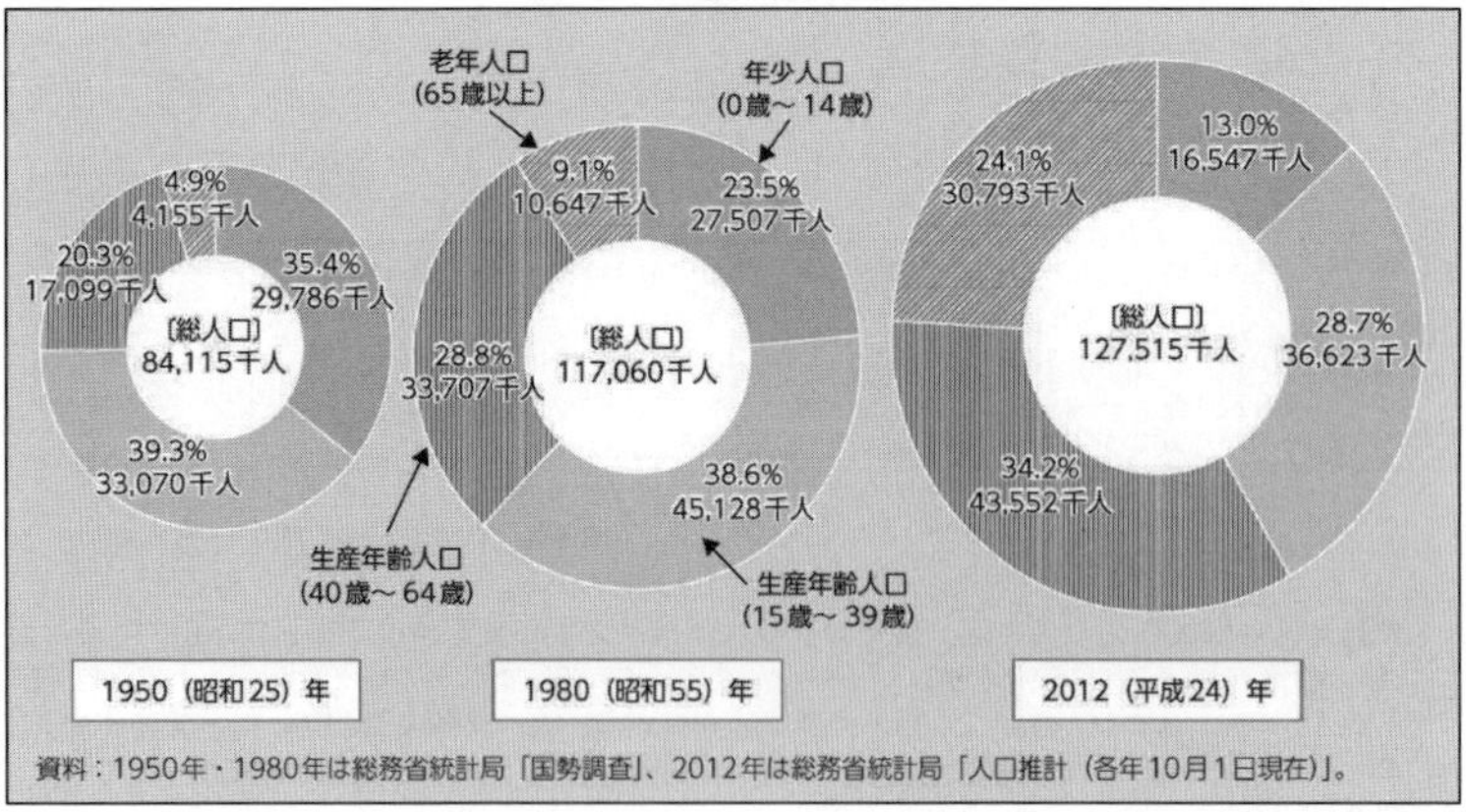

資料：1950年・1980年は総務省統計局「国勢調査」、2012年は総務省統計局「人口推計（各年10月1日現在）」。

資料：平成 25 年版厚生労働白書（p. 6）

2006（平成 18）年以降の合計特殊出生率は、横ばいもしくは微増傾向だが、2012（平成 24）年も 1.41 と依然として低い水準にある。また、国立社会保障・人口問題研究所「日本の将来推計人口（平成 24 年１月推計)」によると、現在の傾向が続けば、2060（平成 72）年には、我が国の人口は 8,674 万人となり、１年間に生まれる子どもの数が現在の半分以下の 50 万人を割り、高齢化率は約 40%に達するという厳しい見通しが示されている（図４）。

図４　人口ピラミッドの変化（1990、2010、2040、2060）－平成 24 年中位推計－

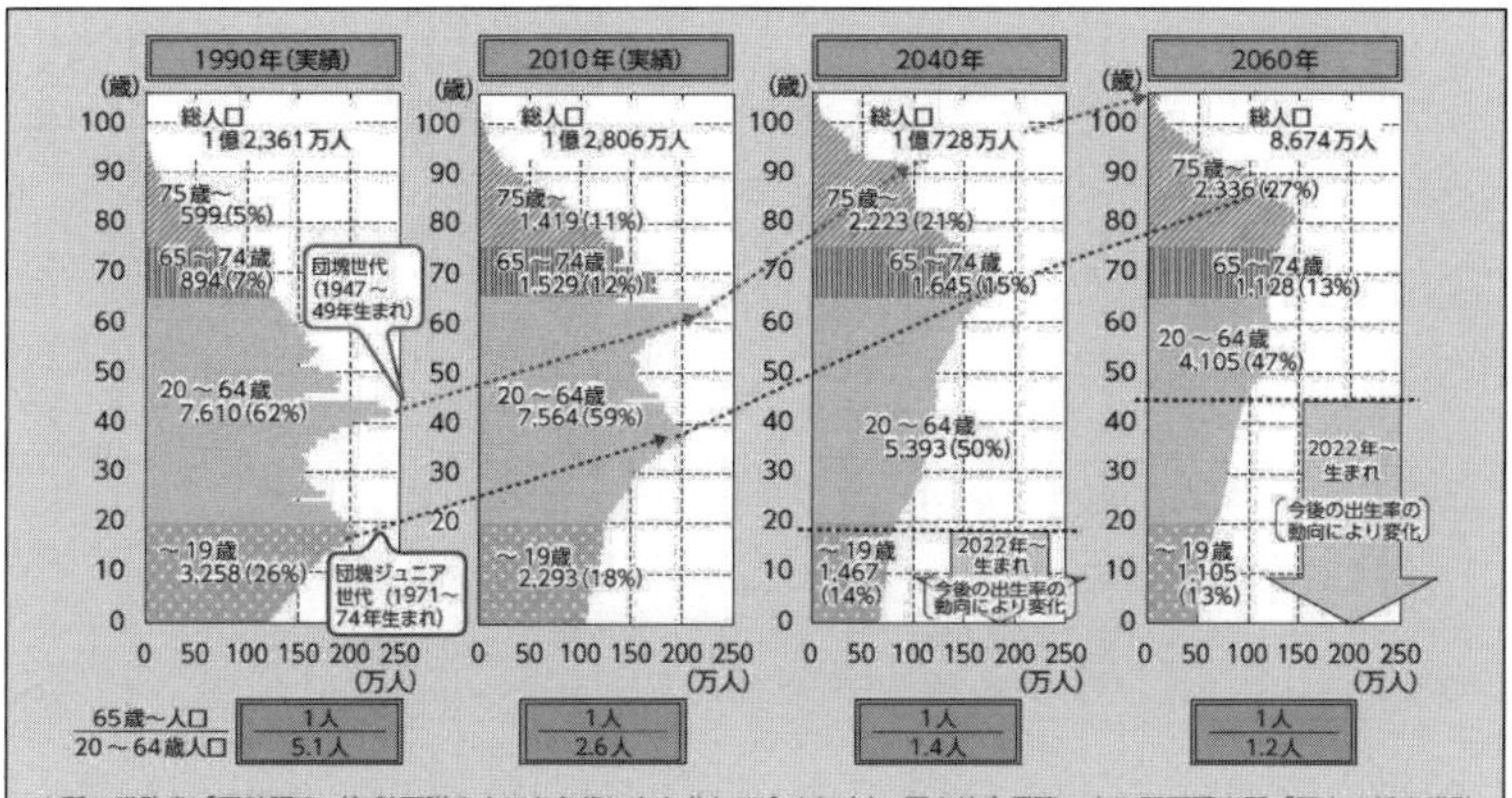

出所：総務省「国勢調査（年齢不詳の人口を各歳にあん分して含めた。)」、国立社会保障・人口問題研究所「日本の将来推計人口（平成24年１月推計）：出生中位・死亡中位推計」(各年10月１日現在人口)

資料：平成 25 年版厚生労働白書(p. 188)

○出生数の変化

出生数は、現行の「健やか親子２１」が策定された 2000（平成 12）年は、119 万 547 人であったが、2012（平成 24）年は 103 万 7,101 人と過去最低を記録した。2012（平成 24）年は、前年より１万 3,705 人減少した（図５)。

合計特殊出生率は、2005（平成 17）年には 1.26 と過去最低を更新した（図６)。主に 20 歳代の出生率の低下によるもので、30～49 歳の各階級では上昇した（図７)。

図５（上）、図６（下）　少子化の進行と人口減少社会の到来

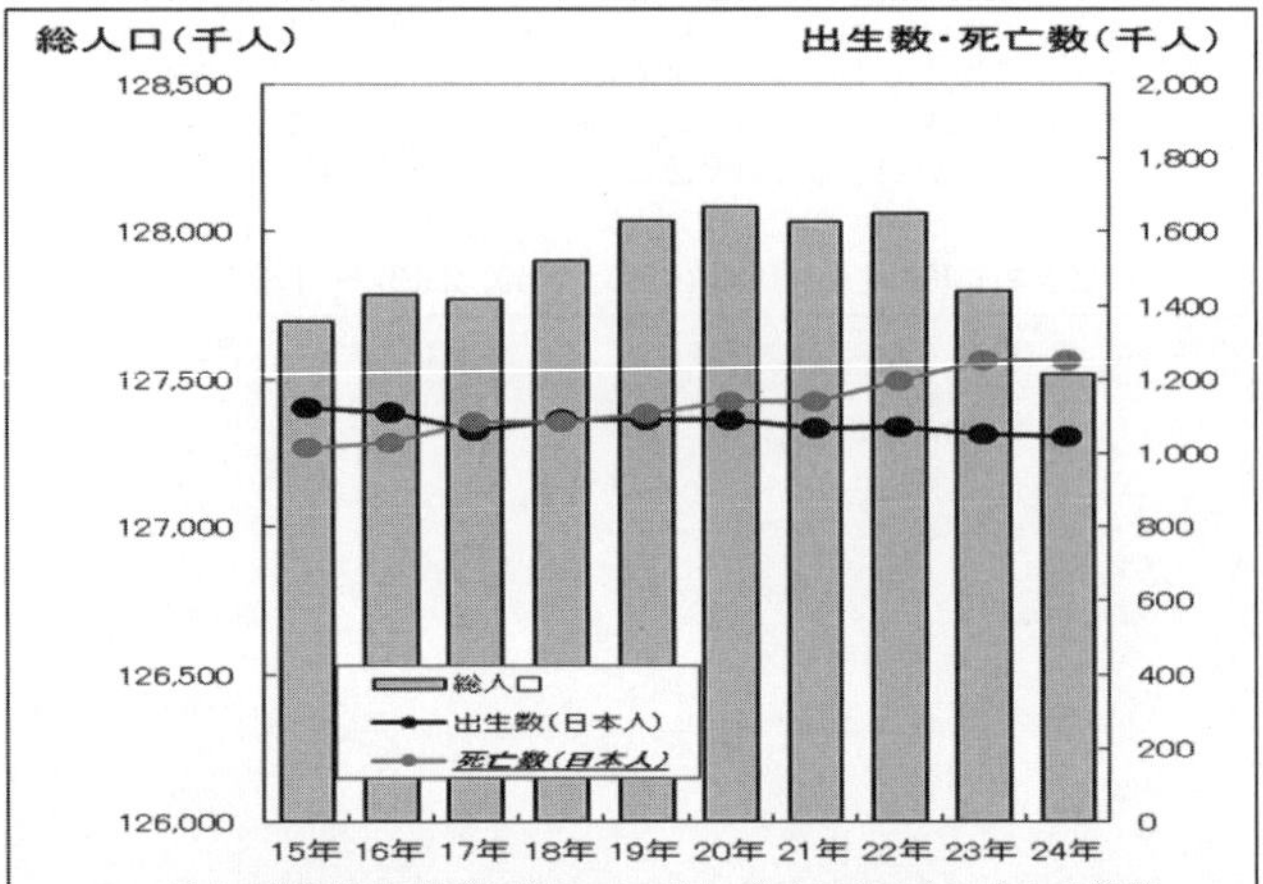

注１：出生数及び死亡数については、日本における日本人の数値
注２：総人口については、日本における外国人を含む。
注３：総人口の増減は、自然増減（出生数及び死亡数）のほか、
　　　社会増減（国内外の流入・流出）等を含む。

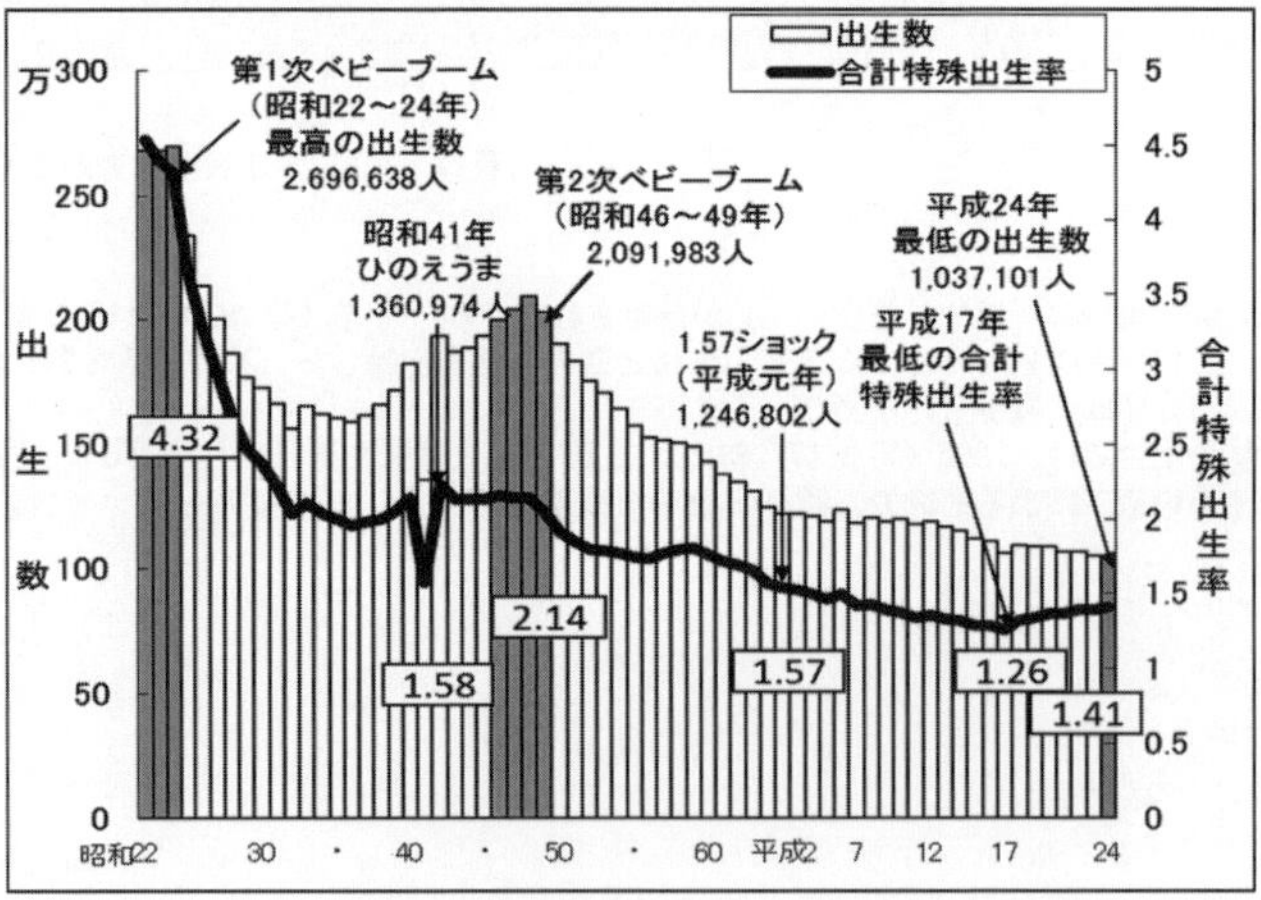

資料　図５：総務省推計人口（平成 23 年 10 月 1 日現在）
　　　図６：厚生労働省人口動態統計

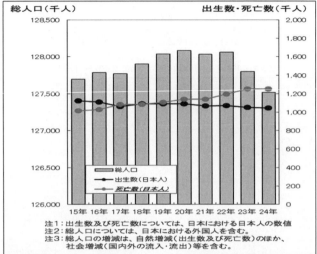

図７　母の年齢階級別出生率の年次推移

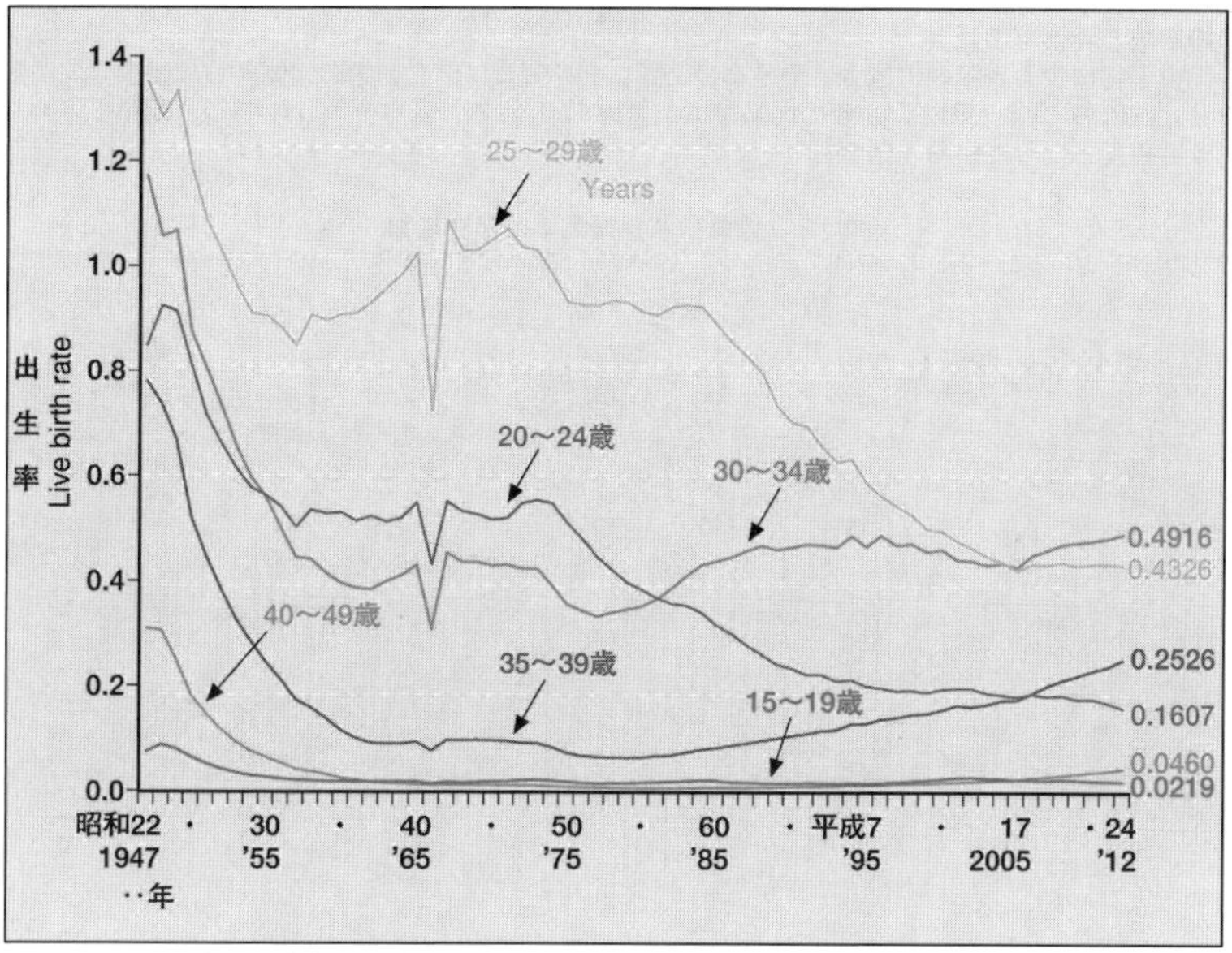

注：母の各歳別出生率を足し上げたもので、各階級の合計が合計特殊出生率である。

資料：平成 26 年 我が国の人口動態（p. 9）

（2）晩婚化・晩産化と未婚率の上昇等

○婚姻数と婚姻率の減少

少子化による若年者の減少、未婚率の上昇などを背景に、我が国の婚姻件数は減少傾向にあり、直近の 2012（平成 24）年の婚姻数は年間約 67 万組で、最も多かった 1972（昭和 47）年の6割程度となっている（図８）。

図８　婚姻数及び婚姻率の年次推移

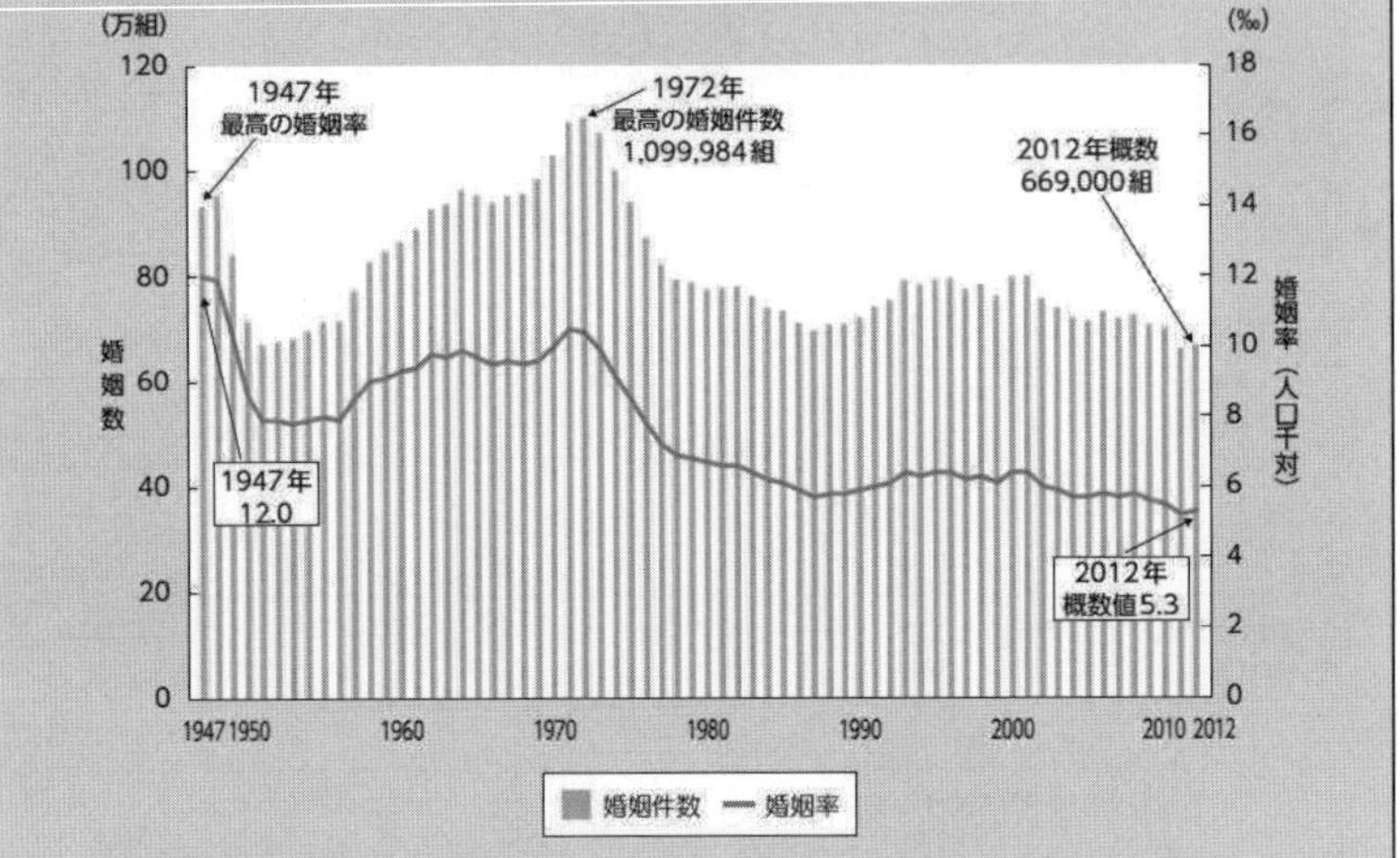

資料：厚生労働省大臣官房統計情報部「人口動態統計」より厚生労働省政策統括官付政策評価官室作成
(注)　1972年以前は沖縄県は含まない。2011年までは確定数、2012年は概数である。

資料：平成 25 年版厚生労働白書(p. 57)

○晩婚化、晩産化の進行

大学進学率の上昇（図９）、独身者の意識変化などを背景に、結婚する年齢が高くなる晩婚化が進行している（図10）。

図９　進学率の推移

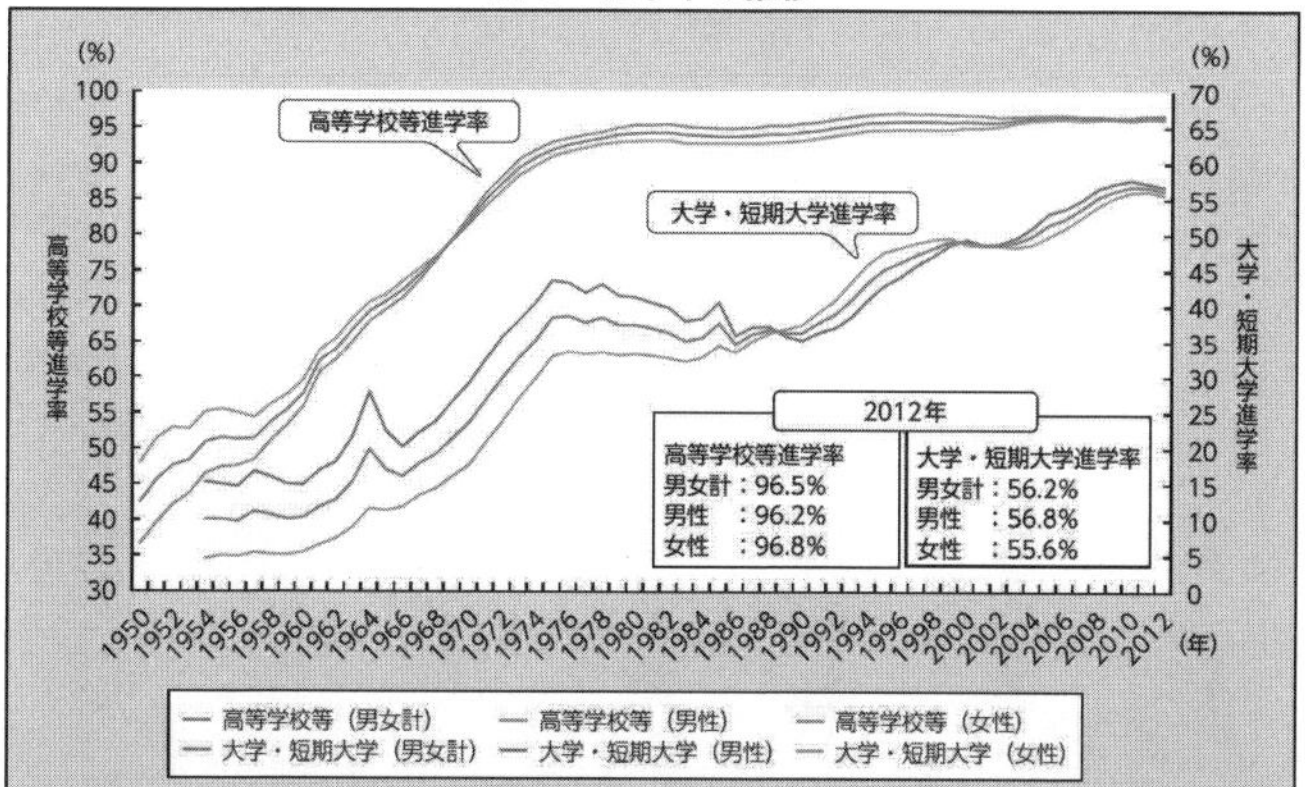

資料：文部科学省「学校基本調査」より厚生労働省政策統括官付政策評価官室作成。
（注）1. 高等学校等への進学率：中学校卒業者及び中等教育学校前期課程修了者のうち、高等学校、中等教育学校後期課程及び特別支援学校高等部の本科・別科並びに高等専門学校に進学した者（就職進学した者を含み、過年度中卒者等は含まない。）の占める比率。
2. 大学（学部）・短期大学（本科）への進学率（過年度高卒者等を含む）：大学学部・短期大学本科入学者数（過年度高卒者等を含む。）を３年前の中学校卒業者及び中等教育学校前期課程修了者数で除した比率。

資料：平成25年版厚生労働白書（p. 30）

図10　大学進学率と平均初婚年齢の関係

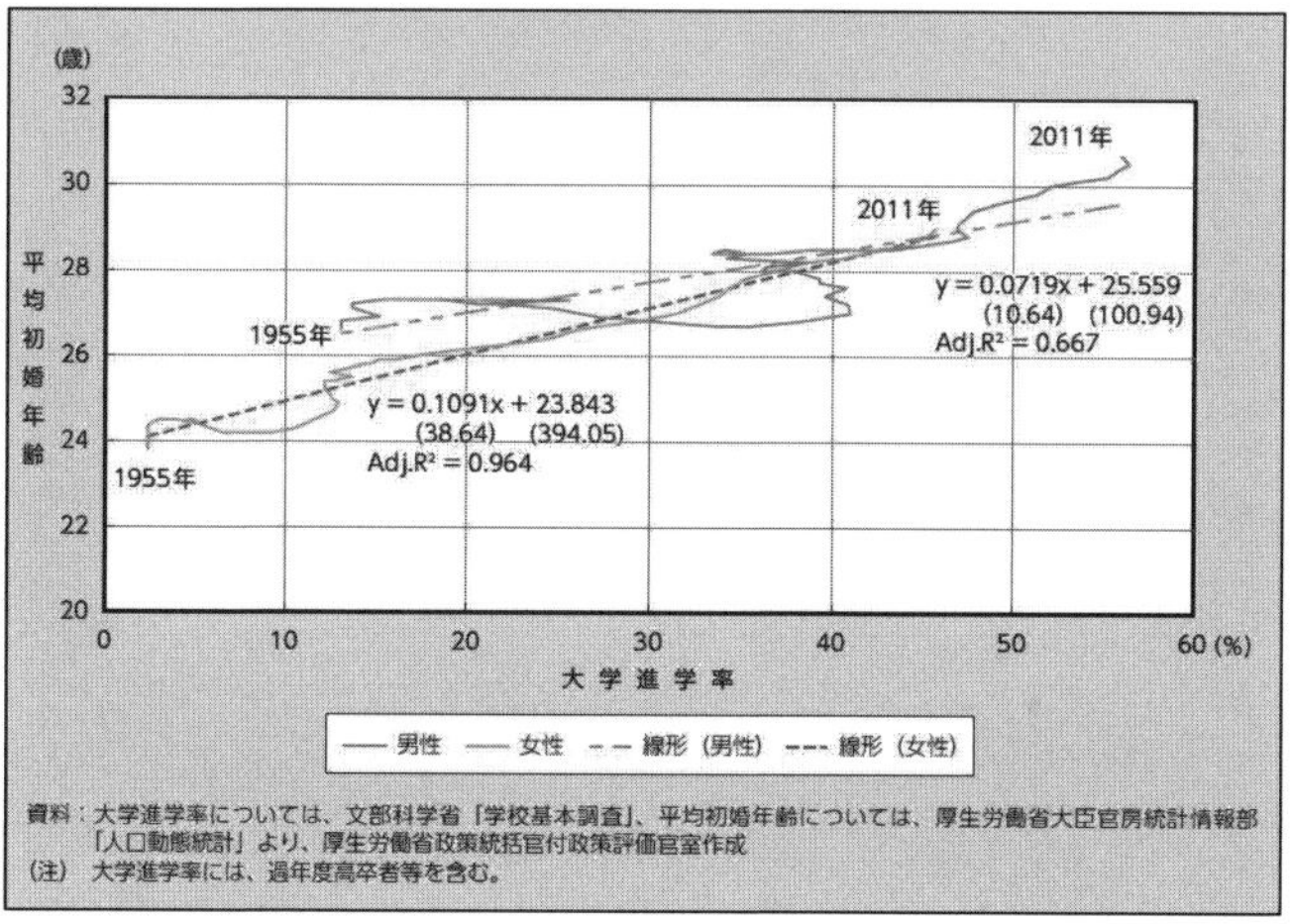

資料：大学進学率については、文部科学省「学校基本調査」、平均初婚年齢については、厚生労働省大臣官房統計情報部「人口動態統計」より、厚生労働省政策統括官付政策評価官室作成
（注）大学進学率には、過年度高卒者等を含む。

資料：平成25年版厚生労働白書(p. 58)

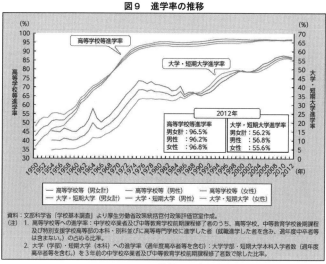

日本人の平均初婚年齢は、2012（平成24）年で、夫が30.8歳、妻が29.2歳となっている。1980（昭和55）年（夫が27.8歳、妻が25.2歳）からの約30年間に、夫は3.0歳、妻は4.0歳、平均初婚年齢が上昇している。さらに、出生したときの母親の平均年齢をみると、2012（平成24）年では第1子が30.3歳、第2子が32.1歳、第3子が33.3歳であり、1980年と比較すると、それぞれ3.9歳、3.4歳、2.7歳上昇している（図11）。

図11　平均初婚年齢・母親平均出生時年齢推移

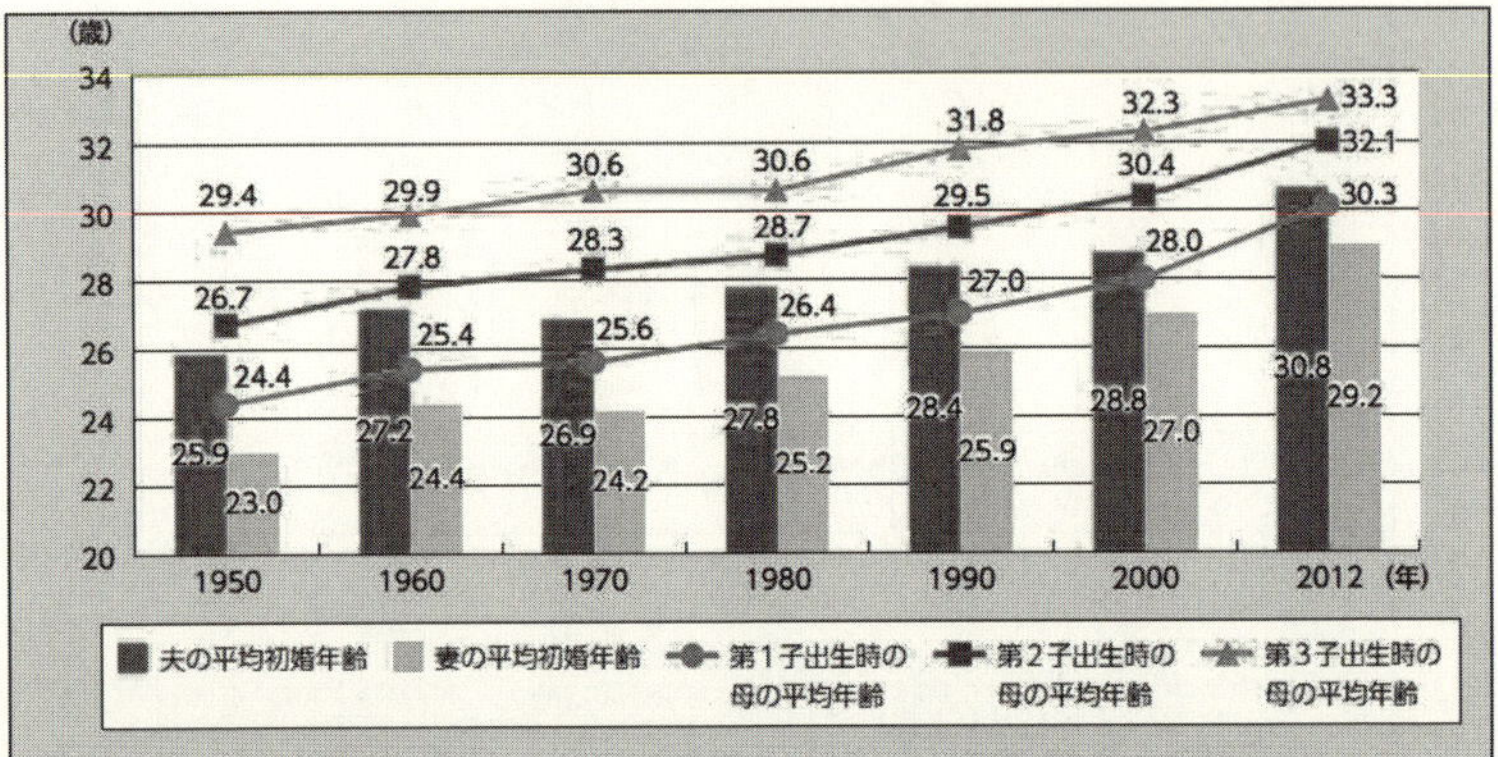

資料：厚生労働省大臣官房統計情報部「人口動態統計」より厚生労働省政策統括官付政策評価官室作成
(注)　2012年の数値は概数である。

資料：平成25年版厚生労働白書(p. 58)

○未婚者の平均希望結婚年齢の上昇

各年齢層で男女ともに上昇しており、18～34 歳の未婚者の平均希望結婚年齢は男性で 30.4 歳、女性で 28.4 歳となっており、ここ 30 年で男性は２歳、女性は３歳上昇している（図 12）。

図 12　未婚者の平均希望結婚年齢の推移

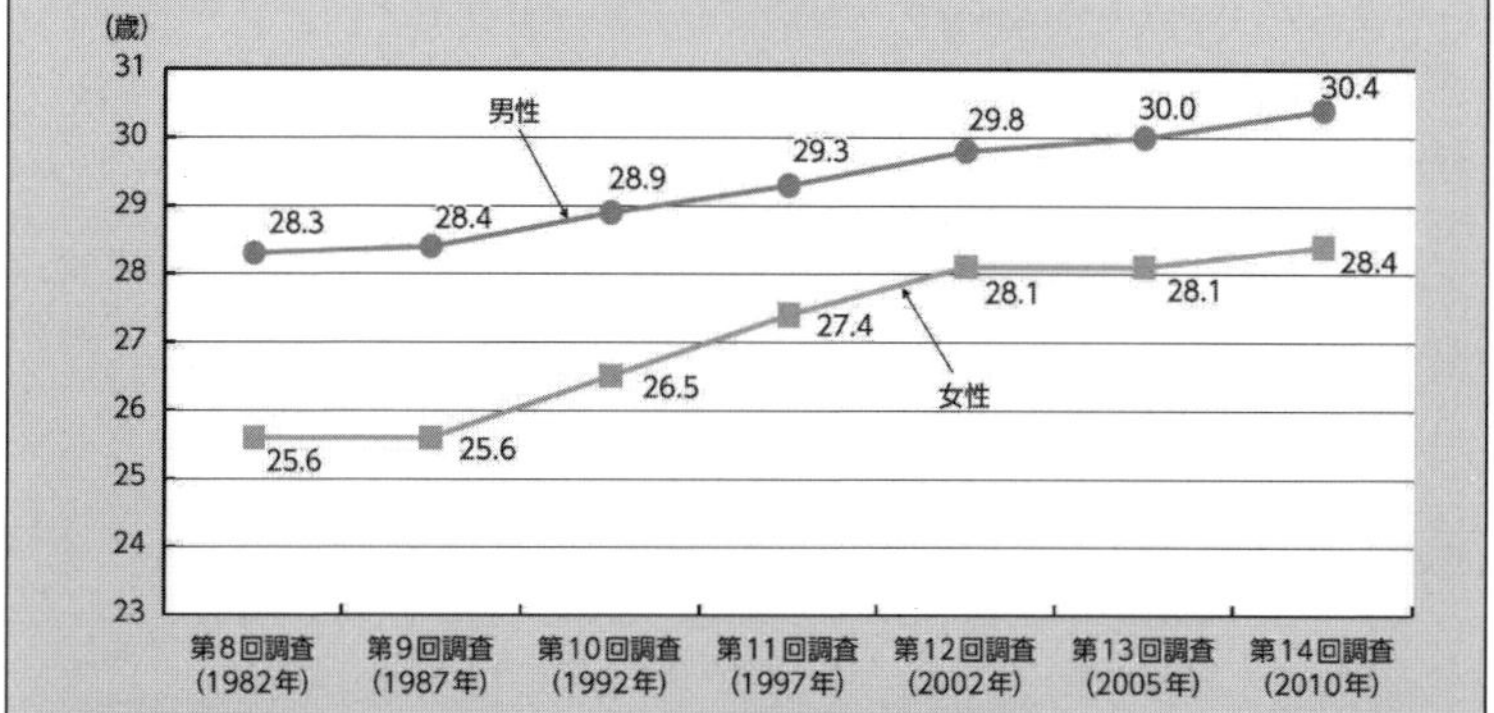

資料：第8回調査は、厚生省人口問題研究所「出産力調査」、第9回～第14回調査は、国立社会保障・人口問題研究所「出生動向基本調査」より厚生労働省政策統括官付政策評価官室作成

（注）対象は「いずれ結婚するつもり」と答えた18～34歳未婚者（希望結婚年齢不詳を除く）。

資料：平成 25 年版厚生労働白書 (p. 68)

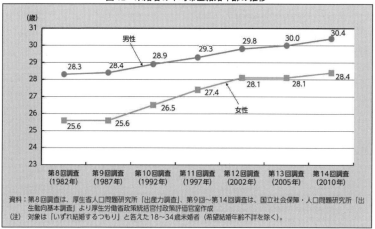

○生涯未婚率の上昇

生涯未婚率（50 歳時点で一度も結婚したことのない人の割合）も男性 19.3%、女性 9.9%となっており、1980（昭和 55）年と比べて男性で 16.8 ポイント、女性で 5.3 ポイント上昇している（図 13）。

図 13　年齢別未婚率の変化

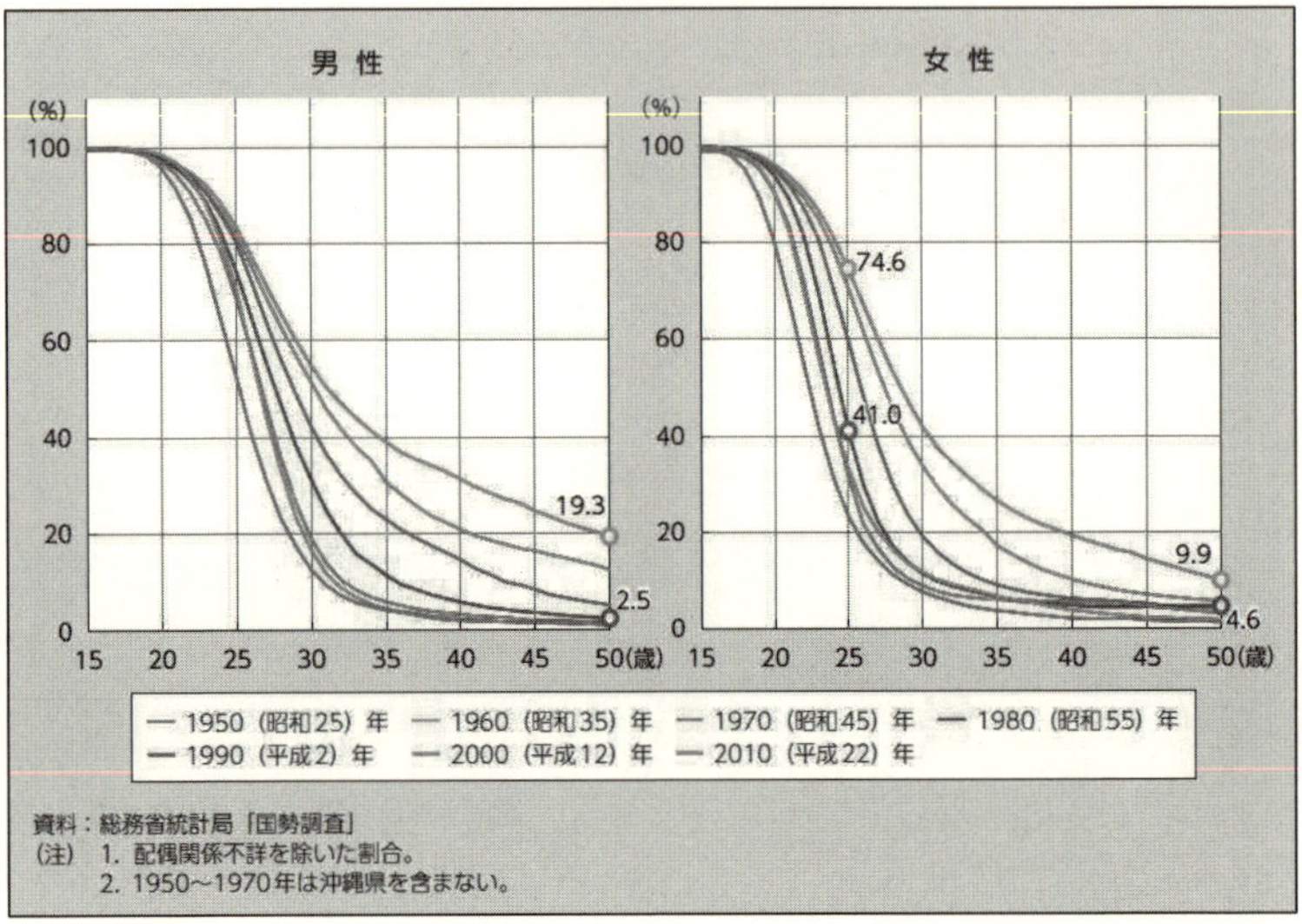

資料：総務省統計局「国勢調査」
(注) 1. 配偶関係不詳を除いた割合。
2. 1950～1970年は沖縄県を含まない。

資料：平成 25 年版厚生労働白書(p. 59)

（３）子育て世代の状況

○理想子ども数の推移等

国立社会保障・人口問題研究所「出生動向基本調査」によると、理想子ども数の分布は、1982（昭和 57）年では「３人」が最多割合を占めていたが、2010（平成 22）年時点では「２人」が約５割と逆転し、全体的により少ない子ども数へと選択が移ってきているものの、２人以上を選択する夫婦は９割を超えている（表１）。

表１　平均理想子ども数の分布

（単位：%）

調査年次	理想子ども数					
	0人	1人	2人	3人	4人	5人以上
第7回　(1977年)	0.3	3.3	46.4	42.6	6.2	1.4
第8回　(1982年)	1.3	2.2	41.3	45.2	8.8	1.2
第9回　(1987年)	1.2	2.2	38.5	48.0	9.5	0.7
第10回　(1992年)	1.4	3.0	39.0	47.4	8.3	0.8
第11回　(1997年)	1.9	4.0	47.5	40.0	5.4	1.2
第12回　(2002年)	1.8	3.9	48.8	38.7	5.9	1.1
第13回　(2005年)	2.1	3.8	49.3	39.7	4.2	0.7
第14回　(2010年)	2.7	3.9	49.9	38.5	4.2	0.8

資料：国立社会保障・人口問題研究所「出生動向基本調査」より厚生労働省政策統括官付政策評価官室作成。
（注）　各調査毎に妻の年齢について39歳以下を抽出し作成している。

資料：平成 25 年版厚生労働白書(p. 96)

また、平均出生子ども数・平均予定子ども数・平均理想子ども数の推移は、いずれも減少傾向にあるが、平均出生子ども数と平均理想子ども数の差は変わらずに推移している（図 14）。

図 14　平均出生子ども数・平均予定子ども数・平均理想子ども数の年次推移

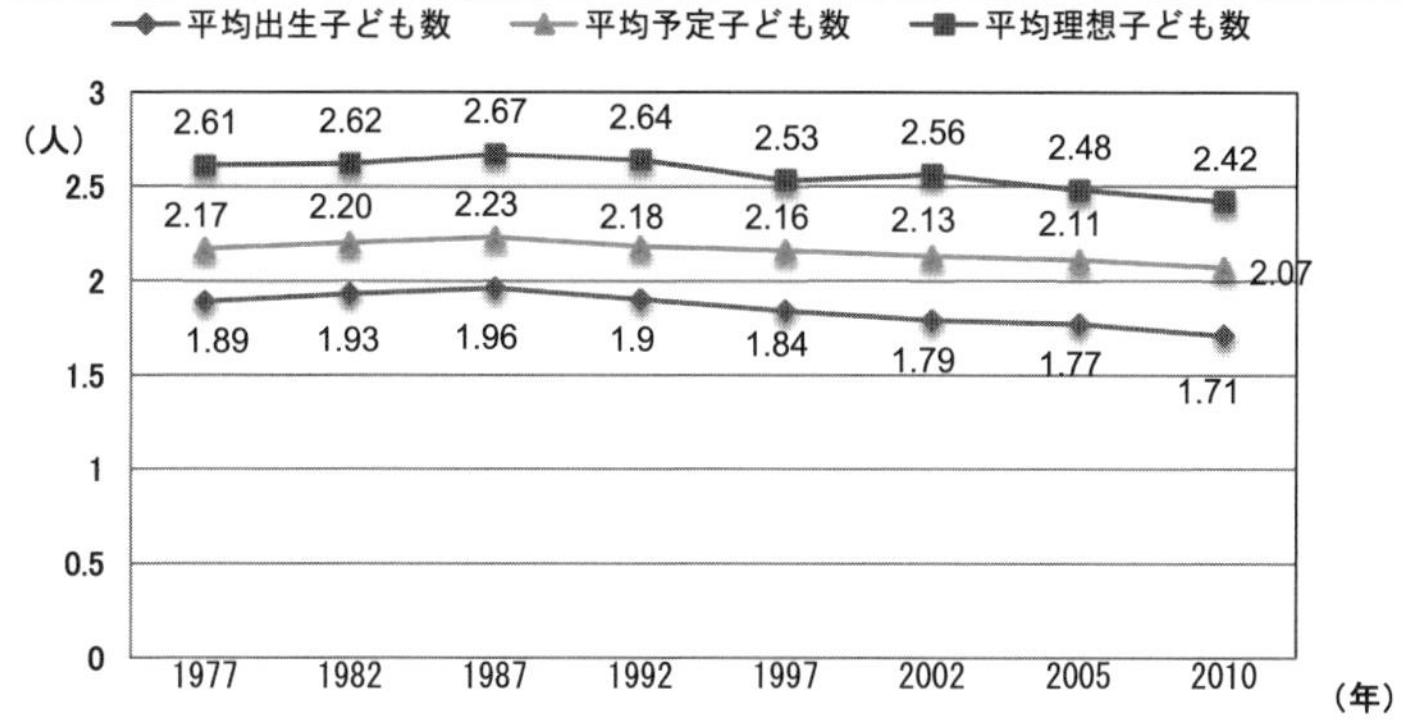

資料：国立社会保障・人口問題研究所「社会保障・人口問題基本調査（出生動向基本調査）」

理想の子ども数実現への課題として、理想の子ども数を持たない理由として最も多いのは、「子育てや教育にお金がかかりすぎるから」であり、６割以上がこの理由を選択し、妻の年齢が 30 歳未満の若い世代では８割以上に上っている。また、30 歳未満では、それ以上の年代に比べ、「自分や夫婦の生活を大切にしたいから」という回答が多い傾向にある。一方、30 歳代になると、「欲しいけれどもできない」「高年齢で生むのはいやだから」といった年齢・身体的理由の選択率が高くなっており、「これ以上育児の心理的・肉体的負担に耐えられないから」という回答も比較的多くなっている（表２）。

表２　理想の子ども数を持たない理由（妻の年齢別）

（単位：%）

妻の年齢	理想の子ども数を持たない理由（複数回答）											
	経済的理由			年齢・身体的理由			育児負担	夫に関する理由			その他	
	子育てや教育にお金がかかりすぎるから	自分の仕事（勤めや家業）に差し支えるから	家が狭いから	高年齢で生むのはいやだから	欲しいけれどもできないから	健康上の理由から	これ以上、育児の心理的、肉体的負担に耐えられないから	夫の家事・育児への協力が得られないから	一番末の子が夫の定年退職までに成人してほしいから	夫が望まないから	子どもがのびのび育つ社会環境ではないから	自分や夫婦の生活を大切にしたいから
30歳未満	83.3	21.1	18.9	3.3	3.3	5.6	10.0	12.2	5.6	4.4	7.8	11.1
30～34歳	76.0	17.2	18.9	13.3	12.9	15.5	21.0	13.3	4.3	9.9	9.9	7.3
35～39歳	69.0	19.5	16.0	27.2	16.4	15.0	21.0	11.6	6.9	8.9	8.1	7.5
40～49歳	50.3	14.3	9.9	47.3	23.8	22.5	15.4	9.9	10.2	6.2	6.1	3.7
合計	60.4	16.8	13.2	35.1	19.3	18.6	17.4	10.9	8.3	7.4	7.2	5.6

資料：国立社会保障・人口問題研究所「第14回出生動向基本調査（2010年）」
（注）1. 対象は予定子ども数が理想子ども数を下回る初婚どうしの夫婦。
2. 予定子ども数が理想子ども数を下回る夫婦の割合は32.7%。

資料：平成 25 年版厚生労働白書(p. 98)

今後１人以上の子どもを産むつもりの夫婦に、その実現可能性の高さと、実現できないとしたときに考えられる理由について尋ねた結果は、表３の通りであった。実現できない理由として、妻が30歳未満では４割以上が「収入が不安定なこと」を挙げており、妻が35～39歳の夫婦では６割以上が「年齢や健康上の理由で子どもができない」ことを挙げている。

表３　追加の子どもを実現できない理由（妻の年齢別）

（単位：%）

妻の年齢	追加の子ども数を実現できない可能性は低い	追加の子どもを実現できない場合の理由（複数回答）						不詳
		収入が不安定なこと	自分の夫の仕事の事情	家事・育児の協力者がいないこと	保育所など子どもの預け先がないこと	今いる子どもに手がかかること	年齢や健康上の理由で子どもができないこと	
30歳未満	18.5	43.6	19.7	10.5	14.6	12.4	18.9	6.7
30～34歳	13.9	27.6	22.1	12.9	14.9	10.0	39.7	8.5
35～39歳	9.8	21.6	18.5	10.3	9.8	7.7	62.4	8.2
40歳以上	6.7	20.2	16.0	10.1	4.2	4.2	75.6	5.9
合計	13.8	30.5	20.0	11.3	12.7	9.7	41.6	7.8

資料：国立社会保障・人口問題研究所「出生動向基本調査」および鎌田（2013）より厚生労働省政策統括官付政策評価官室作成
引用文献：鎌田健司（2013）「30代後半を含めた近年の出産・結婚意向」ワーキングペーパーシリーズ（J），国立社会保障・人口問題研究所
（注）対象は追加予定子ども数が１人以上の初婚どうしの夫婦。
（設問）「今後持つおつもりのお子さんの数が、もし結果的に持てないことがあるとしたら、その原因は何である可能性が高いですか。」

資料：平成25年版厚生労働白書（p. 99）

未婚・既婚を問わず、子どもを持つことについての考え方の回答割合から、子育てによる経済的、精神的負担よりも、子どもは日々の生活を豊かにしてくれ、生きる上での喜びや希望であるという意識が強いことがうかがえる（図15）。

図15　子どもを持つことについての考え方

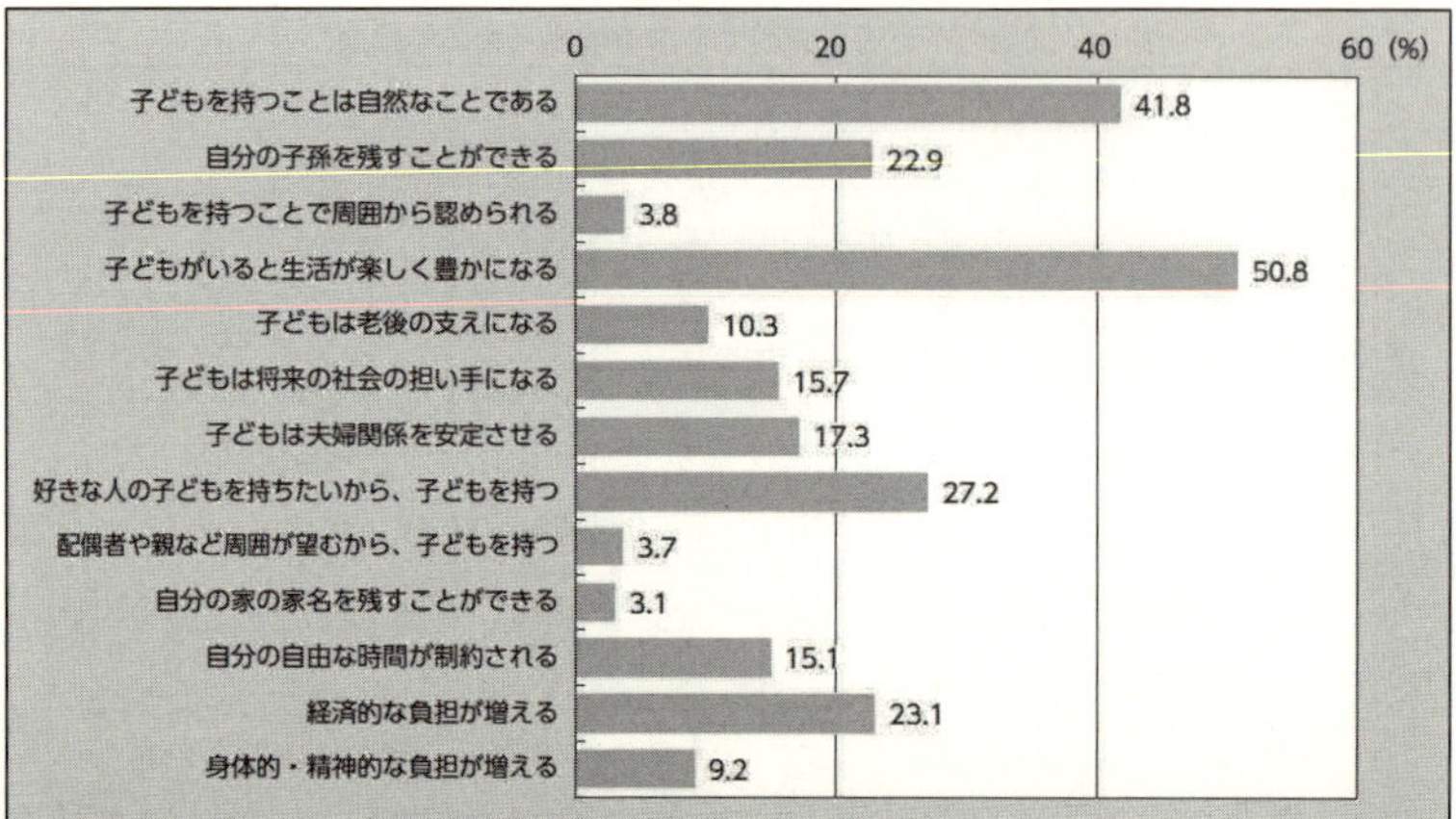

資料：厚生労働省政策統括官付政策評価官室委託「若者の意識に関する調査」（2013年）
（設問）子どもを持つことについての考え方で最も近いものを３つまで選んでください。
（注）「その他」・「特にない」については、掲載を省略している。

資料：平成25年版厚生労働白書(p. 94)

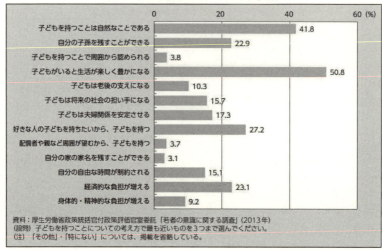

○世帯類型別構成割合

「単身世帯」や「ひとり親と子世帯」は増加しているが、「三世帯同居世帯」は減少している。三世代同居の減少やひとり親と子世帯の増加により、家庭外からの子育て支援を求めることがより必要になってきていると言える（図16と図17）。

図16　世帯類型別構成割合

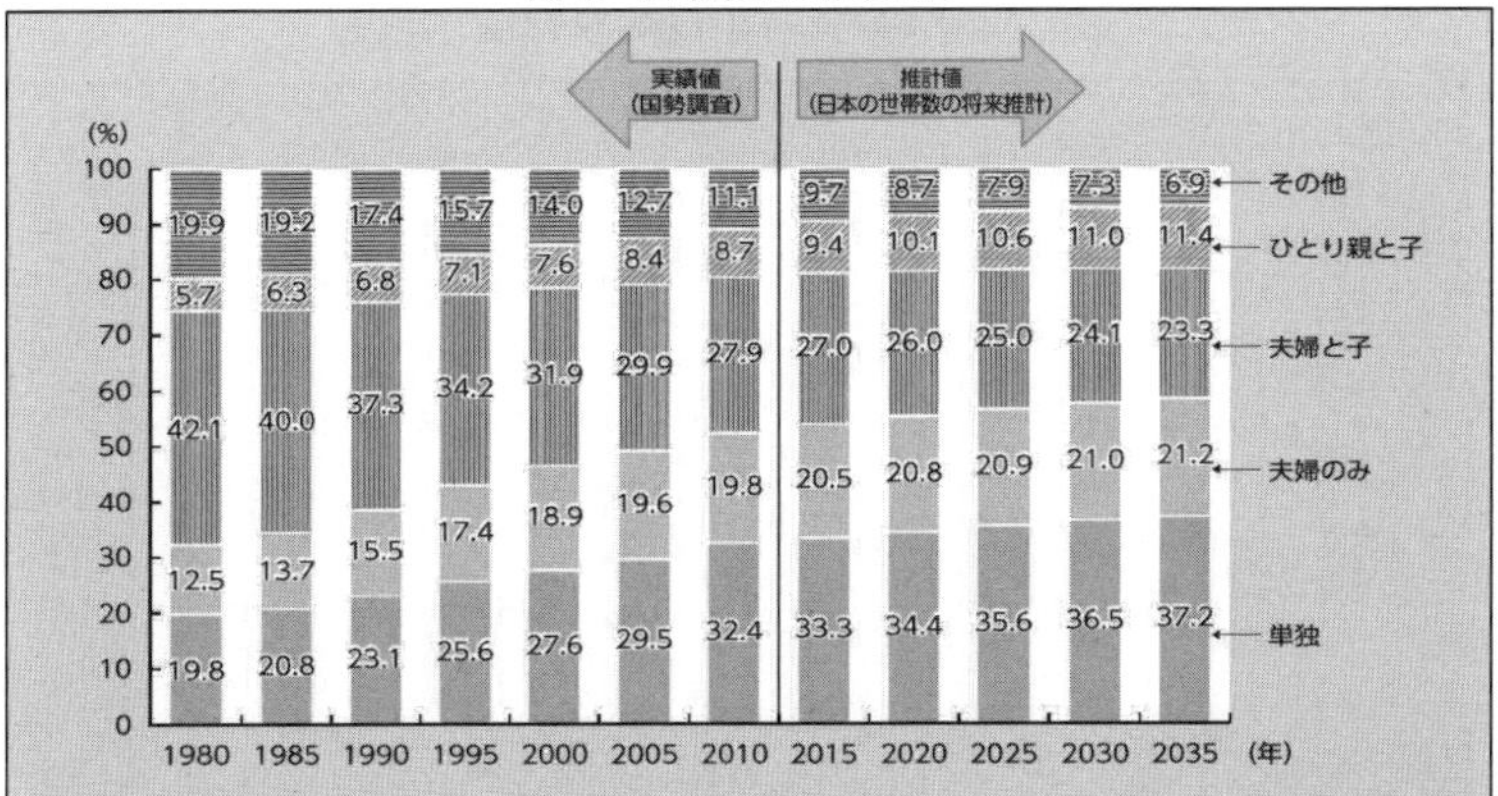

資料：国立社会保障・人口問題研究所「日本の世帯数の将来推計（全国推計）2013年1月推計」より厚生労働省政策統括官付政策評価官室作成
（注）四捨五入のため合計は必ずしも一致しない。

資料：平成25年版厚生労働白書（p. 92）

図17　単身世帯と三世代同居の推移

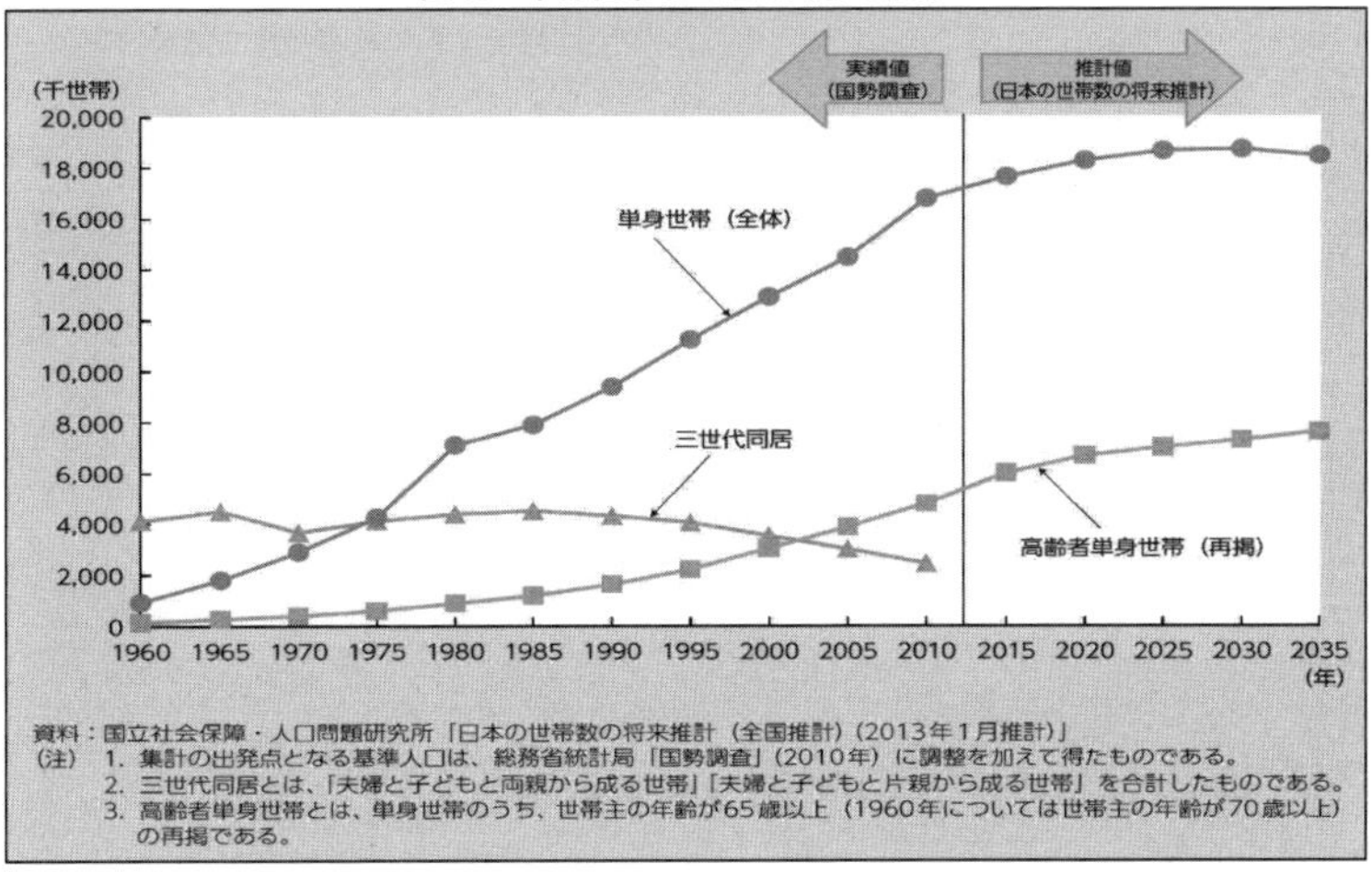

資料：国立社会保障・人口問題研究所「日本の世帯数の将来推計（全国推計）（2013年1月推計）」
（注）1. 集計の出発点となる基準人口は、総務省統計局「国勢調査」（2010年）に調整を加えて得たものである。
2. 三世代同居とは、「夫婦と子どもと両親から成る世帯」「夫婦と子どもと片親から成る世帯」を合計したものである。
3. 高齢者単身世帯とは、単身世帯のうち、世帯主の年齢が65歳以上（1960年については世帯主の年齢が70歳以上）の再掲である。

資料：平成25年版厚生労働白書（p. 93）

○不妊について

医学的には男性、女性ともに妊娠・出産には適した年齢があることが指摘されており、30 歳代半ば頃から、年齢が上がるにつれて様々なリスクが相対的に高くなるとともに、出産に至る確率が低くなっていくことが指摘されている。また、35 歳前後からは流産率も上昇する（図 18）ほか、妊娠高血圧症候群や前置胎盤等の妊娠・出産のリスクも高くなる。

図 18　不妊治療における年齢別の出産率と流産率

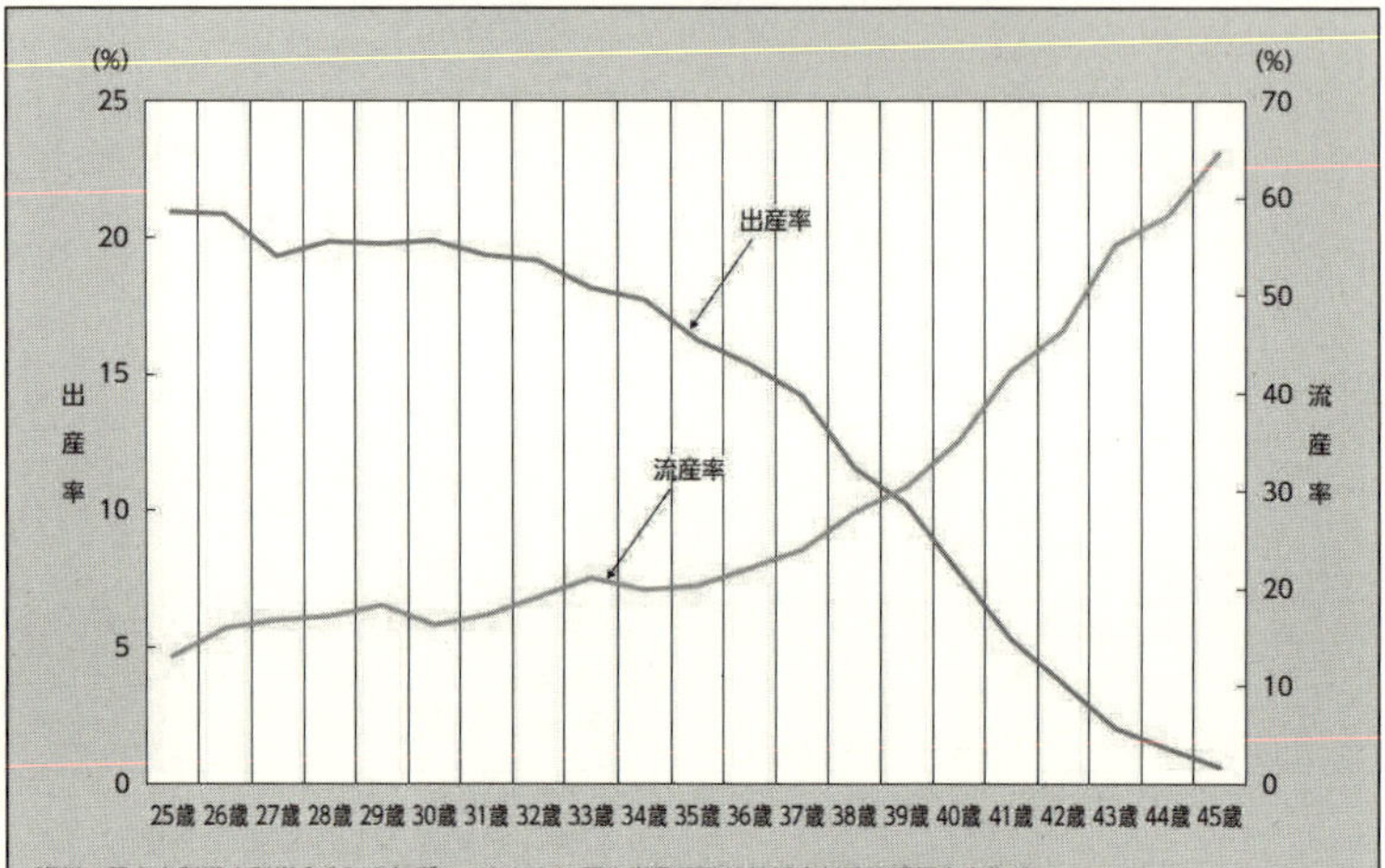

資料：日本産科婦人科学会2010年データをもとに厚生労働省政策統括官付政策評価官室作成

資料：平成 25 年版厚生労働白書（p. 107）

国立社会保障・人口問題研究所「第14回出生動向基本調査」によると、不妊を心配したり、検査や治療経験のある夫婦の割合は、近年増加傾向にある（図19）。

図19　不妊について心配したことのある夫婦の割合と治療経験（調査・結婚持続期間別）

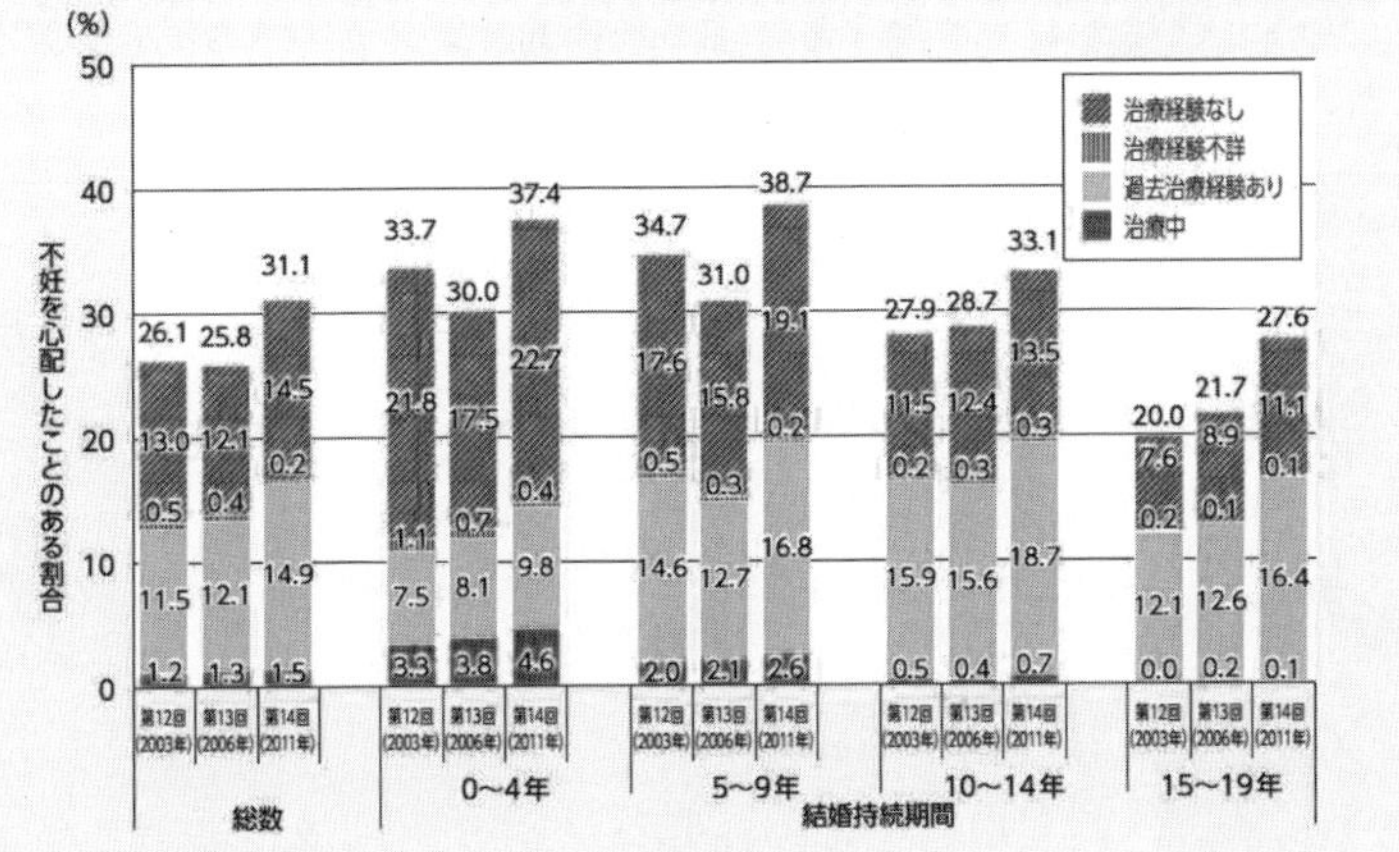

資料：国立社会保障・人口問題研究所「第14回出生動向基本調査（2010年）」
（注）対象は初婚どうしの夫婦。

資料：平成25年版厚生労働白書(p. 111)

○女性の雇用数の増大

2012（平成 24）年の女性の労働力率をみると、25～29 歳層及び 45～49 歳層を左右のピークとし、35～39 歳層を底とするM字カーブを描いている。1970（昭和 45）年以降、10 年ごとの推移をみると、25～29 歳層及び 30～34 歳層の上昇幅が大きく、M字の底は上がってきているものの、潜在的労働力率と現実の労働力率との差は、依然として大きい。なお、M字の底の年齢層が上の層にシフトしているのは、結婚年齢や出産年齢の上昇に起因したものと考えられる（図 20）。

図 20　年齢階級別女性労働力率・潜在的労働力率

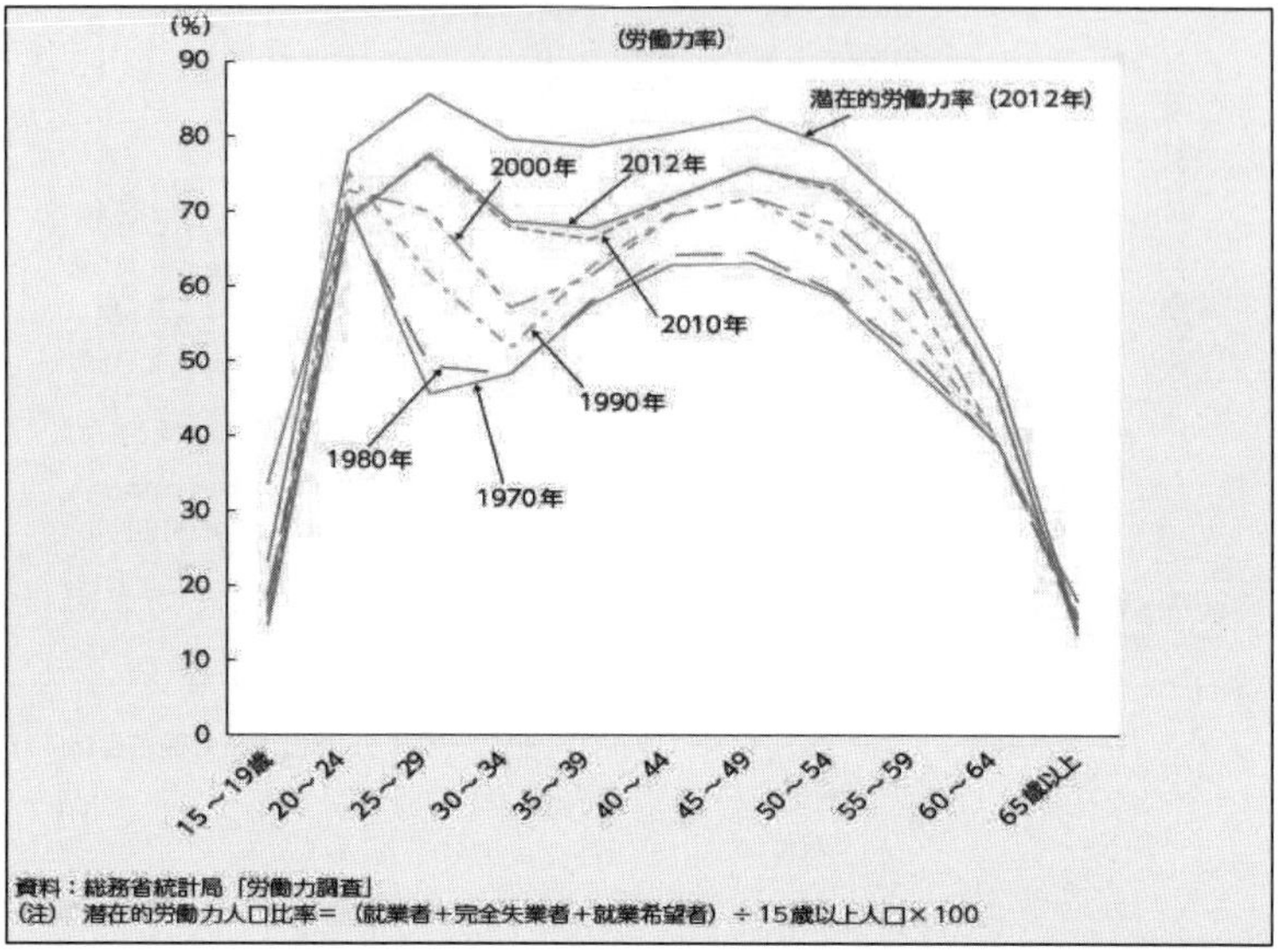

資料：平成 25 年版厚生労働白書(p. 158)

○完全失業率の上昇

1980（昭和55）年時点、2000（平成12）年時点、2012（平成24）年時点の15～24歳、25～34歳の完全失業率を取り出すと図21のようになる。1980（昭和55）年と2012（平成24）年を比較すると、15～24歳では3.6%から8.1%へ上昇、25～34歳では2.2%から5.5%へ上昇している。

図21　若者の年齢階級別失業率の推移（1980・2000・2012年）

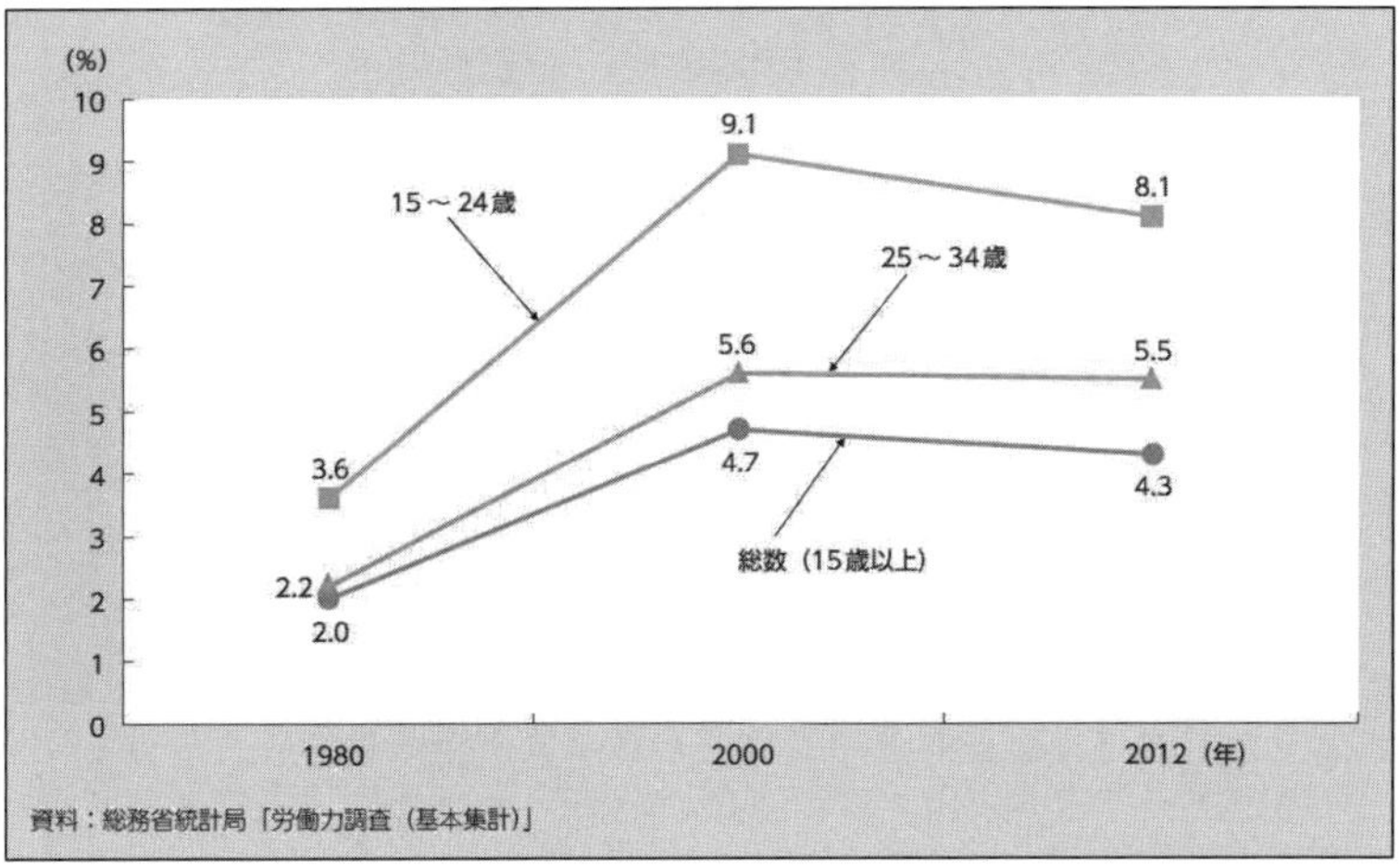

資料：平成25年版厚生労働白書(p.20)

○非正規雇用の増加

15～24 歳までの非正規雇用率は、1991（平成３）年の 9.5%から 2010（平成 22）年には 30.4%と大幅に上昇しており、正規雇用に比べて、雇用が不安定、賃金が低いなど様々な課題があり、非正規雇用の労働者の増加は、所得格差の増大や生活不安の増大の一因となっている（図 22）。

図 22　年齢階級別非正規雇用比率の推移

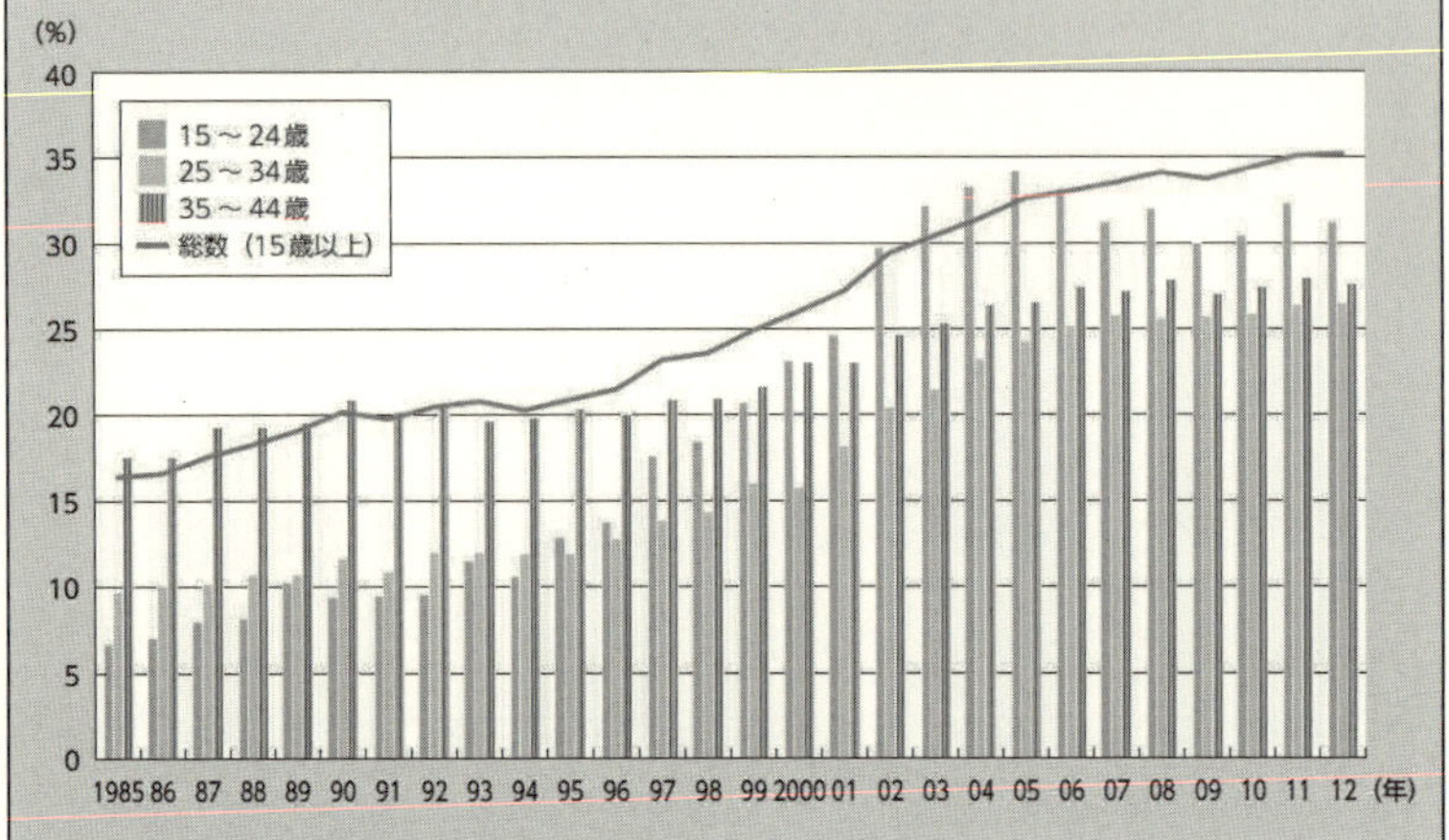

資料：2001 年までは総務省統計局「労働力調査特別調査」
　　　2002 年以降は総務省統計局「労働力調査（詳細集計）」
(注)　15～24歳は在学中を除く

資料：平成 25 年版厚生労働白書(p. 21)

（４）その他

○子どもの貧困

子どもの相対的貧困率（※）は、15.7%（2009（平成21）年）となっており（図23)、ＯＥＣＤ34カ国中24位（2012年のＯＥＣＤレポート）と高い水準になっている。相対的貧困率は可処分所得のみで算定されていることから、この数字だけで貧困の状況すべてを測ることはできないが、子どもの貧困が解決しなくてはならない状況にあることがうかがえる。子どもが成育環境に左右されることのないよう、貧困の状態にある子どもが健やかに育成される環境を整備する必要がある。

（※）相対的貧困率とは

等価可処分所得（世帯の可処分所得を世帯人員の平方根で割って調整した所得）の中央値の半分（貧困線）に満たない世帯員の割合をいう。子どもの相対的貧困率とは、17歳以下の子ども全体に占める、貧困線に満たない17歳以下の子どもの割合をいう。

図23　相対的貧困率の推移

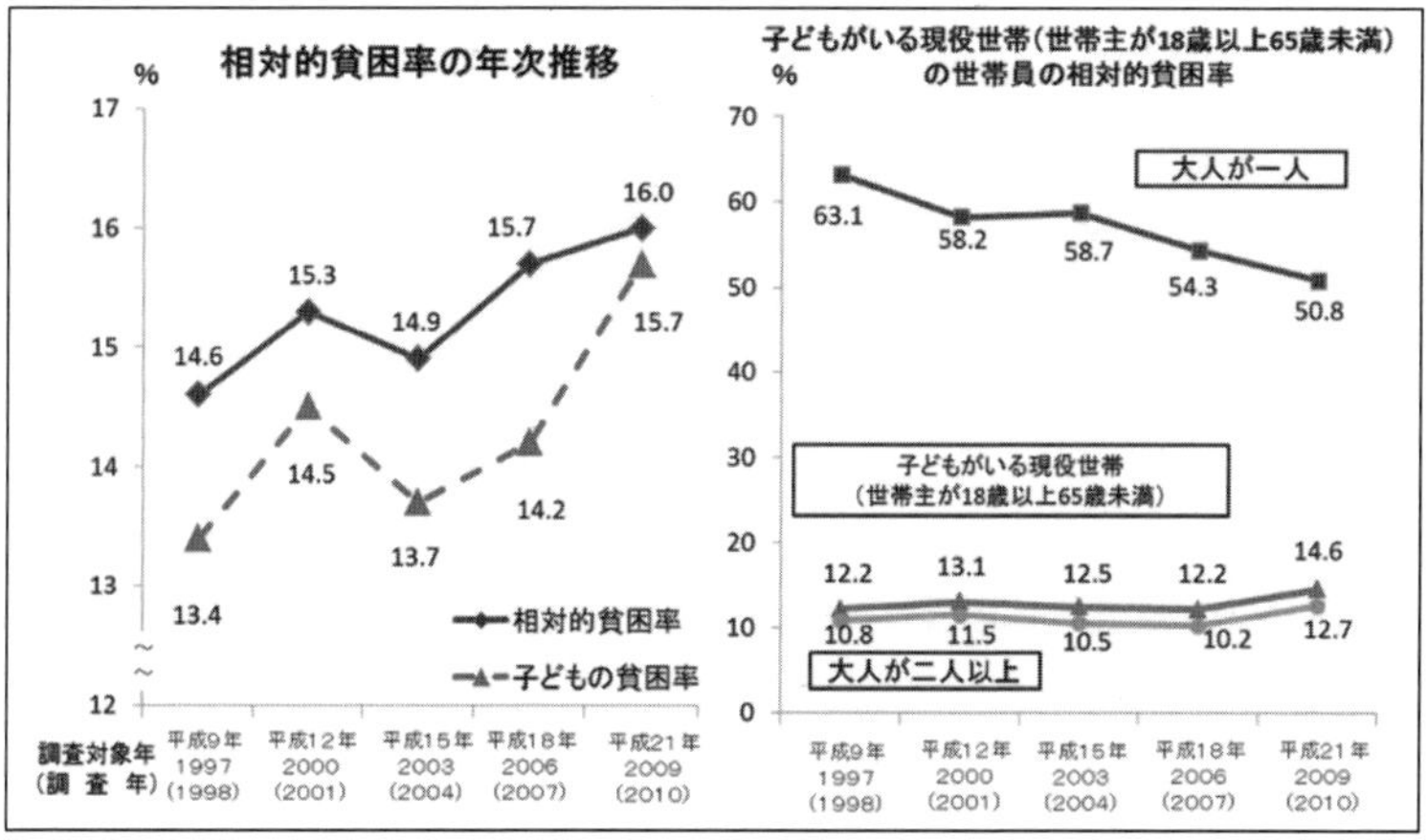

資料：平成22年国民生活基礎調査

○インターネットの普及
　総務省「通信利用動向調査」によると、インターネットの普及率は 1997（平成９）年の 9.2% から、2011（平成 23）年には 79.1%と著明な増加が見られる（図 24）。

図 24　インターネットの普及率

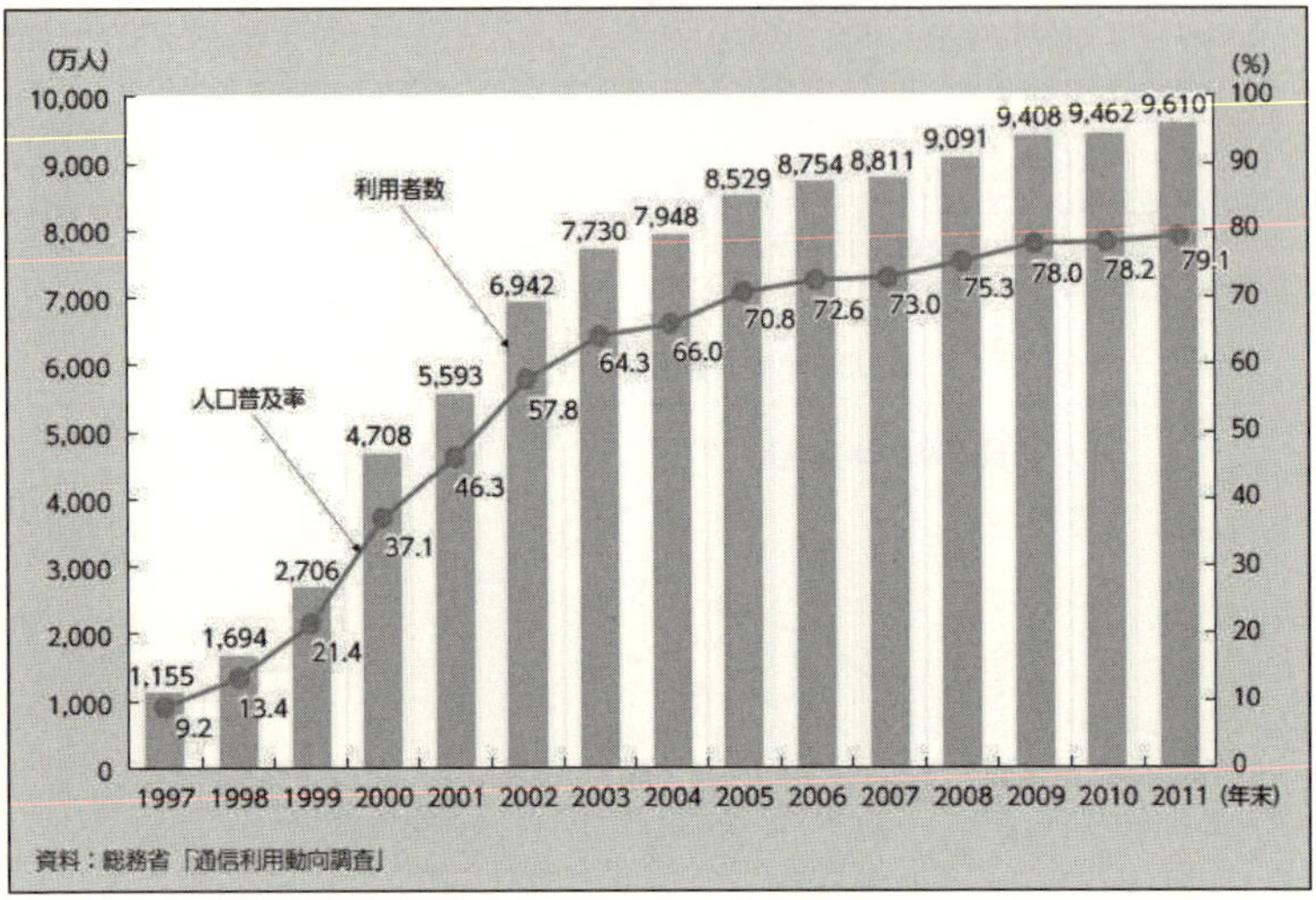

資料：平成 25 年版厚生労働白書(p. 31)

中でもパソコンは 75.8%（2012（平成 24）年）で、スマートフォンは 2010（平成 22）年の 9.7%から 2012（平成 24）年には 49.5%に著増している（図 25）。

図 25　世帯における主な情報通信機器保有率の推移

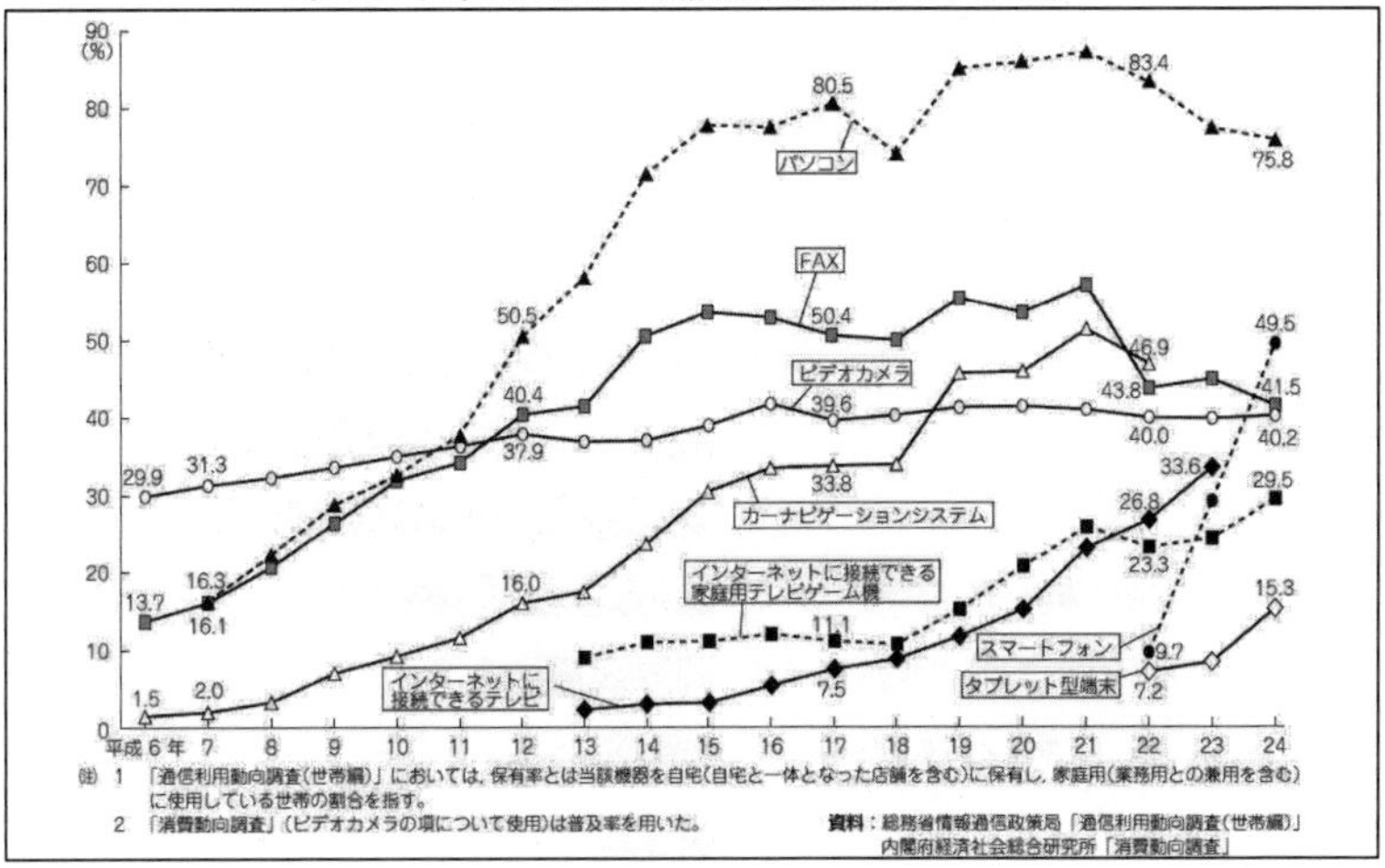

資料：日本子ども資料年鑑 2014（p. 385）

子育てに関する情報源は、2006（平成18）年と比べて、「インターネット」は妻では70.4%から81.6%へと増加し、「携帯サイト・配信サービス」も19.6%から41.1%へと増加している（図26）。また年齢層別にみると、「携帯サイト・配信サービス」を情報源としている割合は、40歳以上の母親は20.6%であるのに対して、24歳以下の母親では70.0%であることから、若い母親ほど情報源としてより多用していることが分かる（表4）。

図26　子育ての情報源（経年比較）

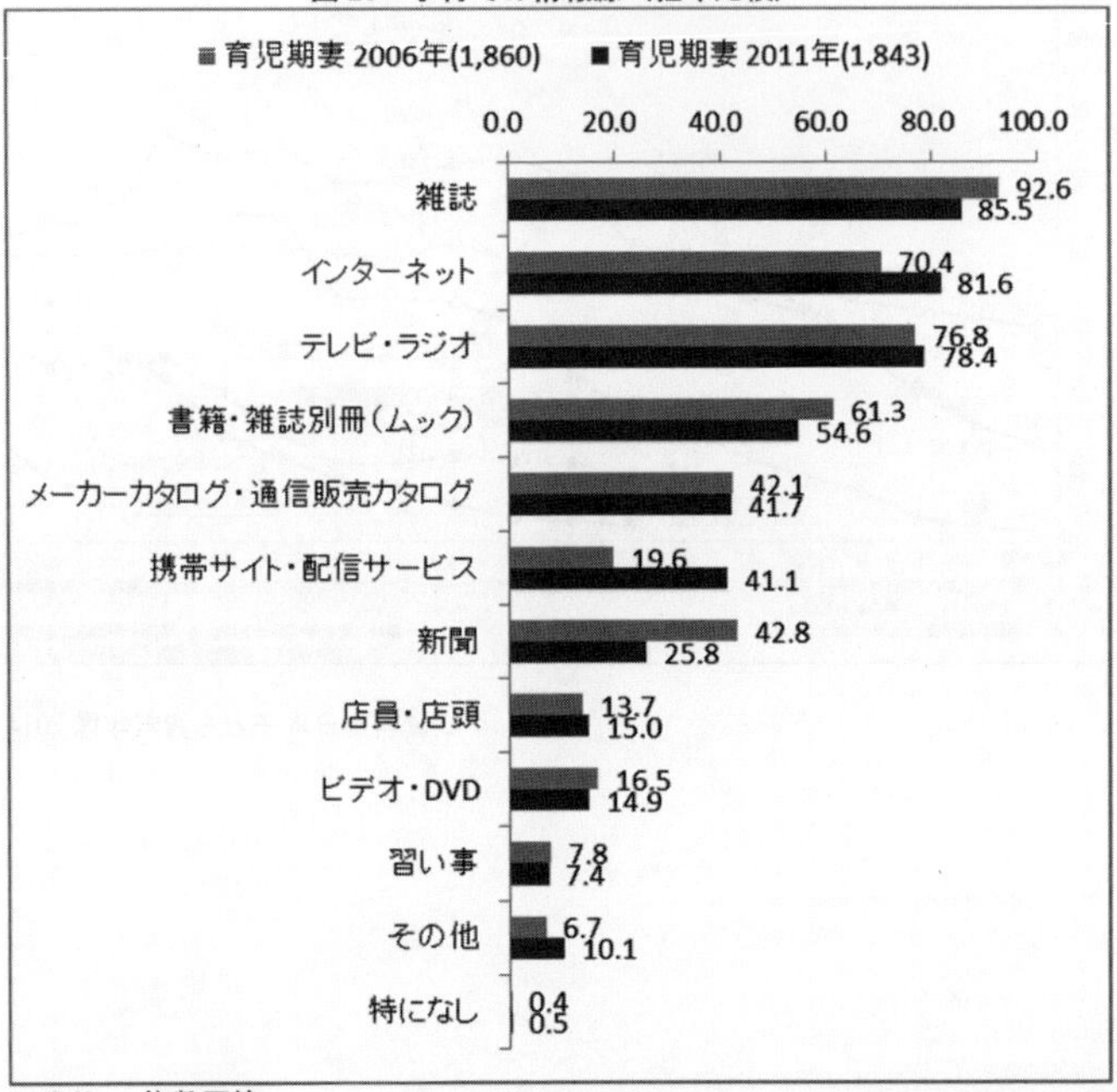

注1）　複数回答

資料：第2回妊娠出産子育て基本調査（ベネッセ教育総合研究所，2011）

表4　子育ての情報源（2011年　全体・妻の年齢別）

	全体 (1,843)	妻の年齢別				
		24歳以下 (100)	25～29歳 (453)	30～34歳 (686)	35～39歳 (427)	40歳以上 (102)
雑誌	85.5	92.0	87.6	86.3	82.9	76.5
インターネット	81.6	74.0	82.6	84.7	78.9	80.4
テレビ・ラジオ	78.4	76.0	78.8	78.3	78.9	76.5
書籍・雑誌別冊（ムック）	54.6	48.0	55.0	55.7	54.8	53.9
メーカーカタログ・通信販売カタログ	41.7	40.0	41.3	41.8	42.4	53.9
携帯サイト・配信サービス	41.1	70.0	55.8	38.6	28.8	20.6
新聞	25.8	11.0	17.9	28.9	32.8	32.4
店員・店頭	15.0	11.0	17.0	13.8	14.3	24.5
ビデオ・DVD	14.9	7.0	12.4	15.5	17.1	16.7
習い事	7.4	2.0	4.2	7.9	10.1	13.7
その他	10.1	8.0	8.4	11.7	10.5	12.7
特になし	0.5	2.0	0.4	0.3	0.7	0.0

注1　複数回答
注2　13項目中12項目を図示
注3　(　)内はサンプル数

資料：第2回妊娠出産子育て基本調査（ベネッセ教育総合研究所，2011）

また平成25年度厚生労働科学研究（「「健やか親子２１」の最終評価・課題分析及び次期国民健康運動の推進に関する研究（研究代表者：山縣然太朗）」）において、母親の育児についての相談相手の上位３項目は、「夫婦で相談する」(78.8%)、「祖母」(73.6%)、「友人」(64.2%)であった。続いて「保育士や幼稚園の先生」(27.5%)、「近所の人」(10.8%)、「インターネット」(10.5%)であり、「誰もいない」は0.3%であった。過去の中間評価を参照すると、最近では、夫婦での相談、友人、インターネットなどが増加傾向であり核家族化の現状がうかがえる。

3　母子保健の水準等

○早期産の増加

妊娠期間別の出生の状況をみると、正期（満 37 週～満 42 週未満）の占める割合は 90%台前半で推移しているが、早期（満 37 週未満）の占める割合は増加傾向にあり、2012（平成 24）年では 5.7%であった（図 27）。

図 27　妊娠期間別の出生割合

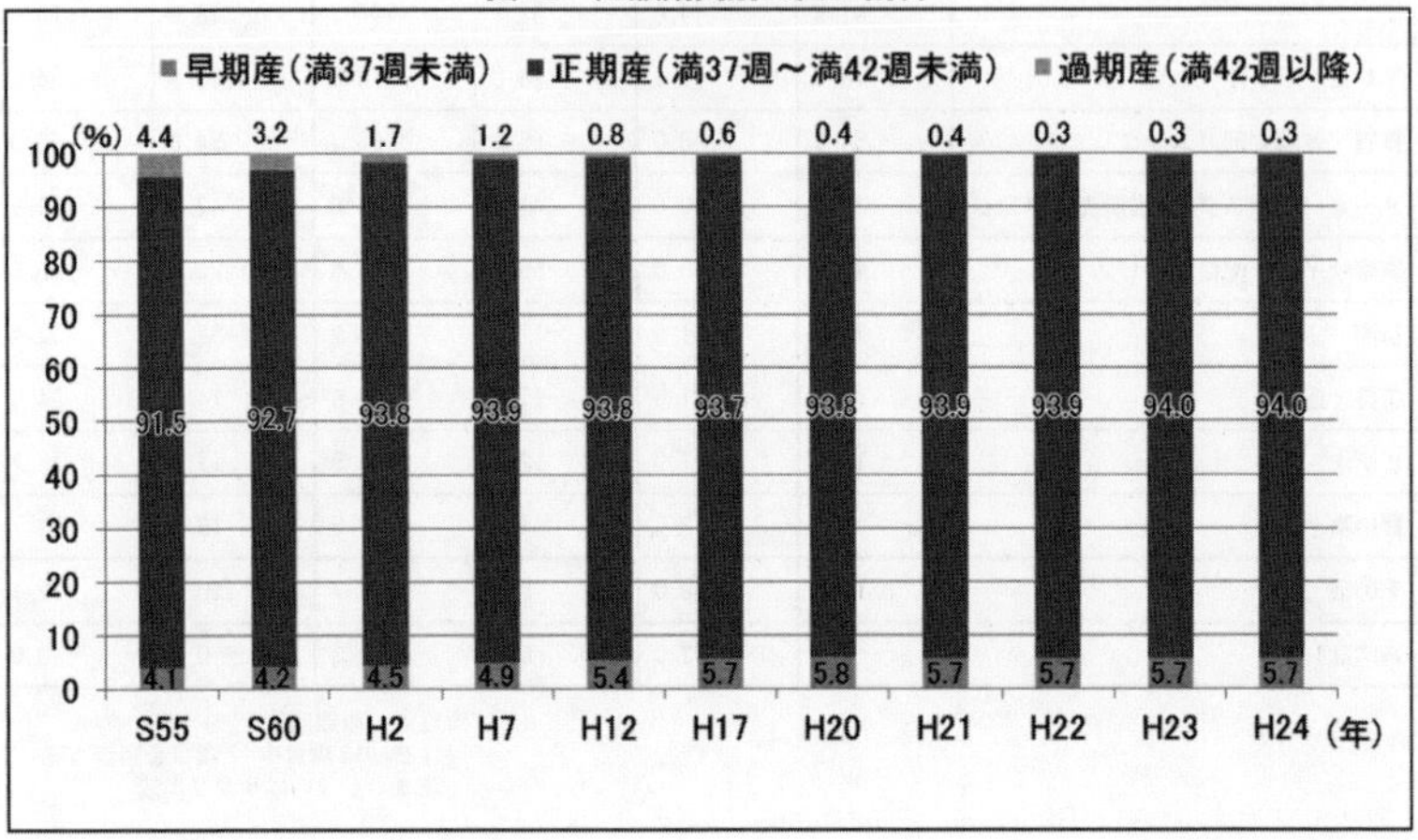

資料：人口動態統計

○低出生体重児の割合の増加

全出生数中の低出生体重児の割合の推移を見ると、1975（昭和 50）年は 5.1%だったのが、1990（平成２）年に 6.3%、現行の「健やか親子２１」が策定された 2000（平成 12）年には 8.6%に、2012（平成 24）年は 9.6%と増加している（図 28）。

図 28　全出生数中の低出生体重児の割合の推移

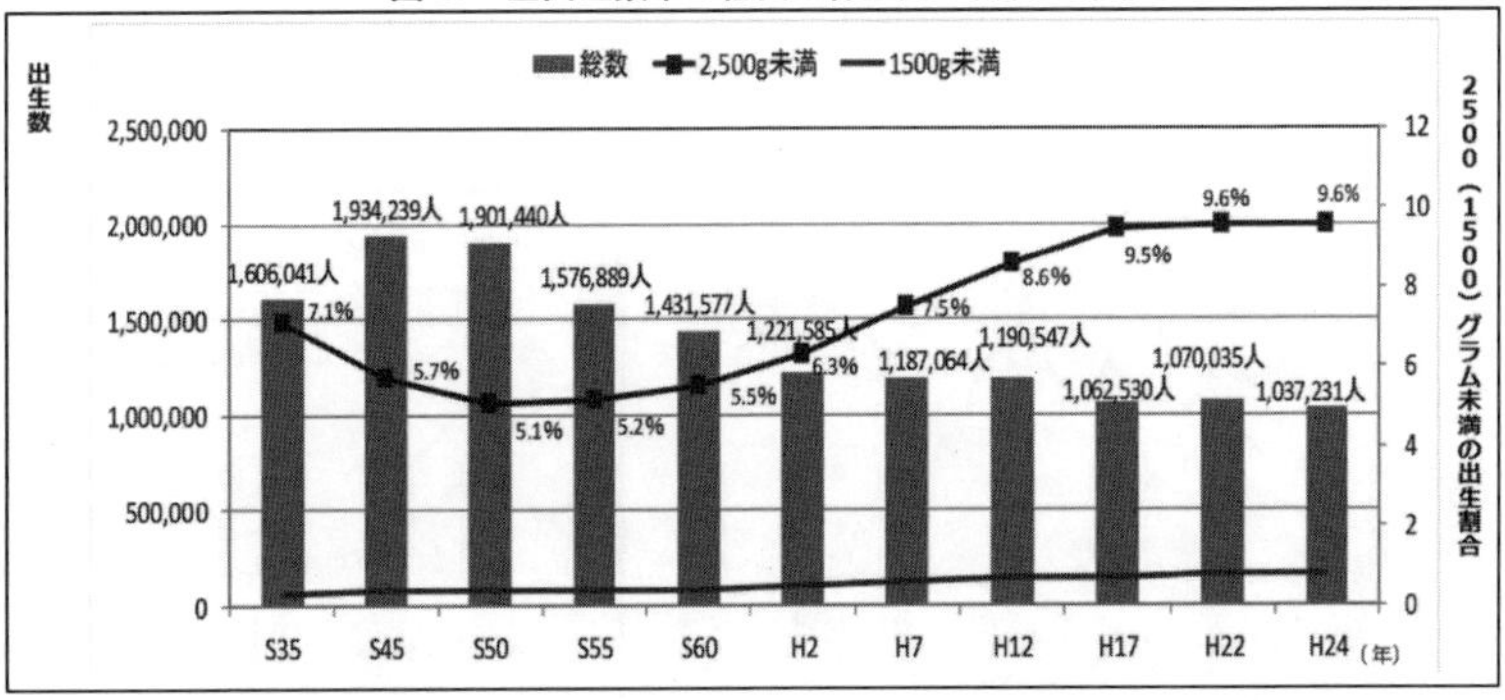

資料：人口動態統計

○乳児死亡率と新生児死亡率、周産期死亡率

乳児死亡率（出生千対）は、大正末期までは150以上であったが、2012（平成24）年には2.2まで改善し、新生児死亡率（出生千対）も1.0まで改善し、ともに世界トップレベルの水準を維持している（図29）。

また周産期死亡率（出産千対）も、1979（昭和54）年の21.6から、2012（平成24）年には4.0まで急速に改善している（図30）。

図29　新生児死亡率・乳児死亡率の年次推移

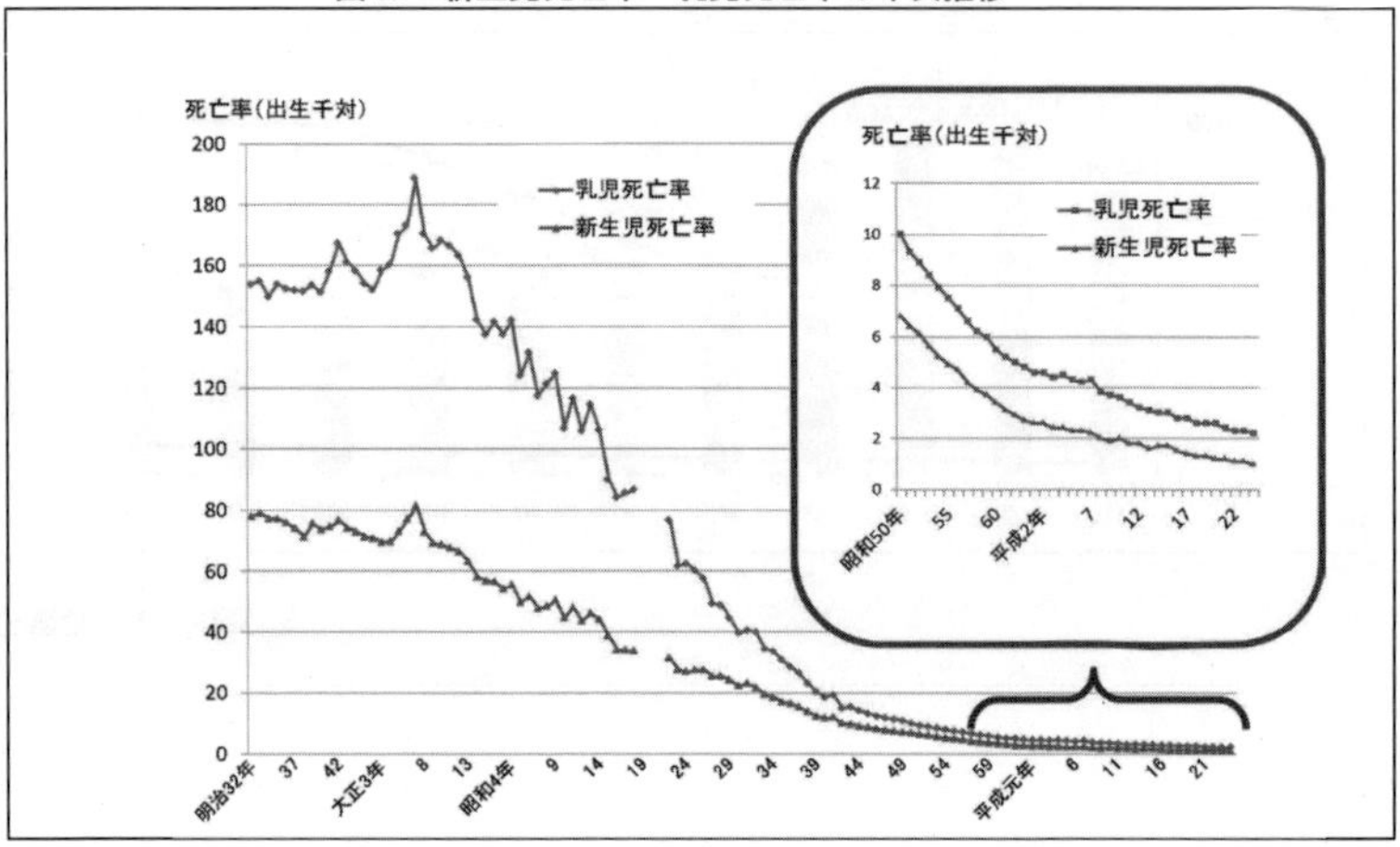

資料：人口動態統計

図30　周産期死亡率の年次推移

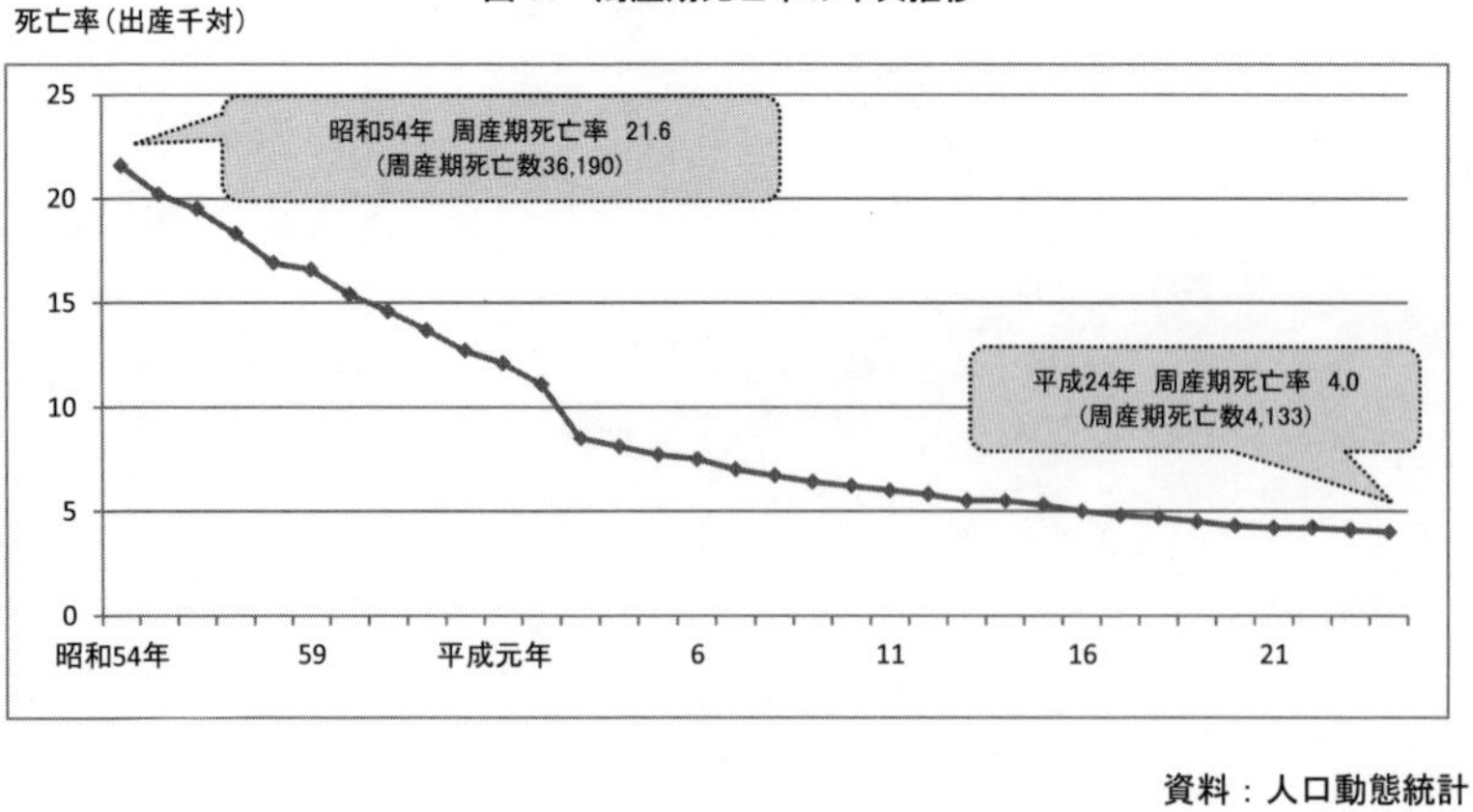

資料：人口動態統計

○幼児（1～4歳児）死亡率と子どもの事故

幼児死亡率は各年齢階級とも漸減の傾向にあり、年齢とともに減少している。2012（平成24）年の死亡原因は、１～４歳では、①先天奇形等、②不慮の事故、③悪性新生物の順に多い（表５)。また、不慮の事故の死因としては、１～４歳では、交通事故や不慮の溺死及び溺水、その他の不慮の窒息によるものが多い（表６)。

表５　平成24年　性・年齢別幼児（１～４歳）死亡率（人口10万対）

	1歳	2歳	3歳	4歳	1～4歳
総数	33.6	18.7	17.9	13.4	20.9
男	33.7	17.8	19.7	14.2	21.3
女	33.6	19.6	16	12.7	20.5

１～４歳の死因順位年次

	第1位	第2位	第3位	第4位	第5位
S35	不慮の事故	肺炎及び気管支炎	胃炎、十二指腸炎、腸炎及び大腸炎	赤痢	麻疹
S45	不慮の事故	先天異常	肺炎及び気管支炎	悪性新生物	胃腸炎
S55	不慮の事故及び有害作用	先天異常	悪性新生物	肺炎及び気管支炎	心疾患
H2	不慮の事故及び有害作用	先天異常	悪性新生物	心疾患	中枢神経系の胃炎症性疾患
H12	不慮の事故	先天奇形、変形及び染色体異常	悪性新生物	肺炎	心疾患（高血圧性を除く）
H17	不慮の事故	先天奇形、変形及び染色体異常	悪性新生物	肺炎	心疾患（高血圧性を除く）
H22	先天奇形、変形及び染色体異常	不慮の事故	悪性新生物	肺炎	心疾患
H23	不慮の事故	先天奇形、変形及び染色体異常	悪性新生物	肺炎	心疾患
H24	先天奇形、変形及び染色体異常	不慮の事故	悪性新生物	心疾患	肺炎

資料：人口動態統計

表６　平成24年不慮の事故死亡率（人口10万対）

		0歳	1～4歳	5～9歳	10～14歳
V01-X59	不慮の事故 総数	93	123	103	95
V01-V98	交通事故	1	47	43	36
W00-W17	転倒・転落	2	10	4	12
W20-W49	生物によらない機械的な力への曝露	-	1	2	2
W50-W64	生物による機械的な力への曝露	-	-	-	-
W65-W74	不慮の溺死及び溺水	7	32	30	25
W65-W66	浴槽内での及び浴槽への転落による溺死及び溺水	7	16	3	8
W69-W70	自然の水域内での及び自然の水域への転落による溺死及び溺水	-	8	17	11
W75-W84	その他の不慮の窒息	77	23	9	5
W85-W99	電流等への曝露	-	-	-	1
X00-X09	煙、火及び火炎への曝露	-	8	13	9
X10-X19	熱及び高温物質との接触	2	-	-	1
X20-X29	有毒動植物との接触	-	-	-	-
X30-X39	自然の力への曝露	1	-	-	2
X40-X49	有害物質による不慮の中毒及び有害物質への曝露	-	-	2	1

資料：人口動態統計

○乳幼児の健康診査の実施状況

母子保健法に基づき、市町村は乳幼児の健康診査を行うこととされており、その受診率の推移をみると、2011（平成23）年には１歳６か月児で94.4%、３歳児で91.9%と年々増加している（図31）。

図31　乳幼児の健康診査の実施状況

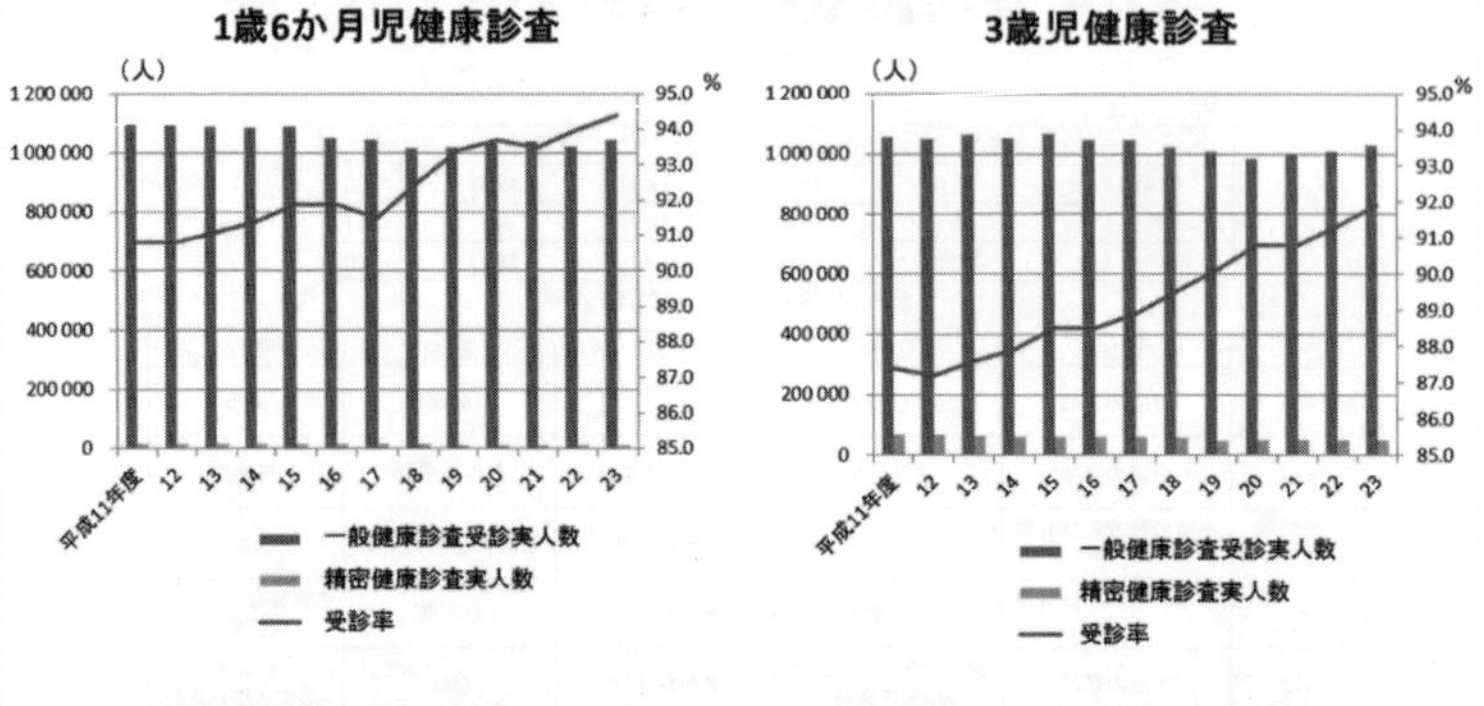

※平成22年度は、東日本大震災の影響により、岩手県の一部の市町村（釜石市、大槌町、宮古市、陸前高田市）、宮城県のうち仙台市以外の保健所及び市町村、福島県の一部の市町村（南相馬市、楢葉町、富岡町、川内村、大熊町、双葉町、飯舘村、会津若松市）が含まれていない

資料：地域保健・健康増進事業報告

○妊産婦死亡率

近年を見るだけでも、出産10万対4.0（42人）（平成24年人口動態統計）であり、2000（平成12）年の6.3（78人）に比し改善してきている（図32）。一方で国際比較では、出生10万対で、日本3.9（2011年）、スイス1.3（2007年）、オランダ2.2（2010年）、スウェーデン2.6（2010年）、イタリア3.3（2009年）と我が国より低い値の国もある。

図32　妊産婦死亡率（出産10万対）の年次推移

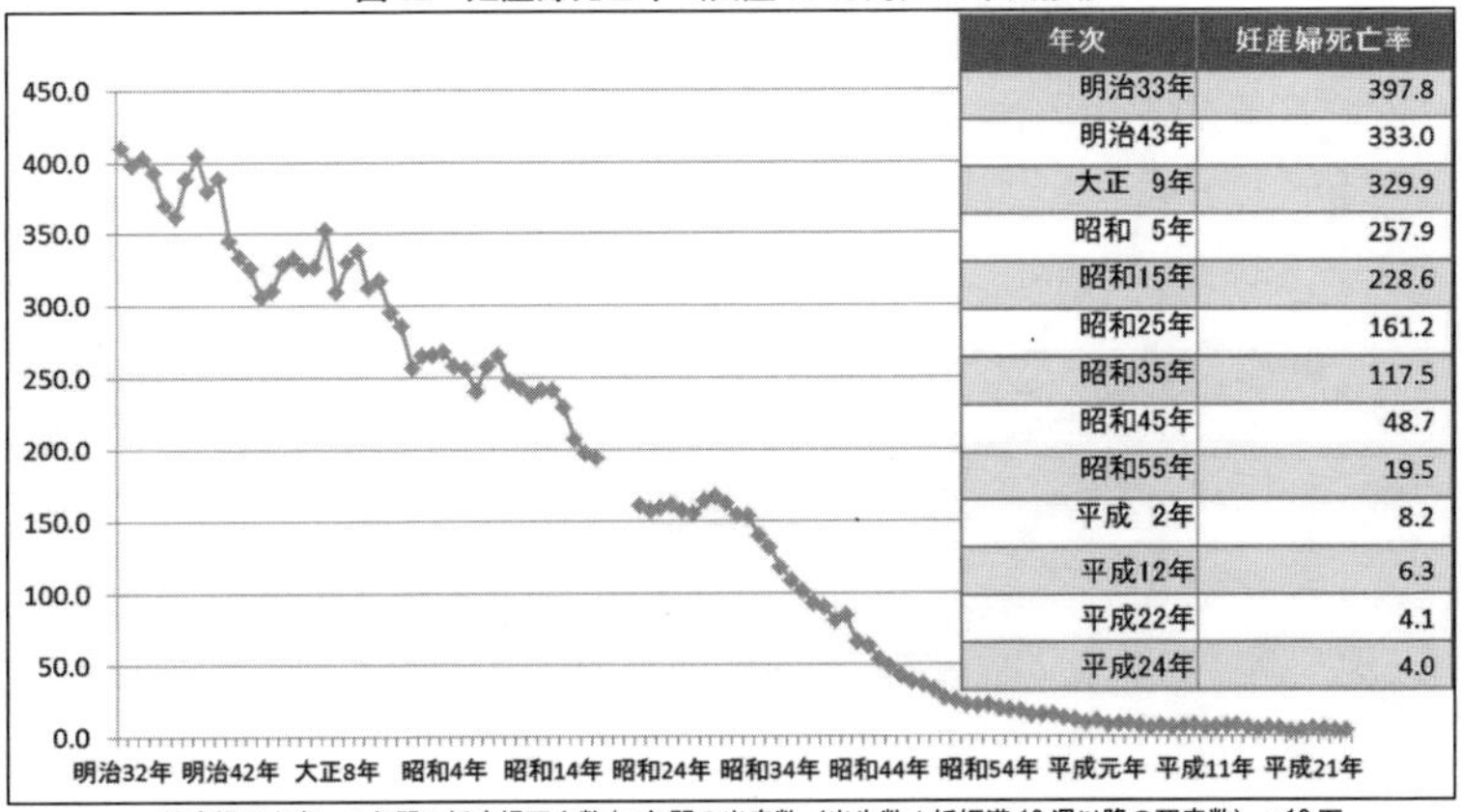

年次	妊産婦死亡率
明治33年	397.8
明治43年	333.0
大正 9年	329.9
昭和 5年	257.9
昭和15年	228.6
昭和25年	161.2
昭和35年	117.5
昭和45年	48.7
昭和55年	19.5
平成 2年	8.2
平成12年	6.3
平成22年	4.1
平成24年	4.0

妊産婦死亡率＝１年間の妊産婦死亡数/１年間の出産数（出生数＋妊娠満12週以降の死産数）×10万

※昭和22〜47年は沖縄県を含まない。

資料：人口動態統計

○死産率

年々減少しているが、人工死産率は1985（昭和60）年から自然死産率を上回っている（図33）。自然死産率は、25～29歳が8.7で最も低く、この年齢から高年層または若年層になるに従って高率となっている（表7）。

図33　年次別にみた自然－人工別死産率（出産千対）

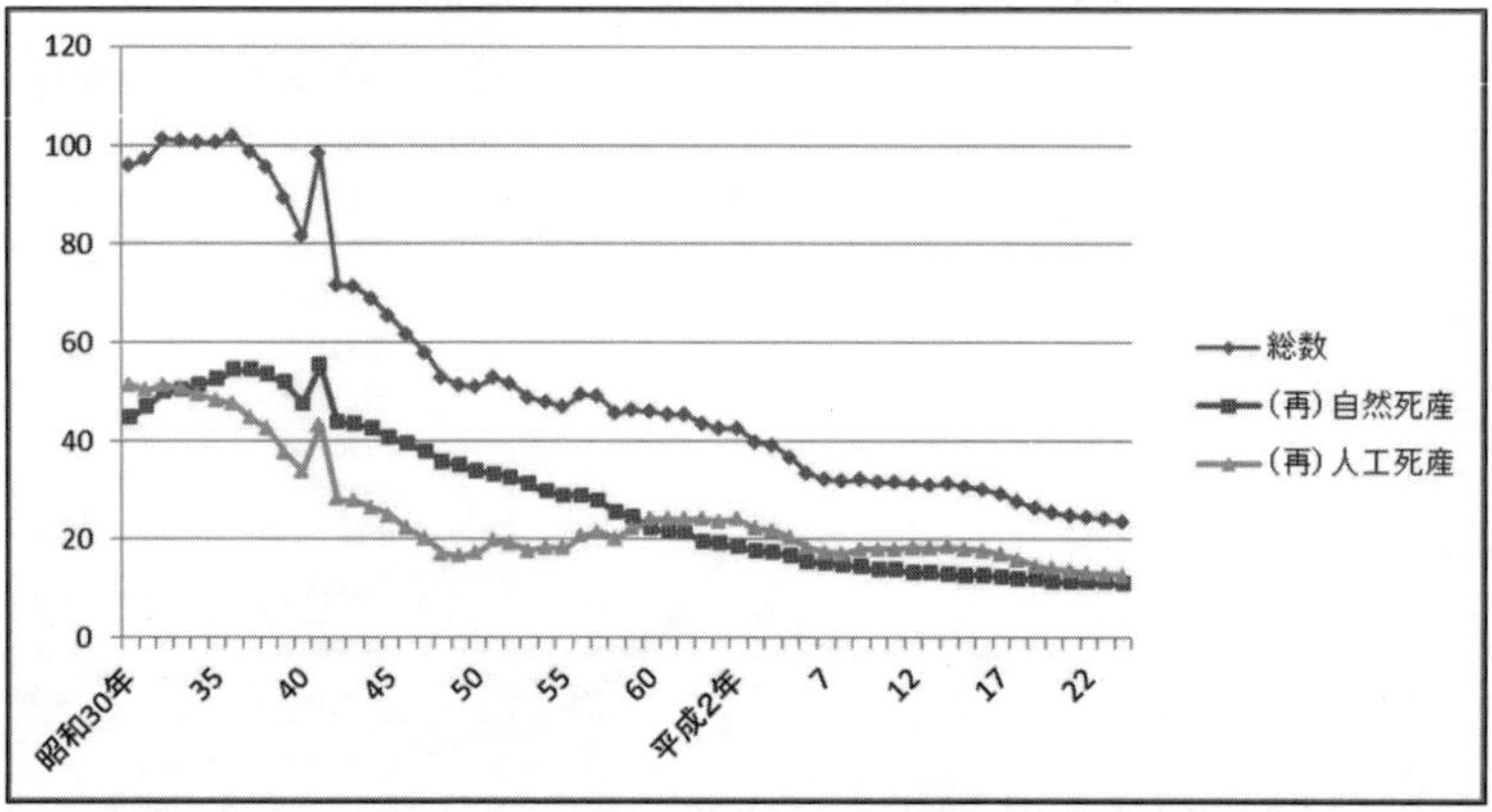

資料：人口動態統計

表7　自然—人工・母の年齢階級別にみた死産数と死産率（出産千対）

	自然死産		人工死産	
	死産数	死産率	死産数	死産率
総　　数[1)]	11,448	10.8	13,352	12.6
15-19歳	235	15.3	2,409	156.9
20-24歳	954	9.6	2,874	28.8
25-29歳	2,581	8.7	2,479	8.3
30-34歳	3,728	10	2,314	6.2
35-39歳	2,962	12.8	2,185	9.5
40-44歳	944	21.5	928	21.1
45-49歳	36	35.2	60	58.6

1）母の年齢が15歳未満、50歳以上と年齢不詳を含む。
資料：平成24年度人口動態調査

○人工妊娠中絶率

特に十代の人工妊娠中絶率は、現行の「健やか親子２１」策定当時と比較しても、ピークを越え減少傾向にある（図 34 と図 35)。

図 34　人工妊娠中絶の年次推移　～年齢階級別女子人口千対～

（平成 24 年度人工妊娠中絶件数　196, 639 件）

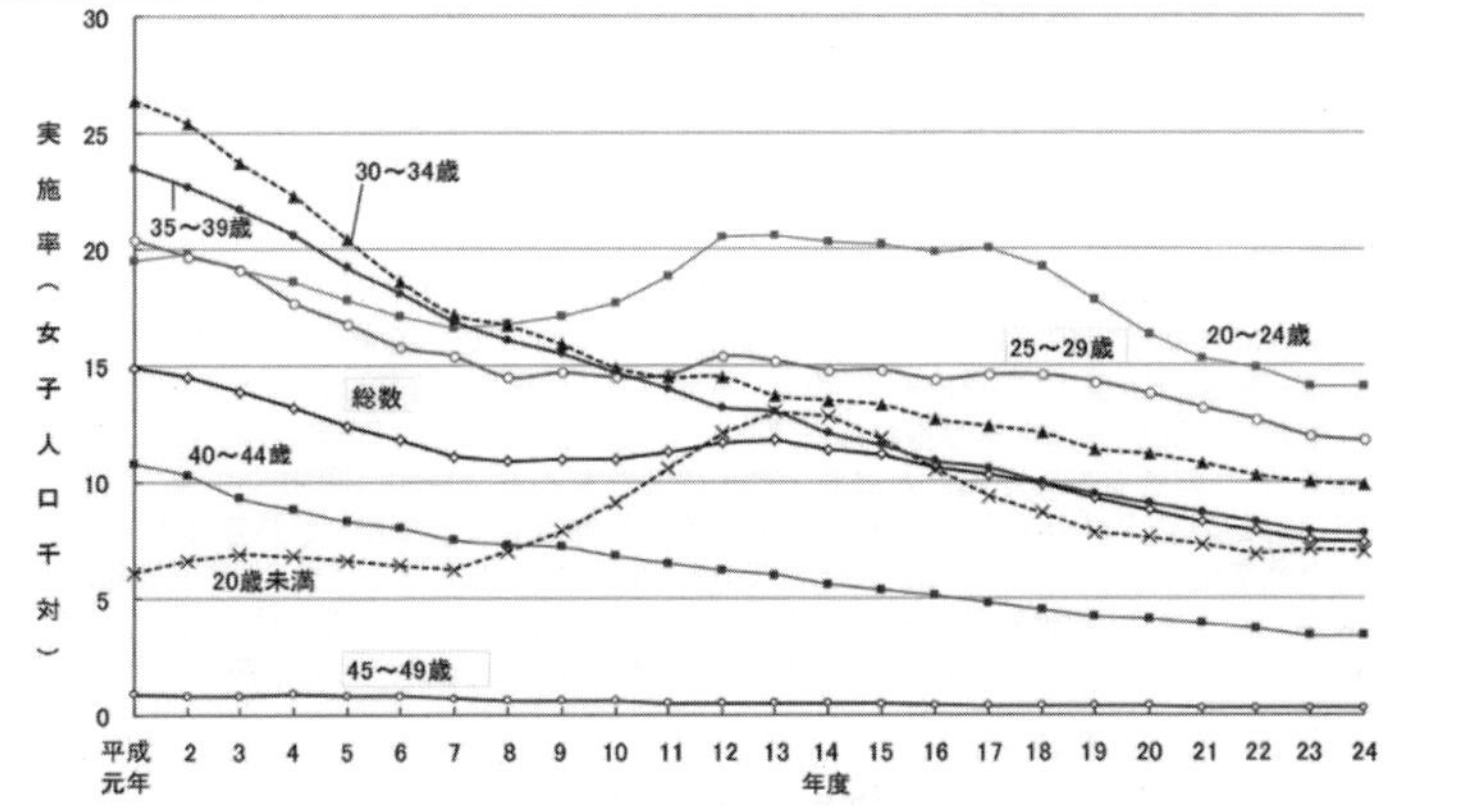

注：平成13年までは、「母体保護統計報告」による暦年の数値であり、平成14年度以降は「衛生行政報告例」による年度の数値である。
平成22年度は、東日本大震災の影響により、福島県の相双保健福祉事務所管轄内の市町村が含まれていない。

資料：衛生行政報告例

図 35　十代の人工妊娠中絶率の推移

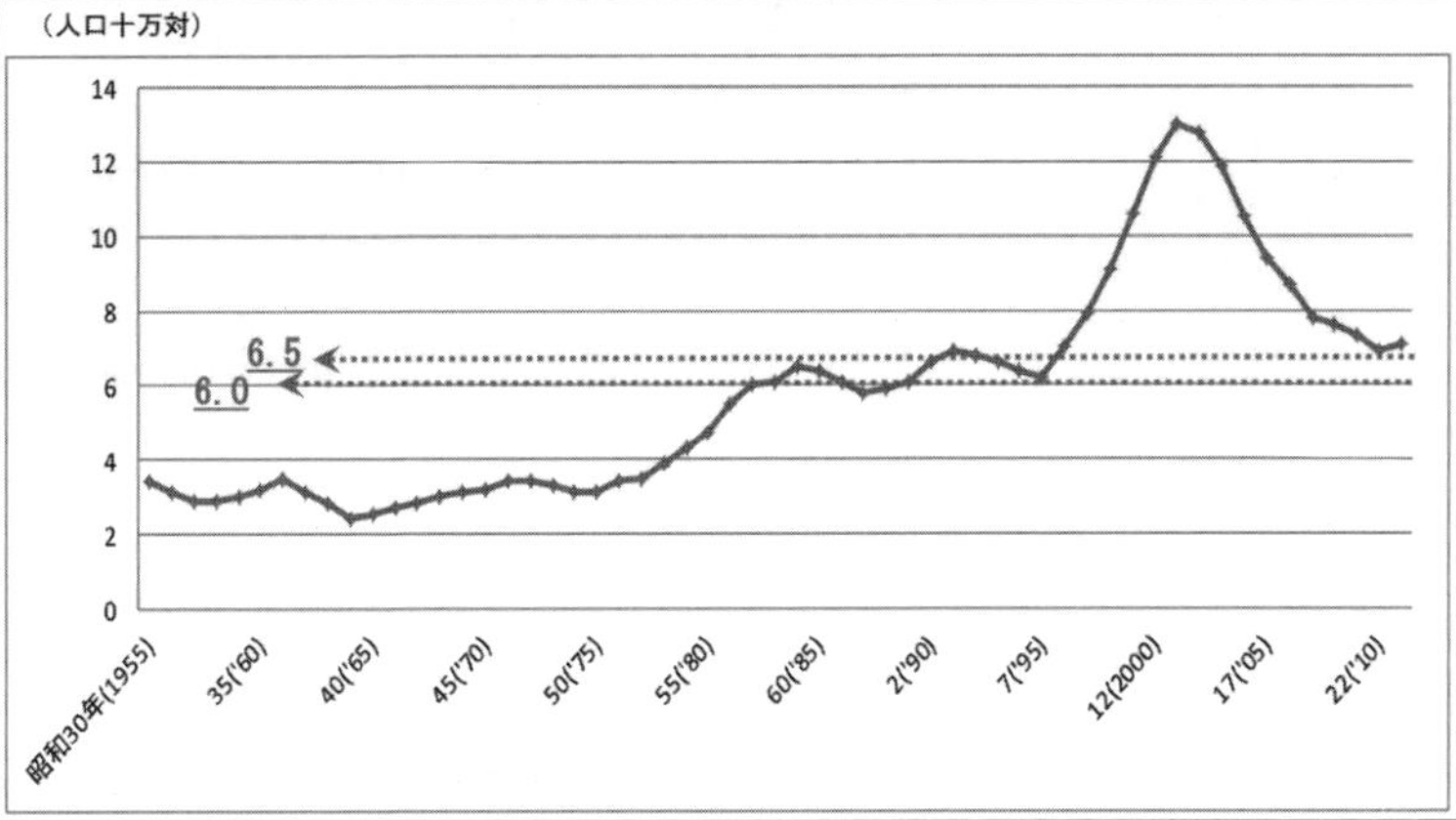

資料：衛生行政報告例

4　母子保健領域における健康格差

健康格差は、健康日本２１（第二次）[2]でも取り上げられたわが国の重要な健康課題である。日本学術会議は 2011（平成 23）年に「わが国の健康の社会格差の現状理解とその改善にむけて」の中で、保健医療福祉政策において健康の社会格差を考慮すること、健康の社会格差のモニタリングと施策立案の体制整備をすることなどの提言を行った。

国民健康・栄養調査で、成人期の喫煙率や肥満の割合が世帯所得の低い人ほど高いことが明らかになったことなどから、わが国における健康格差の問題が注目されている。

母子保健領域においても、以下に示すように、健康水準の指標、健康行動の指標において、都道府県に健康格差が生じていることが明らかになっており、重要な健康課題である。

○母子保健領域の健康格差について

・健康水準の指標における健康格差

➢　０歳から４歳までの人口 10 万対の乳幼児死亡率について、1980（昭和 55）年の上位 10 都道府県及び下位 10 都道府県の 2012（平成 24）年までの推移は、双方とも低下しており継続的な乳幼児死亡率の推移は低下していた（図 36～38）。両年の各上位 10 都道府県と下位 10 都道府県の平均値と最大・最小の値を見ると、1980（昭和 55）年では上位 10 都道府県の平均が 167.4 で下位 10 都道府県の平均は 230.7 であり、格差は 1.4 倍（最上位と最下位では 1.7 倍）であったが、2012（平成 24）年では、上位 10 都道府県の平均は 48.1、下位 10 都道府県の平均が 75.8 であり、格差は 1.6 倍（最上位と最下位では 2.6 倍）であった。死亡率は３分の１に低下し、差も減少したが、比の格差は広がっていた（図 39）。

図 36　乳幼児死亡率（０～４歳）（1980 年）

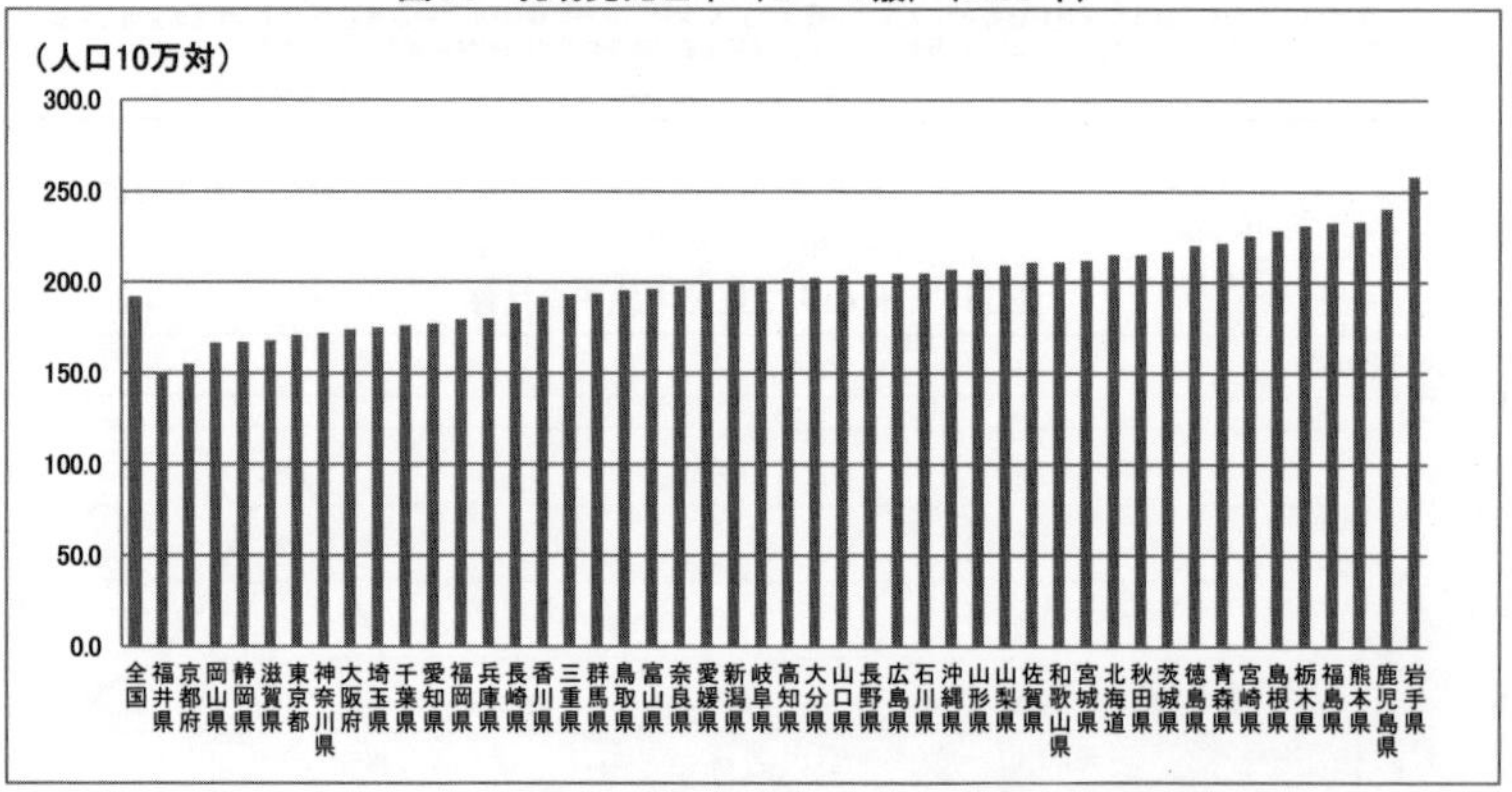

資料
死亡数：人口動態統計
人口：人口推計（総務省統計局）

[2] 厚生労働省（2012）.「国民の健康の増進の総合的な推進を図るための基本的な方針」等．平成 26 年４月 14 日アクセス
http://www.mhlw.go.jp/stf/seisakunitsuite/bunya/kenkou_iryou/kenkou/kenkounippon21.html

図 37　乳幼児死亡率（0～4 歳）（2012 年）

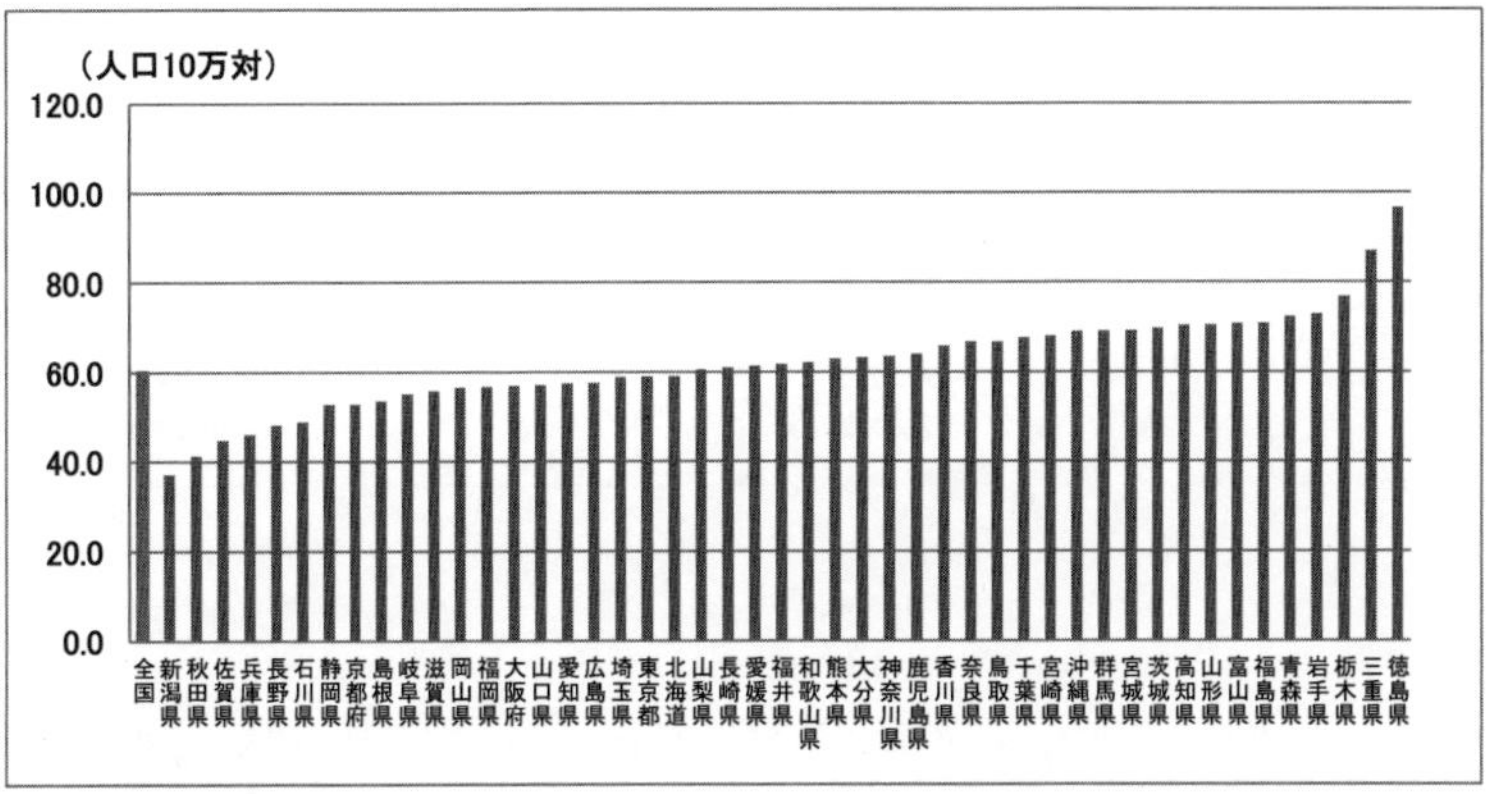

資料
死亡数：人口動態統計
人口：人口推計（総務省統計局）

図 38　乳幼児死亡率の推移（0～4 歳死亡数/0～4 歳人口　人口 10 万対）
1980 年の上位 10 県と下位 10 県の 2012 年までの推移

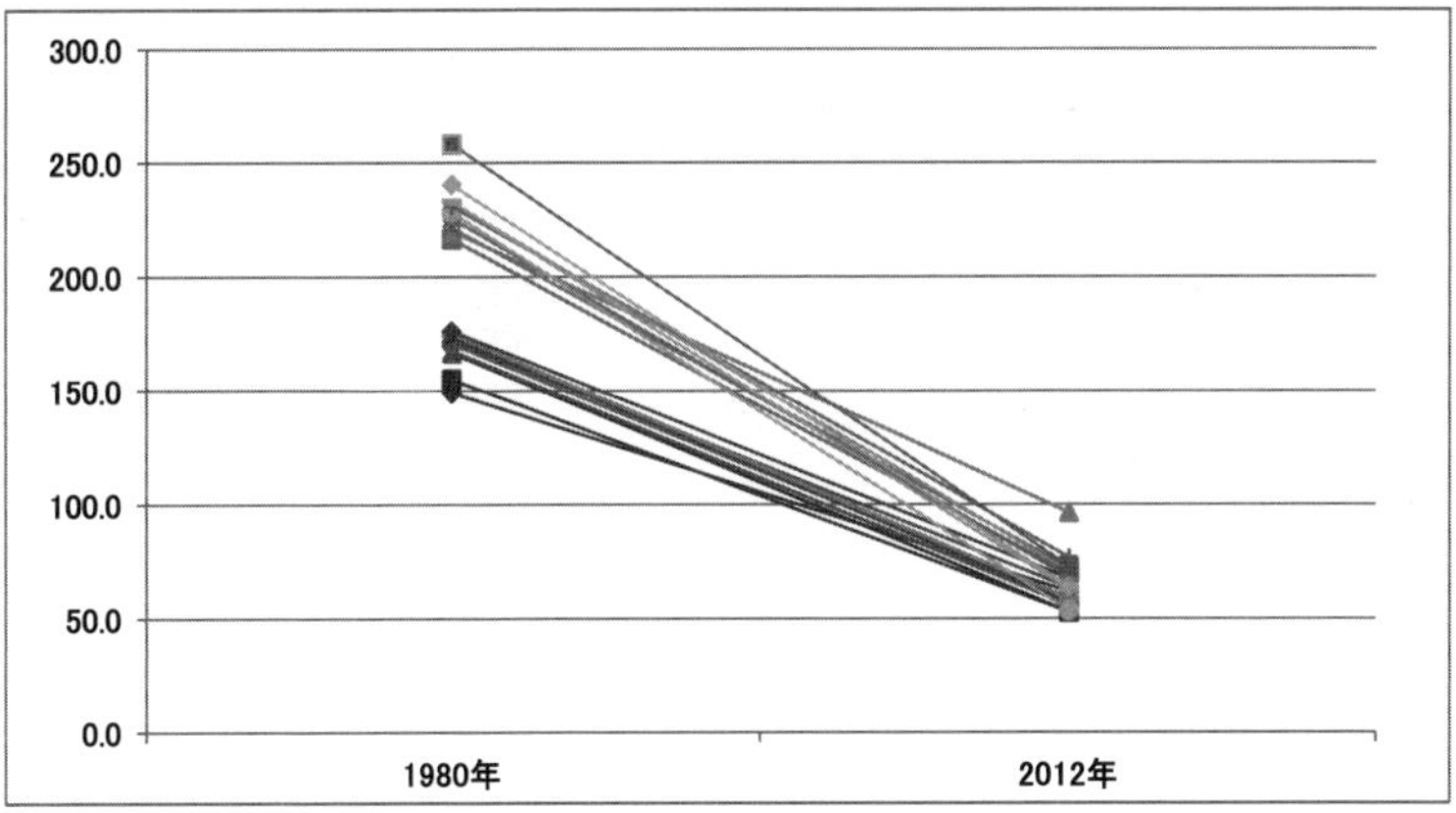

資料
死亡数：人口動態統計
人口：人口推計（総務省統計局）

図 39　乳幼児死亡率の推移（０～４歳死亡数/０～４歳人口　人口 10 万対）
1980 年と 2012 年の各上位 10 県と下位 10 県の推移

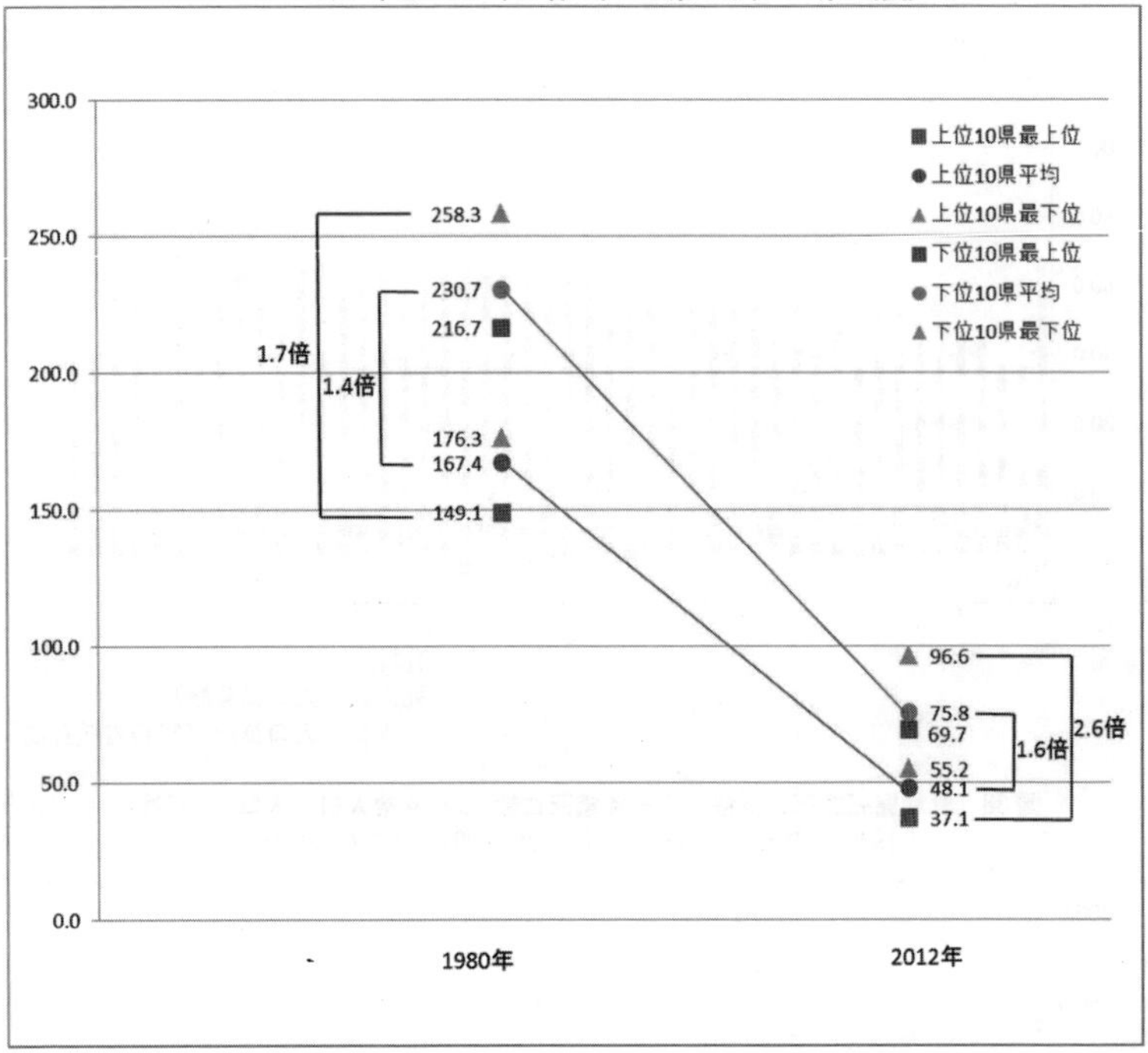

資料
死亡数：人口動態統計
　人口：人口推計（総務省統計局）

➢ 周産期死亡率（出産千対）は、1980（昭和55）年では上位10都道府県の平均が17.4で、下位10都道府県の平均は24.7であり、格差は1.4倍（最上位と最下位では1.8倍）であった。2012（平成24）年では上位10都道府県の平均は3.2、下位10都道府県の平均は4.9であり、格差は1.5倍（最上位と最下位では2.5倍）となり、死亡率は約５分の１に低下し、差も減少したが、比の格差は広がっていた（図40と図41）。

図40　周産期死亡率（1980年）

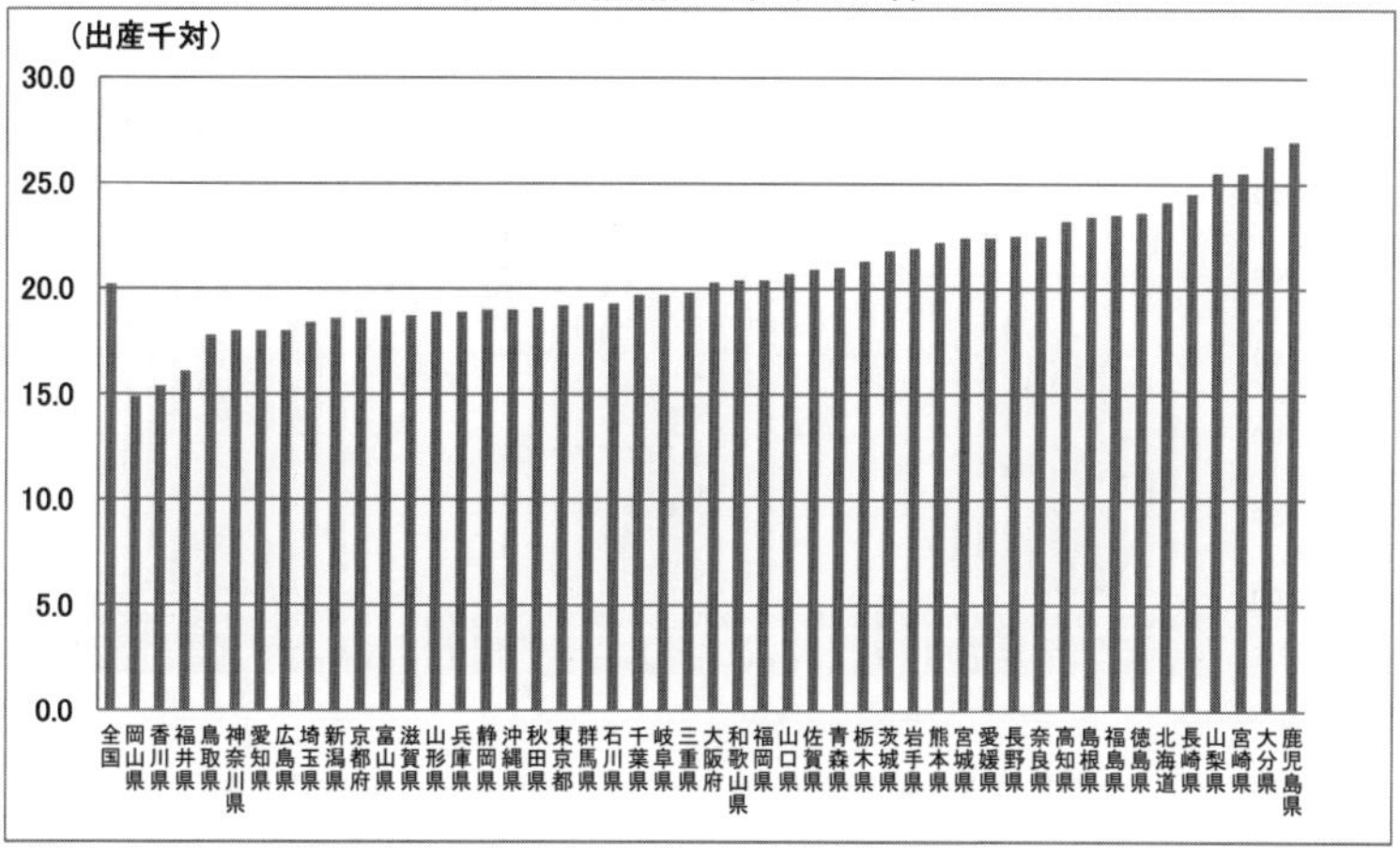

資料：人口動態統計

図41　周産期死亡率（2012年）

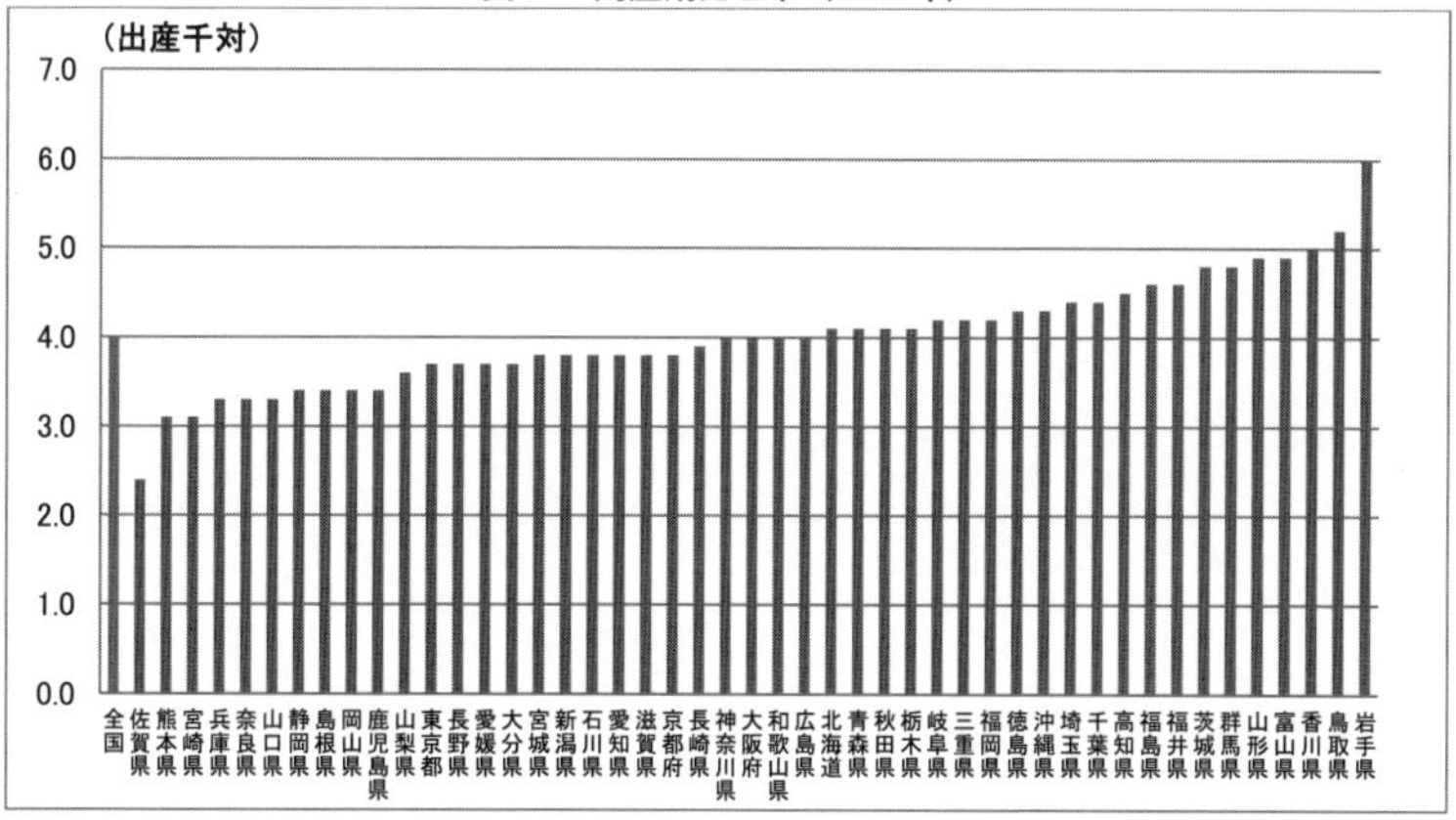

資料：人口動態統計

➢　３歳児のむし歯の有病率については、全国平均は 19.1%であるが、上位５都道府県の平均は 13.9%、下位５都道府県の平均は 33.2%で、2.4 倍（最上位は 12.2%と最下位は 34.5%で 2.8 倍）の格差がある（図 42）。

図 42　３歳児のむし歯の有病率（都道府県別）

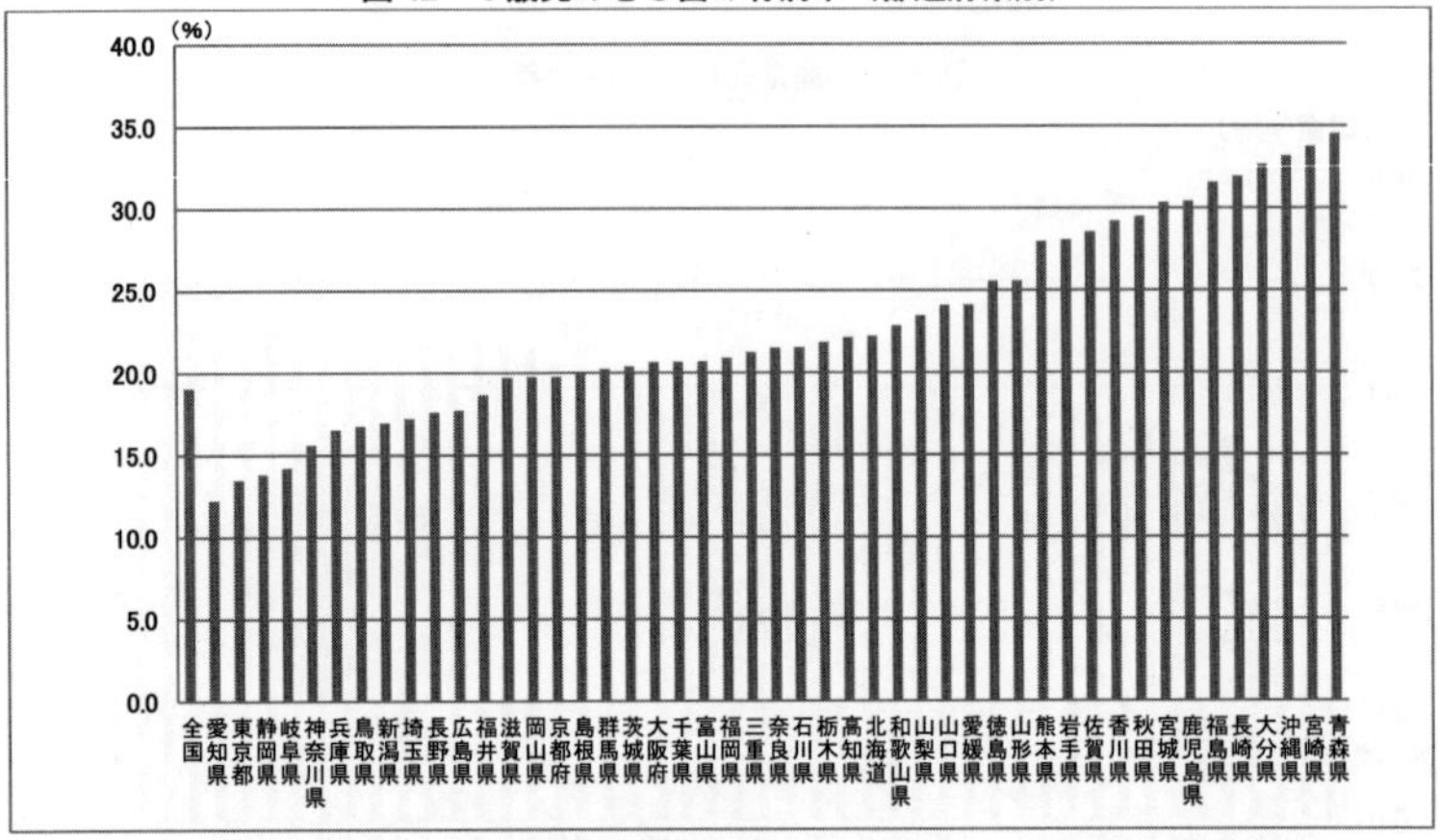

資料：平成 24 年度厚生労働省雇用均等・児童家庭局母子保健課調べ（３歳児歯科健康診査実施状況）

➢ 小学５年生の肥満については、平成 25 年度全国体力・運動能力、運動習慣等調査によると、男子の平均が 10.0%であり、都道府県格差は上位５都道府県の平均は 7.5%、下位５都道府県の平均は 15.1%で、2.0 倍（最上位は 7.0%と最下位は 17.4%で 2.5 倍）の格差がある（図 43)。

図 43　小学５年生の肥満傾向児の割合（都道府県別）

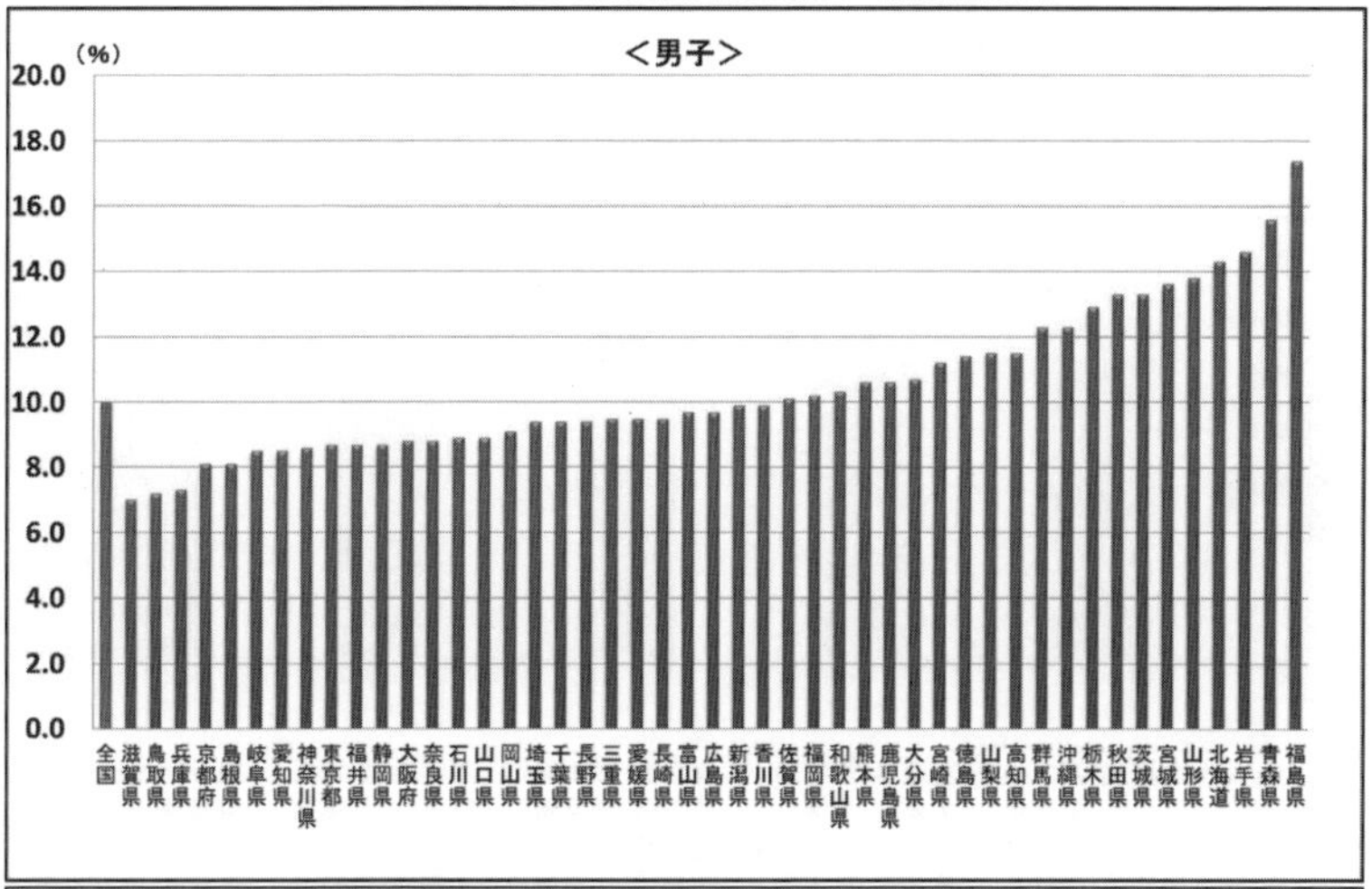

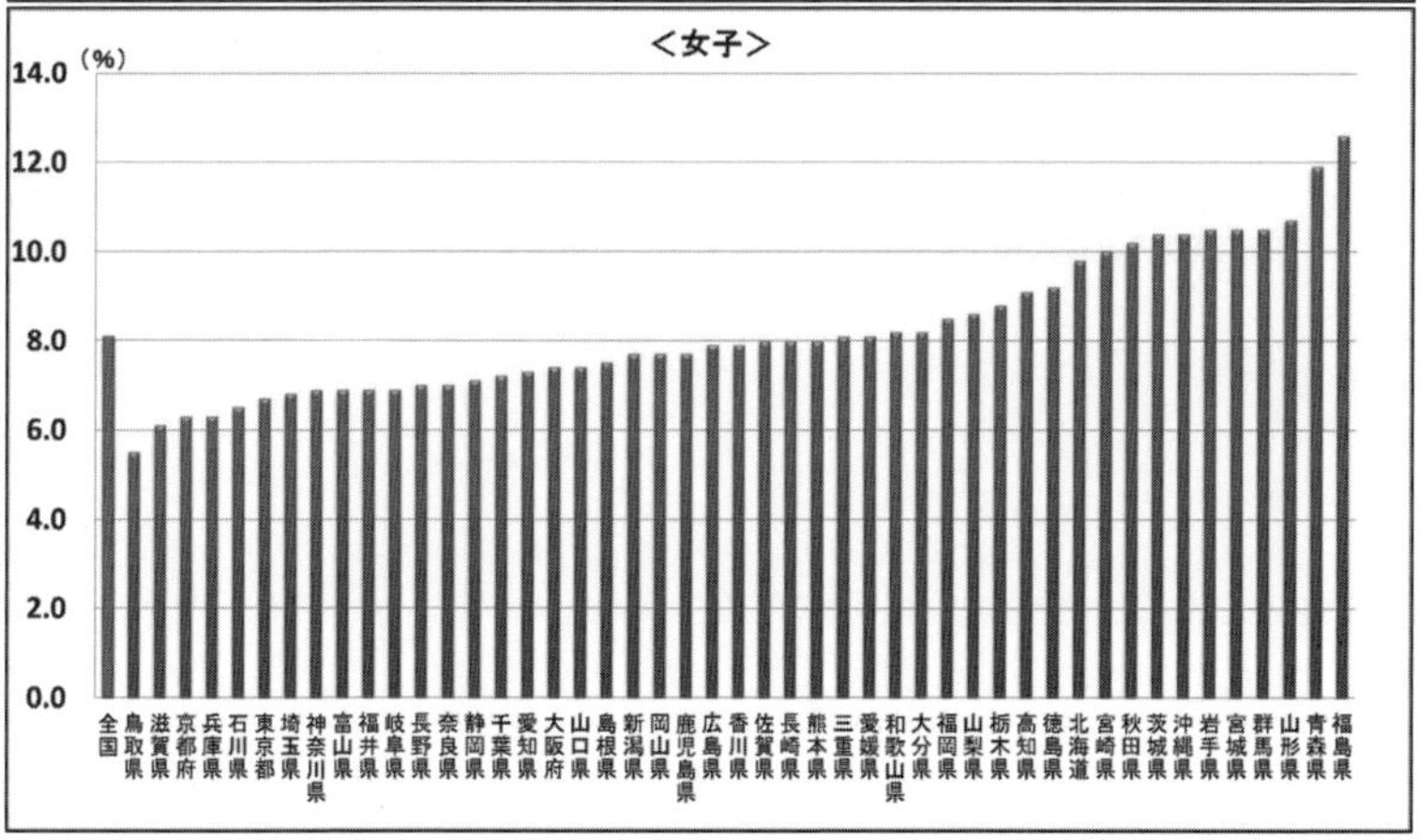

資料：平成 25 年度　全国体力・運動能力、運動習慣等調査（文部科学省）をもとに、平成 25 年度厚生労働科学研究「「健やか親子２１」の最終評価・課題分析及び次期国民健康運動の推進に関する研究（研究代表者：山縣然太朗)」にて作成

・健康行動の指標における健康格差

「健やか親子２１」の最終評価のために、人口別に各都道府県から 10 市区町村を無作為に抽出して調べたデータでは、以下のような状況にあることが分かった。

- 「生後１か月の母乳育児の割合」が、都道府県別の５分位分析で第１分位（59.6%）と第５分位（39.0%）の差が 1.5 倍あった（図 44）。

※全国 368 市町村（人口規模別に各都道府県 10 市区町村）の乳幼児健康診査を受診した児の保護者を対象とした。各都道府県の有効回答数は、概ね n=150～1,050 だったが、福井県（n=38）と鳥取県（n=24）は、回答者が少なかった点に留意する必要がある。

図 44　生後１か月の母乳育児の割合（３・４か月児健診調査）
（５分位別・加重平均）

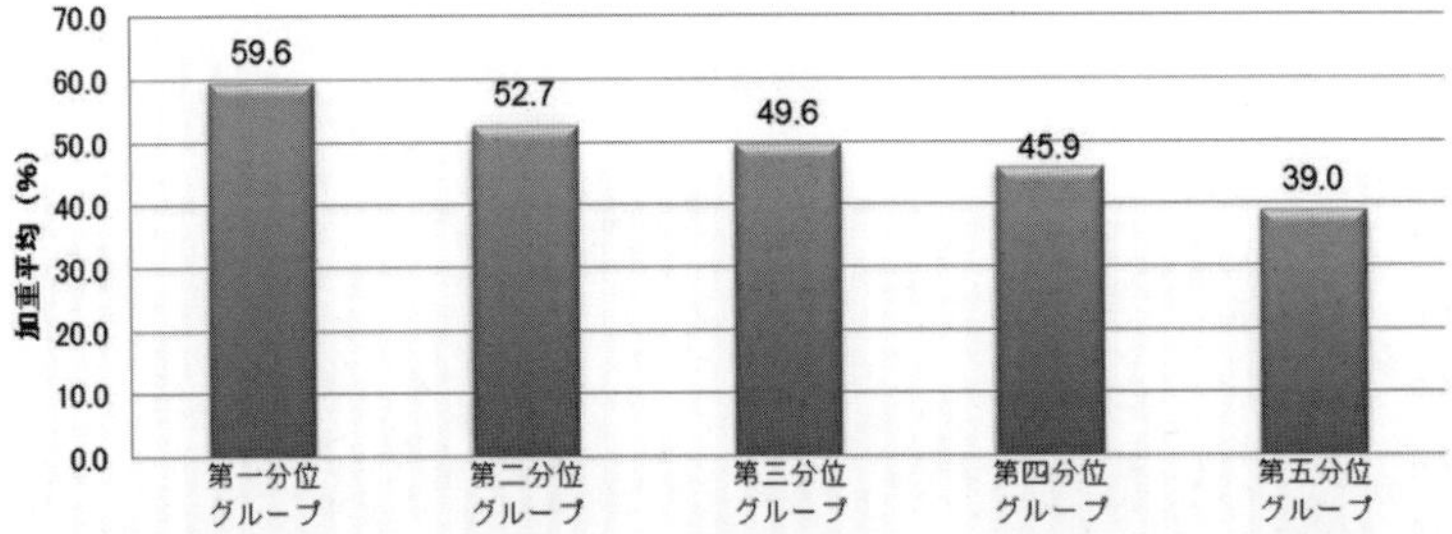

第一分位グループ	第二分位グループ	第三分位グループ	第四分位グループ	第五分位グループ
北海道 富山県	宮城県 京都府	青森県 新潟県	秋田県 栃木県	岩手県 山形県
石川県 福井県	大阪府 兵庫県	長野県 岐阜県	群馬県 千葉県	福島県 茨城県
鳥取県 島根県	和歌山県 岡山県	滋賀県 奈良県	東京都 神奈川県	埼玉県 静岡県
愛媛県 佐賀県	徳島県 香川県	広島県 山口県	山梨県 愛知県	三重県 鹿児島県
長崎県	福岡県 熊本県	高知県	大分県 宮崎県	沖縄県

資料：平成 25 年度厚生労働科学研究「「健やか親子２１」の最終評価・課題分析及び次期国民健康運動の推進に関する研究（研究代表者：山縣然太朗）」

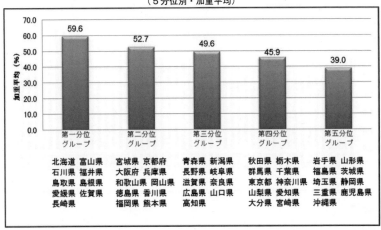

➢　「妊娠判明時の妊婦の喫煙率」も同様に、2.0倍の格差（9.1%と18.2%）が認められた（図45）。

※全国368市町村（人口規模別に各都道府県10市区町村）の乳幼児健康診査を受診した児の保護者を対象とした。各都道府県の有効回答数は、概ねn=150～1,050だったが、福井県（n=38)と鳥取県（n=23)は、回答者が少なかった点に留意する必要がある。

図45 妊娠判明時の妊婦の喫煙率（３・４か月児健診調査）
（５分位別・加重平均）

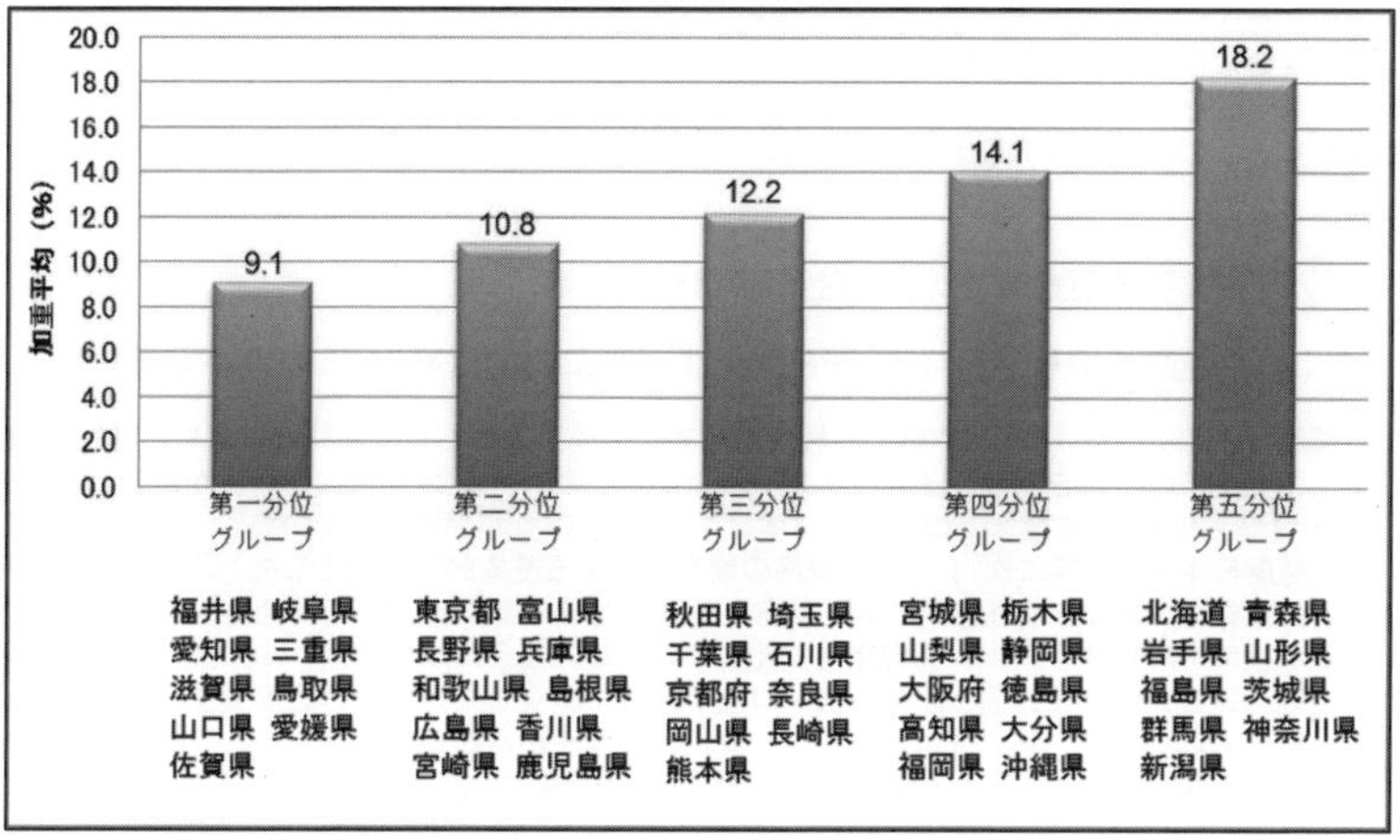

資料：平成25年度厚生労働科学研究「「健やか親子２１」の最終評価・課題分析及び次期国民健康運動の推進に関する研究（研究代表者：山縣然太朗)」

5　母子保健に関わる計画等

これまでに述べてきた背景を踏まえ、「健やか親子２１」の策定後も、様々な子ども・子育て支援の充実が図られるとともに、これらをより実効的に推進するため、各地方公共団体で母子保健に関わる計画等が策定されている。

また医療・健康分野においても、周産期医療・小児医療の体制整備や次世代の健康といった母子保健に関わる計画づくりが進められている。

母子保健に関しては、「健やか親子２１」の策定以前から、「母子保健計画の策定について」（平成８年５月１日児母第 20 号厚生省児童家庭局母子保健課長通知）に基づき、地域での計画的かつ効果的な母子保健対策の推進を図るため、各市町村において市町村母子保健計画が策定されていた。また、子ども・子育て分野を中心に、母子保健に関する計画（以下、母子保健計画）とその目標とするところが共通する他の計画もある。

（１）母子保健計画と関連のある主な施策や計画等

ア　国民健康づくり運動（「健康日本２１（第二次）」（平成 25 年度から開始））

健康増進法（平成 14 年法律第 103 号）に定める国民健康づくり運動計画であり、「健やか親子２１」がその一翼を担う「健康日本２１」については、平成 24 年度に第一次が終了し、平成 25 年度から平成 34 年度までの「健康日本２１（第二次）」が開始されている。

「健康日本２１（第二次）」では、健康の増進に関する基本的な方向として、①健康寿命の延伸と健康格差の縮小、②生活習慣病の発症予防と重症化予防の徹底、③社会生活を営むために必要な機能の維持及び向上、④健康を支え、守るための社会環境の整備、⑤栄養・食生活、身体活動・運動、休養、飲酒、喫煙、歯・口腔の健康に関する生活習慣の改善及び社会環境の改善が掲げられており、特に③においては、次世代の健康が目標として設定され、「健やか親子２１」とも協働しつつ、次世代の健康を育むことが記載されている。

イ　子ども・子育て支援策

○次世代育成支援対策推進法（平成 15 年成立）

急速な少子化の進行等を背景として、次世代育成支援対策に関し、基本理念、関係者の責務、行動計画の策定等について規定することを手段として、「次世代育成支援対策を迅速かつ重点的に推進」することを第一次的な目的とし、「次代の社会を担う子どもが健やかに生まれ、かつ、育成される社会の形成に資すること」をより究極的な目的としたものである。

同法に基づき、平成 17 年度から全ての市町村に、次世代育成支援対策の実施に関する総合的な計画として市町村行動計画（前期計画：平成 17 年度～21 年度、後期計画：平成 22 年度～26 年度）の実施が義務付けられた。その後、子ども・子育て支援法の成立により、全ての市町村に、教育・保育等の提供体制等を定める市町村子ども・子育て支援事業計画の策定が義務付けられたことを踏まえ、市町村行動計画の策定については、子ども・子育て支援法の施行後に任意化することとされている。また、同法については、平成 26 年度末までの時限法であることから、平成 26 年通常国会にその延長・強化等を盛り込んだ法案が提出されている。

市町村行動計画は母子保健計画と内容が重複することから、母子保健計画を市町村行動計画の一部として組み込むことが適当であるとされている。また、市町村行動計画の策定のための指針として国が定める行動計画策定指針において、母性並びに乳児及び幼児などの健康の確保及び増進を図る観点から、保健、医療、福祉及び教育の分野間の連携を図りつつ、母子保健施策等の充実が図られる必要があり、計画の策定に当たっては、「健やか親子２１」の趣旨を十分踏まえたものとすることが望ましいとされている。

○少子化社会対策基本法に基づく大綱と、子ども・子育て支援新制度

少子化社会対策基本法（平成15年法律第133号）第７条の規定に基づく大綱（「子ども・子育てビジョン」（平成22年１月29日閣議決定））は、少子化に対処するための施策の指針である。この中に、平成22年度から平成26年度までに目指すべき施策の具体的な数値目標が掲げられている。

平成24年８月に「子ども・子育て支援法」、「就学前の子どもに関する教育、保育等の総合的な提供の推進に関する法律の一部を改正する法律」及び「子ども・子育て支援法及び就学前の子どもに関する教育、保育等の総合的な提供の推進に関する法律の一部を改正する法律の施行に伴う関係法律の整備等に関する法律」（以下、「子ども・子育て関連３法」という。）が成立した。現在、早ければ平成27年４月の本格施行に向けて、子ども・子育て支援新制度の施行準備を進めているところである。

子ども・子育て支援新制度では、地域の実情に応じた幼児期の学校教育・保育、地域の子ども・子育て支援を総合的に推進することとされており、母子保健に関連する事業についても、市町村が実施する妊婦健康診査や、乳児家庭全戸訪問事業、養育支援訪問事業が地域子ども・子育て支援事業として位置付けられているところである。同制度では、各市町村が、上記事業を含む各事業等の需要を調査・把握した上で、市町村子ども・子育て支援事業計画を策定し、これらの計画的な整備を進めていくこととされている。同計画の策定に際しては、妊娠・出産期から切れ目ない支援に配慮することが重要であり、母子保健関連施策との連携の確保が必要であるとの認識の下、「健やか親子２１」の趣旨を十分踏まえることとされている。

ウ　医療計画

医療法（昭和23年法律第205号）第30条第４項の規定に基づき、都道府県は、がん、脳卒中、急性心筋梗塞、糖尿病及び精神疾患の５疾病並びに救急医療、災害時における医療、へき地の医療、周産期医療及び小児医療の５事業及び在宅医療に係る医療連携体制を構築するための方策を医療計画に定めることとなっている。

基本方針（平成19年厚生労働省告示第70号）が平成24年３月に改正され、この中で医療体制構築に係る現状把握のための周産期医療や小児医療についての指標例が示され、地域における体制作りが進められている。

（２）母子保健計画について

「健やか親子２１」の着実な推進を図るためには、引き続き、各地方公共団体において、地域における課題を把握し、それを踏まえて具体的な政策を立案し、また、その成果等を評価することが重要である。こうした観点から、引き続き、各地方公共団体により、母子保健計画が策定され、その計画に基づき関連施策が着実に推進されることが必要である。

一方で、（１）に掲げたとおり、次世代育成支援対策推進法に基づく市町村行動計画や都道府県行動計画及び子ども・子育て支援法に基づく市町村子ども・子育て支援事業計画や都道府県子ども・子育て支援事業支援計画など、母子保健分野に関する内容を含む他の計画もあることから、現在と同様に、市町村母子保健計画はこれらの計画と一体的に策定してもよいこととするなど、地方公共団体の過度な負担とならないように配慮する必要がある（図46）。

図 46　都道府県・市町村における母子保健計画の位置付け

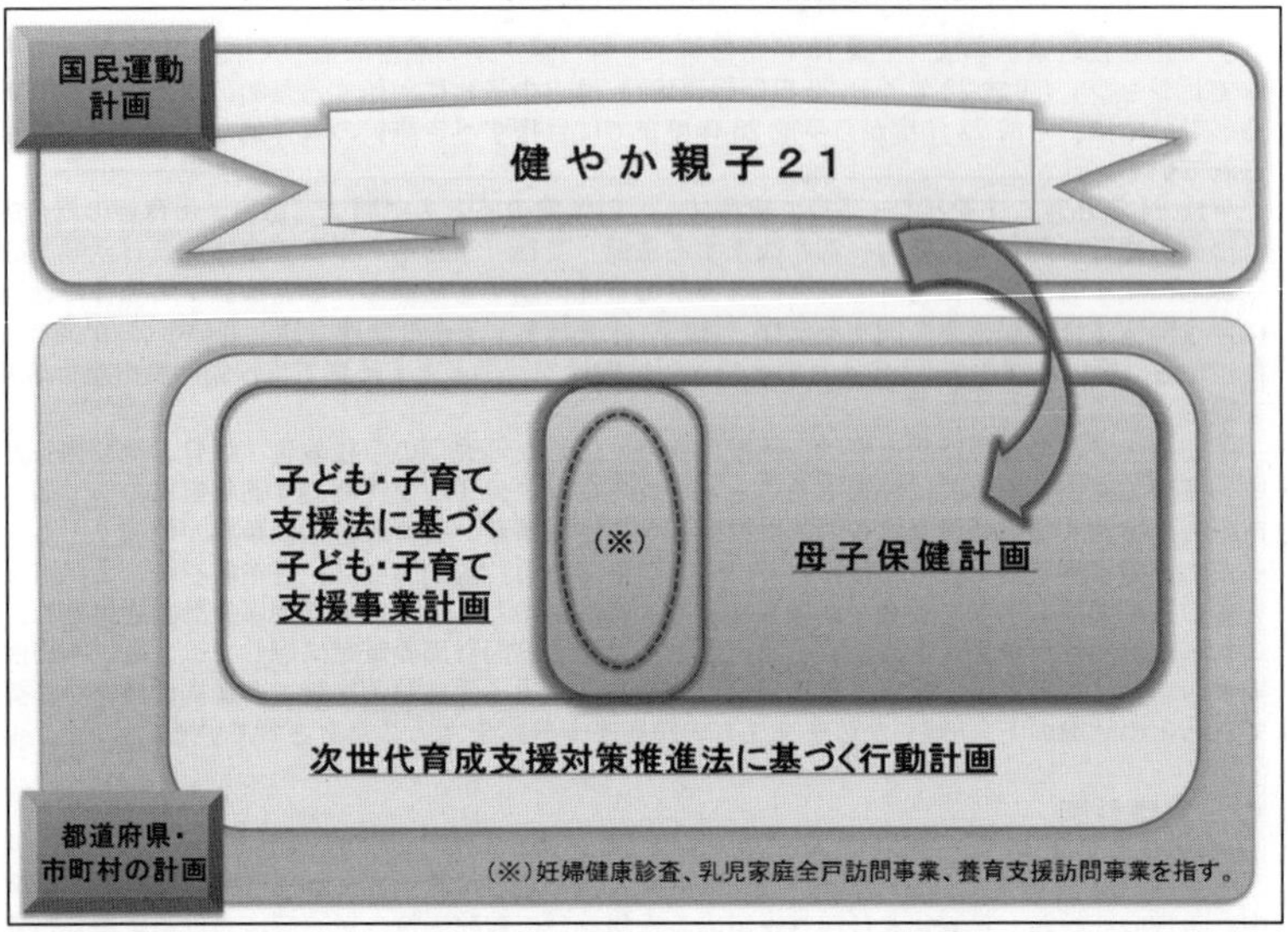

第３　最終評価で示された「健やか親子２１（第２次）」に向けた課題

１　最終評価の概要

主要課題ごとに設けた 69 の指標の 74 項目について分析を行ったところ、課題別の達成状況は表１のとおりであった。

＜４つの主要課題＞

①　思春期の保健対策の強化と健康教育の推進
②　妊娠・出産に関する安全性と快適さの確保と不妊への支援
③　小児保健医療水準を維持・向上させるための環境整備
④　子どもの心の安らかな発達の促進と育児不安の軽減

策定時の数値と直近値とを比較して、「改善した（目標を達成した）」は 27.0%（20 項目）、「改善した（目標に達していないが改善した）」は 54.1%（40 項目）、「変わらない」は 10.8%（8 項目）、「悪くなっている」は 2.7%（2 項目）、「評価できない」は 5.4%（4 項目）であった。

その他、詳細については、「「健やか親子２１」最終評価報告書」を参照。

表１　最終評価における課題別の指標の達成状況

		課題１	課題２	課題３	課題４	項目計
改善した	目標を達成した	4	7	8	1	20（27.0%）
	目標に達していないが改善した	9	6	16	9	40（54.1%）
変わらない		1	1	1	5	8（10.8%）
悪くなっている		1	0	1	0	2（ 2.7%）
評価できない		1	0	0	3	4（ 5.4%）
計		16	14	26	18	74（ 100%）

２　母子保健事業の推進のための課題

（１）母子保健に関する計画策定や取組・実施体制等に地方公共団体間の格差があること

○母子保健事業の実施体制等

母子保健計画の策定は、次世代育成支援対策推進法に基づく行動計画の一部とされ、努力義務であるため策定していない地方公共団体もあった。このため、地方公共団体において計画的に母子保健事業を実施するためには、母子保健計画を立案し取り組む必要があるが、母子保健事業の実施体制等には、地方公共団体間の格差があった。

母子保健事業の実施主体が都道府県から市町村へと変更になり、市町村において、事業の実施にあたっての体制が十分でない場合や、母子保健計画の策定部署と関連事業の担当部署が異なるなど、事業を進めるにあたり、各地方公共団体内での連携も重要となっている。また、事業が都道府県から市町村に移譲されたことに伴い、市町村における母子保健の担当の業務範囲も一段と広くなり、増加した業務量に対応するだけのマンパワーの不足や保健師等の専門職種の育成が十分でないとの声もあり、今後、母子保健事業を推進するためには、その実施体制を整えることも必要である。

また、母子保健計画を作成するにあたり、現行の「健やか親子２１」の指標が全国値のみとなっているため、各地方公共団体においては、該当する指標の地方公共団体における現状値を有してないものもあり、活用しにくい目標もある。事業を実施した場合にその評価や次の事業を実施する場合の検討へ活用するといった地方公共団体でのＰＤＣＡサイクルが十分に機能しておらず、「健やか親子２１」の指標の利活用について、困難な状況があることが分かった。

（２）母子保健事業の推進のための情報の利活用

ア　健康診査の内容や手技の標準化

収集した情報に関して、例えば、乳幼児健康診査における問診内容や、健康診査時の手技が標準化されていないため、診察する医師や関わる看護職等のスタッフの技量により結果が大きく異なる状況が発生している。例えば、生後４か月前半に判定される頚定（児の首がすわること。支えなしで首がぐらつかない状態。）について、「所見あり」と判定する頻度が、同じ県内の市町間でも大きく乖離している状況にあることが明らかとなった（図１）。

図1　頚定「所見あり」の頻度の愛知県内市町間比較（生後4か月前半）

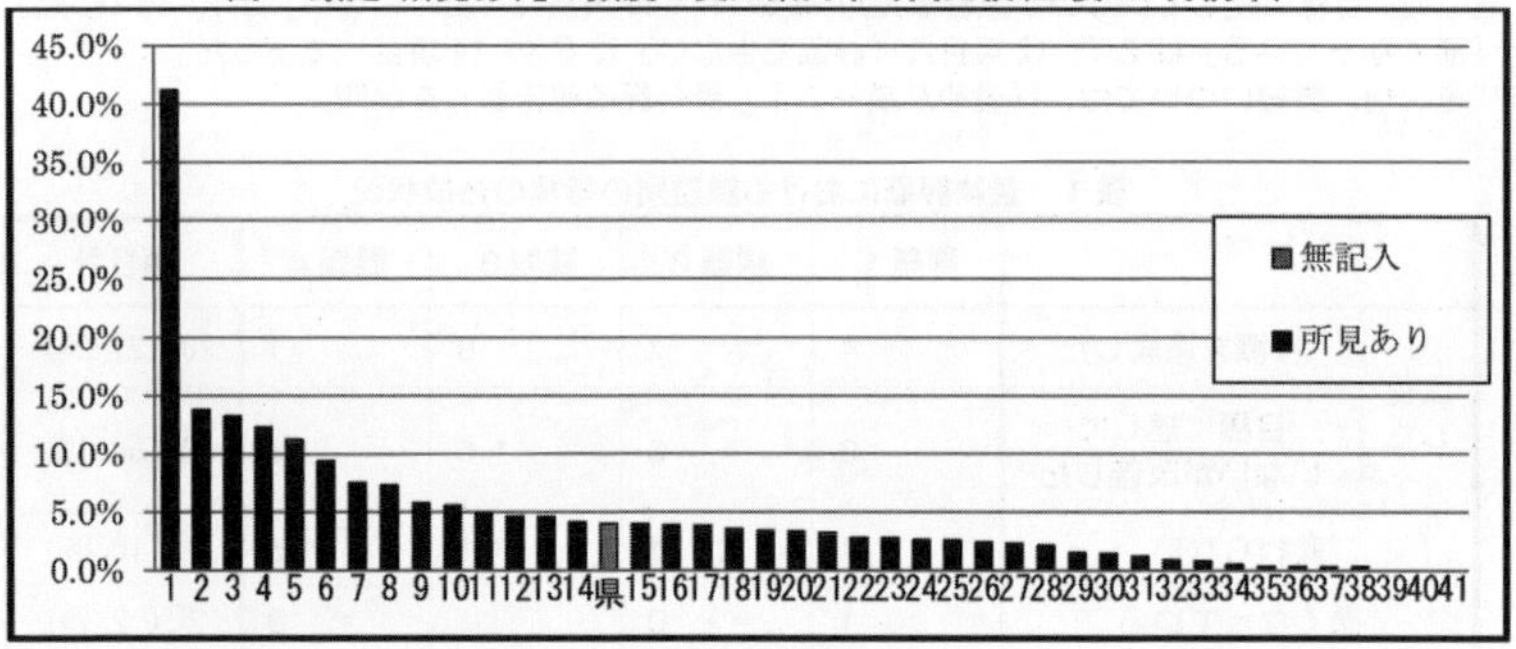

資料：平成 24 年度厚生労働科学研究「乳幼児健康診査の実施と評価ならびに多職種連携による母子保健指導のあり方に関する研究（研究代表者：山崎嘉久）」

これは健常な発達の範囲内にある児までも「所見あり」として判定され、不要な精査に至っているケースや、「所見あり」としてフォローしていくべき児が検出されず、その後の適切な支援や精査に結びついていないケース等が考えられることから、注意すべき重要な課題である。

イ　情報の利活用の促進

母子保健事業では、乳幼児健康診査や予防接種など乳幼児の状況を定期的に把握する機会が多くある。それらの機会をとらえて、母子の状況を把握し、その結果を収集し、分析することで、地方公共団体自らがその取組状況を評価するための機会はあるが、それらの情報を十分に利活用できていない現状がある。

（ア）問診内容等情報の地方公共団体間の比較が困難なこと

収集する情報についても、例えば、母子健康手帳交付時や乳幼児健康診査時の問診内容等の把握している項目が地方公共団体間で異なっているため、取組状況を地方公共団体間で比較し、評価することが困難な状況となっている。

（イ）情報の分析・活用ができていない地方公共団体があること

情報を収集していても、その後にデータの集計や分析を十分に行っていない地方公共団体もあり（表２)、「情報収集→分析→活用」の一連の過程が実行されていない実態が明らかとなった。

表２　各項目の調査実施市町村におけるデータベースへの入力及び集計・分析状況

		1歳6か月健診における児の身長・体重	1歳6か月健診における医師の判定結果	妊娠届出時の状況(喫煙状況など)	育児期間中の母の喫煙状況	育児不安に関して	虐待(親子関係)に関して	家庭における事故予防対策に関して
データベースへの入力	回答数	1556	1548	1359	567	1500	1181	551
	入力している	708 (45.5%)	834 (53.9%)	684 (50.3%)	204 (36.0%)	542 (36.1%)	396 (33.5%)	174 (31.6%)
	入力していない	848 (54.5%)	714 (46.1%)	675 (49.7%)	363 (46.0%)	958 (63.9%)	785 (66.5%)	377 (68.4%)
データの集計・分析	回答数	1528	1529	1334	550	1398	1086	503
	コンピューターで集計・分析	481 (31.5%)	685 (44.8%)	493 (37.0%)	152 (27.6%)	358 (25.6%)	263 (24.2%)	119 (23.7%)
	手集計	408 (26.7%)	644 (42.1%)	468 (35.1%)	187 (34.0%)	521 (37.3%)	443 (40.8%)	194 (38.6%)
	集計・分析せず	639 (41.8%)	200 (13.1%)	373 (28.0%)	211 (38.4%)	519 (37.1%)	380 (35.0%)	190 (37.8%)

資料：平成 18 年度厚生労働科学研究「健やか親子２１の推進のための情報システム構築および各種情報の利活用に関する研究（研究代表者：山縣然太朗)」

都道府県から提供された母子保健情報を活用しているのは４割強に留まっており、また人口規模が小さいほど活用が困難な状況にあることが分かった（表３）。

表３　都道府県から提供されている、同一都道府県の他の市町村における母子保健統計情報の地域母子保健活動での利用状況

	人口規模				
	～7,900人	8,000～19,999人	20,000～99,999人	100,000人～	全体
回答数	257	311	557	226	1351
利活用している	82 (31.9%)	134 (43.1%)	251 (45.1%)	114 (50.4%)	581 (43.0%)
あまり利活用できていない	122 (47.5%)	118 (37.9%)	225 (40.4%)	61 (27.0%)	526 (38.9%)
どちらともいえない	53 (20.6%)	59 (19.0%)	81 (14.5%)	51 (22.6%)	244 (18.1%)

資料：平成18年度厚生労働科学研究「健やか親子２１の推進のための情報システム構築および各種情報の利活用に関する研究（研究代表者：山縣然太朗）」

地方公共団体間の結果を比較することで、当該地方公共団体の事業の評価をし、適正な事業実施のための見直しに繋げることができる。

（ウ）関連機関の間での情報共有が不十分なこと

都道府県と市町村間等といった地方公共団体間の情報共有に限らず、例えば特定妊婦といったリスクの高いケースについて、産婦人科での妊婦健康診査時の情報を医療機関と地方公共団体とで共有したり、予防接種の接種状況や小児慢性特定疾患医療費助成の利用状況についての情報を小児科と地方公共団体とで共有したりするといった、地方公共団体と関連機関との間での情報共有が十分されていないという指摘もあった。

３　各指標の分析から見えた課題

「「健やか親子２１」の最終評価等に関する検討会」の議論から、最終評価において、大きく「思春期保健対策の充実」、「周産期・小児救急・小児在宅医療の充実」、「母子保健事業間の有機的な連携体制の強化」、「安心した育児と子どもの健やかな成長を支える地域の支援体制づくり」、「育てにくさを感じる親に寄り添う支援」、「児童虐待防止対策の更なる充実」の６つの課題に整理した。

（１）思春期保健対策の充実

思春期保健対策は、次世代の健康づくりに直結する重要な課題である。行政、教育機関、医療機関等の各々単独での取組では限界があり、関係機関同士の連携が必要不可欠である。

最終評価において、指標の改善が見られなかった十代の自殺や児童虐待といった課題は、身体面だけでなく、精神面や社会面からのアプローチといった多面的な取組が必要である。最終評価での地方公共団体への調査において、思春期保健対策の重要性を認識しながら取組を行っていない地方公共団体について、思春期保健対策の実施を阻む要因などを把握した上で、誰（どの機関）がどのような役割を担うべきなのかを明らかにすることも必要と考えられる。

注視すべきは、①10～14 歳女子の自殺率が悪化していること、②中学３年女子の飲酒率が減少してきているものの第２回中間評価時以降、女子の割合が男子を上回っていること、③７～14 歳及び 15～19 歳女子の朝食欠食割合が増加していること、④思春期やせ症の低年齢化や不健康やせの割合が大幅に増加していることがあり、今後、更なる取組が必要な課題である。

地方公共団体における思春期保健対策の充実に向けた性に関する健康教育の開催状況や親への普及啓発の実施状況等といった、具体的な取組や指標を示し、地方公共団体で確実に母子保健計画に基づき実施できる仕組みづくりの検討をする必要がある。

十代の自殺、児童虐待への対策など、複雑多岐にわたるアプローチが求められており、養護教諭や校医だけでなく、スクールソーシャルワーカーやスクールカウンセラー、精神科医、産婦人科医、助産師など地域の様々な関係者の協力のもと、教育機関の場で関わる仕組みづくりの検討や、教育機関と行政との間での情報共有や管理をどのようにし、支援につなげるか検討することも必要である。

（２）周産期・小児救急・小児在宅医療の充実

周産期医療ネットワークの整備については、全ての都道府県で整備するという目標は達成できた。今後は、ネットワークを構成する周産期母子医療センターの機能の充実強化やセンター間相互の連携などネットワークが十分に機能しているかといった質的評価も含めた検証が必要であり、平成 26 年度に改定予定の周産期医療体制整備指針の改定にあわせて取組を充実させる必要がある。また、小児救急医療については、初期・二次いずれも小児救急医療圏毎に整備状況を評価する必要があり、小児科以外の各診療科との連携を含む地域全体での体制整備の評価や、受入患者数等の診療実績等を評価することも必要である。

産婦人科医や助産師等の地域偏在も大きな課題である。例えば産婦人科医師数については、平成 22 年の都道府県別 15～49 歳女子人口 10 万対「産婦人科・産科」（主たる）に従事する医師数は、平均 39.4 人だが、最高 54.8 人から最低 28.0 人と約２倍の開きがあり、地域格差は大きな課題である。また助産師についても、就業場所の偏在として地域格差、施設間格差が生じているため、助産師出向システムによる人材活用などの新たな課題に取り組む必要も出ている。

何らかの病気や障害を抱えながら生活をする児の背景には、近年早期産児や極低出生体重児等の救命率が上がっていることも考えられている。医療機関での入院医療を終えた患児とその家族が、安心して地域で生活できるようにするための体制整備、支援、地域における資源の有効活用が課題である。

周産期医療、小児医療及び在宅医療は、都道府県が医療計画に基づいて整備を行っている。医療計画で収集した指標を活用しながら、都道府県は各事業がつながるための関係者に対する調整を引き続き行っていくことが必要である。

（３）母子保健事業間の有機的な連携体制の強化

妊婦健康診査や乳幼児健康診査、予防接種等の様々な母子保健事業においては、直接本人や家族に関わり、様々な情報を得る機会が多い。しかしながら、関わる機関が多いことにより、折角得られた情報を関係機関の間で共有することが十分出来ておらず、有効な支援に結びついていないこともある。よって、情報の共有・還元の仕組みを含めた母子保健事業間の有機的な連携体制の強化が課題である。
また、地域で母子が安心して生活できるよう、妊娠・出産・産後における地域での切れ目ない支援が必要と指摘されており、医療機関や保健所等が密接に関わりながら、産前から産後の母子保健サービスを提供できる体制づくりとその強化が求められている。

今後は、「地域における切れ目ない妊娠・出産支援の強化」といった総合的な支援が重要と考えられる。現在の母子保健事業の更なる充実は勿論のこと、産前の妊婦健康診査や医療機関による出産ケア、新生児訪問や乳児家庭全戸訪問事業等を通した産前・産後の切れ目ない支援が必要不可欠である。

（４）安心した育児と子どもの健やかな成長を支える地域の支援体制づくり

育児不安の背景には少産少子化や核家族化、雇用形態の多様化など母子を取り巻く環境の変化に伴って生じた、育児に取り組む親、特に母親の孤立化や仕事と育児による過剰な負担等がある。子育て世代の親を孤立させない支援体制の整備と、育児を親だけの負担にせず、社会全体で子どもの健やかな成長を見守り、支えていく環境づくりが課題である。

また体制づくりにあたっては、近年の情報技術（Information Technology:以下、ＩＴ）の発達による情報化の進展とともに、育児の相談相手として、インターネットと回答している母親の割合が増えていることにも留意が必要である。調査からは、育児相談に関するインターネットの活用が必要な情報の入手に留まっているのか、悩みが解決したのかは必ずしも明らかではない。情報の入手や相談の窓口として、日常的にインターネット等を活用する時代となっており、それに応じた支援体制の整備が求められている。

近年、母子を取り巻く環境が複雑に変化する中で、孤立しがちな子育て世代の親が存在する。このような状況に対し、地域あるいは民間団体やＮＰＯ等による子育て支援のための拠点やピアサポート等を活用し、育児について親同士で対話する機会や、育児不安について育児経験者と一緒に考える機会を設けることで、育児に関する負担感を親だけで抱えず、地域全体で育児を支えることができると考えられる。よって、行政による子育て支援施策の拡充はもとより、地域にある既存の資源の再整理や役割の明確化が必要である。

（５）育てにくさを感じる親に寄り添う支援

現行の「健やか親子２１」の中で、住民自らの行動の指標や、行政・関係団体等の取組の指標の多くが改善している一方で、保健医療水準の指標として設けられている母親の主観に基づく指標である「子育てに自信が持てない母親の割合」や、「ゆったりとした気分で子どもと過ごせる時間がある母親の割合」が、明らかな改善を認めていないことに乖離があった。

育児に取り組む親の孤立化が指摘されており、ともすると親と子が１対１の関係になりがちのため、育児に余裕や自信をもてるようにするための親子への更なる支援が求められているのは先に述べた通りである。

また近年では、家族の小規模化、近隣における人間関係の希薄化などにより、妊産婦や子どもと接触する機会のないまま、妊娠・出産を経験し、親になっていくことも少なくない。こうした社会背景により、親となる者の子どもに対する発達・発育過程の知識不足や経験不足が、育てにくさを感じる原因となっている場合もある。最終評価では、父親が積極的に育児参加するケースが増えていることも明らかとなっており、今後10年の間に、育児疲れや育児不安に陥る父親が増えてくる可能性がある。女性のみならず、男性に対しても、親になるための準備段階を含めた教育や支援が必要である。

親が感じる子どもの育てにくさには、子どもの心身状態や発達・発育の偏り、疾病によるもの、親の育児経験の不足や知識不足によるもの、親の心身状態の不調などによるもの、家庭や地域など親子を取り巻く温かな見守りや寛容さ、或いは支援の不足によるものなど多面的な要素を含む。育児を支援する者は、親が感じる育てにくさに気付き、問題点の所在を見極め、支援に携わることが必要である。

育てにくさの概念は広く、一部には発達障害などが原因となっている場合がある。母子保健担当としては、乳幼児健康診査などの母子保健事業を通じた的確な評価と適切な保健指導や、福祉との連携を行いながら、確実に経過を把握し、必要が生じた場合には遅滞なく支援に結びつけることが肝要となる。これらの技能の標準化と実施可能な人材の育成が必要である。

（6）児童虐待防止対策の更なる充実

「健やか親子２１（第２次）」においては、児童虐待対策の課題である、①発生予防、②早期発見・早期対応、③子どもの保護・支援（一時保護や里親委託、施設入所措置）、保護者支援（親子再統合）について取り組む必要がある。また、虐待を受けた場合、死亡に至らない場合であっても、年齢に応じて心身に様々な影響が現れることについて考慮する必要がある。なお、現行の警察庁調べを基礎とした「児童虐待による死亡数」と「法に基づき児童相談所等に報告があった被虐待児数」について、現行のままで良いのか、他にふさわしい指標はないか等を検討する必要がある。

「子ども虐待による死亡事例等の検証結果等について（第９次報告）（平成25年７月）」において、養育支援を必要とする家庭への妊娠期、出産後早期からの支援として、

・望まない妊娠に対する相談体制の充実等
・妊娠期、出産後早期からの支援のための医療機関との連携強化
・養育支援を必要とする家庭の把握・支援のための体制整備
・乳幼児健康診査や予防接種を受けていない家庭等への対応

が指摘されており、母子保健事業との連携の充実が児童虐待の防止に結びつくことを踏まえ、関係機関の連携強化を進めていく必要がある。

第４　基本的な考え方

１　基本的視点

21 世紀の母子保健の主要な取組を提示するビジョンであり、かつ関係者、関係機関・団体が一体となって推進する国民運動計画であるという、現行の「健やか親子２１」の性格を踏襲する。

同時に、安心して子どもを産み、ゆとりを持って健やかに育てるための家庭や地域の環境づくりという少子化対策としての意義と、少子・高齢社会において国民が健康で元気に生活できる社会の実現を図るための国民健康づくり運動である「健康日本２１」の一翼を担うという意義を有する。

現行の「健やか親子２１」の取組では、下記の観点から指標の設定を行った。
- 達成した母子保健の水準を低下させないための努力
（母子保健システムの質・量の維持等）
- 達成しきれなかった課題を早期克服
（乳幼児の事故死亡率、妊産婦死亡率等の世界最高水準の達成等）
- 更に 20 世紀終盤に顕在化し、今後さらに深刻化することが予想される新たな課題への対応
（思春期保健、育児不安と子どもの心の発達の問題、児童虐待等の取組の強化等）
- 新たな価値尺度や国際的な動向を踏まえた斬新な発想や手法により取り組むべき課題の探求（ヘルスプロモーションの理念・方法の活用、根拠に基づいた医療（ＥＢＭ）の推進、生活の質（ＱＯＬ）の観点からの慢性疾患児・障害児の療育環境の整備や妊娠から出産に至る環境の整備、保健・医療・福祉・教育・労働施策の連携等）

「健やか親子２１（第２次）」においては、今後 10 年間を見据えた課題への対応として下記の観点から指標の設定を行った。
- 今まで努力したが達成（改善）できなかったもの（例：思春期保健対策）
- 今後も引き続き維持していく必要があるもの（例：乳幼児健康診査事業や妊娠届出等、母子保健水準の維持）
- 21 世紀の新たな課題として取り組む必要のあるもの（例：児童虐待防止対策、情報を活用する力の育成）
- 改善したが、「健やか親子２１」の指標から外すことで、悪化する可能性のあるもの（例：喫煙・飲酒対策）

２　「健やか親子２１（第２次）」の10年後に目指す姿

少子化等に伴い子育て環境が変化する中で、子どもがより健やかに育まれるためには、福祉的な支援と保健的な支援ともに、その充実が図られることが必要である。また核家族化や共働き世帯の増加といった、家族形態の多様化が進んでいることから、個々の母子の状況に応じた支援を行っていくことが求められる。

最終評価及び検討会での議論から、大きく２つの方向性が共有された。１つ目は、日本全国どこで生まれても、一定の質の母子保健サービスが受けられ生命が守られるという地域間での健康格差の解消が必要であるということである。そして２つ目は、疾病や障害、経済状態等の個人や家庭環境の違い、多様性を認識した母子保健サービスを展開することが重要であるということである。これらより、10年後に目指す姿を「すべての子どもが健やかに育つ社会」とした。子どもの健やかな発育のためには、子どもへの支援に限らず、親がその役割を発揮できるよう親への支援をはじめ、地域や学校、企業といった親子を取り巻く温かな環境の形成や、ソーシャル・キャピタル（※）の醸成が求められる。また、このような親子を取り巻く支援に限らず、当事者が主体となった取組（ピアサポート等）の形成も求められる。

⇒　**10年後に目指す姿：「すべての子どもが健やかに育つ社会」**

（※）ソーシャル・キャピタルとは

社会学、政治学、経済学などで使われる概念で、Dewey（1899）[3]が学校の機能が地域コミュニティーの関与によって、上手く機能することを初めて言及したとされている。以後、社会学者Bourdieu、Colemanによって概念が整理され、アメリカの政治学者であるPutnam（1993）[4]の人々の協調行動を活発にすることによって、社会の効率を高めることができる「信頼」、「規範」、「ネットワーク」といった社会的しくみの特徴という定義がよく引用される。

健康分野ではKawachiら（2008）[5]が、公衆衛生の場面でのソーシャル・キャピタルの重要性を社会疫学によって科学的に説明したことで注目されるようになった。社会疫学分野では、ソーシャル・キャピタルを人と人とのつながり（Social network, Bridging）と集団の団結力（Social cohesion, Bonding）に整理することが多い。

健康日本２１（第二次）において、ソーシャル・キャピタルがキーワードの一つとなり、「地域保健対策の推進に関する基本的な指針について」[6]の中では、ソーシャル・キャピタルを活用した自助及び共助の支援の推進が記載されている。

（山縣委員提出資料）

[3] Dewey J.（1915）／宮原誠一（1957）．学校と社会．岩波書店．
[4] Putnam, R. D.（1993）／河田潤一（2001）．哲学する民主主義 伝統と改革の市民的構造．NTT出版．
[5] Kawachi, I., Subramanian, S. V., Kim, D.（2007）／藤沢由和，高尾総司，濱野強（2008）．ソーシャル・キャピタルと健康．日本評論社
[6] 厚生労働省（2012）．「地域保健対策の推進に関する基本的な指針」．平成26年4月14日アクセス
http://wwwhourei.mhlw.go.jp/cgi-bin/t_docframe.cgi?MODE=hourei&DMODE=CONTENTS&SMODE=NORMAL&KEYWORD=&EFSNO=424

3　「健やか親子２１（第２次）」の課題の構成

「すべての子どもが健やかに育つ社会」の 10 年後の実現に向けて、３つの基盤課題（「切れ目ない妊産婦・乳幼児への保健対策（基盤課題Ａ）」、「学童期・思春期から成人期に向けた保健対策（基盤課題Ｂ）」、「子どもの健やかな成長を見守り育む地域づくり（基盤課題Ｃ）」と、２つの重点課題（「育てにくさを感じる親に寄り添う支援（重点課題①）」と「妊娠期からの児童虐待防止対策（重点課題②）」を設定した（図１）。

図１　「健やか親子２１（第２次）」　イメージ図

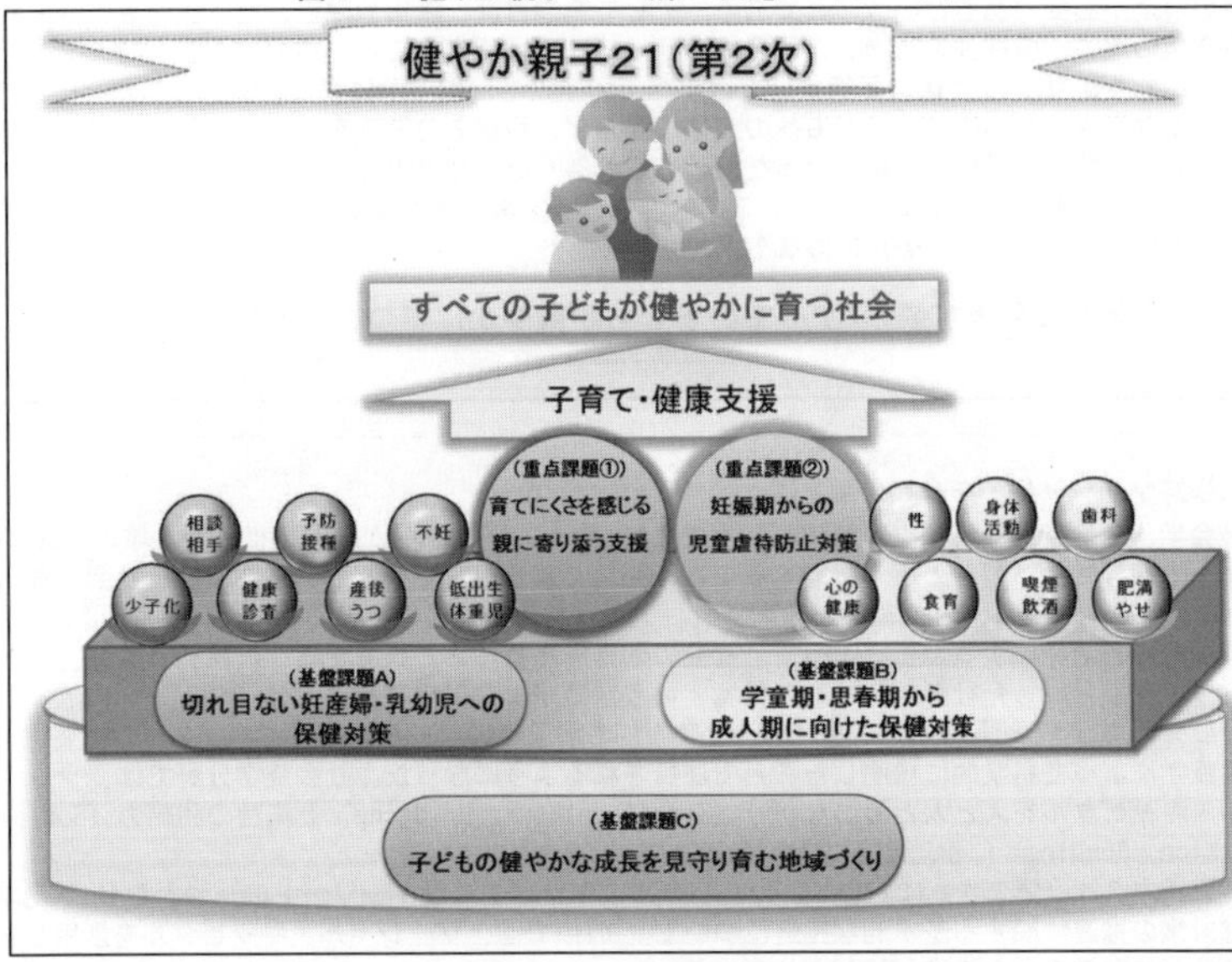

３つの基盤課題は、現行の「健やか親子２１」でも扱ってきた、従来からの施策や取組の確実な実施や更なる充実を目指して設定した。基盤課題Ａと基盤課題Ｂには従来から取り組んできたが引き続き改善が必要な課題や、少子化や家族形態の多様化等を背景として新たに出現してきた課題があり、ライフステージを通してこれらの課題の解決が図られることを目指す。基盤課題Ｃは、これら２つの基盤課題Ａと基盤課題Ｂを広く下支えする環境づくりを目指すための課題として設定した。

２つの重点課題は、様々ある母子保健課題の中でも、基盤課題Ａ～Ｃでの取組をより一歩進めた形で重点的に取り組む必要があるものとして設定した。

また、医療施策に特化した指標等については、医療計画等の他の計画において対応することとした。

各課題の概要は、表１の通りである。

表１　「健やか親子２１（第２次）」における課題の概要

課題名		課題の説明
基盤課題A	切れ目ない妊産婦・乳幼児への保健対策	妊娠・出産・育児期における母子保健対策の充実に取り組むとともに、各事業間や関連機関間の有機的な連携体制の強化や、情報の利活用、母子保健事業の評価・分析体制の構築を図ることにより、切れ目ない支援体制の構築を目指す。
基盤課題B	学童期・思春期から成人期に向けた保健対策	児童生徒自らが、心身の健康に関心を持ち、より良い将来を生きるため、健康の維持・向上に取り組めるよう、多分野の協働による健康教育の推進と次世代の健康を支える社会の実現を目指す。
基盤課題C	子どもの健やかな成長を見守り育む地域づくり	社会全体で子どもの健やかな成長を見守り、子育て世代の親を孤立させないよう支えていく地域づくりを目指す。具体的には、国や地方公共団体による子育て支援施策の拡充に限らず、地域にある様々な資源（NPOや民間団体、母子愛育会や母子保健推進員等）との連携や役割分担の明確化が挙げられる。
重点課題①	育てにくさを感じる親に寄り添う支援	親子が発信する様々な育てにくさ(※)のサインを受け止め、丁寧に向き合い、子育てに寄り添う支援の充実を図ることを重点課題の一つとする。 (※)育てにくさとは：子育てに関わる者が感じる育児上の困難感で、その背景として、子どもの要因、親の要因、親子関係に関する要因、支援状況を含めた環境に関する要因など多面的な要素を含む。育てにくさの概念は広く、一部には発達障害等が原因となっている場合がある。
重点課題②	妊娠期からの児童虐待防止対策	児童虐待を防止するための対策として、①発生予防には、妊娠届出時など妊娠期から関わることが重要であること、②早期発見・早期対応には、新生児訪問等の母子保健事業と関係機関の連携強化が必要であることから重点課題の一つとする。

第５　目標の設定

１　目標の設定と評価

（１）指標の構成（表１）

目標は、ヘルスプロモーションの基本理念に基づいた、現計画の指標をもとに、次の三段階に整理し策定した（健康水準の指標、健康行動の指標、環境整備の指標）。

健康水準の指標が設定出来ない場合には、健康行動の指標や環境整備の指標を設定し、また、環境整備の指標は、国が取組を例示し、地方公共団体が地域の特性に応じて選択できるようにした。

地方公共団体において、計画立案や実施、評価する際の具体的なプロセス等を自ら確認できるための項目等を整理し、提示することで、円滑な取組が行われるよう支援する。

上記の三段階の指標の他、現行の計画において「目標を達成した」、または「世界最高水準を維持した」といった指標については、その推移を継続的に評価することは必要と考えられる。そのため、「参考とする指標」を設定し、具体的な目標値を掲げないものの、データの推移等を継続的に注視することが必要と考えられる指標として位置付けた（例：新生児死亡率、乳児死亡率等）。

表１　「健やか親子２１（第２次）」における指標の構成について

	指標の概要	具体例
健康水準の指標	・目標に向けた全体的な評価指標（アウトカム指標）となるもので、「健康行動の指標」の改善の結果を示すものである（例：保健統計やQOL）。 ・国全体で改善を目指す指標。	・児童・生徒における痩身傾向児の割合 ・むし歯のない3歳児の割合 など
健康行動の指標	・健康を促進、又は阻害する個人の行動や環境要因（自然環境、社会環境など）に関する指標。	・妊娠中の妊婦の喫煙率、飲酒率 ・マタニティマークを知っている国民の割合 など
環境整備の指標	・地方公共団体や、専門団体、学校、民間団体、企業等の取組、各種関係団体との連携に関する指標。 ・健康行動の指標の改善に向けた支援体制の整備に関する指標。	・特定妊婦、要支援家庭、要保護家庭等支援の必要な親に対して、グループ活動等による支援（市町村への支援も含む）をしている県型保健所の割合 など
参考とする指標	・目標を設定しないが、今後も継続して経過を見ていく必要があるもの。 ・現段階では目標を含めた指標化は困難であるが、「参考とする指標」として取組を促し、中間評価以降において、目標を掲げた指標として設定を目指すものも含む。	・周産期死亡率 ・災害などの突発事象が発生したときに、妊産婦の受入体制について検討している都道府県の割合 など

（２）指標の内容

現行の「健やか親子２１」の指標を整理し、見直しを行った。現行の「健やか親子２１」では、目標とする指標が 69 指標 74 項目と非常に多いため、達成状況や現状を踏まえ見直しを行い、目標を掲げた 52 指標（うち再掲２指標を含む）と、参考とする指標を 28 指標設定した。また、指標とともに、指標の目標達成のための取組方策の例示を一覧表に示した（参考資料１）。

医療施策に特化した指標等については、医療計画等の他の計画において対応することとした。

（３）目標の設定（参考資料２）

全ての指標について、目標シート（参考資料３）を用いて検討し目標を設定した。

目標設定にあたっては、既存の統計調査から現状や今後の推移の見通し等の分析を行い、それを踏まえ、向こう10年間で取組が着実に促されるよう段階的な目標設定を検討した。既存の統計調査を活用することを基本とし、継続的にモニタリング可能な目標を設定し評価を行うこととした。但し、既存の調査においては全国値等がなく、目標値等の設定が困難なものについては、「健やか親子２１（第２次）」策定後、出来るだけ速やかに調査研究等を行い、ベースライン値及び目標を設定する。

目標の設定にあたっては、「健康日本２１（第二次）」等の他計画との整合性を図ることとした。

（４）評価

「健やか親子２１（第２次）」の開始から５年目を目途に、目標の達成状況等について中間評価を、また終期となる10年目を目途に最終評価を行うことにより、目標達成に向けた様々な取組に関する評価を実施し、評価結果を踏まえ、継続性をもちつつ母子保健分野の更なる取組に反映させていくことが望ましい。

「健やか親子２１（第２次）」の対象期間は、平成27年度から平成36年度までの10年間とする。中間年となる平成31年度を１つの目安として、その間の実施状況等について、中間評価を実施し、必要に応じて、指標の追加等の見直しを行うこととする。重要な指標や収集可能な指標については、５年毎の評価を待たず、毎年データの推移を確認し公表する。また、最終年度となる平成36年度の前年（平成35年度）から最終評価を行う（表２）。

数値目標を評価する際は、目標策定時、中間評価時、最終評価時の調査データは比較可能で十分な精度を持つことが必要である。

中間評価、最終評価を行う際は、今後強化又は改善すべき点を検討し、評価の結果を公表することとする。

表２　「健やか親子２１（第２次）」のスケジュール

	H26 年度	27	28	29	30	31	32	33	34	35	36	…
全体	・現計画終了	平成27年度～ 健やか親子21(第2次)開始 →				平成31年度 中間評価	→			平成35年度 最終評価 →	平成36年度 健やか親子21 (第2次)終了	
国	・健やか親子21 (第2次)のベースライン調査・目標設定 ・健やか親子21 (第2次)周知 ・自治体担当者への研修等 ・推進体制の検討				・中間評価の調査	・中間評価検討会開催			・最終評価の調査	・最終評価検討会開催 ・健やか親子21(第3次)計画策定検討会開催	・健やか21 (第3次)のベースライン調査 ・次期計画周知等	
地方公共団体	・最終評価 ・母子保健計画作成、周知等				・調査協力	・中間評価・計画修正等			・調査協力	・最終評価	・健やか親子21 (第3次)作成、周知等	
関係団体等	・取組の最終評価 ・健やか親子21 (第2次)計画作成				・調査協力	・中間評価・計画修正等			・調査協力	・最終評価	・健やか親子21 (第3次)作成	

2　課題ごとの具体的目標

各指標についての目標を設定するにあたり、目標シート（参考資料３）に基づき検討した。本項では、「健康水準の指標」の達成に向けた課題ごとの目標設定の考え方を整理した。なお、個々の指標の目標設定の考え方については、参考資料３を参照のこと。

（１）基盤となる課題

ア　切れ目ない妊産婦・乳幼児への保健対策（基盤課題Ａ）（図１）

妊娠成立時からはじまる医療機関での妊婦健康診査や妊娠届出の機会、母親学級や両親学級、医療機関等での出産、新生児訪問、乳幼児健康診査、予防接種等、既存の施策の中においても、妊産婦や乳幼児への保健対策は、その過程を通して様々になされている。

しかし、関わる機関が多いことにより、得られた情報を関係機関間で共有することが十分できずに、有効な支援に結びついていないこともある。よって、母子保健に関する情報の利活用を含めた母子保健事業間の有機的な連携体制や、地域で母子が安心して生活できるよう、妊娠・出産・産後における切れ目ない支援が提供される母子保健対策の強化が求められる。このため、基盤課題として、「切れ目ない妊産婦・乳幼児への保健対策」を設けた。

目標は、「安心・安全な妊娠・出産・育児のための切れ目ない妊産婦・乳幼児保健対策の充実」とする。

基盤課題Ａの健康水準の指標として、「妊産婦死亡率」、「全出生数中の低出生体重児の割合」、「妊娠・出産について満足している者の割合」、「むし歯のない３歳児の割合」の４つを設定した。

図１　基盤課題Ａ　目標達成に向けたイメージ図

（ア）妊産婦死亡率の減少

①　現状と課題

周産期医療ネットワークの整備や診療ガイドラインの策定による診療水準の均てん化などにより、妊産婦死亡率は改善傾向にある（図２）。しかし、出産年齢の高齢化や、産婦人科医師・助産師の偏在等の課題もあり、妊産婦死亡率の動向は、引き続き注視する必要がある。他国との比較では、世界で最も高水準である、スイス 1.3（出生 10 万対：平成 19 年）、スウェーデン 1.9（出生 10 万対：平成 19 年）と比べた場合には、高値である。

図２　妊産婦死亡率の推移

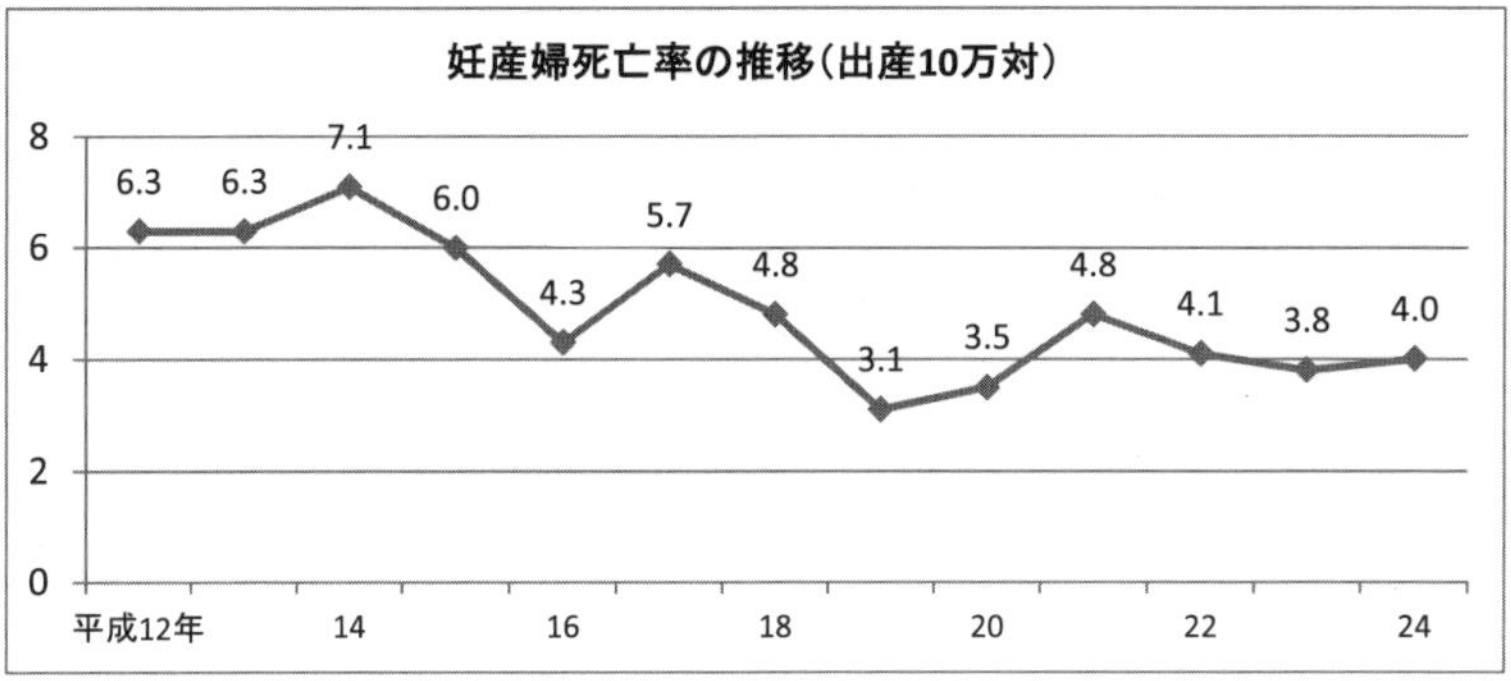

資料：人口動態統計

②　目指すべき姿

目標は、先進諸国のうち最も高水準であるスイスやスウェーデンといった国と比較した場合には高値であり、一定の改善の余地はあると考えられることと、改善が進むことによる鈍化を見込んで３割減とし、2.8（出産 10 万対）とした。なお、データソースは人口動態統計とする。

ベースライン	中間評価（５年後）目標	最終評価（10 年後）目標
4.0（出産 10 万対）（平成 24 年）	減少	2.8

「妊産婦死亡率（健康水準の指標）」についての目標達成に向けたイメージ図は、図３の通りである。

妊娠中の健康管理及び妊娠高血圧症候群や妊娠糖尿病をはじめとした妊娠中の異常を早期発見し、必要な治療に結びつけることも、本指標の改善に寄与しうると考えられるため、妊婦自身も妊娠の早期届出（「妊娠 11 週以下での妊娠の届出率（参考とする指標）」）や、妊婦健康診査の確実な受診等の健康行動をとり、健康管理に努める必要がある。

最終評価から、妊産婦死亡の原因をみると、特に、間接産科的死亡率（妊娠前から存在した疾患又は妊娠中に発症した疾患により死亡した割合）の上昇の原因としては、出産の高齢化によって妊娠前から疾病を抱えている妊婦が増加していることが推測されている。これは、妊娠前からの健康の維持の重要性を示すものであり、ライフステージの早期から妊娠に関する正確な知識が身に付けられ、将来の妊娠への心構えが育まれるような取組が必要である。よって、

「児童・生徒における痩身傾向児の割合（基盤課題Ｂの健康水準の指標）」や「児童・生徒における肥満傾向児の割合（基盤課題Ｂの健康水準の指標）」といった妊娠前からの健康に関する指標にも十分留意する必要がある。

図３　妊産婦死亡率の目標達成に向けたイメージ図

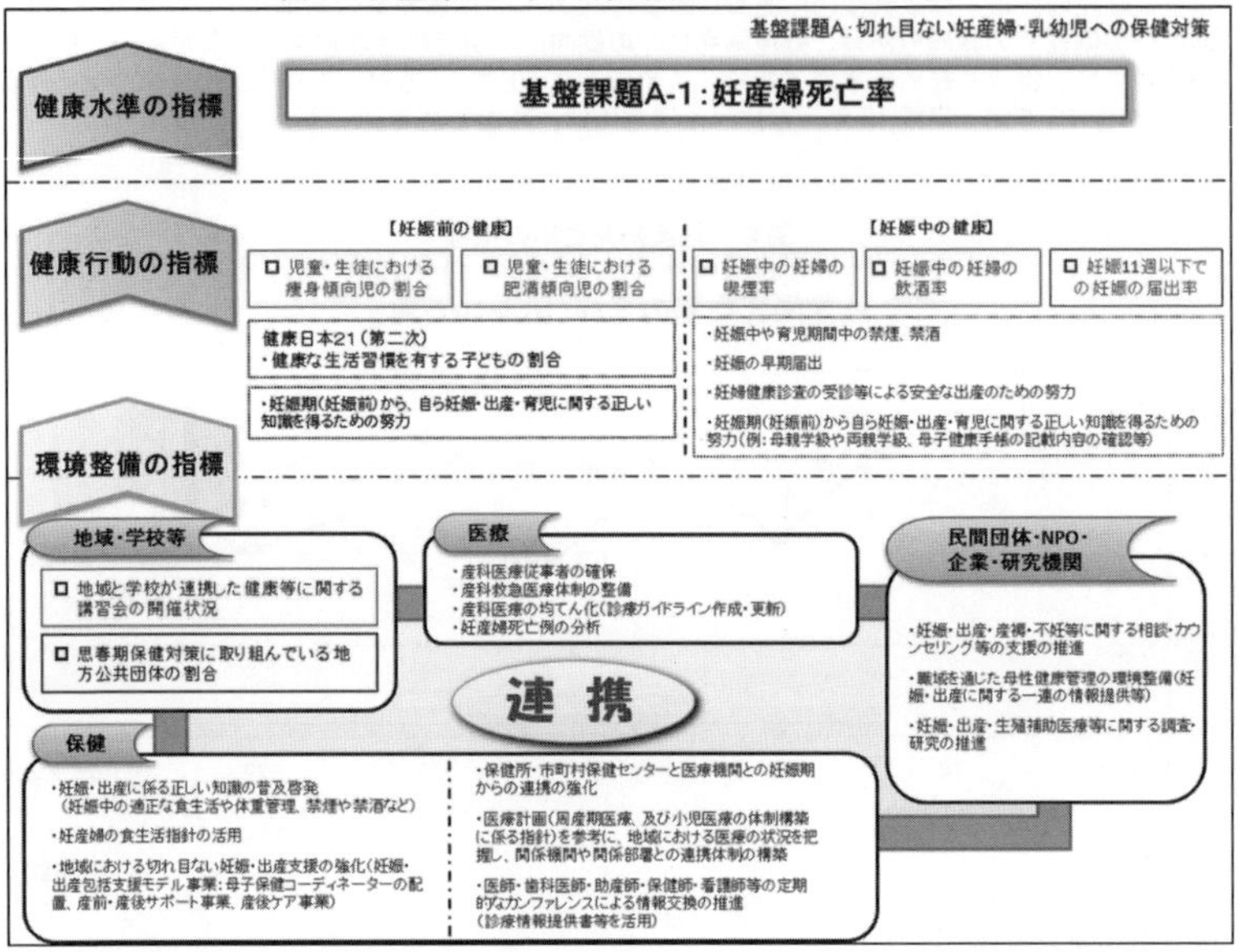

③　目標達成に必要な具体的な取組方策の例示

（※参考資料１の「具体的な取組方策の例示」の記載内容から、特に本指標に関連の強いものを抜粋）

○　国の取組
- 妊娠・出産に係る正しい知識の普及啓発
- 産科医や助産師の養成・確保、偏在是正に向けての取組（地域の状況把握、産科医・助産師の就労支援等）　等

○　地方公共団体の取組
- 妊娠・出産に係る正しい知識の普及啓発
- 妊婦健康診査の重要性の普及啓発と確実な受診の勧奨
- 妊娠中の適正な食生活や体重管理、禁煙や禁酒についての啓発
- 保健所・市町村保健センターと医療機関との妊娠期からの連携の強化（医師・歯科医師・助産師・看護師等の定期的なカンファレンスによる情報交換の推進）
- 医療計画（周産期医療及び小児医療の体制構築に係る指針）を参考に、地域における医療の状況を把握し、関係機関や関係部署との連携体制の構築
- 都道府県における周産期医療体制の整備　等

○　その他関係機関の取組
- （専門団体、医療機関、研究機関等）妊娠・出産・生殖補助医療に関する調査・研究の推進

・（専門団体）分娩を取り扱う専門職の周産期救急対応能力向上のための研修受講の推進
・（専門団体）ガイドラインの作成と更新（正常分娩対応等）及びその普及
・（専門団体）診療情報提供書を積極的に活用した行政機関との連携の強化
・（企業）職域を通じた母性健康管理の環境整備（妊娠・出産に関する一連の情報提供等）　等

（イ）全出生数中の低出生体重児の割合の減少

①　現状と課題

最終評価において、低出生体重児が近年増加（図４）した要因として、①若い女性のやせ、②喫煙、③不妊治療の増加等による複産の増加、④妊婦の高齢化、⑤妊娠中の体重管理、⑥帝王切開の普及等による妊娠週数の短縮、⑦医療技術の進歩などが指摘されている。これらのうちリスク要因をできるだけ改善することで、減少傾向という目標を目指すこととした。

図４　低出生体重児、極低出生体重児の割合

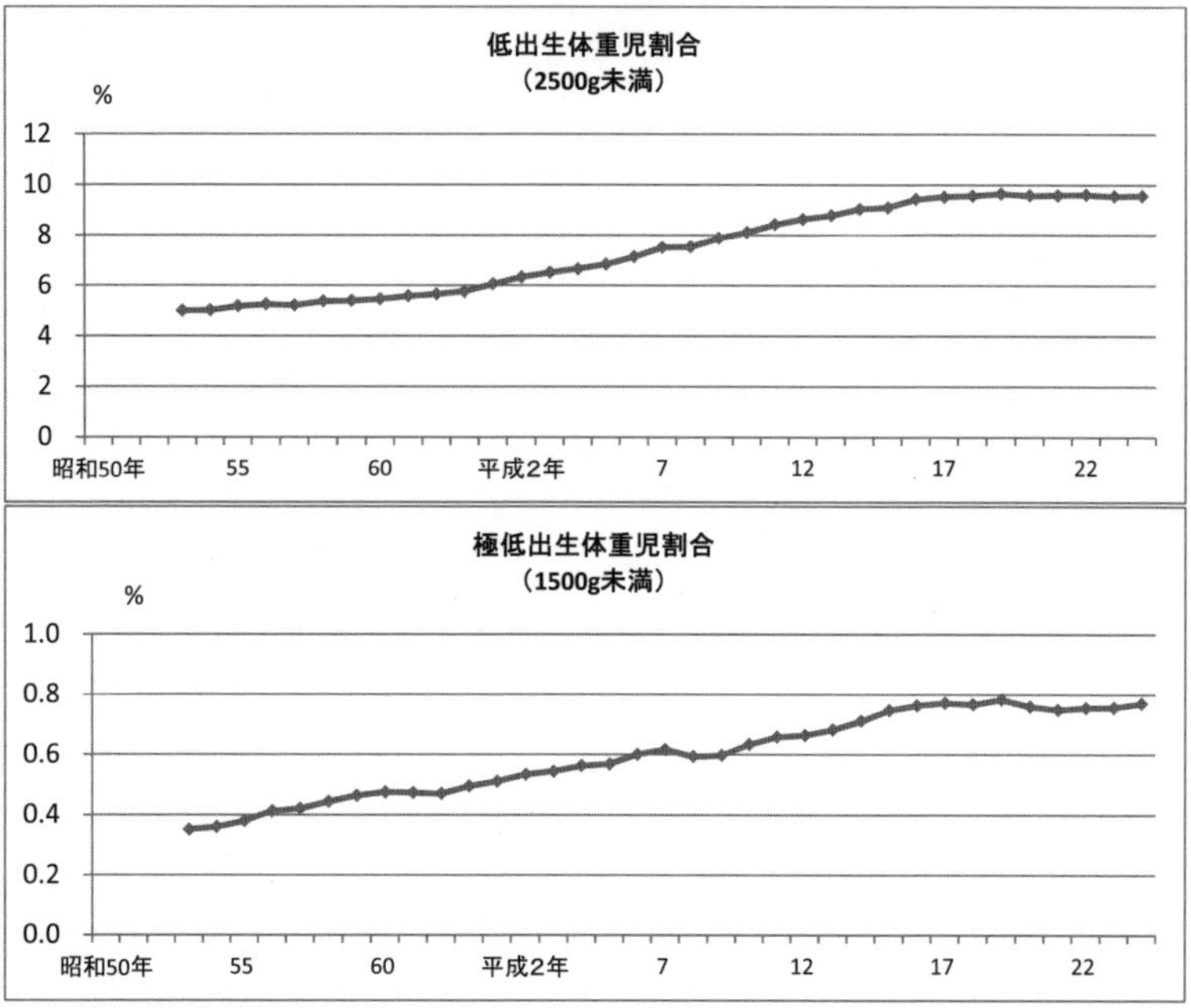

資料：ともに人口動態統計

②　目指すべき姿

目標は、最終評価を受けて先に述べたリスク要因を出来るだけ改善することで、減少傾向とした。なお、データソースは人口動態統計とする。

ベースライン	中間評価（５年後）目標	最終評価（10 年後）目標
低出生体重児　9.6% 極低出生体重児 0.8% （平成 24 年）	減少傾向へ	減少傾向へ

「全出生数中の低出生体重児の割合（健康水準の指標）」についての目標達成に向けたイメージ図は、図５の通りである。医療技術の進歩とともに、早期産児の割合も増えてきていることから、本指標とともに、「正期産児に占める低出生体重児の割合（参考とする指標）」の推移にも注視する必要がある。

本指標の改善に向けては、最終評価においても、妊娠中の喫煙や受動喫煙の予防といった基本的な健康管理はもとより、早期産を予防するための行動（クラミジアをはじめとした感染症の予防や適切な食習慣と体重管理、休養、口腔衛生の保持等）が実施されるよう、妊婦自身が努めるとともに、家庭や職場等の周囲の温かな理解・協力も必要不可欠である。

妊婦自らが妊娠・出産・育児に関する正しい知識を得るために努力をしたり、妊娠の早期届出や妊婦健康診査の受診、妊娠中の歯科健康診査の受診といった妊婦自身の健康行動も重要となる。また、多胎児も低出生体重児の要因の一つとして挙げられており、高齢妊娠の増加を背景とした不妊治療の増加による影響も考えられることから、「不妊に悩む方への特定治療支援事業の助成件数（参考とする指標）」も注視する必要がある。

妊娠前からの女性の健康管理の重要性についても、最終評価において示されている。若年女性の喫煙や、やせ傾向といった健康課題への対応のため、若い女性を対象とした効果的な周知啓発を行うことで、妊娠前の段階から予防可能な取組を強化することが求められる。また、前述の通り、最終評価で低出生体重児増加の要因として挙げられた、「妊婦の高齢化」への対策の一つとして、思春期からの妊娠・出産についての正しい知識の普及・啓発も求められる。

また、1980 年代に提唱された Barker 説において、胎児期から乳幼児期に至る栄養環境が、成人期あるいは老年期における生活習慣病の発症リスクに影響することが指摘されている[7,8]。低栄養環境におかれた胎児が、出生後、過剰な栄養を与えた場合に、肥満や高血圧、２型糖尿病といったメタボリックシンドロームに罹患しやすくなると言われている。この学説は、Developmental Origins of Health and Disease (DOHaD)という概念に発展している。低出生体重児の問題は、成長過程の健康課題に留まらず、成人期の生活習慣病にも関連性が強く示唆されている。その対策においては、胎児期からの環境にも目を向け、出産を希望する女性の健康問題として、標準体重の維持、喫煙、飲酒等、個々の生活習慣を見直すなど、世代を超えた健康という観点からの健康対策が必要である。

---

7 Barker, D. J., Osmond, C., Winter, P. D., et al. (1989). Weight in infancy and death from ischaemic heart disease. Lancet, 9 (2), 577 – 580.

8 Barker, D. J. (2012). Sir Richard Doll Lecture. Developmental origins of chronic disease. Public Health, 126 (3), 185 – 189.

図５　全出生数中の低出生体重児の割合の目標達成に向けたイメージ図

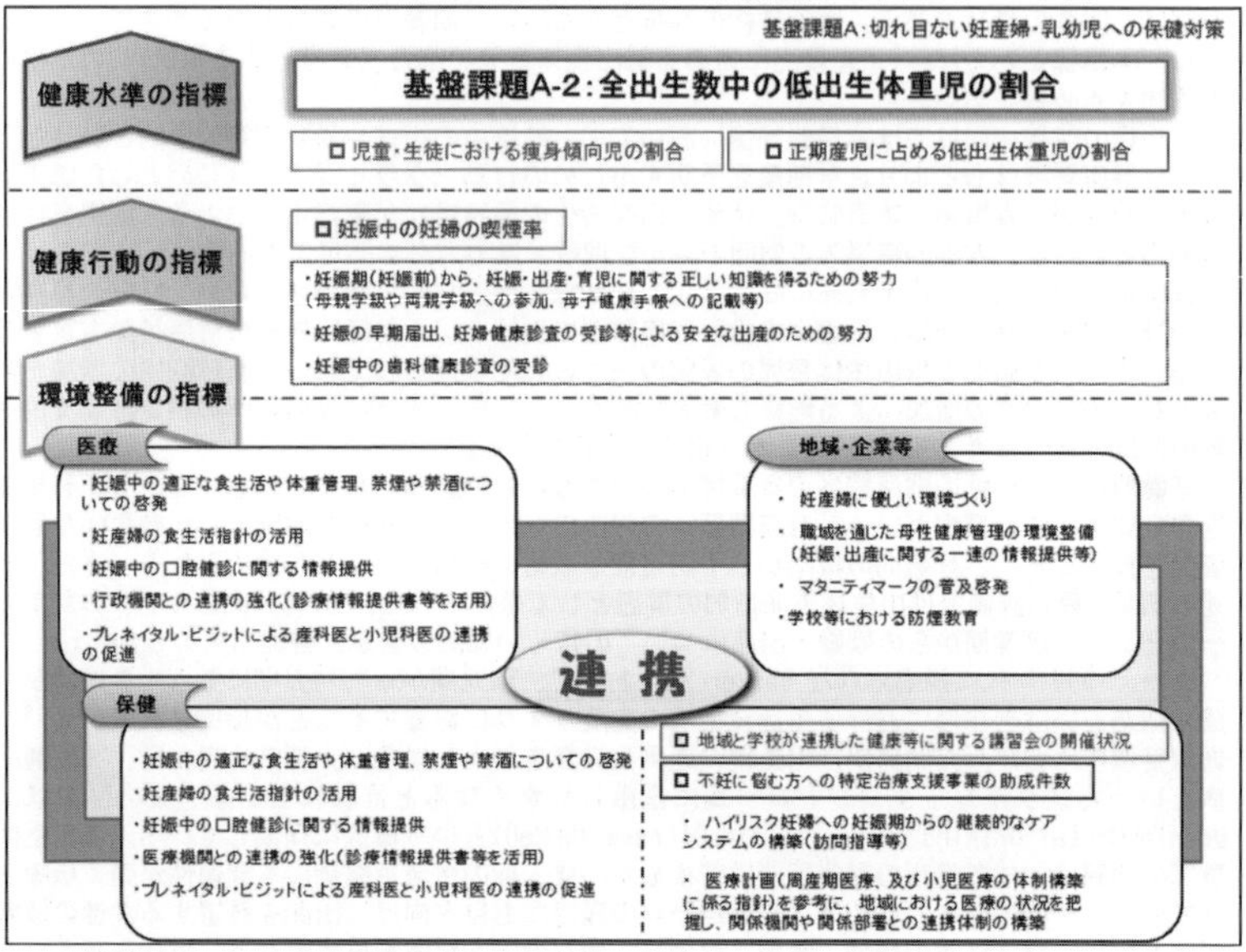

③　目標達成に必要な具体的な取組方策の例示
（※参考資料１の「具体的な取組方策の例示」の記載内容から、特に本指標に関連の強いものを抜粋）

○　国の取組
・妊娠・出産に係る正しい知識の普及啓発
・妊産婦の食生活指針の周知及び適宜見直し　等

○　地方公共団体の取組
・妊娠・出産に係る正しい知識の普及啓発
・妊娠中の適正な食生活や体重管理、禁煙や禁酒についての啓発
・診療情報提供書を積極的に活用した医療機関との連携の強化
・医療計画（周産期医療及び小児医療の体制構築に係る指針）を参考に、地域における医療の状況を把握し、関係機関や関係部署との連携体制の構築
・都道府県における周産期医療体制の整備　等

○　その他関係機関の取組
・（専門団体）妊娠中の適正な食生活や体重管理、禁煙や禁酒についての啓発
・（専門団体）妊娠中の口腔健診に関する情報提供
・（専門団体）プレネイタル・ビジットによる産科医と小児科医の連携の促進
・（専門団体、医療機関、研究機関等）妊娠・出産・生殖補助医療に関する調査・研究の推進
・（企業）職域を通じた母性健康管理の環境整備（妊娠・出産に関する一連の情報提供等）　等

（ウ）妊娠・出産について満足している者の割合の増加

①　現状と課題

現計画での調査では、「満足している」、「満足していない」の２択であり、結果として92%と高い満足度となっている（表３）。この満足度について、100%を目指すのは現実的ではないため、満足度の低い調査項目（バース・レビュー等）について、その値の改善を目指していくことが適当と考えられる。このため、調査方法については今後検討し、目標設定することとする。

表３　妊娠・出産についての満足について

問13　このお子さんを妊娠・出産した時の状況に満足していますか。
　→「満足している」、「満足していない」の２択で、満足していると答えた人の割合92.0%
問14　（問13について）それはどのようなことでしょうか。次の項目すべてについて満足しているものに○、満足していないものに×をつけてください。

【妊娠・出産についての満足】

(%)

	【満足している】		【満足していない】	
	平成12年	平成22年	平成12年	平成22年
病院・助産所等の設備	51.5	80.3	31	4.2
病院・助産所等のスタッフの対応	64.5	80.3	8.3	5.8
妊娠・出産・育児についての不安への対応	22.9	69.4	18.2	6.5
妊婦健診		70.2		8.4
母親（両親）学級	13.4	59.2	0	10.6
妊娠中の受動喫煙への配慮	4.4	53	4.3	17.7
夫の援助などの家庭環境	41.9	69.4	93	12.1
職場の理解や対応	12.8	49.5	3	11.4

資料：平成12･22年度幼児健康度調査（日本小児保健協会）

(%)

	【満足している】		【満足していない】	
	平成21年	平成25年	平成21年	平成25年
出産する場所（医療機関・助産所など）に関する情報を十分に得ることができましたか	72.9	79.7	6	3.7
自分が希望する場所で出産の予約ができましたか	88.9	90.6	4.5	3.1
出産した場所までの距離、交通の便、かかる時間に満足できましたか	74.2	76.6	10.1	8.4
出産した場所の設備や食事など、環境面での快適さには満足できましたか	82.6	83.9	4.1	3.6
妊娠中、健康管理に自分から積極的に取り組みましたか	62.3	62.4	5.6	5.3
妊娠中、助産師からの指導・ケアは十分に受けることができましたか	63.6	68.8	10.3	7.3
出産中、医療関係者に大切にされていると感じましたか	79.7	83.5	3.1	2
出産した後、出産体験を助産師等とともに振り返ることができましたか	51.5	56.8	20.7	17.3
産後の入院中、助産師からの指導・ケアは十分に受けることができましたか	79.4	82.4	4	3.1
産後、退院してからの1か月程度、助産師や保健師等からの指導・ケアは十分に受けることができましたか	56.9	63.7	14.2	10.5
妊娠中、周囲の人はタバコを吸わないようにしてくれましたか	67.1	71	13.3	11
妊娠・出産に関して、夫（お父さん）の理解や対応に満足できましたか	77	77.6	4.7	4.2
妊娠・出産に関して、夫（お父さん）以外の、家族や親族の理解や対応に満足できましたか	84.1	85.5	2.8	2
妊娠、出産に関して、職場の理解や対応に満足できましたか	49.1	55	5.3	4.3
妊娠、出産に関して、社会の理解や対応に満足できましたか	51.1	63.4	7.7	4

資料：平成21年度厚労科研　「健やか親子２１を推進するための母子保健情報の利活用に関する研究」（山縣然太朗班）
　　　平成25年度厚労科研　「「健やか親子２１」の最終評価・課題分析及び次期国民健康運動の推進に関する研究」（山縣然太朗班）

②　目指すべき姿

調査方法は今後検討し、ベースライン調査後に目標を設定する。

ベースライン	中間評価（５年後）目標	最終評価（10年後）目標
― （平成26年度に調査予定） （参考） 満足している者の割合92.0% （平成25年度）	ベースライン調査後に設定	ベースライン調査後に設定

「妊娠・出産について満足している者の割合（健康水準の指標）」についての目標達成に向けたイメージ図は、図６の通りである。

「妊娠・出産について満足している者の割合」の増加に向けて、「妊娠中の妊婦の喫煙率（健康行動の指標）」や「妊娠中の妊婦の飲酒率（健康行動の指標）」、「出産後１か月児の母乳育児の割合（参考とする指標）」、「産後１か月でＥＰＤＳ９点以上の褥婦の割合（参考とする指標）」の改善とともに、妊婦自らが妊娠・出産・育児に関する正しい知識を得るための努力をしたり、妊娠の早期の届出や妊婦健康診査を定期的に受診するといった健康行動が求められる。

また、最終評価において、「満足していない」割合の高かった項目である「出産体験を助産師等と振り返ること」や、「産後１か月の助産師や保健師等からの指導・ケア」については、その改善のために、今後、地域における切れ目ない妊娠・出産支援等の取組を強化していくことが重要である。

図６　妊娠・出産について満足している者の割合の目標達成に向けたイメージ図

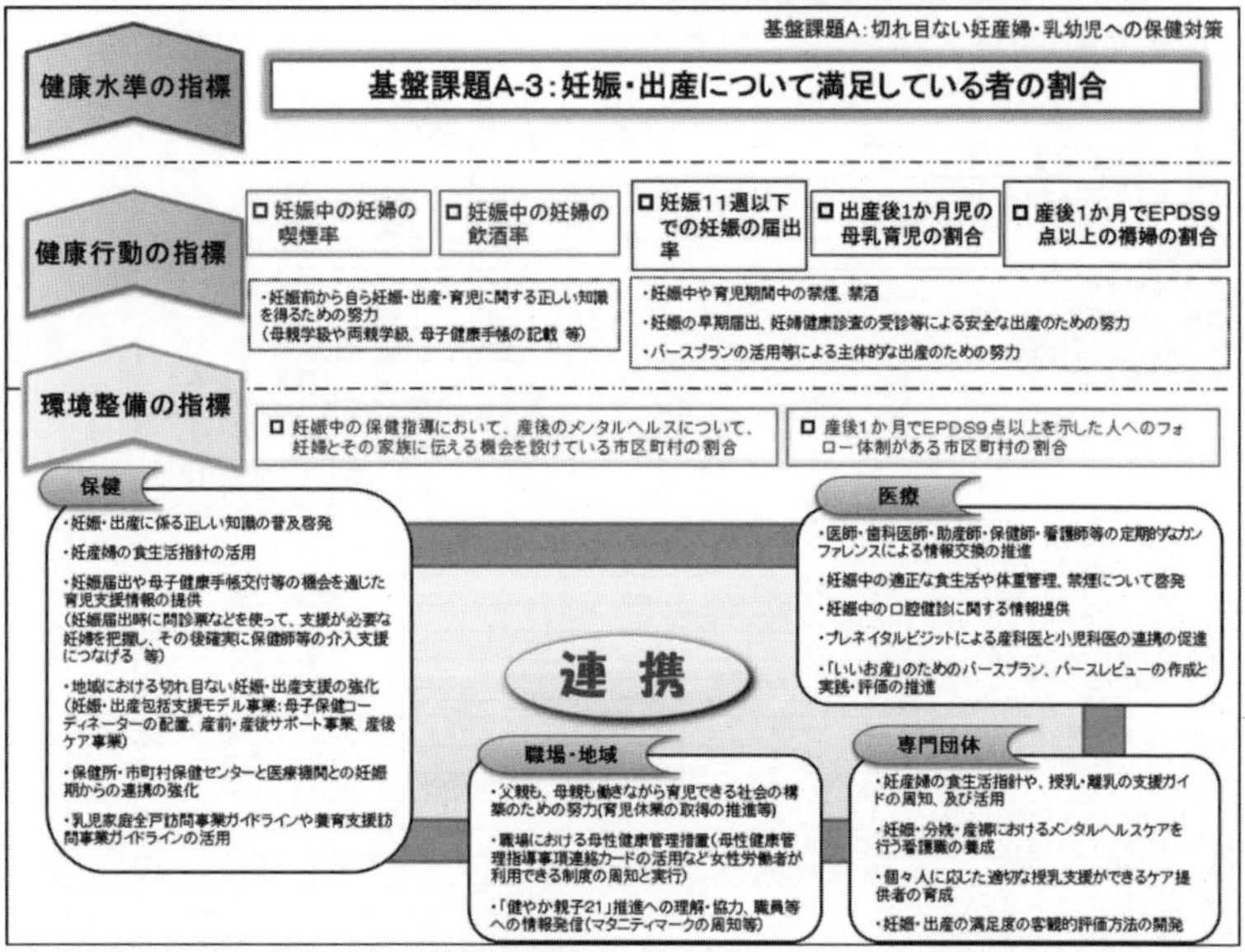

③　目標達成に必要な具体的な取組方策の例示

（※参考資料１の「具体的な取組方策の例示」の記載内容から、特に本指標に関連の強いものを抜粋）

○　国の取組
- 妊娠・出産に係る正しい知識の普及啓発
- 母子同室や居住型分娩施設等の快適な妊娠・出産を支援する基盤の整備
- 院内助産所や助産師外来等の整備の促進　等

○　地方公共団体の取組
- 妊娠・出産に係る正しい知識の普及啓発
- 妊娠届出・母子健康手帳交付等の機会を通じた育児支援情報の提供（例えば、妊娠届出時に問診票などを使って、支援が必要な妊婦を把握し、その後保健師等の介入支援につなげる）

・妊娠期からのメンタルヘルスケア（父親のメンタルヘルスケアを含む）
・地域における切れ目ない妊娠・出産支援の強化（妊娠・出産包括支援モデル事業：母子保健コーディネーターの配置、産前・産後サポート事業、産後ケア事業）、特にハイリスク妊産褥婦に対する妊娠期からの継続的なケアシステムの構築（訪問指導等）
・保健所・市町村保健センターと医療機関との妊娠期からの連携の強化　等

○　その他関係機関の取組
・（専門団体）妊娠・出産の満足度の客観的評価方法の開発
・（専門団体）利用者と専門家双方による「いいお産」のためのバースプラン、バースレビュー（出産体験を専門職と振り返ること）の作成とそれに基づく実践・評価の推進
・（専門団体）妊娠・分娩・産褥におけるメンタルヘルスケアを行う看護職の養成
・（民間団体、医療機関等）妊娠・出産・産褥・不妊等に関する相談・カウンセリング等の支援の推進
・（民間団体、医療機関等）「いいお産」に向けての研究成果を踏まえた具体的な環境づくり　等

（エ）むし歯のない３歳児の割合の増加

①　現状と課題

現計画においても指標として経時的なデータの推移をみているが、着実に改善してきており、平成 24 年には 81.0%と、目標を達成した（図７）。ただし、地域格差があることも分かっており、３歳児歯科健康診査実施状況（平成 24 年度）における都道府県別のむし歯の有病率を比較すると、上位５県と下位５県との間で、約 2.4 倍の差があった。

図７　むし歯のない３歳児の割合

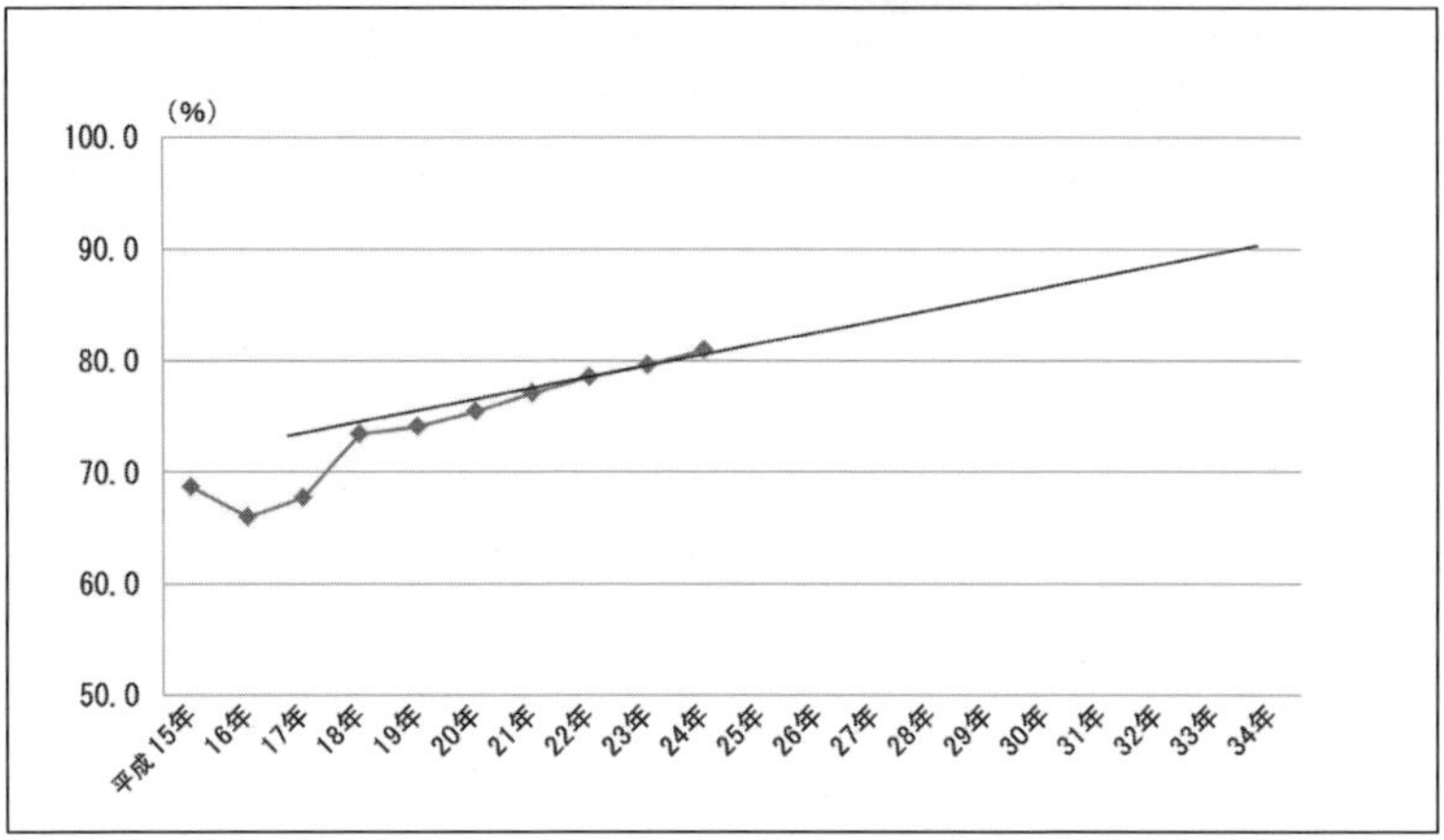

資料：母子保健課調べ（３歳児歯科健康診査実施状況）

②　目指すべき姿

目標は、100%に近づくにつれて、改善は減速すると考えられるため、概ね５年間で 5.0%の改善を目指し、５年後は 85.0%、10 年後は 90.0%と段階的に設定した。データソースは、母子保健課調べ（３歳児歯科健康診査実施状況）とする。但し、本調査は平成 26 年度から地域保健・健康増進事業報告に移行される。

（参考）
・平成 15 年： 68.7% → 平成 19 年： 74.1%（４年間で+5.4%）
・平成 19 年： 74.1% → 平成 24 年： 81.0%（５年間で+6.9%）

ベースライン	中間評価（５年後）目標	最終評価（10 年後）目標
81.0% （平成 24 年）	85.0%	90.0%

「むし歯のない３歳児の割合（健康水準の指標）」についての目標達成に向けたイメージ図は、図８の通りである。

「むし歯のない３歳児の割合」の増加に向けて、「仕上げ磨きをする親の割合（健康行動の指標）」や「乳幼児健康診査の受診率（健康行動の指標）」、「子どものかかりつけ医（医師・歯科医師など）を持つ親の割合（健康行動の指標）」の改善とともに、定期的な歯科検診の受診や歯磨きの励行（保護者による仕上げ磨きを含む）、フッ化物の応用といった、国民自らの予防の健康行動が求められる。

また、地域格差を解消することも重要なことから、食事やおやつの内容や摂り方、仕上げ磨きの実施状況等に違いがあるのかといった点についての評価・分析等を行い、その結果を踏まえ、地域の特性に応じた対策を講じることで、より一層の改善が期待される。

図８　むし歯のない３歳児の割合の目標達成に向けたイメージ図

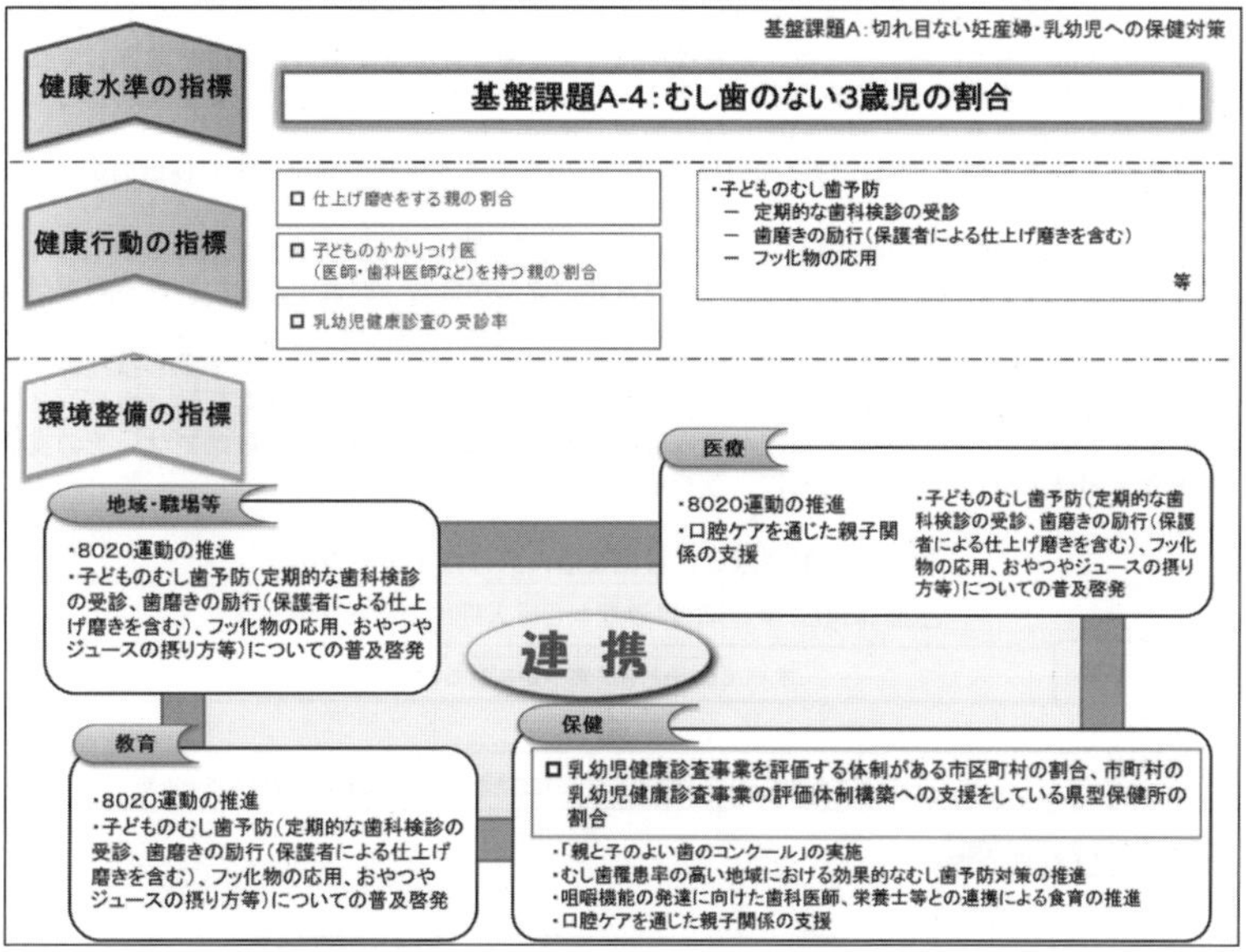

③　目標達成に必要な具体的な取組方策の例示

（※参考資料１の「具体的な取組方策の例示」の記載内容から、特に本指標に関連の強いものを抜粋）

○　国の取組
- 基本的な母子保健に関するデータの集積及び評価結果の都道府県へのデータの還元と公表
- 8020運動の推進、「親と子のよい歯のコンクール」の実施　等

○　地方公共団体の取組
- 8020運動の推進、「親と子のよい歯のコンクール」の実施
- むし歯罹患率の高い地域における効果的なむし歯予防対策の推進（定期的な歯科検診の受診、歯磨きの励行（保護者による仕上げ磨きを含む）、フッ化物の応用等）　等

○　その他関係機関の取組
- （専門団体）口腔ケアを通じた親子関係の支援
- （専門団体）咀嚼機能の発達に向けた歯科医師、栄養士等との連携による食育の推進　等

イ　学童期・思春期から成人期に向けた保健対策（基盤課題Ｂ）（図９）

「健やか親子２１」において、十代の自殺死亡率は十分な改善が認められなかった。また、性や不健康やせなど健康に関する思春期における課題は、次世代の心身の健康づくりに直結する重要な課題でもあり、その大切さを早い時期から認識しておくことが思春期以降の保健対策にもつながる。

思春期における心身の健康の向上には、必要な知識や態度を身につけ、情報を自ら得るとともに、健康について前向きに考えていけるよう努めることが重要である。また、子どもの心身の健康の保持・増進にあたっては、教育機関だけでなく、保健や医療の関係者が連携して社会全体としてその達成を援助できるよう支えることが求められる。このため、基盤課題として、「学童期・思春期から成人期に向けた保健対策」を設けた。

目標は、「子どもが主体的に取り組む健康づくりの推進と次世代の健康を育む保健対策の充実」とする。

基盤課題Ｂの健康水準の指標として、「十代の自殺死亡率」、「十代の人工妊娠中絶率」、「十代の性感染症罹患率」、「児童・生徒における痩身傾向児の割合」、「児童・生徒における肥満傾向児の割合」、「歯肉に炎症がある十代の割合」の６つを設定した。

健康水準の指標の達成にあたって、掲げられた指標以外にも、適切な身体活動や睡眠等、子どもの心身の健康に影響を与え得る生活習慣に対しても取組が必要と考えられた。また、インターネットの活用の在り方など新たな健康課題も明らかになっている。現段階では、その実態や影響要因等を明らかにするために、調査研究等を進めていく。

図９　基盤課題Ｂ　目標達成に向けたイメージ図

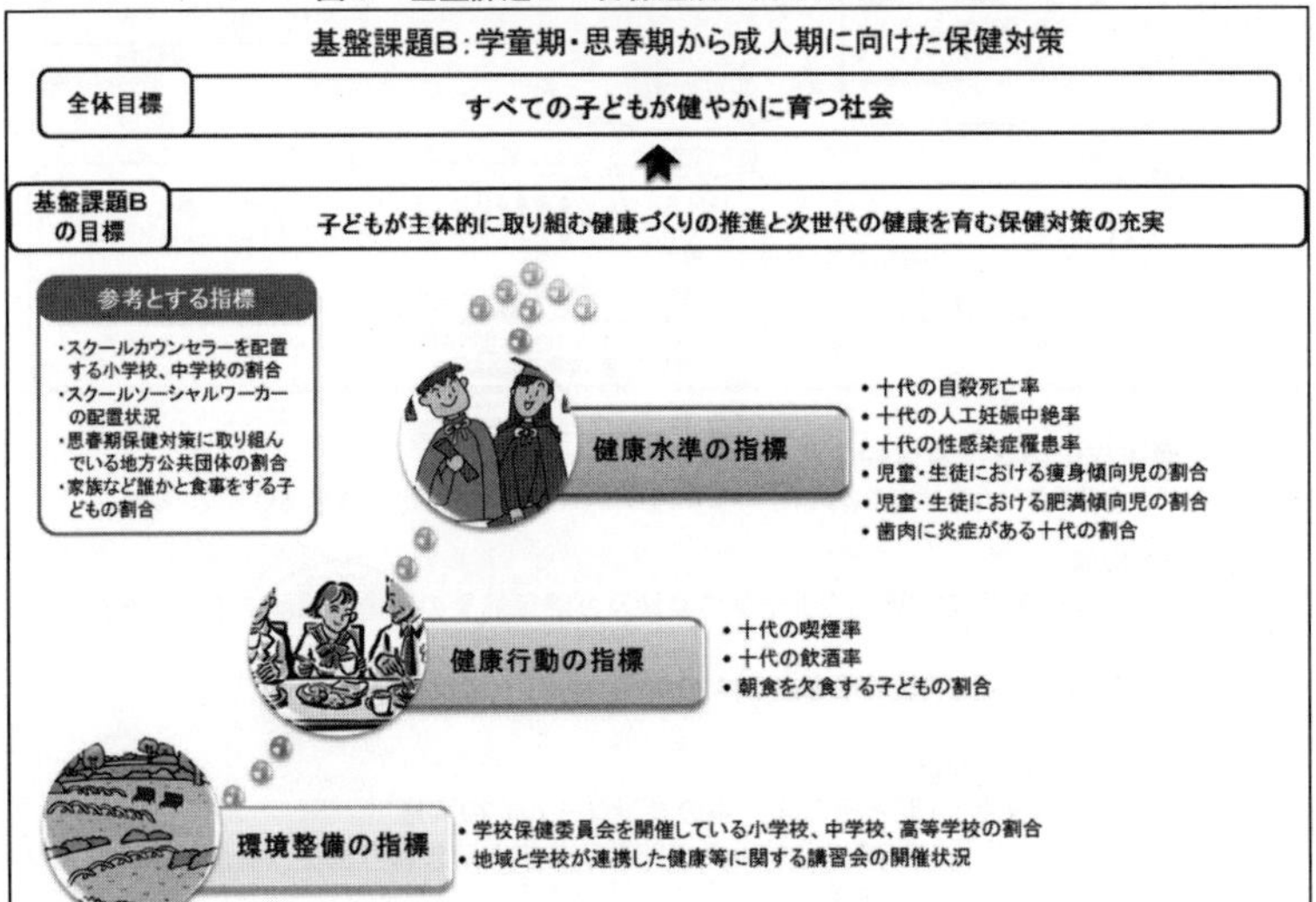

（ア）十代の自殺死亡率の減少

①　現状と課題

最終評価によると、自殺死亡率は、10～14 歳、15～19 歳のいずれの年代においても上昇し、特に 15～19 歳でその割合の上昇が大きかった（図 10）。また、自殺総合対策大綱（平成 24 年８月 28 日閣議決定）において、他の年齢層では自殺死亡率が減少傾向を示している中にあっても、若年層は増加傾向を示すなど、若年層における自殺の問題は深刻さを増しており、重要な課題であるとされている。

図 10　自殺死亡率の年次推移

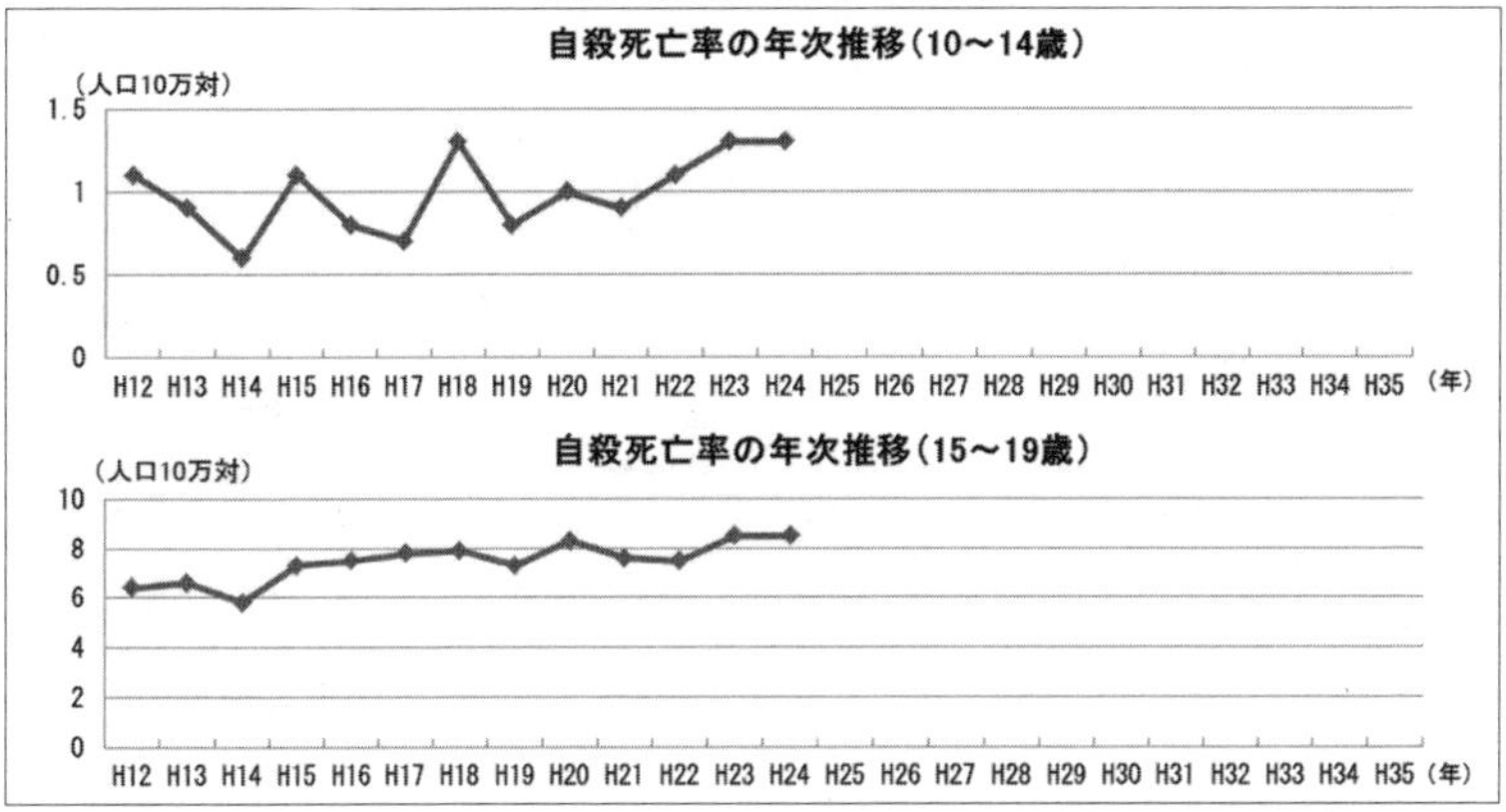

資料：人口動態統計

②　目指すべき姿

自殺総合対策大綱では、「平成 28 年までに、自殺死亡率を 17 年と比べて 20%以上減少させる」という数値目標を設定していることを踏まえ、目標を「減少傾向」とする。なお、データソースは人口動態統計とする。

ベースライン	中間評価（５年後）目標	最終評価（10 年後）目標
10～14 歳 1.3（男　1.8/女 0.7） 15～19 歳 8.5（男 11.3/女 5.6） （平成 24 年）	10～14 歳 減少傾向へ 15～19 歳 減少傾向へ	10～14 歳 減少傾向へ 15～19 歳 減少傾向へ

「十代の自殺死亡率（健康水準の指標）」についての目標達成に向けたイメージ図は、図 11 の通りである。

「十代の自殺死亡率」の減少に向けては、国民が自殺対策の重要性について、理解と関心を深めるなどの健康行動が求められる。

また、こうした健康行動の目標の達成にあたっては、学校だけでなく、地域や関係団体等との緊密な連携により、児童生徒の問題行動の未然防止や自殺や自殺未遂の早期発見、早期解消に取り組むほか、児童生徒の心のケアを進める相談体制の充実が必要である。

図 11　十代の自殺死亡率の目標達成に向けたイメージ図

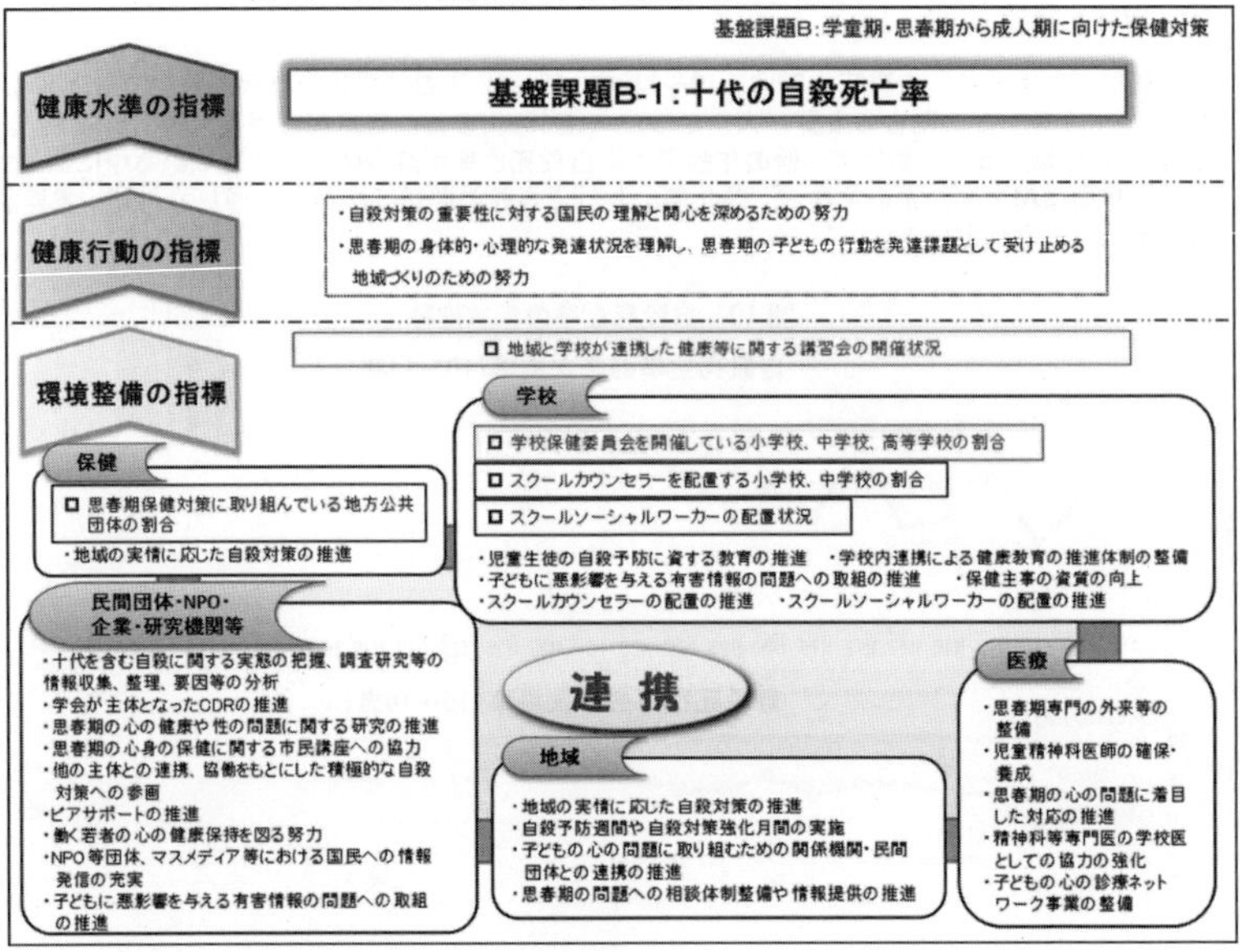

③　目標達成に必要な具体的な取組方策の例示

（※参考資料１の「具体的な取組方策の例示」の記載内容から、特に本指標に関連の強いものを抜粋）

○　国の取組
・自殺対策を推進するために必要な基盤の整備や支援
・十代を含む自殺に関する実態の把握、調査研究等の情報収集、整理、要因等の分析
・自殺予防週間や自殺対策強化月間の実施　等

○　地方公共団体の取組
・地域の実情に応じた自殺対策の推進
・児童生徒の自殺予防に資する教育の推進　等

○　その他関係機関の取組
・（専門団体等）十代を含む自殺に関する実態の把握、調査研究等の情報収集、整理、要因等の分析
・（医療機関、ＮＰＯ等）思春期専門の外来等の整備
・（専門団体、ＮＰＯ等）ピアサポートの推進
・（企業等）働く若者の心の健康保持を図るよう努力　等

（イ）十代の人工妊娠中絶率及び十代の性感染症罹患率の減少

①　現状と課題

十代の人工妊娠中絶率について、現在の「健やか親子２１」の目標値（6.5）は、人工妊娠中絶率が急増しはじめた当時（1991 年～1995 年）の平均値であったが、最終評価時には、この目標値を達成することはできなかった（図 12）。このため、急増し始めた当時の水準にまで、さらに減少を目指す必要がある。

十代の性感染症罹患率については、対象となる４つの性感染症（※）において、策定時から最終評価時にかけて着実に減少しており、総じて減少の段階にあるといえる（図 13）。しかし、平成 23 年度厚生労働科学研究（小野寺班）において、４つの性感染症（※）について、過去 10 年で罹患率は減少しているものの、全年齢を対象とした場合、ここ数年感染症の罹患率は横ばいに近い状況になっていたとの報告もあるため、今後の性感染症の罹患率の動向に注意する必要がある。

（※）性器クラミジア、淋菌感染症、尖圭コンジローマ、性器ヘルペスを指す。

図 12　十代の人工妊娠中絶率の推移

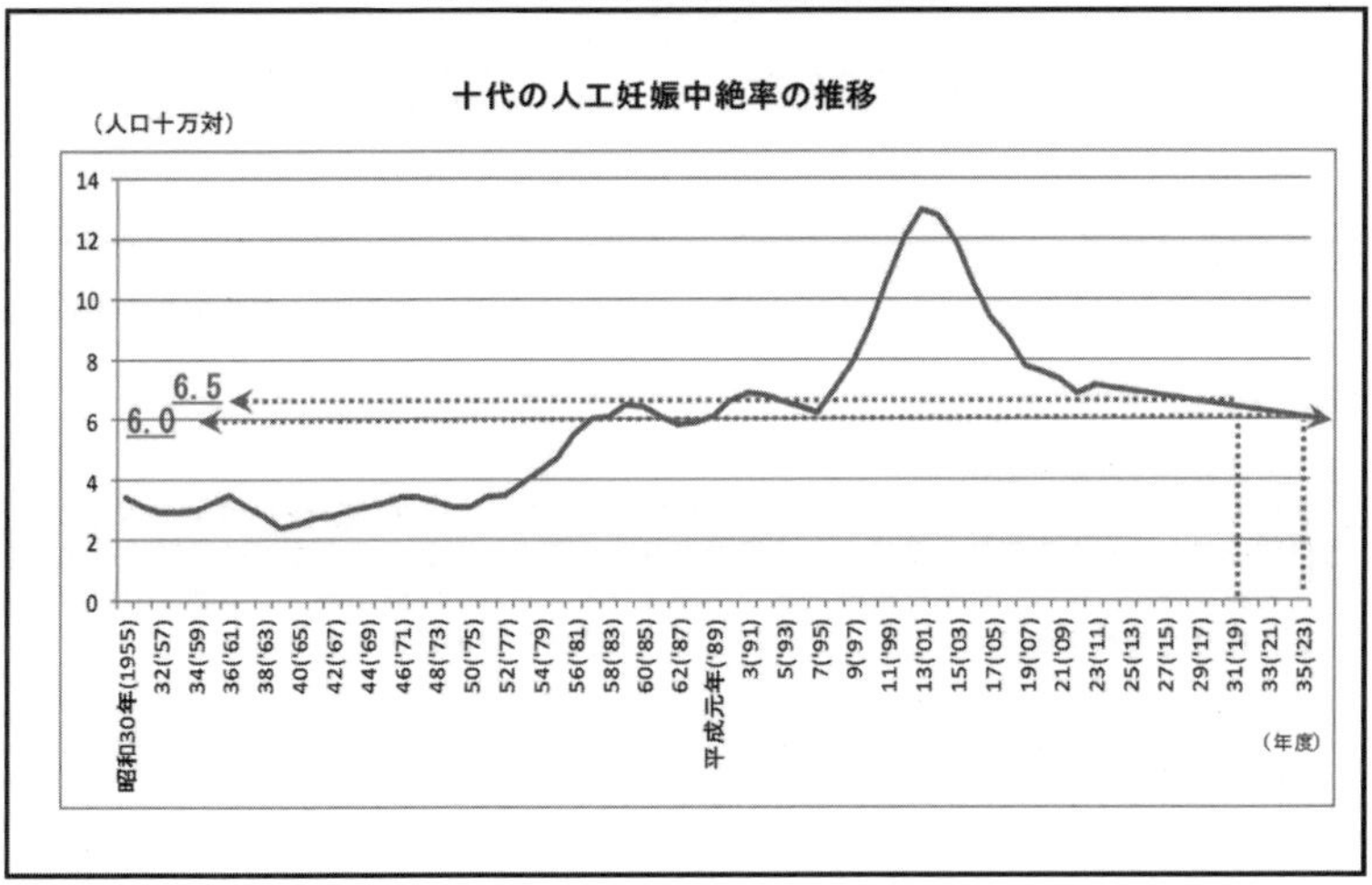

資料：衛生行政報告例

図 13　各性感染症における定点１カ所あたりの報告数の推移

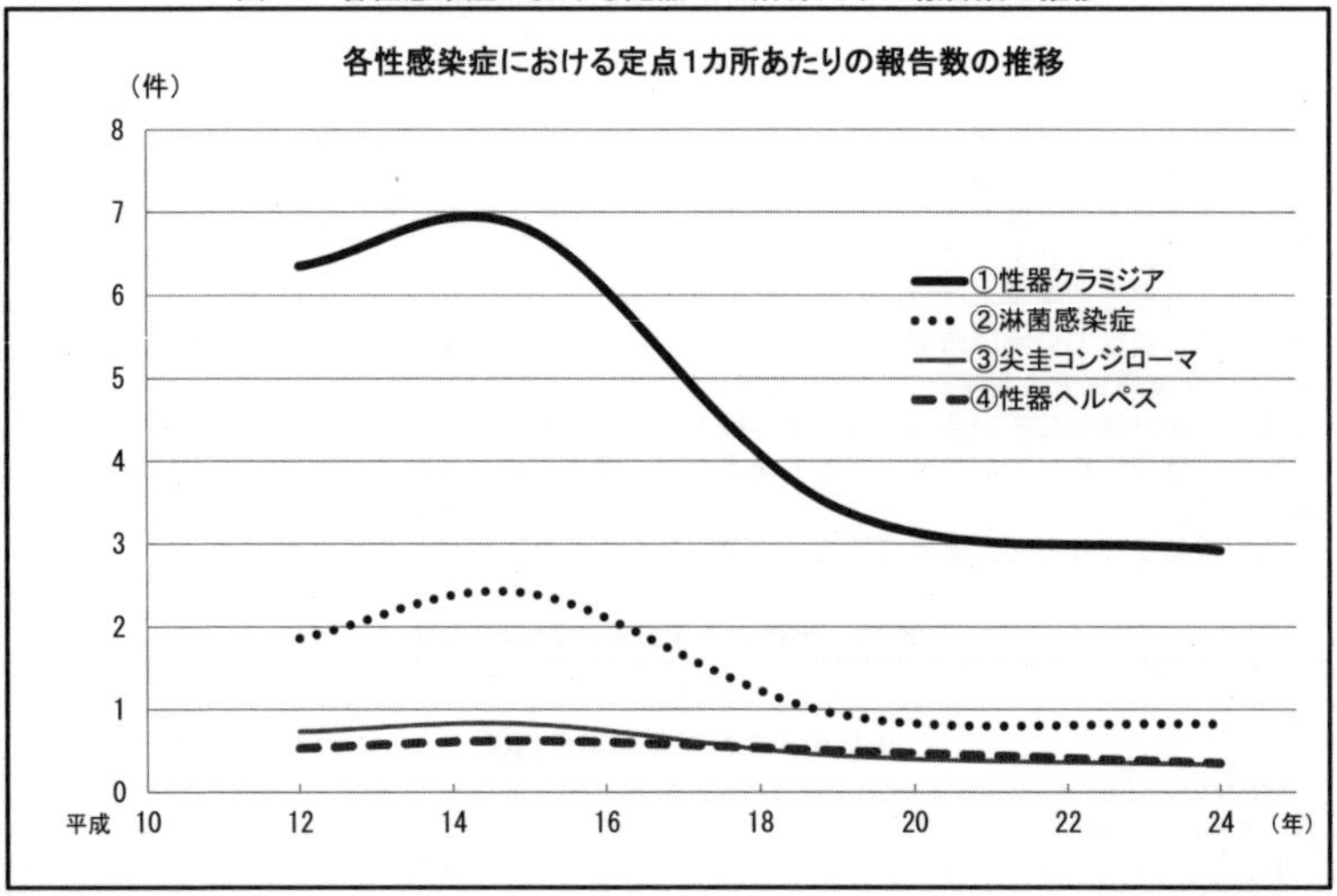

資料：感染症発生動向調査

②　目指すべき姿

○　十代の人工妊娠中絶率

十代の人工妊娠中絶率について、５年後の中間評価時の目標には、現行の「健やか親子２１」の目標値である 6.5 を再度、達成すべく目標を設定することとし、できるだけ早期に達成できることを目指す。また、最終評価時には、ベースラインから中間評価時までの減少の程度を維持し、目標値を 6.0 とする。なお、データソースは衛生行政報告例とする。

ベースライン	中間評価（５年後）目標	最終評価（10 年後）目標
7.1 （平成 23 年度）	6.5	6.0

○　十代の性感染症罹患率

十代の性感染症罹患率については、定点医療機関からの報告数は、設定されている定点医療機関の数に影響を受けるため、定点１カ所あたりの報告数を評価する。過去の推移を見ると、これらの疾患の減少傾向は一旦落ち着いてきているが、全年齢を対象とした場合、ここ数年感染症の罹患率は横ばいに近い状況になっているとの報告もあるため、引き続き、更なる減少を目指す。なお、データソースは感染症発生動向調査とする。

ベースライン	中間評価（５年後） 目標	最終評価（10年後） 目標
定点１カ所あたりの報告数 ① 性器クラミジア　2.92 ② 淋菌感染症　0.82 ③ 尖圭コンジローマ　0.33 ④ 性器ヘルペス　0.35 （平成24年）	減少傾向へ	減少傾向へ

「十代の人工妊娠中絶率（健康水準の指標）」及び「十代の性感染症罹患率（健康水準の指標）」についての目標達成に向けたイメージ図は、図14の通りである。

十代の人工妊娠中絶率及び十代の性感染症罹患率の減少に向けては、妊娠前から、妊娠・出産・育児に関する正しい知識を得られるなどの健康行動が求められるとともに、思春期の子どもの身体的・心理的状況を理解し、子どもの行動を受け止めるなど地域づくりも必要となる。

また、こうした健康行動の目標の達成にあたっては、学校における性に関する指導の推進のほか、地域や関係機関との連携による妊娠・出産に係る正しい知識の啓発などの取組の促進が求められる。

図 14　十代の人工妊娠中絶率及び十代の性感染症罹患率の目標達成に向けたイメージ図

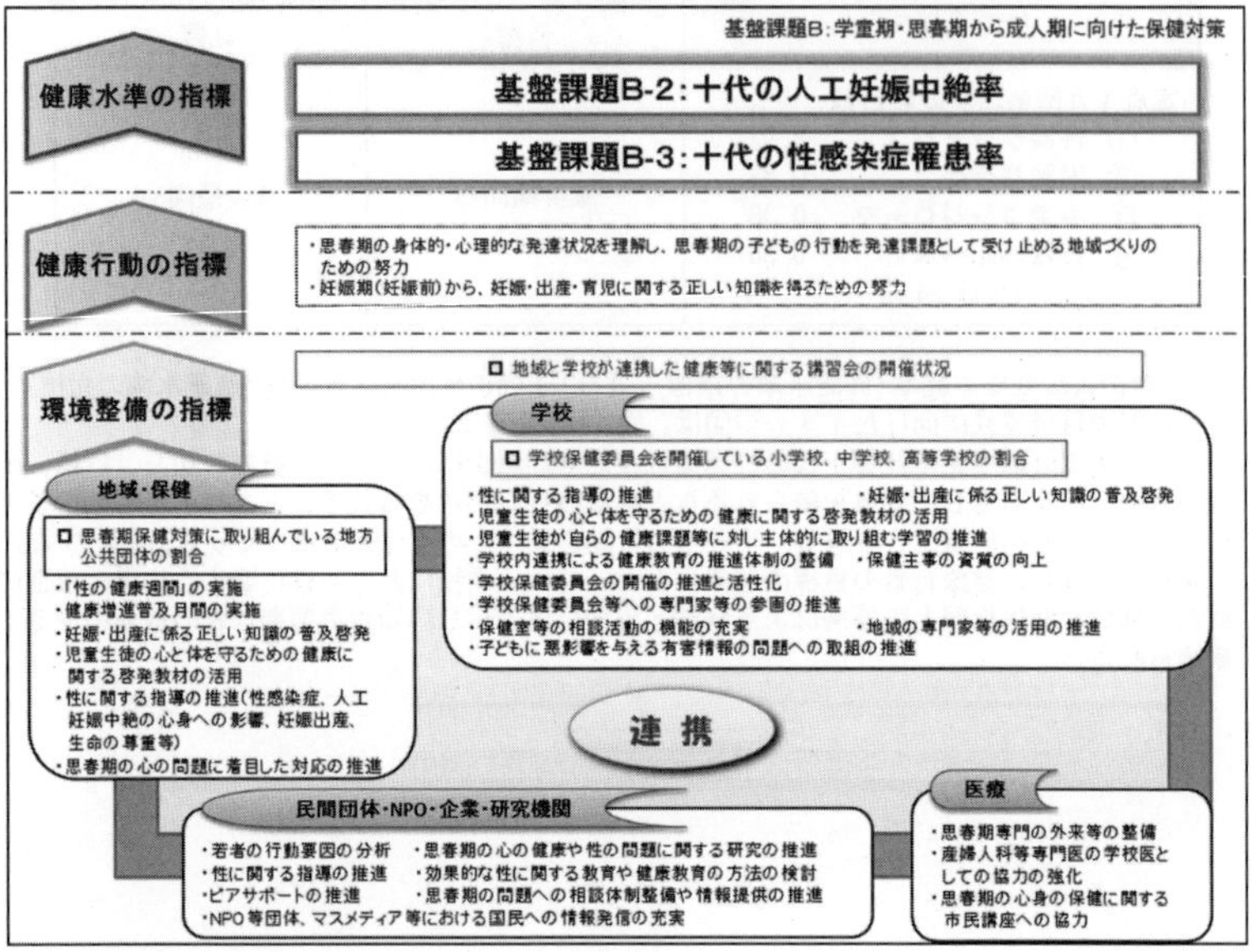

③　目標達成に必要な具体的な取組方策の例示

（※参考資料１の「具体的な取組方策の例示」の記載内容から、特に本指標に関連の強いものを抜粋）

○　国の取組
- ・「性の健康週間」の実施
- ・健康増進普及月間の実施
- ・児童生徒の心と体を守るための啓発教材の作成及び周知　等

○　地方公共団体の取組
- ・学校における教育内容の充実・強化：性に関する指導の推進（性感染症、人工妊娠中絶の心身への影響、妊娠出産、生命の尊重等）、妊娠・出産に係る正しい知識の普及啓発
- ・児童生徒の心と体を守るための健康に関する啓発教材の活用
- ・児童生徒が自らの健康課題等に対し主体的に取り組む学習の推進　等

○　その他関係機関の取組
- ・（専門団体等）若者の行動要因の分析、思春期の心の健康や性の問題に関する研究の推進
- ・（専門団体、研究機関）地域の専門家や学校との連携をもとにした効果的な性に関する教育や健康教育の方法の検討
- ・（専門団体、NPO等）ピアサポートの推進
- ・（専門団体、NPO等）思春期の心身の保健に関する市民講座への協力
- ・（医療機関等）思春期専門の外来等の整備　等

（ウ）児童・生徒における痩身傾向児の割合及び児童・生徒における肥満傾向児の割合の減少

①　現状と課題

児童・生徒における痩身傾向児の割合について、最終評価では、思春期やせ症の割合がやや減少する一方で、不健康やせの割合が高校生女子で増加していた。特に、中学３年と高校３年の不健康やせの割合が策定時には２倍以上開き（中学３年：5.5%、高校３年：13.4%）があったが、最終評価ではその割合がほぼ同程度（中学３年：19.6%、高校３年：20.5%）までになっており、約５人に１人が不健康やせを示す結果となっていた（図15）。

図15　女性の思春期やせ症及び不健康やせの発生頻度の推移

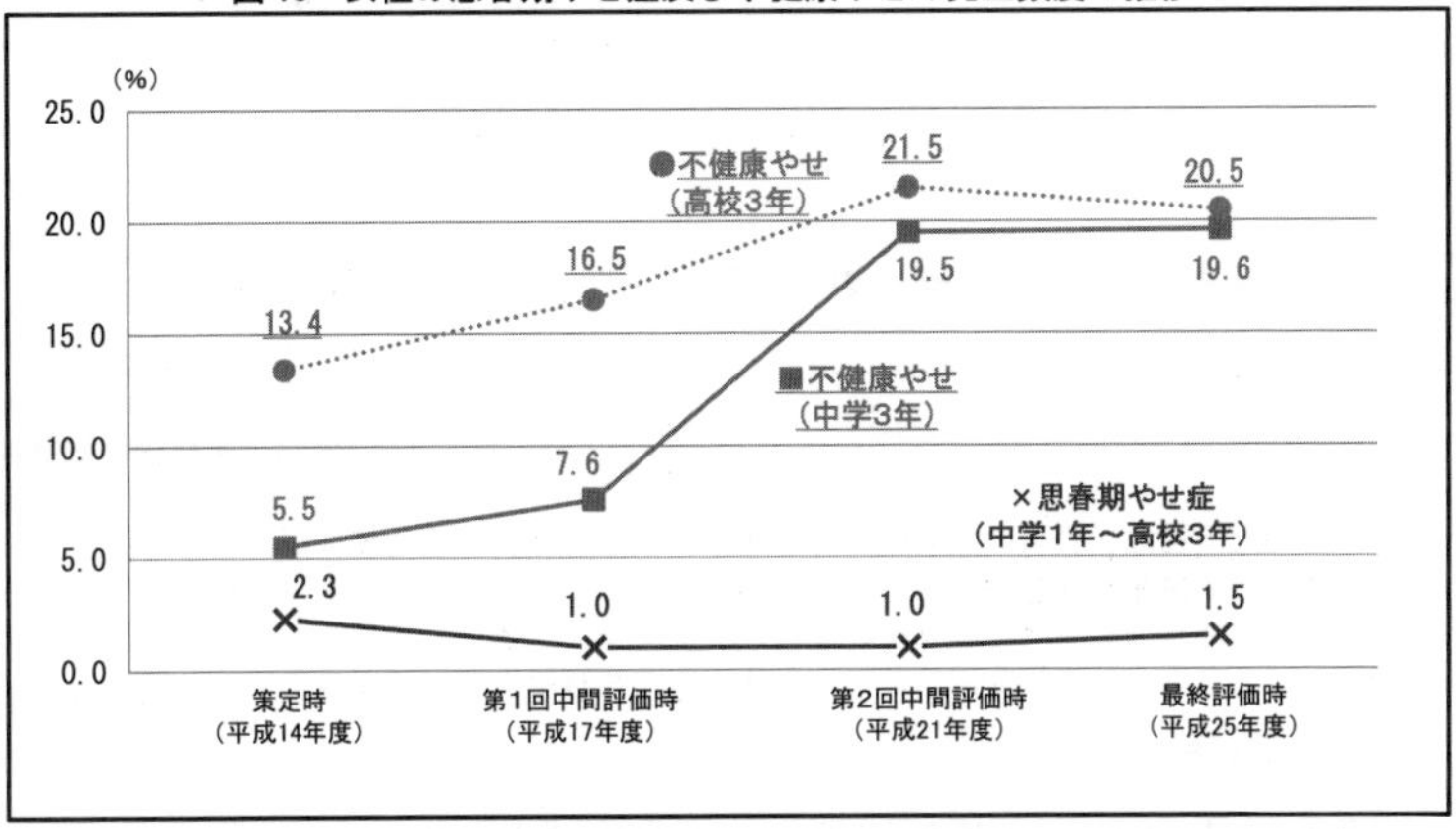

資料：平成25年度厚生労働科学研究「「健やか親子２１」最終評価・課題分析及び次期国民健康運動の推進に関する研究（研究代表者　山縣然太朗）

一方、児童・生徒における肥満傾向児の割合については、策定時（平成16年度調査結果）には10.4%だったが、最終評価時には8.5%まで減少した。しかし、肥満傾向児の出現率の推移を見ると、特に10歳児（小学５年生）では、平成23年以降、増加傾向を示す結果となっている（図16）。

図 16　肥満傾向児の出現率の推移

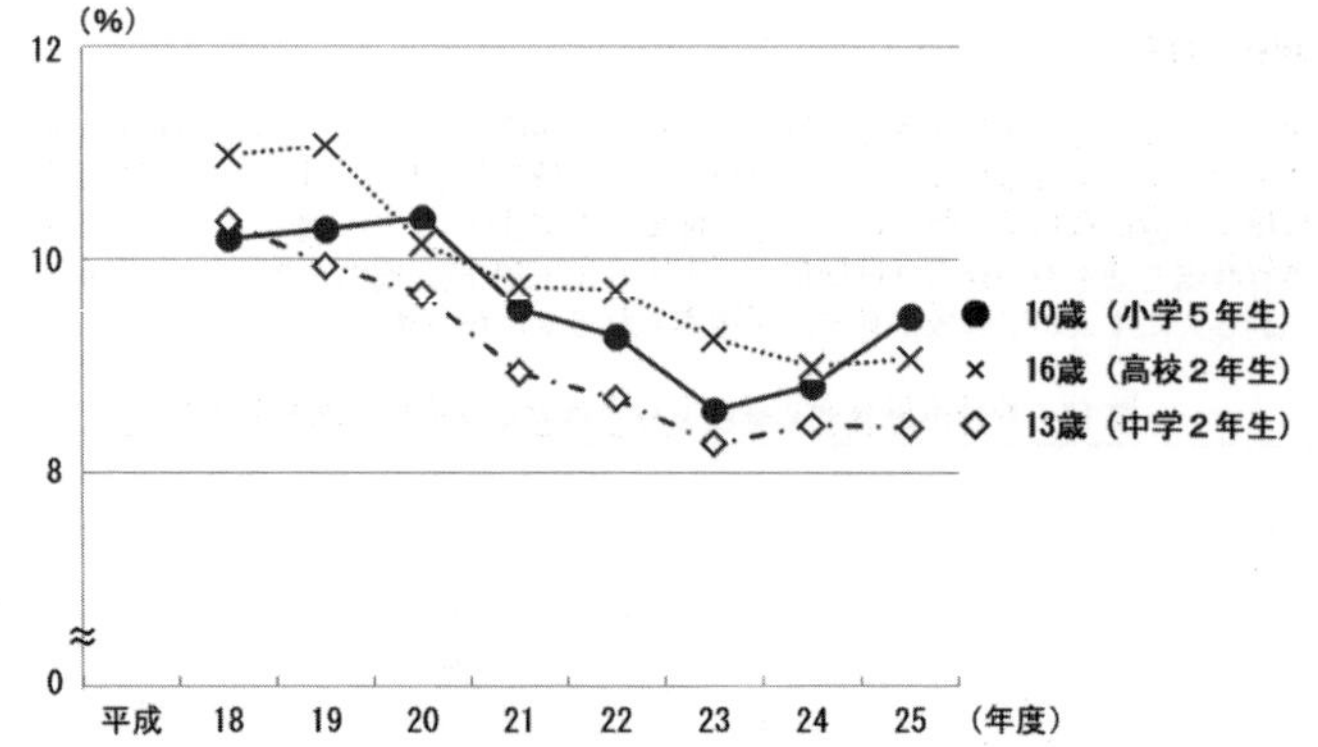

資料：学校保健統計調査

子どもの肥満等は、将来の大人の肥満や生活習慣病に移行する可能性が示されている上、子どもの頃からの健康的な発育や生活習慣の形成をしていくためには、その基礎づくりとして、学童期から生活習慣病予防に取り組むことが重要である。また、痩身傾向児又は肥満傾向児の出現率だけでなく、その割合について、学年ごとの推移等についても見ていく必要がある。

②　目指すべき姿

「児童・生徒における痩身傾向児の割合（健康水準の指標）」について、不健康やせは、妊娠出産や将来の骨粗鬆症など、男子より特に女子において課題となる。また、妊娠出産年齢に比較的近い年齢で大規模なデータを継続的に収集できることが望まれるが、現在の厚生労働科学研究による調査方法では、人数も限定的であり、分析方法も難しいという課題があった。一方、学校保健統計調査は、一定数のデータが継続的に収集されている上、都道府県別にデータを公表していることから、痩身傾向児の割合については、学校保健統計調査による 16 歳（高校２年生）の女子での割合を用いることとする。あわせて、参考データとして、10 歳（小学５年生）、13 歳（中学２年生）、16 歳（高校２年生）の男子及び女子の数値も継続してモニターする。

さらに、痩身傾向児の割合については、低下するほど改善の度合いが緩やかになると考えられることから、直近の平成 24 年度及び 25 年度の年次推移について、指数関数回帰を行いて、５年後、10 年後の目標値を設定した（図 17）。なお、データソースは学校保健統計調査とし、評価時には、痩身の程度別の出現率の推移についても参考とする。

図17　痩身傾向児の割合の年次推移

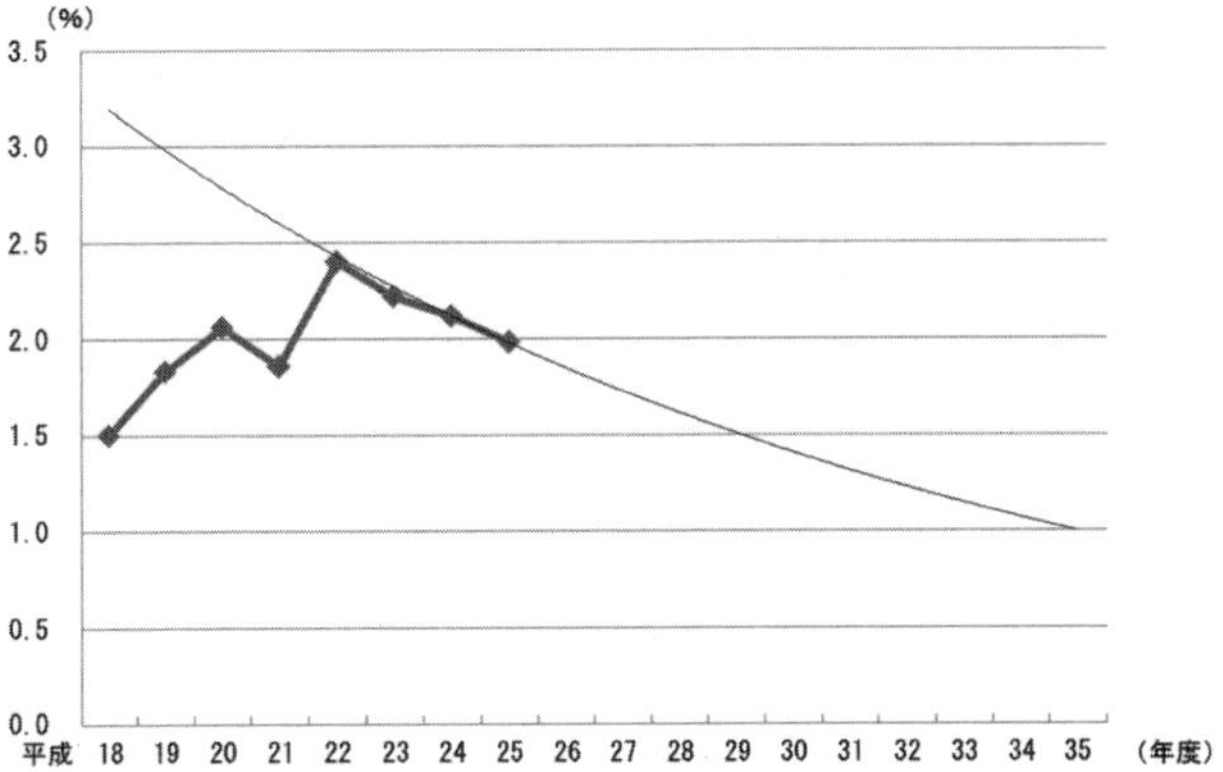

資料：学校保健統計調査

ベースライン	中間評価（５年後）目標	最終評価（10年後）目標
2.0% （平成25年度）	1.5%	1.0%

「児童・生徒における肥満傾向児の割合（健康水準の指標）」について、学童期からの肥満は重要な問題であることから、10歳（小学５年生）の学校保健統計調査による男女合計値を用いることとする。あわせて、参考データとして、10歳（小学５年生）、13歳（中学２年生）、16歳（高校２年生）の男子及び女子の数値も継続してモニターする。

また、肥満傾向児の割合については、新基準による割合が算定されている平成18年から平成25年の年次推移について、直線回帰を用いて、５年後、10年後の目標値を設定した（図18）。なお、データソースは学校保健統計調査とする。

図 18　肥満傾向児の割合の年次推移

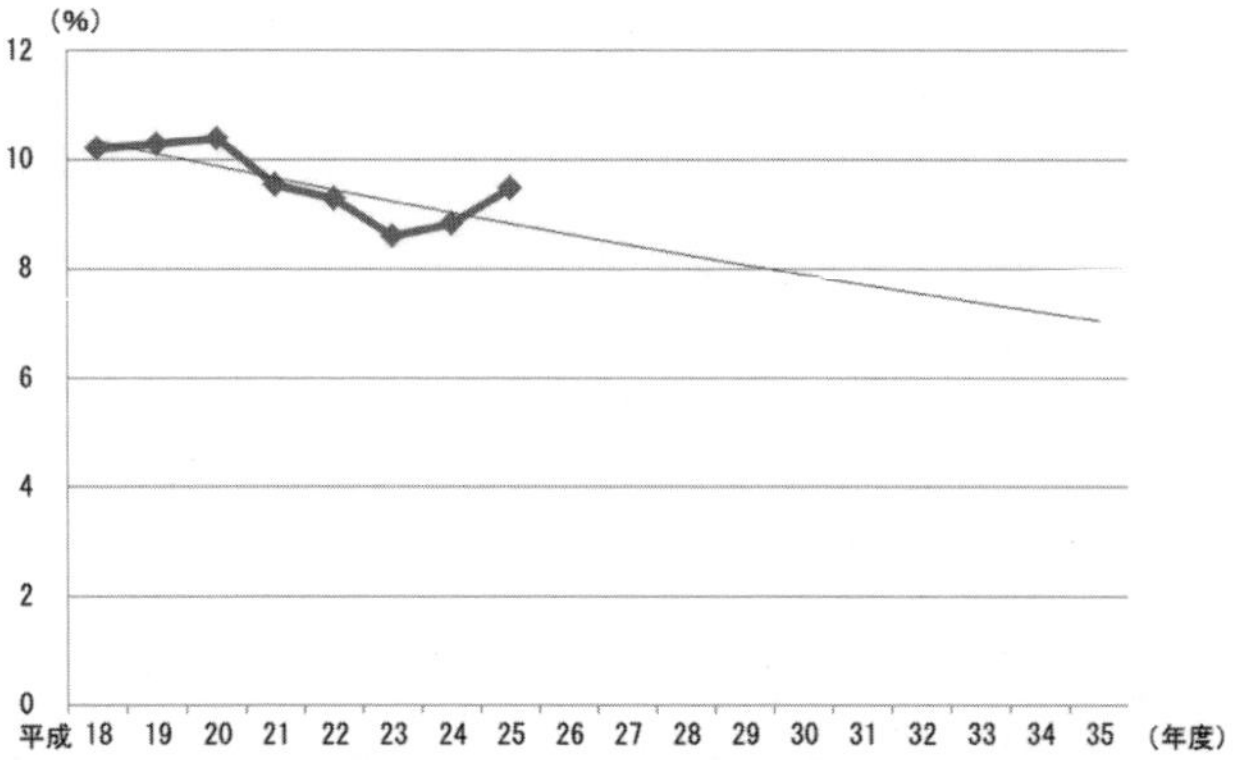

資料：学校保健統計調査

ベースライン	中間評価（5年後）目標	最終評価（10 年後）目標
9.5% （平成 25 年度）	8.0%	7.0%

「児童・生徒の痩身傾向児の割合（健康水準の指標）」及び「児童・生徒の肥満傾向児の割合（健康水準の指標）」についての目標達成に向けたイメージ図は、図 19 の通りである。

「児童・生徒の痩身傾向児の割合」及び「児童・生徒の肥満傾向児の割合」の減少に向けては、「朝食を欠食する子どもの割合（健康行動の指標）」や、「家族など誰かと食事をする子どもの割合（参考とする指標）」などの改善とともに、国民自らが健康な生活習慣や望ましい生活習慣の重要性、食育に関する理解を深められるよう取組を促す必要がある。また、特に肥満対策においては、食生活の改善だけでなく、幼児期からの外遊び等身体を動かす習慣づくりの推進など総合的な取組も不可欠である。

また、これらの健康行動が確実にとれるようにするためには、学校における児童・生徒のやせ及び肥満に対する健康課題への対応のほか、学校や地域（家庭）における適正な食生活に関連する食育の推進など、関係機関との連携による取組の充実が求められる。

図19　児童・生徒における痩身傾向児の割合及び児童・生徒における肥満傾向児の割合の目標達成に向けたイメージ図

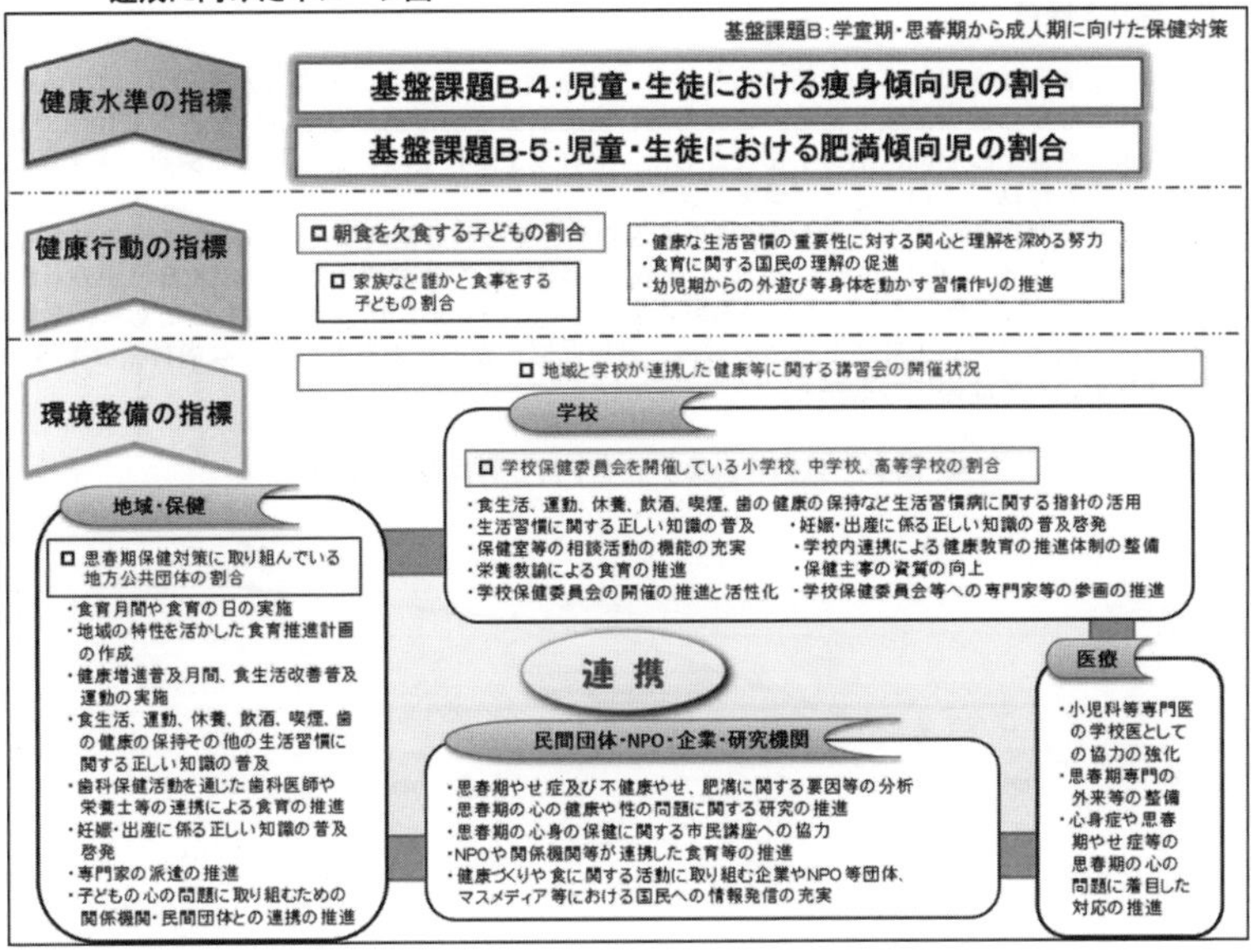

③　目標達成に必要な具体的な取組方策の例示

（※参考資料１の「具体的な取組方策の例示」の記載内容から、特に本指標に関連の強いものを抜粋）

○　国の取組
・健康増進普及月間、食生活改善普及運動の実施
・食育月間や食育の日の実施
・食生活、運動、休養、飲酒、喫煙、歯の健康の保持など生活習慣に関する指針の策定及び周知　等

○　地方公共団体の取組
・学校における教育内容の充実・強化：食生活、運動、休養、飲酒、喫煙、歯の健康の保持など生活習慣に関する指針の活用
・学校保健委員会等への専門家等の参画の推進
・生活習慣病の予防及び改善等、次世代の健康につながる食育の推進及び地域の特性を活かした食育推進計画の作成　等

○　その他関係機関の取組
・（専門団体等）児童・生徒の思春期やせ症及び不健康やせや、児童生徒の肥満に関する要因等の分析
・（専門団体、NPO等）思春期の心身の保健に関する市民講座への協力
・（医療機関等）思春期専門の外来等の整備
・（民間団体、専門団体等）NPOや関係機関等が連携した食育等の推進
・（民間団体、企業等）健康づくりや食に関する活動に取り組む企業やNPO等団体、マスメディア等における国民への情報発信の充実　等

（エ）歯肉に炎症がある十代の割合の減少

①　現状と課題

う蝕と歯周病は歯科の二大疾病である。特に、歯周病は糖尿病との関連性が指摘されており、成人期につながる健康課題である。このため、歯周病の予防にあたっては、その初期段階である歯肉炎の時点から早めに治療するとともに、それ以上進行しないよう正しく歯磨きをするなど歯の健康を保持していくことが重要である。

歯科疾患実態調査によると、歯周組織の炎症初期と見られる歯肉に炎症がある十代の割合は、平成 11 年に 23.3%、平成 17 年に 25.1%、平成 23 年に 25.7%と微増しており、改善が認められていない（図 20）。歯肉炎は、正しい歯磨きを行うことで可逆的に改善するものであり、学齢期における歯肉炎予防の知識と方法の習得、歯科保健行動の変容など、適切な歯科保健指導が実施されることで改善につながる。

図 20　歯肉に炎症がある十代の割合の年次推移

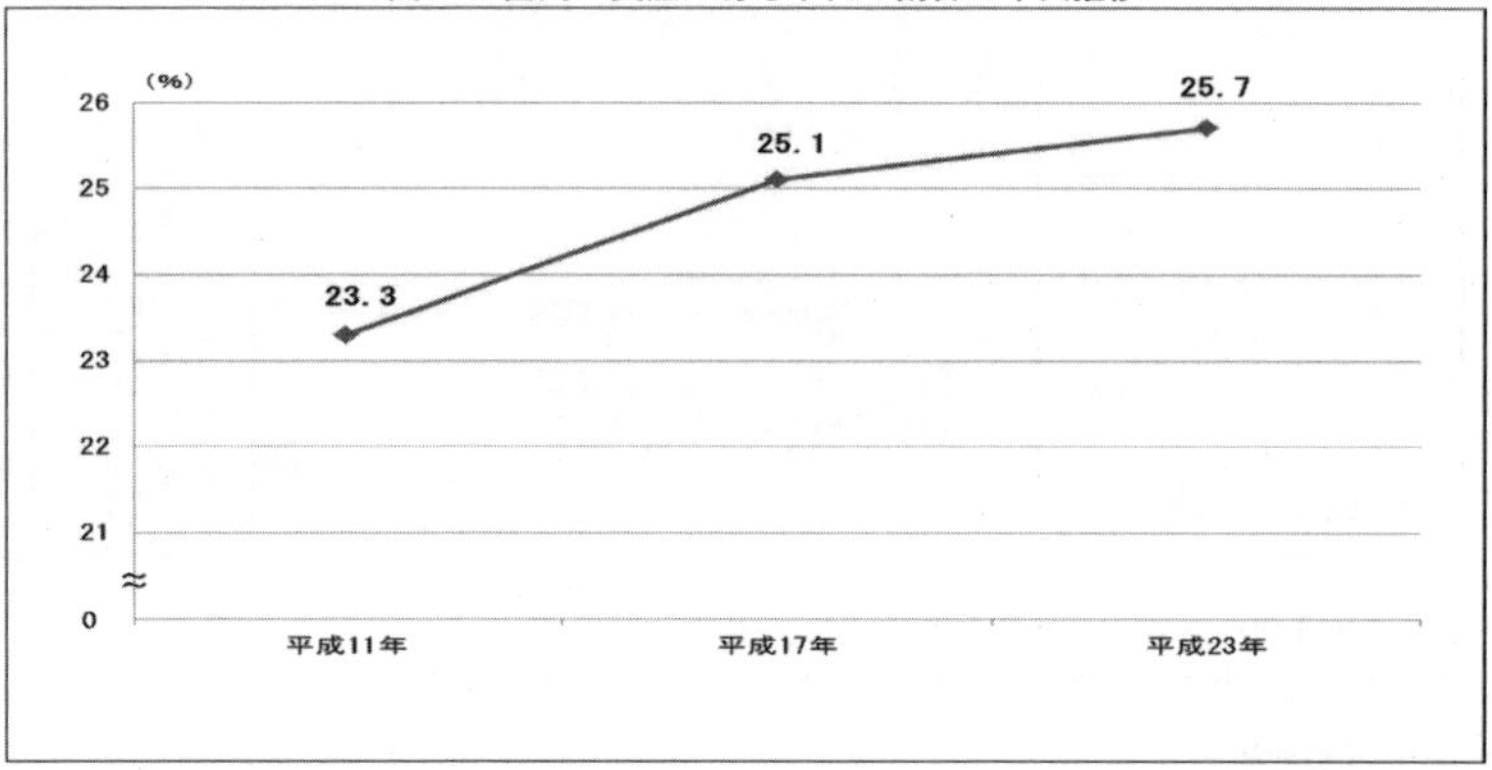

資料：歯科疾患実態調査

②　目指すべき姿

ベースラインは、既存の直近の調査結果より、25.7%とする。また、今後の目標値については、「歯科口腔保健の推進に関する法律（平成 23 年法律第 95 号）第 12 条第 1 項の規定に基づき定められる「基本的事項」の目標値（20.0%）を 10 年後の目標とし、５年後の中間評価の目標値は、ベースラインと最終目標値の中間値とする。

なお、データソースは、歯科疾患実態調査とし、評価時においては、学校保健統計調査における歯肉の状態に関する結果の推移も参考とする。

ベースライン	中間評価（５年後）目標	最終評価（10 年後）目標
25.7% （平成 23 年）	22.9%	20.0%

「歯肉に炎症がある十代の割合（健康水準の指標）」についての目標達成に向けたイメージ図は、図 21 の通りである。

「歯肉に炎症がある十代の割合」の減少に向けては、健康な生活習慣の重要性について関心と理解を深めつつ、子どもの頃から、定期的な歯科検診の受診や歯磨きの励行などの健康行動が求められる。

また、こうした健康行動の目標の達成にあたっては、学校における歯科検診や健康相談等の取組の充実のほか、地域や関係機関との連携による 8020 運動の推進が期待される。

図 21　歯肉に炎症がある十代の割合の目標達成に向けたイメージ図

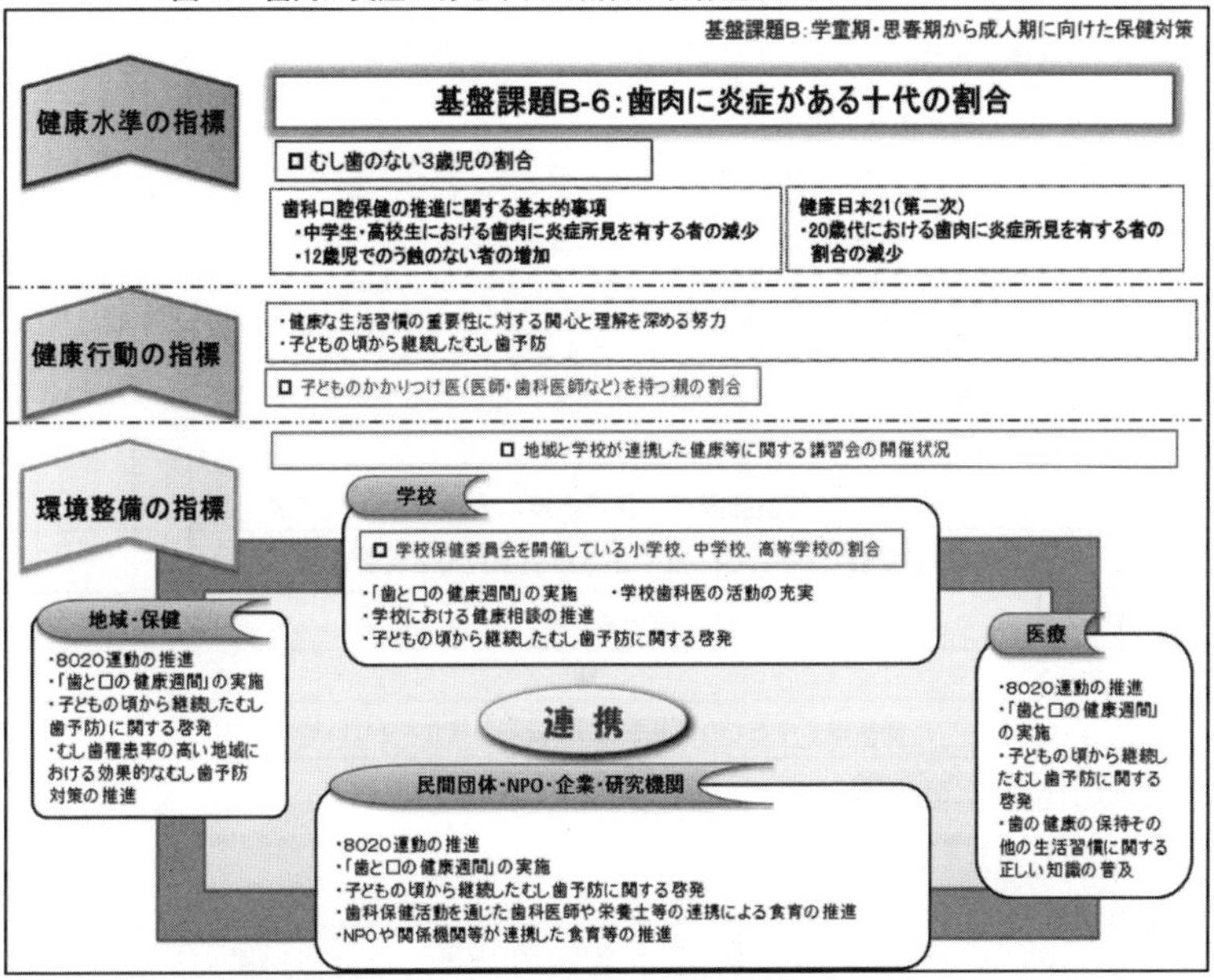

③　目標達成に必要な具体的な取組方策の例示

（※参考資料 1 の「具体的な取組方策の例示」の記載内容から、特に本指標に関連の強いものを抜粋）

○　国の取組
- 食生活、運動、休養、飲酒、喫煙、歯の健康の保持など生活習慣に関する指針の策定及び周知
- 8020 運動の推進
- 「歯と口の健康週間」の実施　等

○　地方公共団体の取組
- 食生活、運動、休養、飲酒、喫煙、歯の健康の保持など生活習慣に関する指針の活用
- 子どもの頃から継続したむし歯予防（定期的な歯科検診の受診、歯磨きの励行等）に関する啓発　等

○　その他関係機関の取組
- （専門団体等）歯科保健活動を通じた歯科医師や栄養士等の連携による食育の推進
- （専門団体等）食生活、運動、休養、飲酒、歯の健康の保持その他の生活習慣に関する正しい知識の普及　等

ウ　子どもの健やかな成長を見守り育む地域づくり（基盤課題Ｃ）（図22）

近年、少子化や核家族化、生活スタイルの多様化や情報化の進展など、子育て家庭とそれを取り巻く環境は複雑に変化してきている。親が安心して子どもを産み育て、子どもが将来に夢を持って健やかに育つ環境を築くためには、国や地方公共団体による子育て支援策の拡充に限らず、地域や学校・企業等が協調しながらネットワークを作り、親子を温かく見守り支える機運を社会全体で高めていくことが必要となる。そこで、基盤課題Ｃとして、「子どもの健やかな成長を見守り育む地域づくり」を設け、基盤課題Ａ並びに基盤課題Ｂの下支えとなるソーシャル・キャピタルの醸成を目指す。

母子保健に携わる者は、日常の様々な活動を通じて、関連機関の連携を有機的なものとするとともに、地域におけるネットワークの構築と成熟への助力を惜しまない姿勢が必要である。ソーシャル・キャピタルの醸成により、平時の保健活動をより効果的・効率的に進められるだけでなく、健康危機管理時での保健活動において、円滑かつ迅速な対応が可能となる。

目標は、「妊産婦や子どもの成長を見守り親子を孤立させない地域づくり」とする。

基盤課題Ｃの健康水準の指標として、「この地域で子育てをしたいと思う親の割合」と、「妊娠中、仕事を続けることに対して職場から配慮をされたと思う就労妊婦の割合」の２つを設定した。

図22　基盤課題Ｃ　目標達成に向けたイメージ図

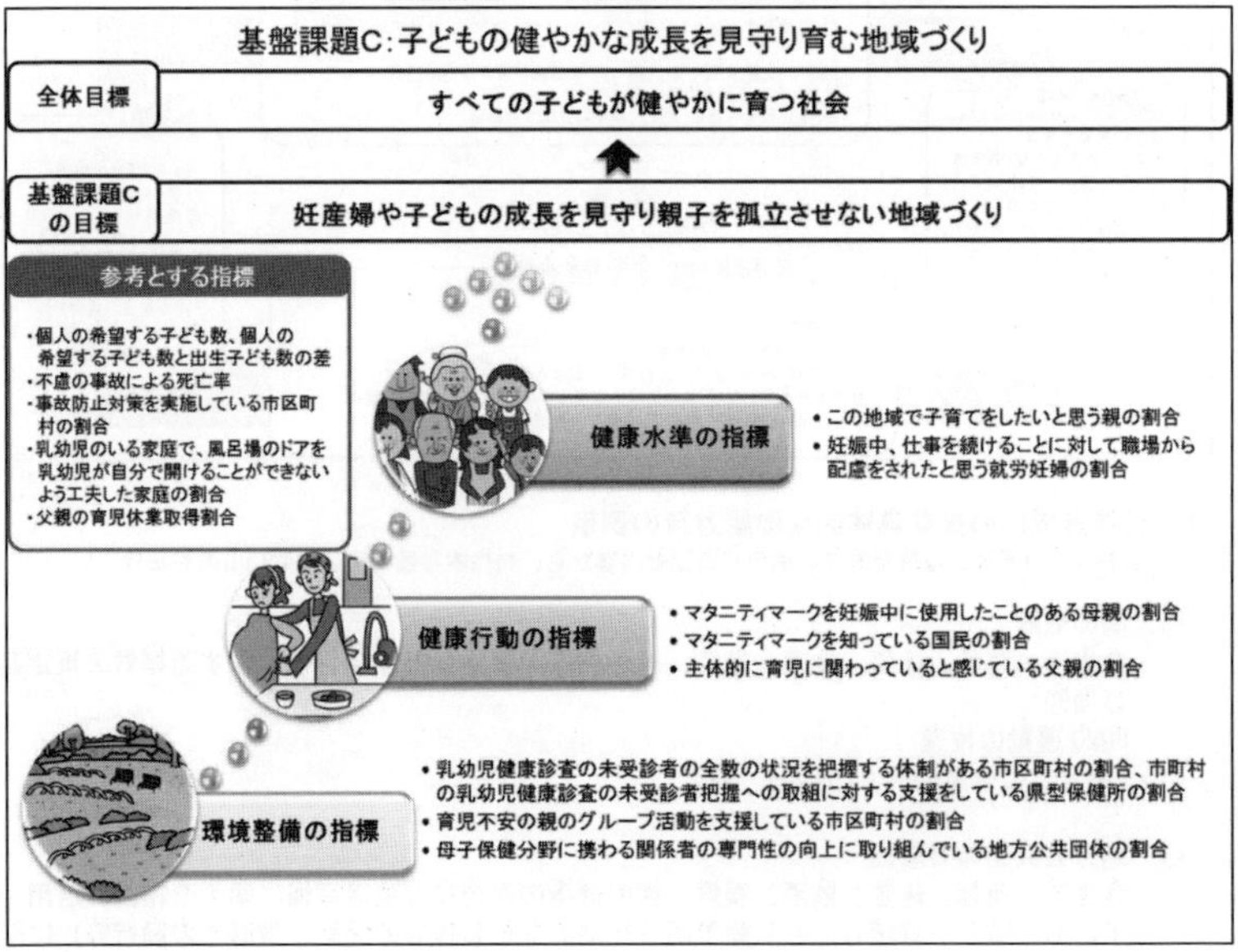
基盤課題C:子どもの健やかな成長を見守り育む地域づくり
全体目標
すべての子どもが健やかに育つ社会
基盤課題C
の目標
妊産婦や子どもの成長を見守り親子を孤立させない地域づくり
参考とする指標
・個人の希望する子ども数、個人の希望する子ども数と出生子ども数の差
・不慮の事故による死亡率
・事故防止対策を実施している市区町村の割合
・乳幼児のいる家庭で、風呂場のドアを乳幼児が自分で開けることができないよう工夫した家庭の割合
・父親の育児休業取得割合
健康水準の指標
• この地域で子育てをしたいと思う親の割合
• 妊娠中、仕事を続けることに対して職場から配慮をされたと思う就労妊婦の割合
健康行動の指標
• マタニティマークを妊娠中に使用したことのある母親の割合
• マタニティマークを知っている国民の割合
• 主体的に育児に関わっていると感じている父親の割合
環境整備の指標
• 乳幼児健康診査の未受診者の全数の状況を把握する体制がある市区町村の割合、市町村の乳幼児健康診査の未受診者把握への取組に対する支援をしている県型保健所の割合
• 育児不安の親のグループ活動を支援している市区町村の割合
• 母子保健分野に携わる関係者の専門性の向上に取り組んでいる地方公共団体の割合

（ア）この地域で子育てをしたいと思う親の割合の増加

①　現状と課題

既存の調査はないが、参考となるものとして、ソーシャル・キャピタルが豊かな地域ほど、出生率は高いということが明らかとなっている（図 23）。自分の住む地域で子育てをしたいと思う親が増えるということは、その地域におけるソーシャル・キャピタル、すなわち、社会関係資本、人間関係資本が充実していることを意味し、人と人とのつながりが育まれており、どの世代の人も暮らしやすいコミュニティであるといえる。

また現行の「健やか親子２１」における調査において、育児について相談相手のいる母親の割合は、図 24 の通りであった。相談相手の上位３項目は、「夫婦で相談する」（78.8%）、「祖母」（73.6%）、「友人」（64.2%）であった。続いて「保育士や幼稚園の先生」（27.5%）、「近所の人」（10.8%）、「インターネット」（10.5%）であり、「誰もいない」は 0.3%であった。これまでの中間評価時の調査等から、相談相手として、夫婦での相談、友人、インターネットなどが増加傾向であり核家族化の影響がうかがえる。

図 23　ソーシャル・キャピタルと合計特殊出生率の相関

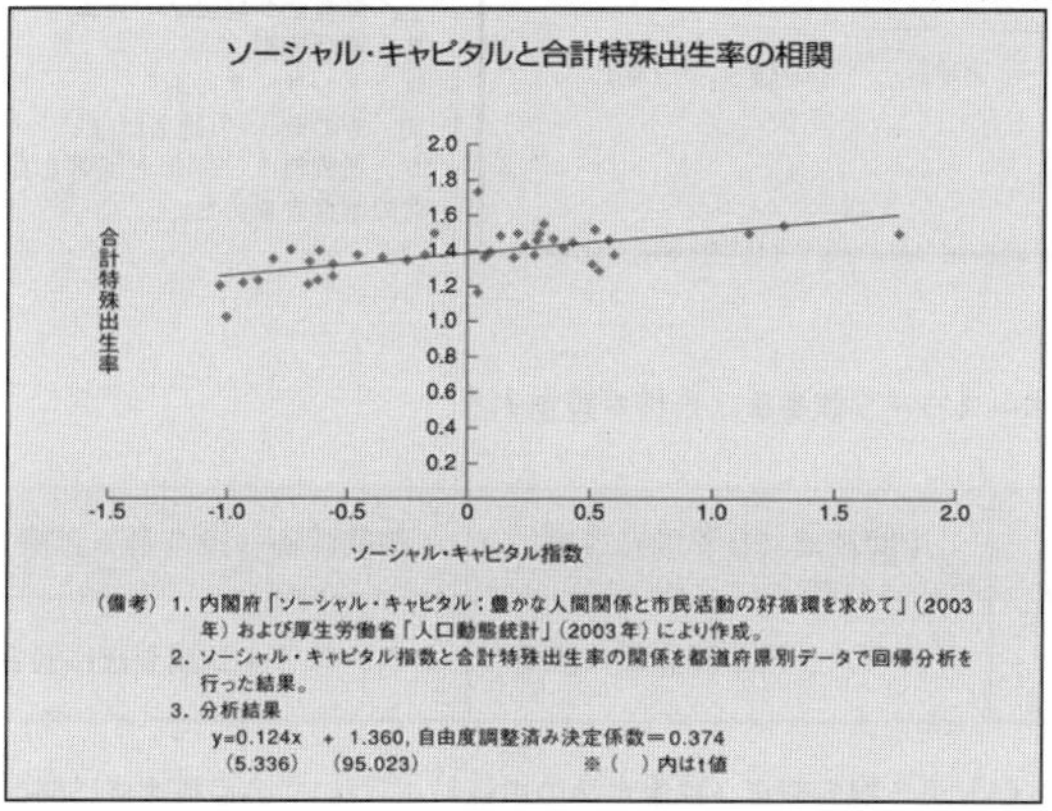

※ソーシャル・キャピタル指数とは
ソーシャル・キャピタルの構成要素である、①つきあい・交流、②信頼、③社会参加の3要素それぞれについて相互比較が可能なように基準化（平均を0、標準偏差と分散を1となるように標準化）し、単純平均をとったもの。

資料：平成 19 年版国民生活白書　第2章第2節　地域のつながりの変化による影響

図 24　育児について相談相手のいる母親の割合

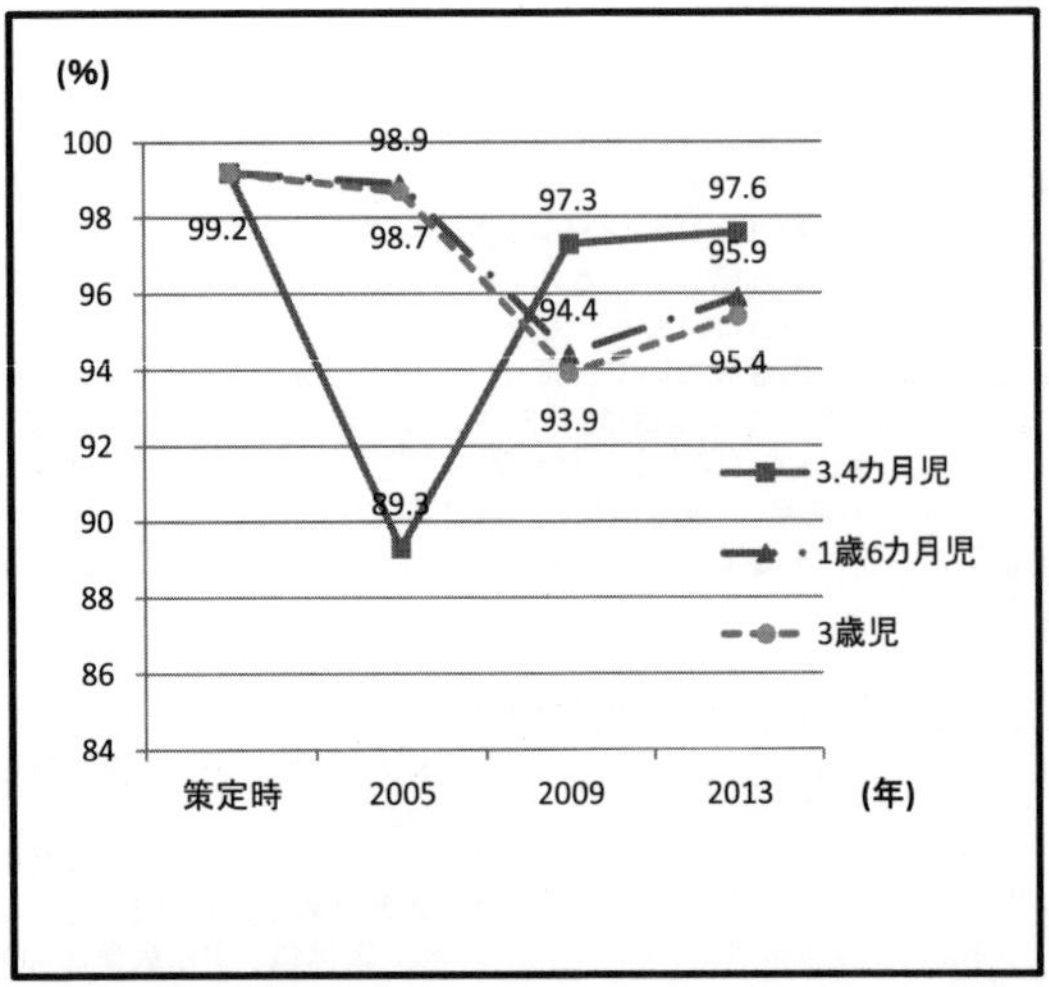

○資料：平成 12 年度幼児健康度調査（日本小児保健協会）・・・対象１～６歳児の親
○資料：平成 17・21・25 年度厚労科研（山縣然太朗班）・・・対象３−４か月・１歳６か月・３歳児の親

問　お母さんにとって日常に育児の相談相手は誰ですか（複数選択可）。
1．夫婦で相談する
2．祖母（または祖父）
3．近所の人　4．友人
5．かかりつけの医師
6．保健師や助産師
7．保育士や幼稚園の先生
8．電話相談
9．インターネット
10．その他　11. 誰もいない
で、選択肢 1．～10. と回答した者の割合を求めた。

②　目指すべき姿

調査方法は今後検討し、ベースライン調査後に目標を設定する。

ベースライン	中間評価（５年後）目標	最終評価（10 年後）目標
― （平成 26 年度に調査予定）	ベースライン調査後に設定	ベースライン調査後に設定

「この地域で子育てをしたいと思う親の割合（健康水準の指標）」についての目標達成に向けたイメージ図は、図 25 の通りである。

「この地域で子育てをしたいと思う親の割合」の増加に向けて、「主体的に育児に関わっていると感じている父親の割合（健康行動の指標）」や「マタニティマークを妊娠中に使用したことのある母親の割合（健康行動の指標）」、「マタニティマークを知っている国民の割合（健康行動の指標）」の改善とともに、国民自らが、妊産婦や不妊の夫婦に優しい社会の実現を図るために努力することや、親を孤立させず親の育児負担を分担しあう地域の実現のために努力するといった行動が求められる。

保健や医療分野の取組に限らず、広く地域や企業等での保健対策を通じて、子どもの健やかな成長を見守り、この地域で子育てをしたいと思う親の割合が増えるよう、地域において関係機関の連携を図りつつ、取組を充実させていくことが求められる。

図 25　この地域で子育てをしたいと思う親の割合の目標達成に向けたイメージ図

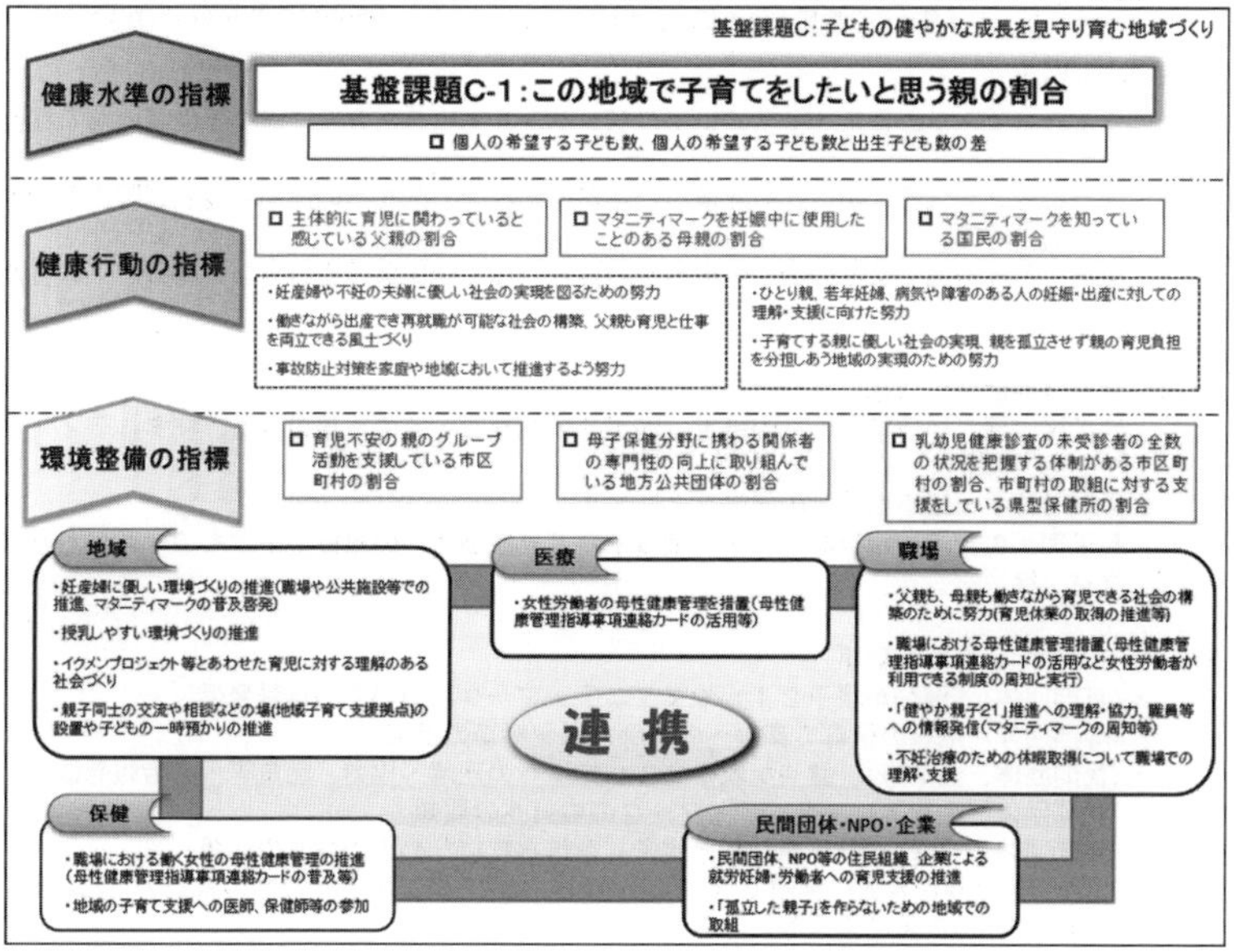
基盤課題C：子どもの健やかな成長を見守り育む地域づくり
健康水準の指標
基盤課題C-1：この地域で子育てをしたいと思う親の割合
□ 個人の希望する子ども数、個人の希望する子ども数と出生子ども数の差
健康行動の指標
□ 主体的に育児に関わっていると感じている父親の割合
□ マタニティマークを妊娠中に使用したことのある母親の割合
□ マタニティマークを知っている国民の割合
・妊産婦や不妊の夫婦に優しい社会の実現を図るための努力
・働きながら出産でき再就職が可能な社会の構築、父親も育児と仕事を両立できる風土づくり
・事故防止対策を家庭や地域において推進するよう努力
・ひとり親、若年妊婦、病気や障害のある人の妊娠・出産に対しての理解・支援に向けた努力
・子育てする親に優しい社会の実現、親を孤立させず親の育児負担を分担しあう地域の実現のための努力
環境整備の指標
□ 育児不安の親のグループ活動を支援している市区町村の割合
□ 母子保健分野に携わる関係者の専門性の向上に取り組んでいる地方公共団体の割合
□ 乳幼児健康診査の未受診者の全数の状況を把握する体制がある市区町村の割合、市町村の取組に対する支援をしている県型保健所の割合
地域
・妊産婦に優しい環境づくりの推進（職場や公共施設等での推進、マタニティマークの普及啓発）
・授乳しやすい環境づくりの推進
・イクメンプロジェクト等とあわせた育児に対する理解のある社会づくり
・親子同士の交流や相談などの場（地域子育て支援拠点）の設置や子どもの一時預かりの推進
医療
・女性労働者の母性健康管理を措置（母性健康管理指導事項連絡カードの活用等）
職場
・父親も、母親も働きながら育児できる社会の構築のために努力（育児休業の取得の推進等）
・職場における母性健康管理措置（母性健康管理指導事項連絡カードの活用など女性労働者が利用できる制度の周知と実行）
・「健やか親子21」推進への理解・協力、職員等への情報発信（マタニティマークの周知等）
・不妊治療のための休暇取得について職場での理解・支援
連携
保健
・職場における働く女性の母性健康管理の推進（母性健康管理指導事項連絡カードの普及等）
・地域の子育て支援への医師、保健師等の参加
民間団体・NPO・企業
・民間団体、NPO等の住民組織、企業による就労妊婦・労働者への育児支援の推進
・「孤立した親子」を作らないための地域での取組

③　目標達成に必要な具体的な取組方策の例示
（※参考資料１の「具体的な取組方策の例示」の記載内容から、特に本指標に関連の強いものを抜粋）

○　国の取組
・くるみんマークの普及・イクメンプロジェクトとあわせた育児に対する理解のある社会づくり
・健康日本２１（第二次）とも連携した国民運動計画の国民への周知活動及び国民の理解の促進　等
・職場における働く女性の母性健康管理の推進（母性健康管理指導事項連絡カードの普及等）

○　地方公共団体の取組
・妊産婦に優しい環境づくりの推進（職場や公共施設等での取組の推進、マタニティマークの普及啓発）
・授乳しやすい環境づくりの促進
・親子同士の交流や相談などの場（地域子育て支援拠点）の設置や子どもの一時預かりの推進　等

○　その他関係機関の取組
・（専門団体）「健やか親子２１」やマタニティマークについての情報発信
・（専門団体）地域の子育て支援への医師、保健師等の参加
・（民間団体、企業等）「健やか親子２１」推進への理解・協力、職員等への情報発信
・（民間団体、企業等）マタニティマークの職員への周知
・（民間団体、ＮＰＯ等）「孤立した親子」を作らないための地域での取組
・（企業等）父親が育児に参画でき、母親が働きながら育児できる社会の構築のための努力（育児休業の取得の推進等）　等

（イ）妊娠中、仕事を続けることに対して職場から配慮をされたと思う就労妊婦の割合の増加

①　現状と課題

母性健康管理に関する様々な措置があるが、それらの措置を適切に気兼ねなく受けることが出来るかどうかは、制度の整備とともに職場の上司・同僚の理解も必要である。既存の調査はないが、参考として「企業における妊産婦の健康管理体制に関する実態調査（平成 19 年厚生労働省委託事業）」の結果を示す（表４）。調査対象 3,373 人のうち、妊娠・出産を機会に退職しようと思っている人の割合は 10.7%で、その理由として多くが職場の理解・環境や仕事と育児の両立への不安と答えている。

妊産婦に対して配慮している職場は、その後の子育てについても理解があると推測される。妊娠中、職場から十分な配慮が得られた就労女性が、その後も子育てと仕事を続けながら次子の妊娠・出産を考えられるという状況は、少子化の改善にもつながると考えられる。

表４　妊娠・出産と仕事の継続等について

【妊娠・出産と仕事の継続】	（人、%）
妊娠・出産後も仕事を継続しようと思っている	1528(45.3)
会社の状況、自分の状況に応じて考えようと思っている	1350(40.0)
妊娠・出産を機会に退職しようと思っている	362(10.7)
特に何も考えていない	93(2.8)
その他	37(1.1)
無回答	3(0.1)
総数	3373(100.0)

【退職しようと思っている理由（複数回答可）】		（人、%）
	総数	362(100.0)
職場のこと	会社の制度が整っていないため継続が困難である	76(21.0)
	制度はあるが、上司、同僚等職場の理解がなく利用しづらい	95(26.2)
	妊娠・出産後仕事を継続した前例がない	61(16.9)
	早朝勤務、深夜勤務等、勤務時間が不規則である	45(12.4)
	残業が多い等、労働時間が長い	123(34.0)
	仕事の負荷が重い	136(37.6)
	就業環境が悪い（職場内の喫煙、換気不足、高温多湿、騒音等）	40(11.0)
	その他	30(8.3)
自分のこと	育児に専念したい	202(55.8)
	育児等に夫の協力が得られない	17(4.7)
	育児と家事の両方を十分にできる自信がない	199(55.0)
	子どもを預かってくれるところが見つからない	27(7.5)
	自分自身の健康状態により継続が困難	23(6.4)
	その他	3(0.8)
無回答		5(1.4)

資料：平成 19 年度　厚生労働省委託事業　企業における妊産婦の健康管理体制に関する実態調査報告書

②　目指すべき姿

調査方法は今後検討し、ベースライン調査後に目標を設定する。

ベースライン	中間評価（５年後）目標	最終評価（10 年後）目標
－ （平成 26 年度に調査予定）	ベースライン調査後に設定	ベースライン調査後に設定

「妊娠中、仕事を続けることに対して職場から配慮をされたと思う就労妊婦の割合（健康水準の指標）」についての目標達成に向けたイメージ図は図 26 の通りである。

「妊娠中、仕事を続けることに対して職場から配慮をされたと思う就労妊婦の割合」の増加に向けて、母性健康管理指導事項連絡カードの普及等を通して、職場における働く女性の母性健康管理を推進し、診療情報提供書を積極的に活用することで、医療機関と行政機関が連携を図る必要がある。就労妊婦の職場においては、女性労働者の母性健康を措置し、民間団体・ＮＰＯ等の住民組織、また、企業内における就労妊婦や女性労働者の母性健康に関する措置に加え、就労妊婦・女性への育児支援も推進することが望まれる。これらの取組を通して、女性が働きながら出産でき、再就職が可能な社会の構築が求められる。

図 26　妊娠中、仕事を続けることに対して職場から配慮をされたと思う就労妊婦の割合の目標達成に向けたイメージ図

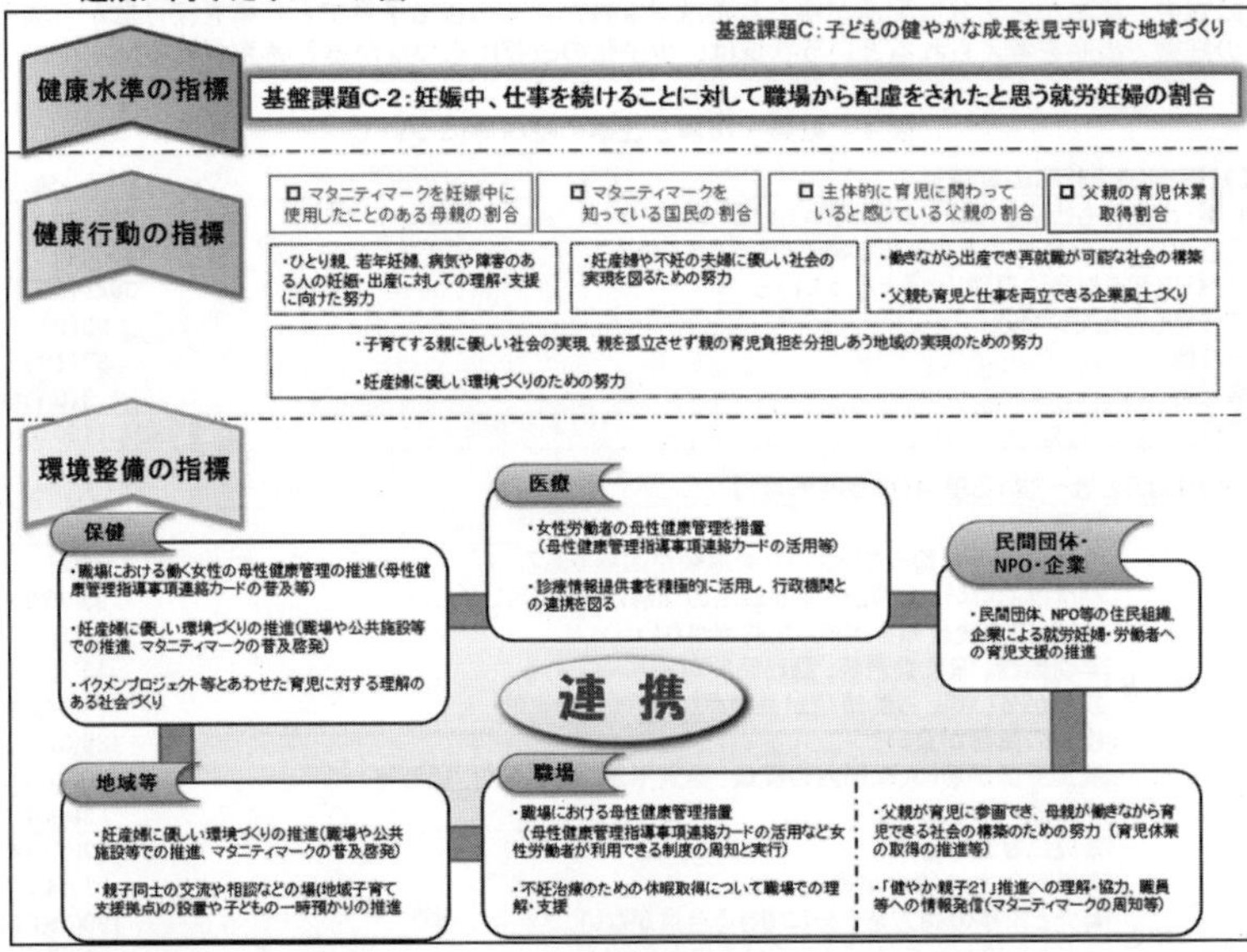

基盤課題C：子どもの健やかな成長を見守り育む地域づくり
健康水準の指標
基盤課題C-2：妊娠中、仕事を続けることに対して職場から配慮をされたと思う就労妊婦の割合
健康行動の指標
□ マタニティマークを妊娠中に使用したことのある母親の割合
□ マタニティマークを知っている国民の割合
□ 主体的に育児に関わっていると感じている父親の割合
□ 父親の育児休業取得割合
・ひとり親、若年妊婦、病気や障害のある人の妊娠・出産に対しての理解・支援に向けた努力
・妊産婦や不妊の夫婦に優しい社会の実現を図るための努力
・働きながら出産でき再就職が可能な社会の構築
・父親も育児と仕事を両立できる企業風土づくり
・子育てする親に優しい社会の実現、親を孤立させず親の育児負担を分担しあう地域の実現のための努力
・妊産婦に優しい環境づくりのための努力
環境整備の指標
保健
・職場における働く女性の母性健康管理の推進（母性健康管理指導事項連絡カードの普及等）
・妊産婦に優しい環境づくりの推進（職場や公共施設等での推進、マタニティマークの普及啓発）
・イクメンプロジェクト等とあわせた育児に対する理解のある社会づくり
医療
・女性労働者の母性健康管理を措置（母性健康管理指導事項連絡カードの活用等）
・診療情報提供書を積極的に活用し、行政機関との連携を図る
民間団体・NPO・企業
・民間団体、NPO等の住民組織、企業による就労妊婦・労働者への育児支援の推進
連　携
地域等
・妊産婦に優しい環境づくりの推進（職場や公共施設等での推進、マタニティマークの普及啓発）
・親子同士の交流や相談などの場（地域子育て支援拠点）の設置や子どもの一時預かりの推進
職場
・職場における母性健康管理措置（母性健康管理指導事項連絡カードの活用など女性労働者が利用できる制度の周知と実行）
・不妊治療のための休暇取得について職場での理解・支援
・父親が育児に参画でき、母親が働きながら育児できる社会の構築のための努力（育児休業の取得の推進等）
・「健やか親子21」推進への理解・協力、職員等への情報発信（マタニティマークの周知等）

③　目標達成に必要な具体的な取組方策の例示

（※参考資料１の「具体的な取組方策の例示」の記載内容から、特に本指標に関連の強いものを抜粋）

○　国の取組
- ・職場における働く女性の母性健康管理の推進（母性健康管理指導事項連絡カードの普及等）
- ・くるみんマークの普及・イクメンプロジェクト等とあわせた育児に対する理解のある社会づくり　等

○　地方公共団体の取組
- ・妊産婦に優しい環境づくりの推進（職場や公共施設等での取組の推進、マタニティマークの普及啓発）　等

○　その他関係機関の取組

・（専門団体）「健やか親子２１」やマタニティマークについての情報発信
・（民間団体、企業等）「健やか親子２１」推進への理解・協力、職員等への情報発信
・（企業等）女性労働者の母性健康管理を措置（母性健康管理指導事項連絡カードの活用について、女性労働者への周知）
・（企業等）マタニティマークの職員への周知　等

（2）重点課題

ア　育てにくさを感じる親に寄り添う支援（重点課題①）（図 27）

子育ての過程において、親が何らかの育児不安を感じることは珍しくない。しかし、近年、育児中の家庭の孤立化が指摘されているところであり、親が育児に不安や困難さを感じつつ、解消されないまま抱え込む危うさがある。また、親にとって子育てが負担になったり、親の生活そのものを大きく乱したりする場合は、子育てに拒否的になることも想定される。子育て中の親が、育児に対して少しでも余裕と自信をもち、親としての役割を発揮できる社会を構築するために、「健やか親子２１（第２次）」において、「育てにくさを感じる親に寄り添う支援」を重点課題の１つとする。

親が感じる育てにくさには、子どもの心身状態や発達・発育の偏り、疾病などによるもの、親の子育て経験の不足や知識不足によるもの、親の心身状態の不調などによるもの、家庭や地域など親子を取り巻く環境との関係で生じるもの、あるいは支援の不足によるものなど多面的な要素を含む。子育てを支援する者は、その問題点の所在を見極め、支援に携わる必要がある。また、支援に際しては、親の発する育てにくさのサインに気付き、子ども、親、そして親子の関係の多様性を包容する姿勢が求められる。

育てにくさの概念は広く、一部には発達障害などが原因になっている場合がある。平成 17 年に発達障害者支援法が施行され、これまで公的サービスの狭間にあった発達障害児・者に係る支援策が具体的に進められるようになった。発達障害についての認識が広まるとともに、母子保健サービスを提供する場においても、子どもの発達に関する相談が急増している。他方で、育児に取り組む親自身に発達障害があり、育児困難に陥っている場合もある。親子が適切な支援を受けるためには、妊婦健康診査や乳幼児健康診査などの母子保健事業を通じた的確な評価と適切な保健指導、さらには福祉サービスへの橋渡しといった母子保健の役割が重要視されているところである。

目標は、「親や子どもの多様性を尊重し、それを支える社会の構築」とする。

重点課題①の健康水準の指標として、「ゆったりとした気分で子どもと過ごせる時間がある母親の割合」と、「育てにくさを感じたときに対処できる親の割合」の２つを設定した。

図27　重点課題①　目標達成に向けたイメージ図

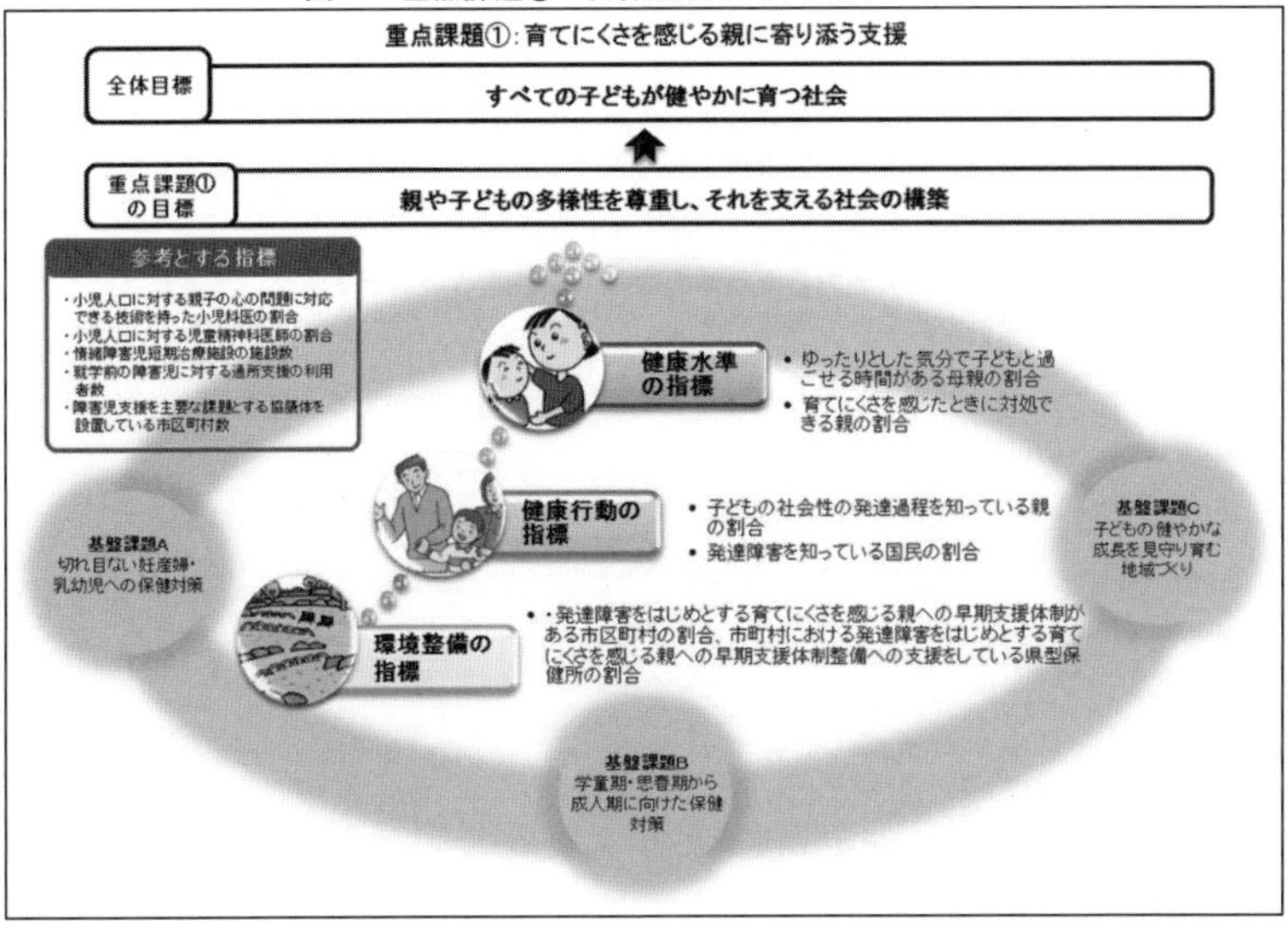
重点課題①：育てにくさを感じる親に寄り添う支援
全体目標
すべての子どもが健やかに育つ社会
重点課題①の目標
親や子どもの多様性を尊重し、それを支える社会の構築
参考とする指標
・小児人口に対する親子の心の問題に対応できる技術を持った小児科医の割合
・小児人口に対する児童精神科医師の割合
・情緒障害児短期治療施設の施設数
・就学前の障害児に対する通所支援の利用者数
・障害児支援を主要な課題とする協議体を設置している市区町村数
健康水準の指標
・ゆったりとした気分で子どもと過ごせる時間がある母親の割合
・育てにくさを感じたときに対処できる親の割合
健康行動の指標
・子どもの社会性の発達過程を知っている親の割合
・発達障害を知っている国民の割合
環境整備の指標
・・発達障害をはじめとする育てにくさを感じる親への早期支援体制がある市区町村の割合、市町村における発達障害をはじめとする育てにくさを感じる親への早期支援体制整備への支援をしている県型保健所の割合
基盤課題A
切れ目ない妊産婦・乳幼児への保健対策
基盤課題B
学童期・思春期から成人期に向けた保健対策
基盤課題C
子どもの健やかな成長を見守り育む地域づくり

（ア）ゆったりとした気分で子どもと過ごせる時間がある母親の割合の増加

①　現状と課題

現計画における調査において、住民自らの行動の指標や行政・関係団体等の取組指標の多くが改善している一方で、保健水準の指標として設けられている母親の主観に基づく指標である「ゆったりとした気分で子どもと過ごせる時間がある母親の割合」や「子育てに自信が持てない母親の割合」が明らかな改善を認めていないことに乖離があった（図 28）。また、本指標は、いわゆる子育て支援策などの地方公共団体の取組も反映する指標であるが、都道府県比較において大きな地域差があったことも課題である。

図 28　ゆったりとした気分で子どもと過ごせる時間がある母親の割合

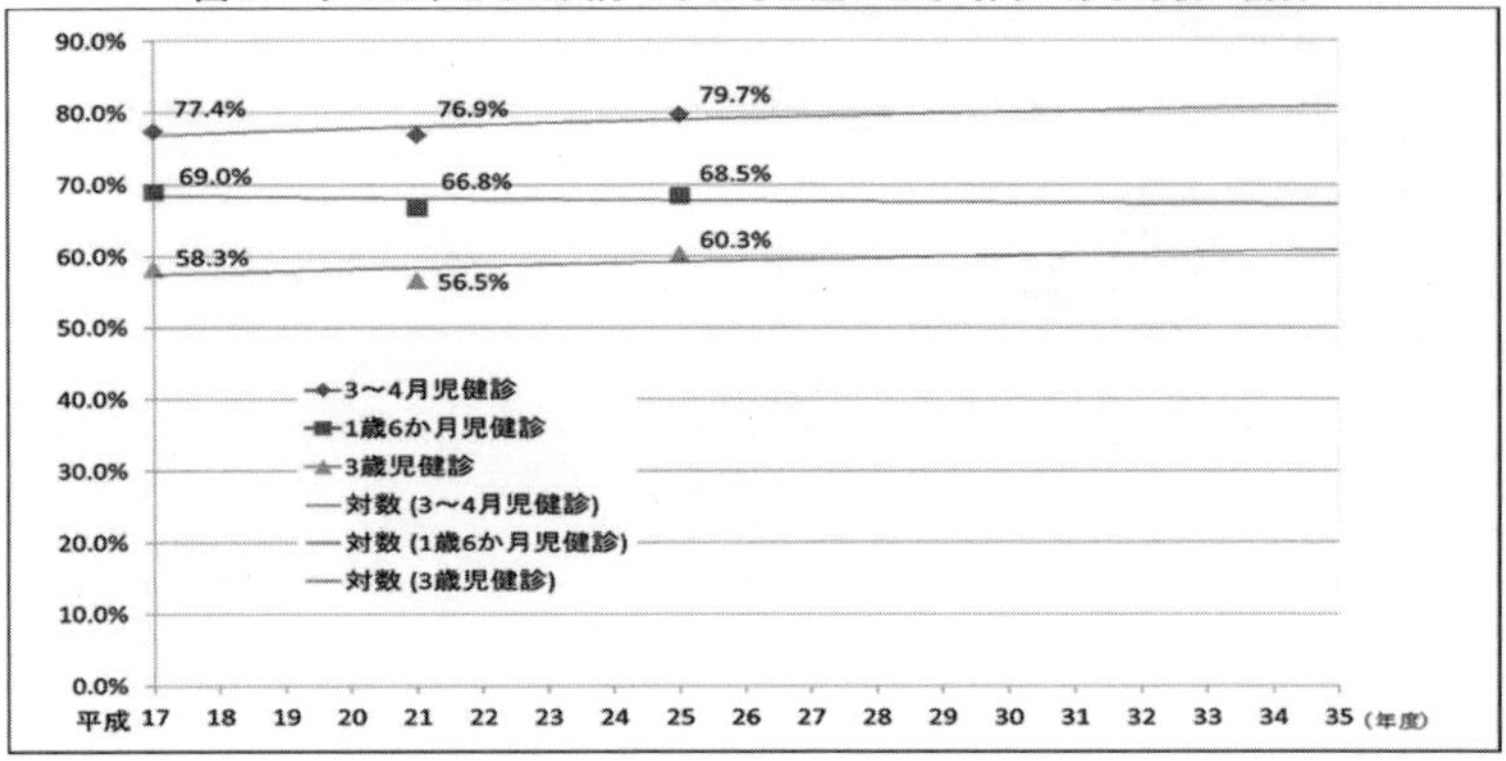

資料：
平成 17 年度厚労科研「健やか親子21の推進のための情報システム構築と各種情報の利活用に関する研究」(山縣然太朗班)
平成 21 年度厚労科研「健やか親子21を推進するための母子保健情報の利活用に関する研究」(山縣然太朗班)
平成 25 年度厚労科研「「健やか親子21」の最終評価・課題分析及び次期国民健康運動の推進に関する研究」(山縣然太朗班)

②　目指すべき姿

目標は現状よりも改善することとし、近似曲線の推計値を少し上回る値での目標設定とした。

ベースライン	中間評価（5年後）目標	最終評価（10 年後）目標
（平成 25 年度厚労科研（山縣班）） 3～4 か月児　：79.7% 1 歳 6 か月児　：68.5% 3 歳児　：60.3%	3～4 か月児　：81.0% 1 歳 6 か月児：70.0% 3 歳児　：62.0%	3～4 か月児　：83.0% 1 歳 6 か月児　：71.5% 3 歳児　：64.0%

「ゆったりとした気分で子どもと過ごせる時間がある母親の割合（健康水準の指標）」の増加についての目標達成に向けたイメージ図は、図 29 の通りである。

「ゆったりとした気分で子どもと過ごせる時間がある母親の割合」の増加に向けて、指標の改善には環境整備だけでなく住民の行動が重要であり、「子どもの社会性の発達過程を知っている親の割合（健康行動の指標）」の増加を図るための取組が必要である。

育児不安や育児困難感への対応として、市町村においては、要支援児・要支援家庭の早期発見と早期支援体制の整備を進める必要がある。また、「小児人口に対する親子の心の問題に対応できる技術を持った小児科医の割合（参考とする指標）」や「小児人口に対する児童精神科医師の割合（参考とする指標）」を注視しつつ、育てにくさを把握して適切な支援に結びつけ、寄り添うことができる医師・看護職の養成も求められている。

さらに、子どもの多様性を踏まえて、慢性疾患のある子どもの家族の支援など、障害や疾病のある子どもに理解のある社会の構築に向けた努力が重要である。

図 29　ゆったりとした気分で子どもと過ごせる時間のある母親の割合の目標達成に向けたイメージ図

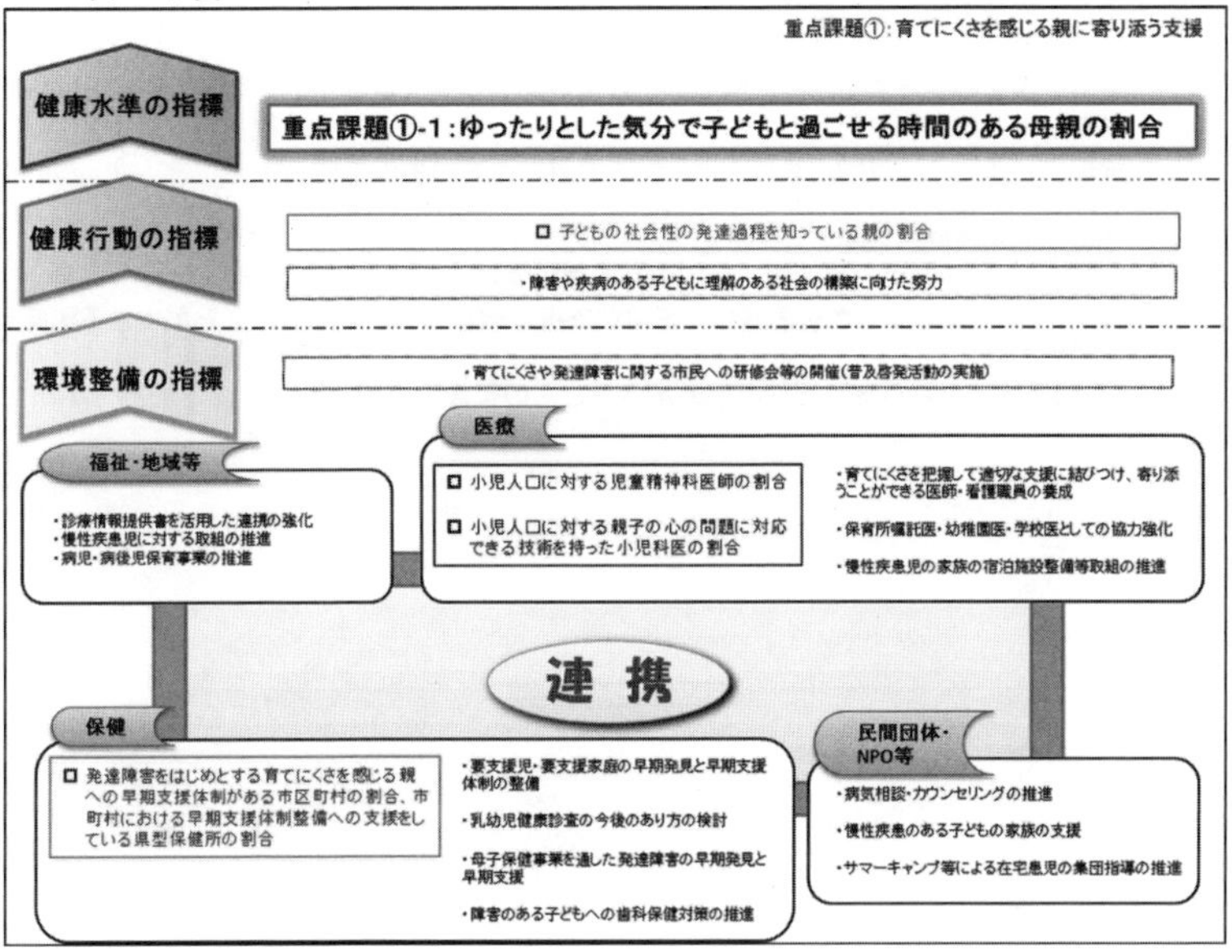

③　目標達成に必要な具体的な取組方策の例示
（※参考資料１の「具体的な取組方策の例示」の記載内容から、特に本指標に関連の強いものを抜粋）

○　国の取組
・要支援児・要支援家庭の早期発見と早期支援体制の整備
・乳幼児健康診査の今後のあり方の検討　等

○　地方公共団体の取組
・子育て支援に関する行政サービスの情報提供
・要支援児・要支援家庭の早期発見と早期支援
・養育支援を必要とする家庭に関して、妊産婦訪問指導や新生児訪問指導、養育支援訪問事業による訪問等を行うとともに、医療・福祉との連携を図ること
・専門職（医師・保健師・保育士等）による育児不安対策の推進　等

○　その他関係機関の取組
・（専門団体）親子の心の問題に対応できる技術を持った医師の養成
・（専門団体）育てにくさを把握して適切な支援に結びつけ、寄り添うことができる医師や看護職の養成
・（民間団体、ＮＰＯ等）慢性疾患のある子どもの家族の支援　等

（イ）育てにくさを感じたときに対処できる親の割合の増加

①　現状と課題

既存の調査はないが、参考として三鷹市における乳幼児健康診査の心理相談に関するデータを示す（図30）。健康診査時の心理相談の件数についてその項目をみると、１歳６ヶ月児健康診査と３歳児健康診査のいずれにおいても、「ことばの問題」、「行動・性格の問題」、「養育者の問題」にピークがある。親が育児不安を感じて相談を求める時、子どもの発達状況に係る問題だけでなく、子どもの養育者側の問題にも着目する必要がある。

図30　乳幼児健診における心理相談内容

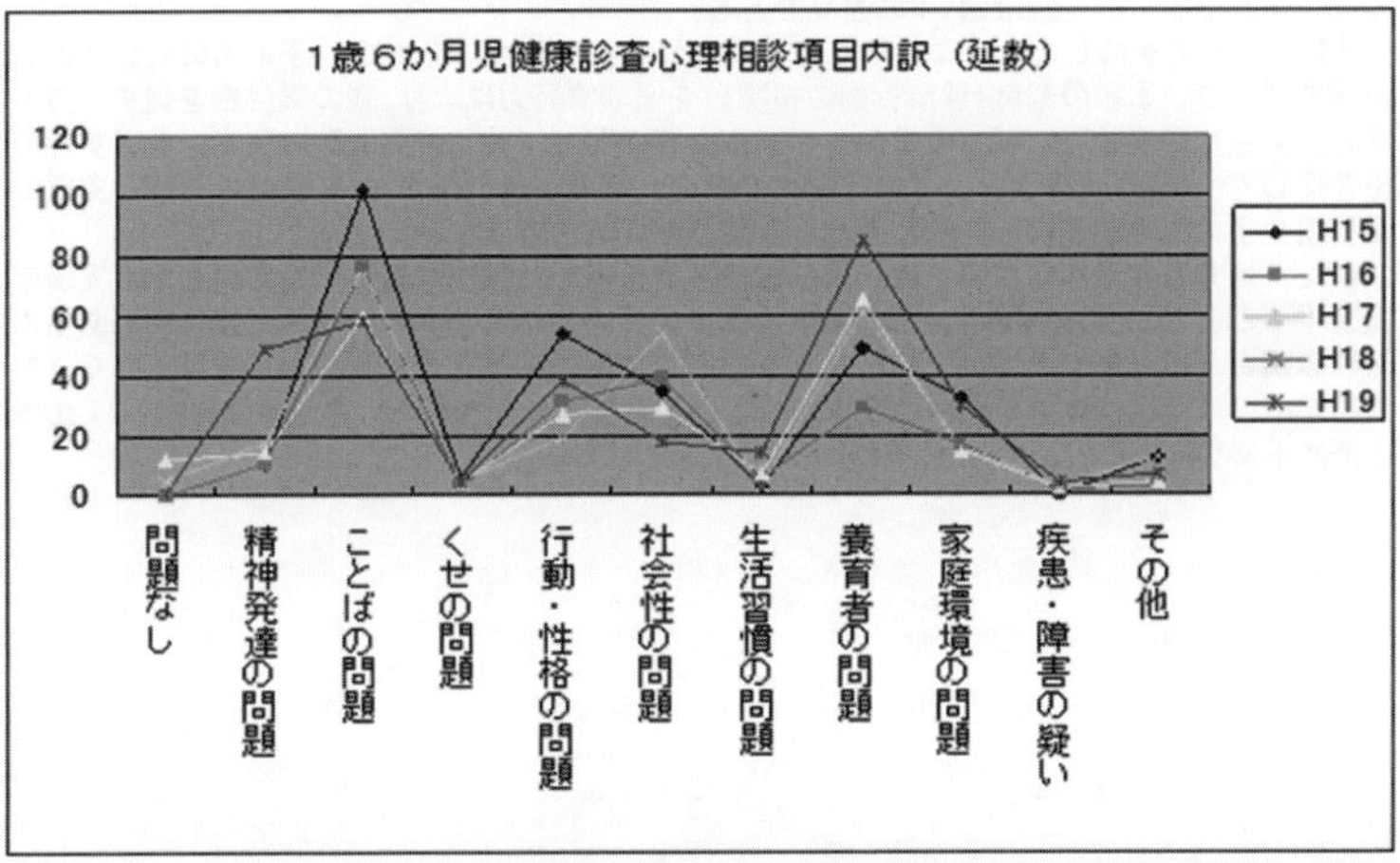

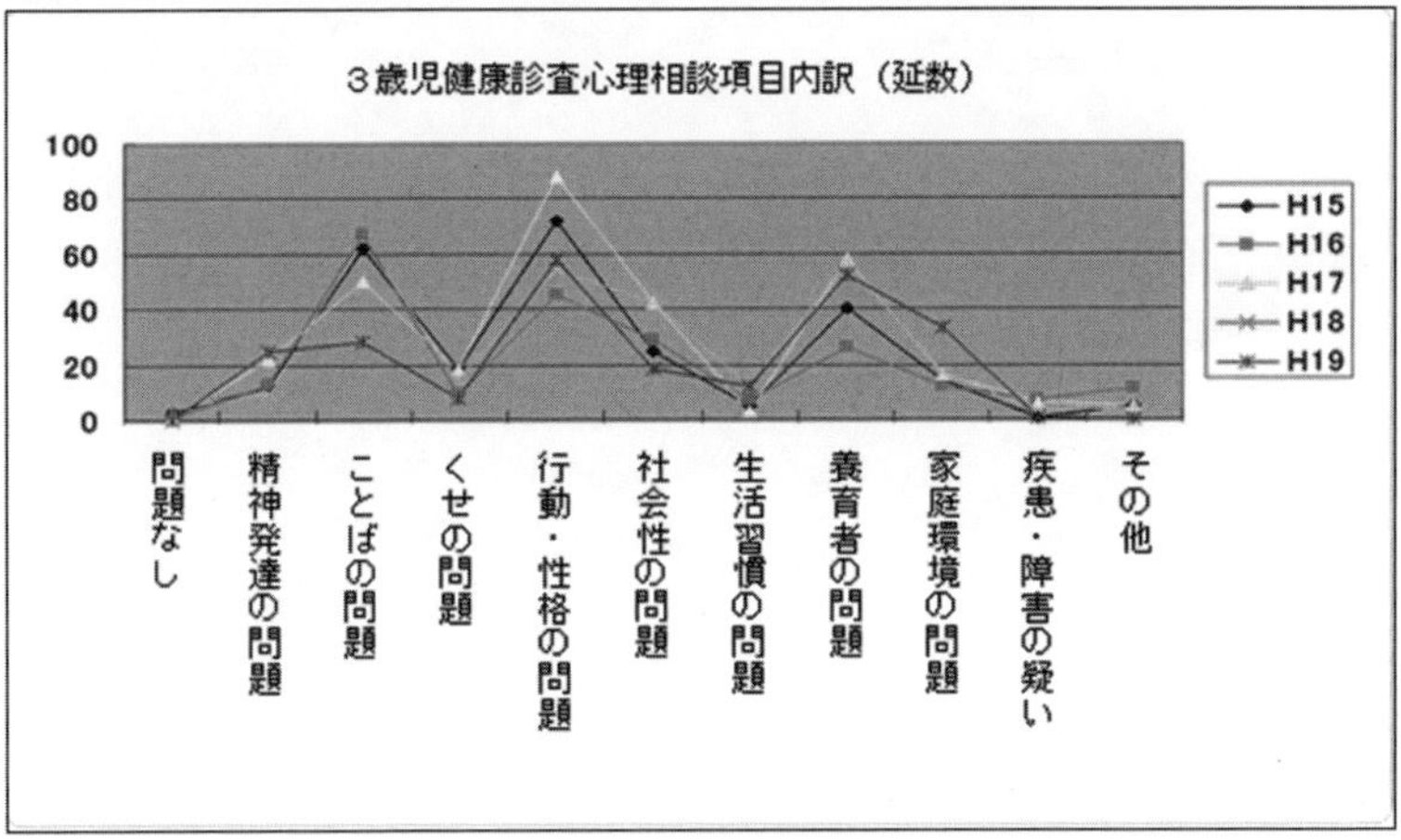

資料：秋山千枝子委員提供資料（平成20年度厚労省障害者保健福祉推進事業　障害者自立支援調査研究プロジェクト（社団法人日本発達障害福祉連盟）による研究成果）

②　目指すべき姿

調査方法は今後検討し、ベースライン調査後に目標を設定する。

ベースライン	中間評価（5年後）目標	最終評価（10年後）目標
― （平成26年度に調査予定）	ベースライン調査後に設定	ベースライン調査後に設定

「育てにくさを感じたときに対処できる親の割合（健康水準の指標）」の増加についての目標達成に向けたイメージ図は図31の通りである。

「育てにくさを感じたときに対処できる親の割合」の増加に向けて、「子どもの社会性の発達過程を知っている親の割合（健康行動の指標）」を増やす努力により、親の気付きを促す一方で、育てにくさや発達障害に関する市民への研修会等の開催（普及啓発活動の実施）を促す等の取組を通して、「発達障害を知っている国民の割合（健康行動の指標）」を改善する等、支援の必要な親や子の特性を理解し、受け入れる社会の構築が求められる。

また、地方公共団体においては、母子保健事業を通した発達障害の早期発見と早期支援等を推進することで、「発達障害をはじめとする育てにくさを感じる親への早期支援体制がある市区町村の割合（環境整備の指標）」や、「市町村における発達障害をはじめとする育てにくさを感じる親への早期支援体制整備への支援をしている県型保健所の割合（環境整備の指標）」の増加に努める必要がある。

図 31　育てにくさを感じたときに対処できる親の割合の目標達成に向けたイメージ図

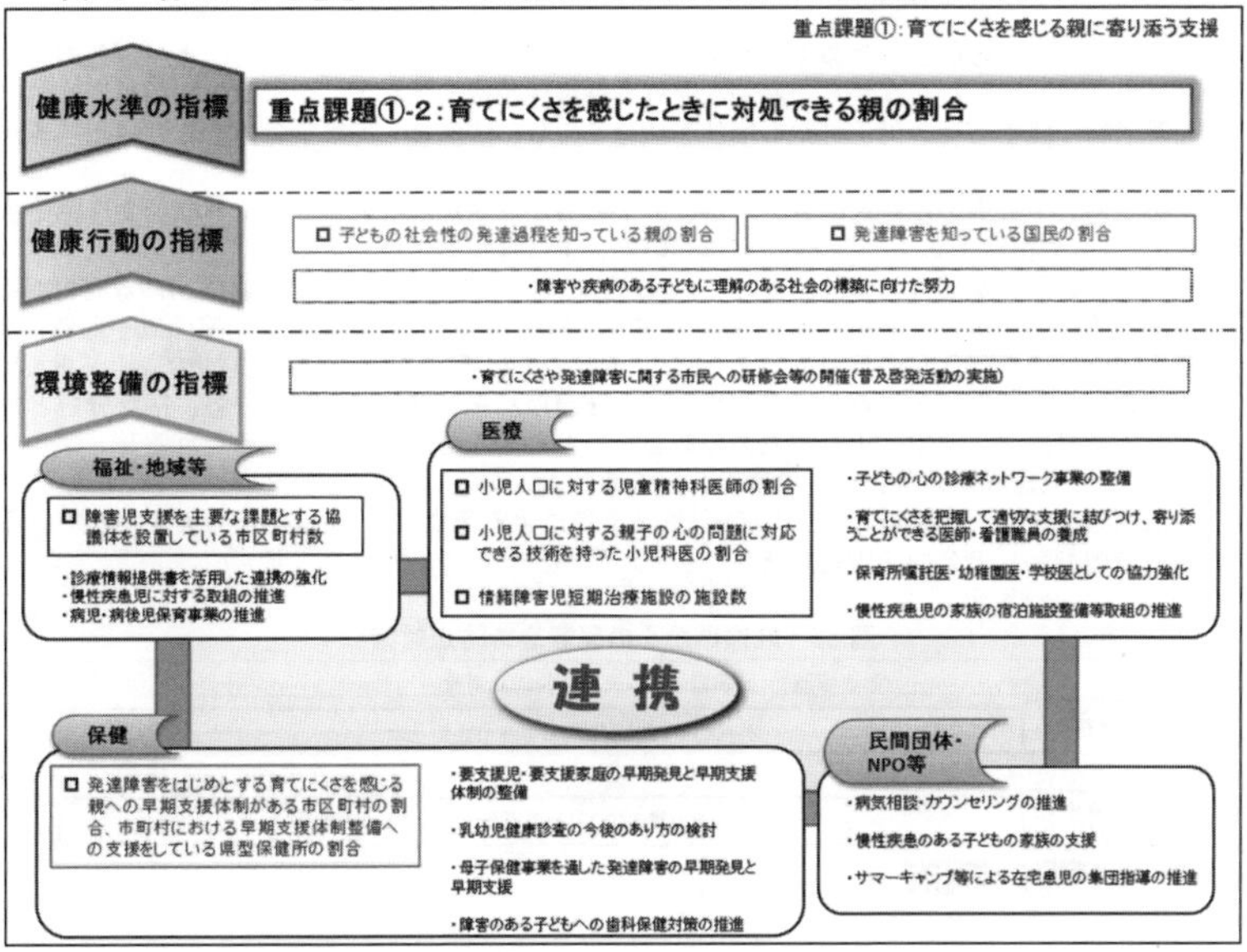

③　目標達成に必要な具体的な取組方策の例示

（※参考資料１の「具体的な取組方策の例示」の記載内容から、特に本指標に関連の強いものを抜粋）

○　国の取組
- 要支援児・要支援家庭の早期発見と早期支援体制の整備
- 乳幼児健康診査の今後のあり方の検討（発達障害、疾病スクリーニングの標準化等）　等

○　地方公共団体の取組
- 要支援児・要支援家庭の早期発見と早期支援
- 育児支援につながる心の問題に関連する専門職種と連携した妊産婦健康診査・乳幼児健康診査の実施
- 専門職（医師・保健師・保育士等）による育児不安対策の推進　等

○　その他関係機関の取組
- （専門団体）育てにくさを把握して適切な支援に結びつけ、寄り添うことができる医師や看護職の養成
- （専門団体）育てにくさや発達障害に関する市民への研修会等の開催（普及啓発活動の実施）
- （民間団体、医療機関）専門職（児童精神科医師・心理職等）による育児不安対策の推進
- （民間団体、ＮＰＯ等）病気相談・カウンセリングの推進
- （民間団体等）親の育てにくさを理解できる保育士、相談員の養成　等

イ　妊娠期からの児童虐待防止対策（重点課題②）（図 32）

児童虐待への対応は、これまで、制度の見直しや関係機関の体制強化などにより、その充実が図られてきた。しかしながら、深刻な児童虐待事件が後を絶たず、全国の児童相談所における児童虐待に関する相談対応件数も増加を続けており、依然として社会全体で取り組むべき重要な課題となっている。

このため、子どもの虐待を防ぎ、すべての子どもが健やかに成長できるような社会を構築するため、「健やか親子２１（第２次）」において、重点課題の１つとする。

児童虐待の防止するための対策として、(1)児童虐待の発生予防には、妊娠届出時など妊娠期から関わることが重要であること、(2)早期発見・早期対応には、新生児訪問等の母子保健事業と関係機関の連携強化が必要であること、(3)子どもの保護・支援、保護者支援の取組が重要である。特に、早期発見・早期対応のためには、妊娠期から保健分野と医療分野、福祉分野とで連携して取り組むことで、より実効力のあるものとすることができると考えられる。

目標は、「児童虐待のない社会の構築」とする。

重点課題②の健康水準の指標として、「児童虐待による死亡数」と、「子どもを虐待していると思う親の割合」の２つを設定した。

図 32　妊娠期からの児童虐待防止対策

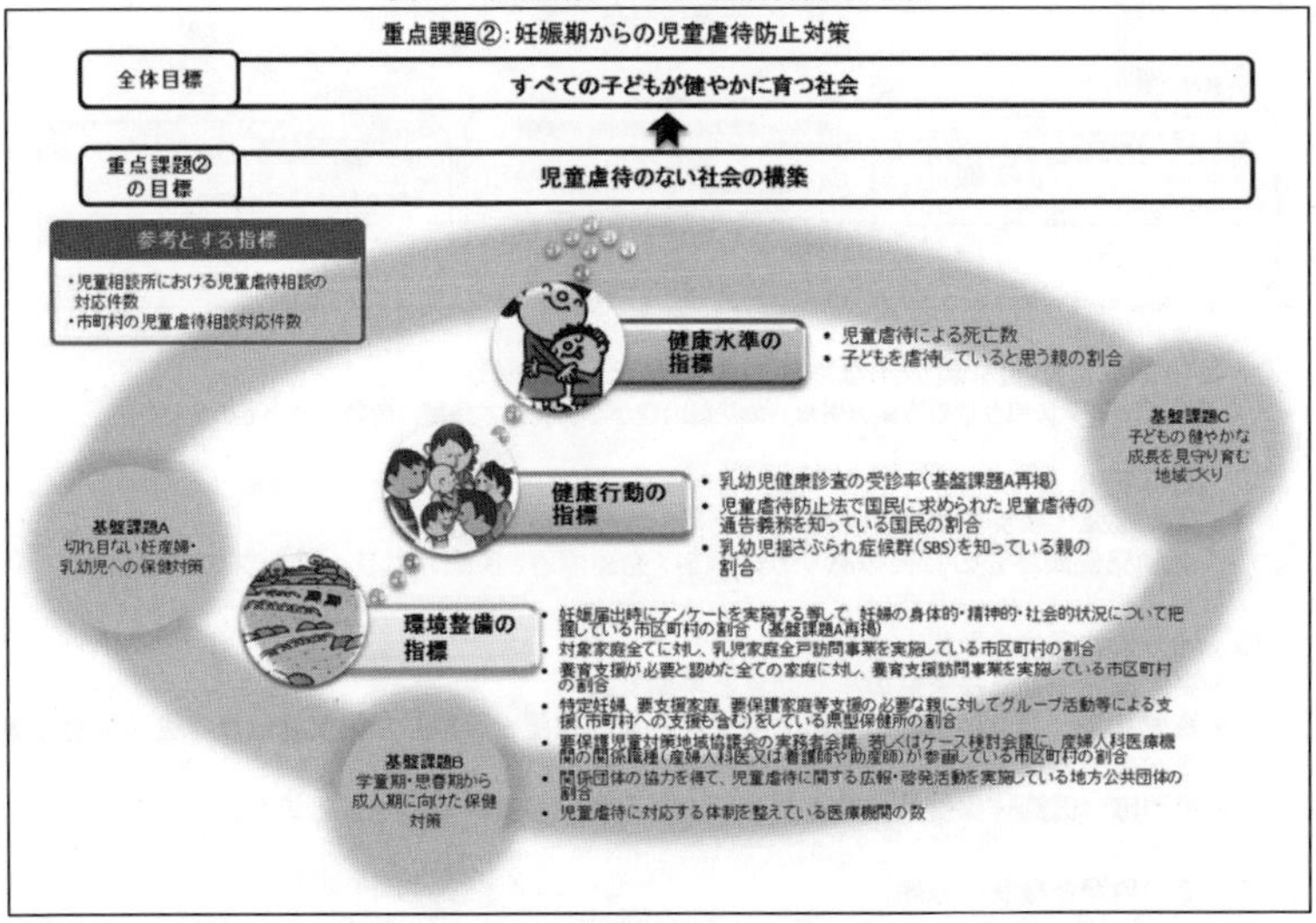

（ア）児童虐待による死亡数の減少

①　現状と課題

児童虐待による死亡数については、最終評価において、現状では年度毎のばらつきが大きく（図 33）、減少傾向という目標を達成している状況ではないとの評価であった。

また、「児童相談所における児童虐待相談の対応件数（参考とする指標）」については、社会的な関心の高まりによる影響もあるものの、年々増加している。

これまでの子ども虐待による死亡事例等の検証において、日齢０日児の事例では母子健康手帳の未交付や妊娠健康診査未受診の事例が見られるとされており、養育支援を必要とする家庭への妊娠期・出産後早期からの支援を充実することが求められる。また、児童相談所虐待相談における被虐待児童の年齢構成を見ると、０～学齢前だけで全体の 43.4%（平成 24 年度）を占めることや、虐待による死亡事例の状況（平成 23 年度・心中以外の虐待死事例）を見ると、０歳児が 43.1%で最も多く、０～２歳までで 67.2%を占めていることから、特に乳幼児死亡の割合については注視する必要がある。

図 33　児童虐待による死亡数

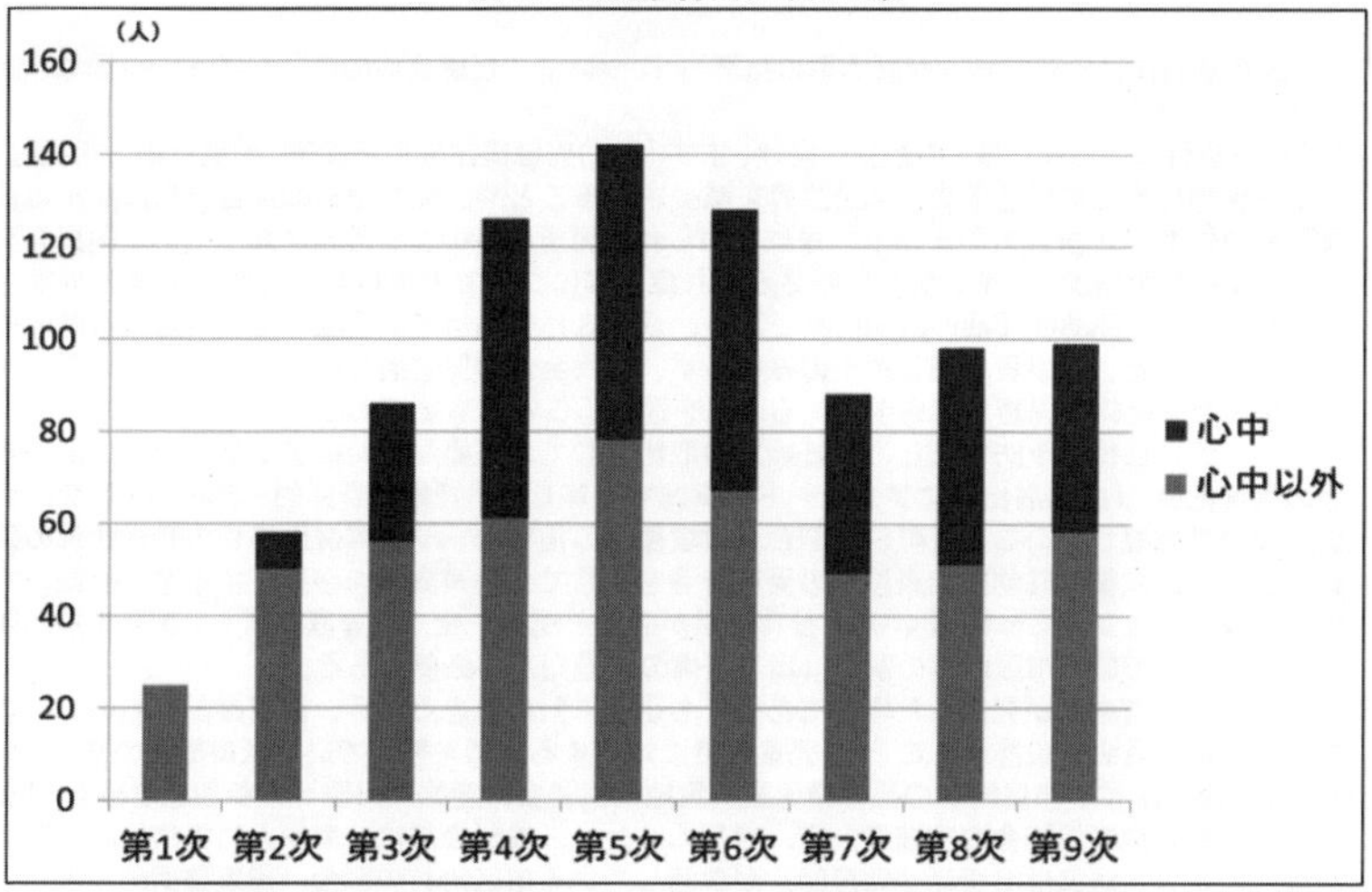

資料：厚生労働省「子ども虐待による死亡事例等の検証結果等について」の報告書
※第1次報告は、対象期間が平成 15 年7月1日から同年 12 月末日（半年間）、第5次報告は平成 19 年1月1日から平成 20 年3月 31 日まで（1年3か月間）と、対象期間（月間）が他の報告と異なる。

②　目指すべき姿

児童虐待による死亡事例を根絶することが最終的な目標であるが、児童相談所の相談対応件数が毎年度増加し、また、死亡数は横ばいであることから、５年後および10年後の目標は、現状よりも１件でも死亡数を減らすこととする。

また、「健やか親子２１（第２次）」においては、心中と、心中以外の件数を分けて示すこととする。

データソースは、厚生労働省「子ども虐待による死亡事例等の検証結果等について」の報告書の件数とし、児童虐待及び福祉犯の検挙状況等の報告書（警察庁生活安全局少年課調べ）の推移も参考とする。

ベースライン	中間評価（５年後）目標	最終評価（10年後）目標
心中以外：58人 心中：41人 （平成24年）	それぞれが減少	それぞれが減少

「児童虐待による死亡数（健康水準の指標）」についての目標達成に向けたイメージ図は、図34の通りである。

「児童虐待による死亡数」の減少に向け、まず「乳幼児健康診査の受診率（健康行動の指標）」の状況を把握する取組を進め、未受診者を減少させることや、児童虐待の通告義務に関する普及啓発の促進（「児童虐待防止法で国民に求められた児童虐待の通告義務を知っている国民の割合（健康行動の指標）」）や、乳幼児揺さぶられ症候群についての認知度を高める（「乳幼児揺さぶられ症候群（Shaken Baby Syndrome：以下、ＳＢＳ）を知っている親の割合（健康行動の指標）」）ことなど、当事者である親子のみならず、国民全体の児童虐待についての関心を更に高め、地域社会全体で児童虐待を予防する取組を進めることが重要である。

また、児童虐待を予防するため、妊娠期の取組として、妊娠届出時のアンケート等による妊婦の状況把握（「妊娠届出時にアンケートを実施する等して、妊婦の身体的・精神的・社会的状況について把握している市区町村の割合（環境整備の指標）」）や妊婦健康診査の受診状況の確認、また、出産後は乳幼児健康診査の受診時等を通じて、養育支援を必要とする家庭を継続的にフォローアップする体制づくり（「養育支援が必要と認めた全ての家庭に対し、養育支援訪問事業を実施している市区町村の割合（環境整備の指標）」）が必要である。

さらに、児童虐待が発生した場合であっても迅速に対応できるよう、医療機関においては院内虐待対策委員会を設置すること（「児童虐待に対応する体制を整えている医療機関の数（環境整備の指標）」）や、市区町村の要保護児童対策地域協議会に産婦人科医等の参加を求める（「要保護児童対策地域協議会の実務者会議、若しくはケース検討会議に、産婦人科医療機関の関係職種（産婦人科医又は看護師や助産師）が参画している市区町村の割合（環境整備の指標）」）など、保健・医療と福祉の連携が進むようにすることが重要である。

図 34　児童虐待による死亡数の目標達成に向けたイメージ図

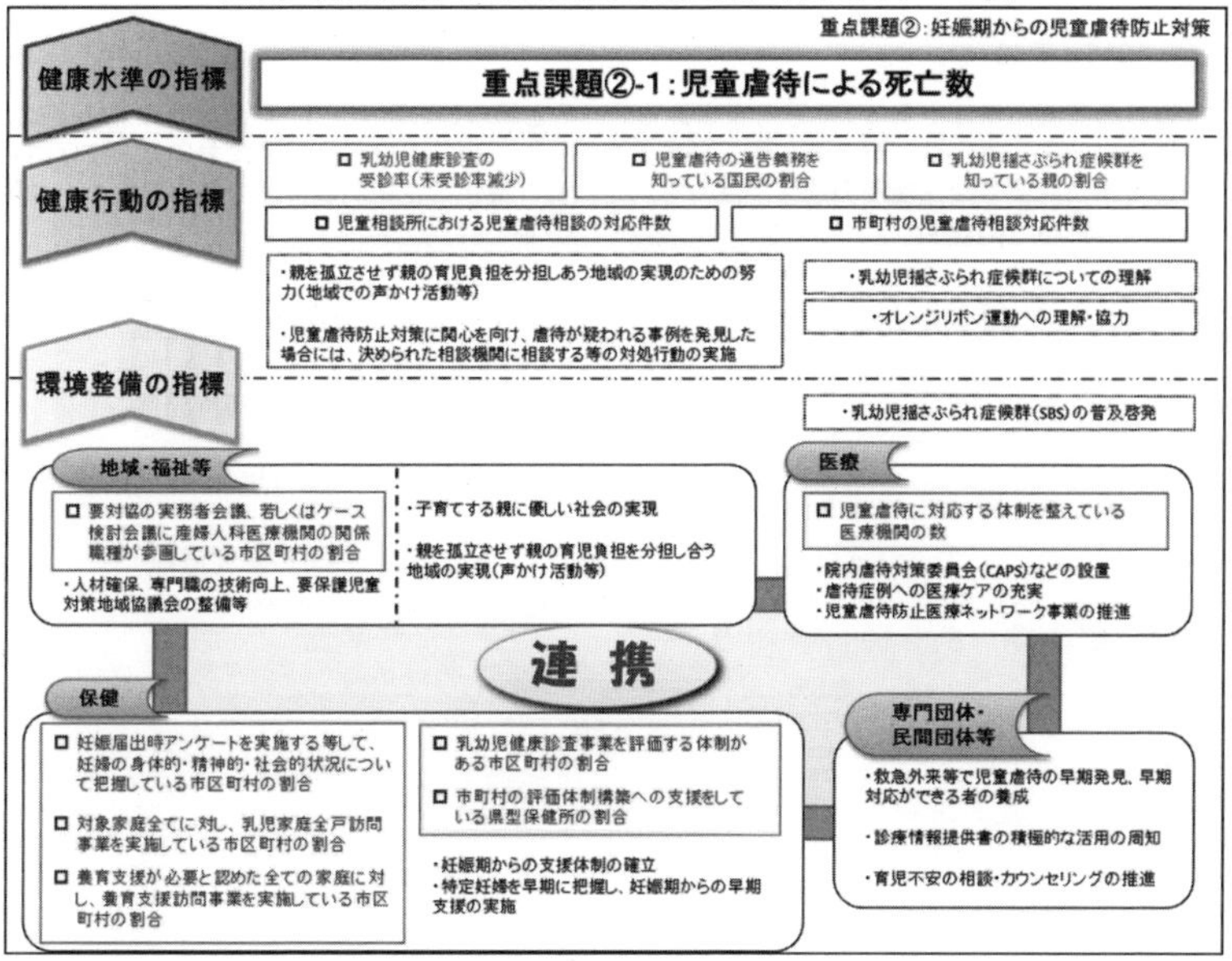

③　目標達成に必要な具体的な取組方策の例示

（※参考資料１の「具体的な取組方策の例示」の記載内容から、特に本指標に関連の強いものを抜粋）

○　国の取組
- 児童虐待防止対策のための調査・研究等の実施（心中による虐待死の調査・研究を含む）
- 乳幼児健康診査の今後のあり方の検討（児童虐待への対応等）
- 乳幼児揺さぶられ症候群（ＳＢＳ）に関する啓発
- 乳児家庭全戸訪問事業ガイドラインや養育支援訪問事業ガイドラインの周知　等

○　地方公共団体の取組
- 特定妊婦を早期に把握し、妊娠期からの早期支援の実施
- 乳児家庭全戸訪問事業ガイドラインや養育支援訪問事業ガイドラインの活用
- 児童虐待に対応するための人材確保、専門職（医師、保健師等）の技術向上、要保護児童対策地域協議会の整備等、児童虐待対策の推進　等

○　その他関係機関の取組
- （専門団体）医療機関（救急外来や整形外科等）において児童虐待の早期発見、必要な支援に結びつけることができる者の養成
- （専門団体）歯科検診を通じた児童虐待の早期発見
- （専門団体）診療情報提供書を積極的に活用した行政機関との連携を図ることの周知
- （専門団体）乳児家庭全戸訪問事業ガイドライン及び養育支援訪問事業ガイドラインの周知
- （医療機関）医療機関における院内虐待対策委員会（Child Abuse Prevention System：ＣＡＰＳ）などの設置　等

（イ）子どもを虐待していると思う親の割合の減少

①　現状と課題

現行の計画の指標である「子どもを虐待していると思う親の割合」は、最終評価においては、目標値には達していないが改善したとの結果であった。現行の計画の期間において、市区町村の虐待予防対策や関係機関の取組が進められたため、母親の主観的虐待感であるこの割合は改善傾向にある（図 35）。

図 35　子どもを虐待しているのではないかと思う母親の割合

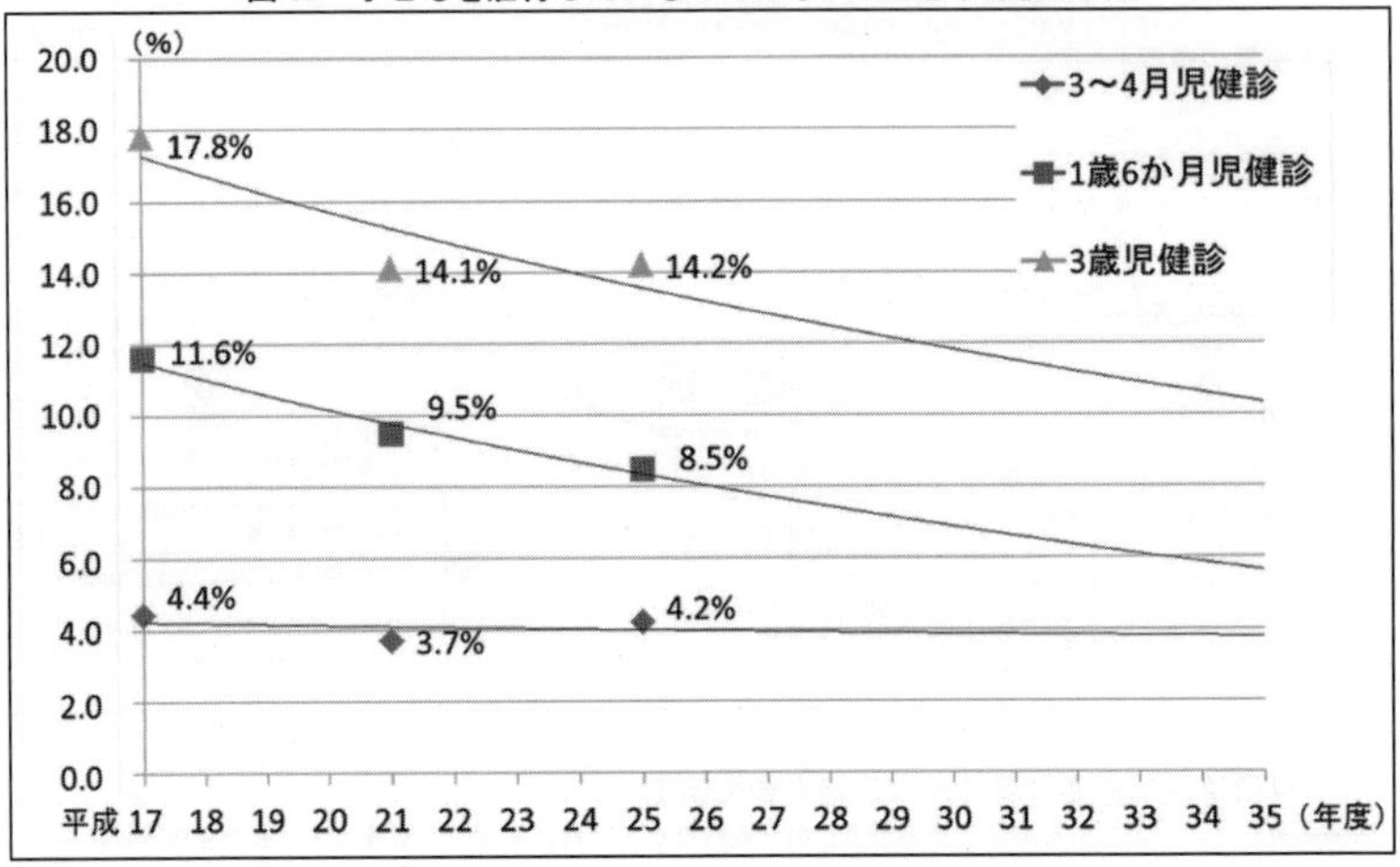

資料：

平成 17 年度厚労科研「健やか親子21の推進のための情報システム構築と各種情報の利活用に関する研究」（山縣然太朗班）
平成 21 年度厚労科研「健やか親子21を推進するための母子保健情報の利活用に関する研究」（山縣然太朗班）
平成 25 年度厚労科研「「健やか親子21」の最終評価・課題分析及び次期国民健康運動の推進に関する研究」（山縣然太朗班）

ただし、最終評価において指摘のあるように「子どもを虐待しているのではないかと思う母親」と「現在の経済状況が苦しい」と回答した母親の割合は、どの健康診査時点においても関連が認められており（※）、今後の経済状況が変動した場合には影響を受けることがあるため、引き続き、留意が必要である。

（※）オッズ比は、３・４か月児健診時が 1.89、１歳６か月児健診時が 1.64、３歳児健診時が 1.42 であった（平成 25 年度厚労科研「「健やか親子２１」の最終評価・課題分析及び次期国民健康運動の推進に関する研究」（山縣然太朗班））。

②　目指すべき姿

調査方法は今後検討し、ベースライン調査後に目標を設定する。

ベースライン	中間評価（5年後）目標	最終評価（10年後）目標
―（平成26年度に調査予定） （参考）主観的虐待観 （対象：母親、平成25年度） 3～4か月児：　4.2% 1歳6か月児：　8.5% 3歳児　　　：　14.2%	ベースライン調査後に設定	ベースライン調査後に設定

現行の計画においては、乳幼児健康診査時に母親を対象とした調査を行っていたが、「健やか親子２１（第２次)」においては、母親だけでなく父親も含めた割合で評価できるように調査方法を検討する。

「子どもを虐待していると思う親の割合（健康水準の指標)」についての目標達成に向けたイメージ図は、図36の通りである。

「子どもを虐待していると思う親の割合」の減少に向けては、親を孤立させず親の育児負担を地域全体で分担するような取組が必要である。

そのためには、市町村においては、乳児家庭全戸訪問事業を通じて、親の育児等に関する相談に応じ、子育て支援に関する情報提供を行うこと（「対象家庭全てに対し、乳児家庭全戸訪問事業を実施している市区町村の割合（環境整備の指標)」）や、養育支援が必要な家庭に対する訪問支援事業を丁寧に実施（「養育支援が必要と認めた全ての家庭に対し、養育支援訪問事業を実施している市区町村の割合（環境整備の指標)」）し、また、都道府県においては、ハイリスクの親に対してグループ活動等による支援などの取組（「特定妊婦、要支援家庭、要保護家庭等支援の必要な親に対して、グループ活動等による支援（市町村への支援も含む）をしている県型保健所の割合（環境整備の指標)」）を進め、子どもを虐待していると思う親の割合の減少に繋げることが重要である。

図 36　子どもを虐待していると思う親の割合の目標達成に向けたイメージ図

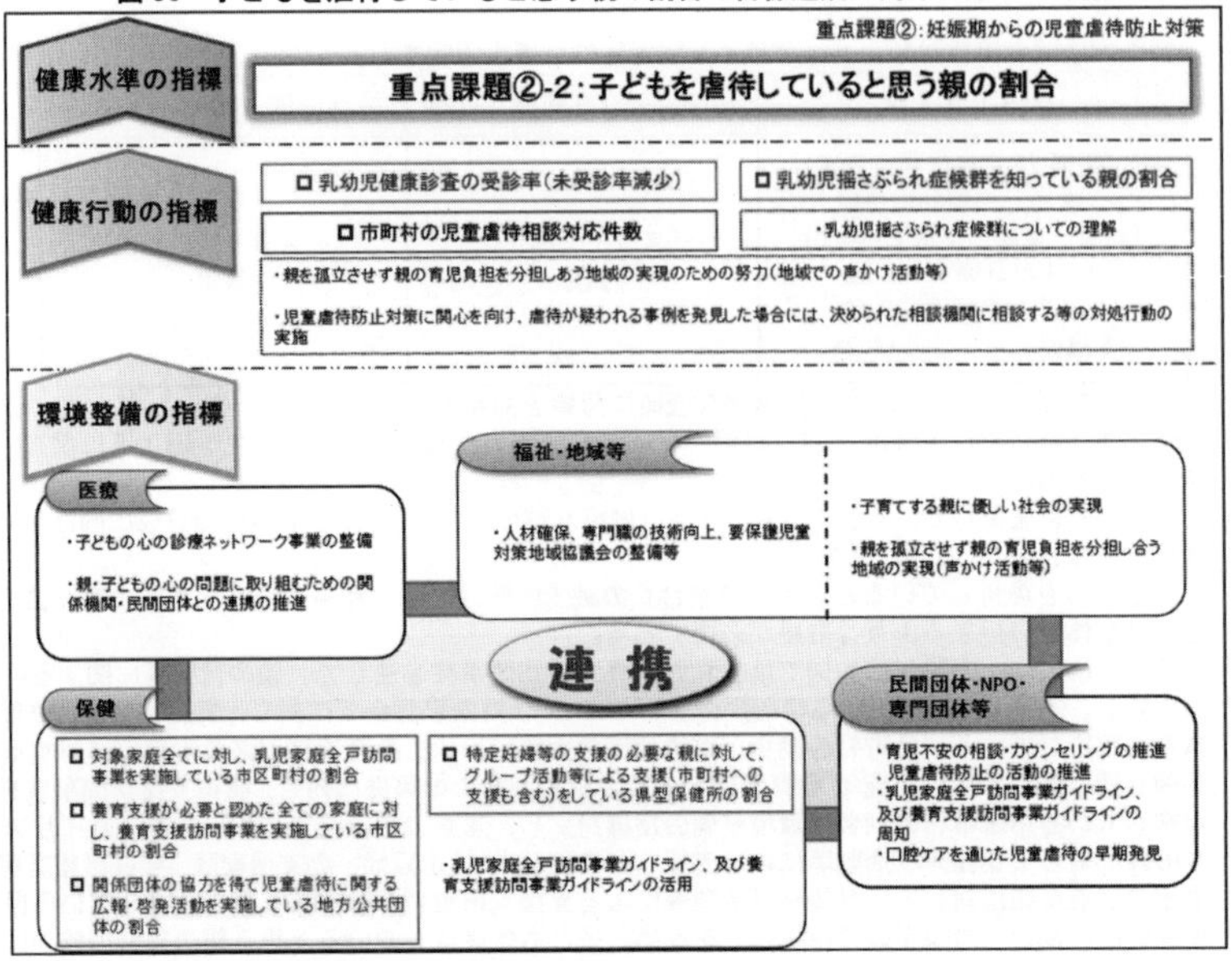

③　目標達成に必要な具体的な取組方策の例示

（※参考資料１の「具体的な取組方策の例示」の記載内容から、特に本指標に関連の強いものを抜粋）

○　国の取組
- 児童虐待防止対策のための調査・研究等の実施（心中による虐待死の調査・研究を含む）
- 乳幼児健康診査の今後のあり方の検討（児童虐待への対応等）
- 乳児家庭全戸訪問事業ガイドラインや養育支援訪問事業ガイドラインの周知　等

○　地方公共団体の取組
- 地域における母子保健活動での児童虐待防止対策の展開
- 特定妊婦を早期に把握し、妊娠期からの早期支援の実施
- 乳児家庭全戸訪問事業ガイドライン及び養育支援訪問事業ガイドラインの活用
- 親の心の問題に取り組むための関係機関・民間団体との連携の推進　等

○　その他関係機関の取組
- （専門団体）地域における児童虐待相談対応の充実
- （専門団体）乳児家庭全戸訪問事業ガイドライン及び養育支援訪問事業ガイドラインの周知
- （民間団体等）育児不安の相談・カウンセリングの推進　等

第６　国民運動計画としての取組の充実に向けて

１　国民運動計画としての取組の推進体制

「健やか親子２１（第２次)」においては、現行の「健やか親子２１」に引き続き、関係者や関係機関・団体が一体となって、「すべての子どもが健やかに育つ社会」を築いていけるよう推進を図っていく。

そのためには、関係者が、それぞれの特性や専門性などの強みを活かしつつ、参画できるような体制とすることが求められる。

現行の計画では、これまで主に「行政機関（国、地方公共団体)」と「健やか親子２１推進協議会」を中心とした推進体制（図１）であったが、「健やか親子２１（第２次)」において掲げられた課題の達成に向けては、保健、医療、福祉、教育、労働等、幅広い分野から取組に参画してもらうことが重要である。このため、これまで参画してきた関係者だけに留まらず、民間団体等の多種多様な関係機関とも連携しつつ、国民運動としての機運を高め、取組を強化するため、幹事会の位置付けや役割も含めて、具体的な取組体制及び方策について検討していく。

図１　現行の「健やか親子２１」推進体制のイメージ図

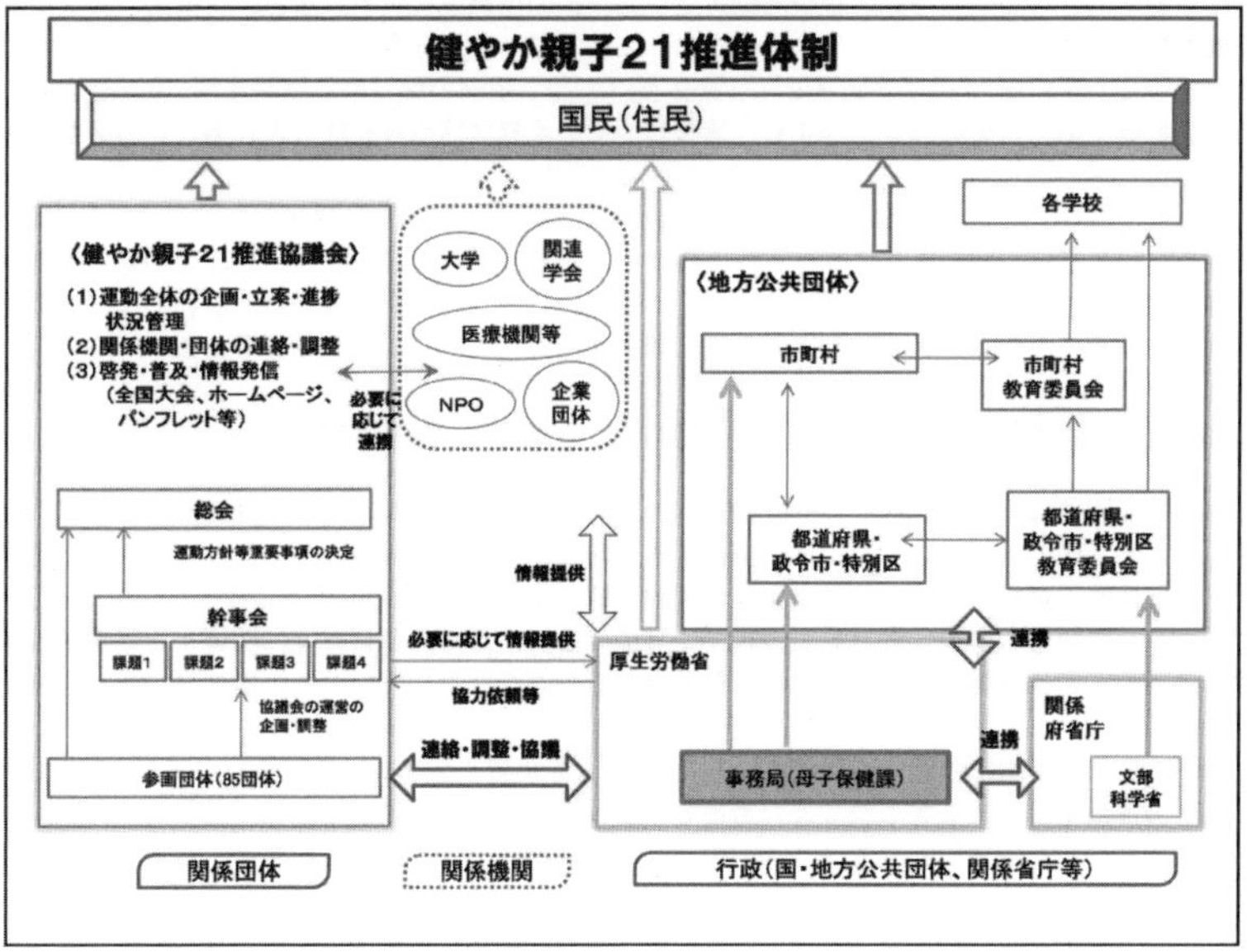

（１）国民の主体的取組の推進

「健やか親子２１（第２次）」では、子どもやその親への支援だけでなく、地域も含めた親子を取り巻く温かな環境を形成することを目指す。そのため、すべての子どもが健やかな生活を送ることができるよう、国民一人ひとりが環境づくりへの関心と理解を深め、主体的に取り組むことが必要である。

また、現行の計画では、対象者に向けた関係団体の取組が中心であったため、子どもや母親等「健やか親子２１」の当事者が主体となった取組や活動が必ずしも十分ではなかった。今後は、当事者である子どもや母親等が主体的に活動できるよう取組を進めることが求められる。

（２）「健やか親子２１」推進協議会及び各参画団体の活動の更なる活性化

「健やか親子２１」推進協議会はスタート当時は50団体であったが、現在は85団体が参画し、各団体が幹事会を中心に活動してきた。また、多くの団体において、団体のホームページ等で、その取組内容を公表するなど啓発が進められてきたところである。一方で、事業や成果については、評価や検証が十分になされていない状況であり課題が残る。

「健やか親子２１（第２次）」においては、課題の達成に向け、団体同士の連携した取組をより推進するため、各団体の活動内容や活動スケジュールの情報を共有するなど、有機的につながる体制を構築することが求められる。このため、これまで対象となるライフステージ別に連携、調整等を行ってきたが、「健やか親子２１（第２次）」では、個別の課題や職域関連別、地域別など、取組を推進する団体等が活動しやすく、連携しやすい柔軟な仕組みを取り入れることも必要である。

さらに、学術団体や職能団体、当事者が組織する団体など、様々な関係者が存在する。そこで、現行の計画の評価で課題として挙げられた事業の評価や成果の検証、健康格差等に関する調査研究等については、学術団体と連携し、また、支援者の育成や好事例の展開等については、職能団体などと連携するなど、実施体制の有機的な連携を検討していくことが重要である。

（３）企業や学術団体等との連携、協働による取組推進の体制づくり

現行の計画では、「行政機関（国や地方公共団体）」や「健やか親子２１」推進協議会など関係団体による「健やか親子２１」に直接関係する対象者に向けた取組が中心であり、必ずしも企業や学術団体等と連携、協働した社会全体の運動とはなっていなかった。

そこで、今後は、国民運動としての幅を一層広げる観点から、子育て等に関連する事業を展開する企業や学術団体等の取組と連携した普及啓発活動等を模索していくことも意義があると考えられる。

なお、企業や学術団体等と協働するにあたり、「健やか親子２１」に参画する企業が、次世代の子どもの健康や子育てをする親などの当事者を支援することが、企業の広報活動や社会貢献にもつながるといった双方にとってメリットのある仕組みとなるような工夫が求められる。

特に産業界においては、「健やか親子２１」の趣旨を踏まえ、商品やサービス等の提供を通じて、すべての子どもが健やかに育つ社会づくりに貢献することを、国民に広く伝えられるような登録制度などを検討することは、「健やか親子２１」に参画する上でのインセンティブとなり得る。

（４）国及び地方公共団体における取組の推進－健康格差の解消に向けて国・都道府県・市町村に求められる役割－

最終評価においては、
・これまでに、母子保健事業が市町村に移譲されてきたことにより、都道府県や県型保健所の役割が曖昧となっている状況がある場合もあり、地域の課題を把握し必要な取組につなげる

仕組みが十分でなく、その結果、健康格差が地方公共団体間で生じてきていること
・国民運動計画として、毎年「健やか親子２１全国大会」を開催する等の取組をしているにも関わらず、広く国民への普及啓発が十分に行われていなかったこと

が主な課題として挙げられた。これらを踏まえ、「健やか親子２１（第２次）」の推進にあたり、特に、国及び地方公共団体において必要な取組や役割について、以下に述べる（図２）。

図２　母子保健の取組を推進するための国と各地方公共団体の役割

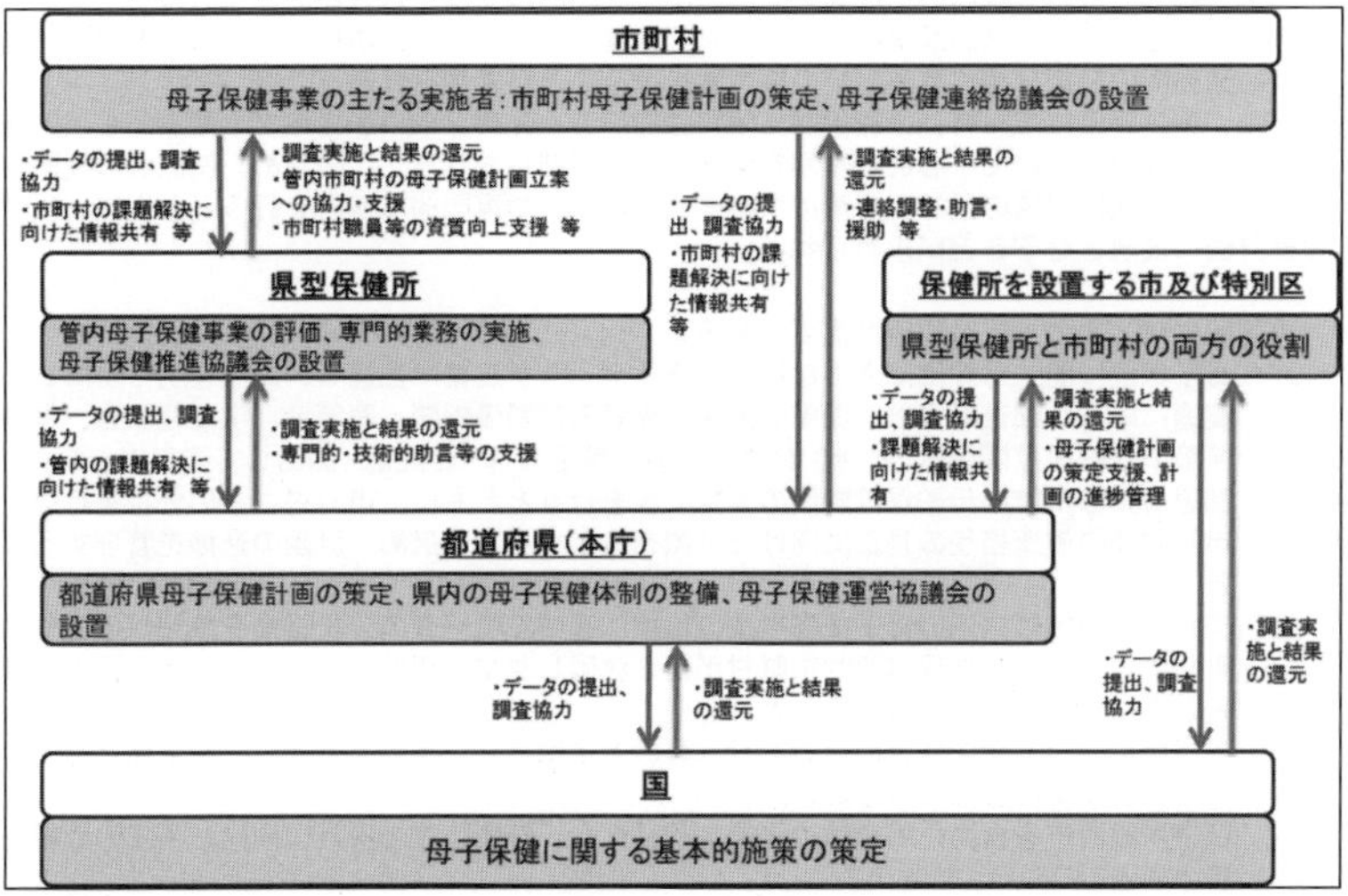

都道府県においては、県内の市町村の取組の把握・評価や、各市町村間、他の都道府県及び全国との比較検証等により、県内の課題を把握し、健康格差解消に向けて必要となる取組に結び付けることが、十分できていなかったと考えられる。また市町村においては、母子保健事業の実施を通じて、収集した情報を必ずしも十分に利活用できていなかったと考えられる。

地方公共団体間の健康格差解消に向けては、国・都道府県・県型保健所・市町村が、それぞれに求められる役割を果たすことが必要であり、そのためには、計画期間と達成すべき具体的課題を明確にした目標を設定することが求められる。また、取組を推進していくためには、「①地域の現状等の把握（情報収集）→②課題の抽出→③改善策の検討→④改善策の実行」というＰＤＣＡサイクルで母子保健事業を実施することが必要であり、そのための母子保健事業を評価する仕組みが必要である。

ア　国の役割

全国的な母子保健水準や母子保健事業の実施状況等を評価するための目標を設定し、広く関係者等に対してその目標を周知する。

具体的には、次のような取組が重要である。

- 「健やか親子２１（第２次）」の中間評価や最終評価を通して、継続的に指標の推移等の調査及び分析を行い、その結果に関する情報を地方公共団体に還元すること。こうした国からの情報発信を行うことで、地方公共団体での母子保健事業の更なる推進に資することが重要である。こうした国における分析の結果等を活用することで、地方公共団体においては、母子保健事業の推進につなげることが求められる。

- 各地方公共団体における母子保健事業の取組について、評価が定期的にかつ適切に実施できるよう、その評価の具体的な実施方法も含めたツール等を作成し地方公共団体に提供するとともに、事業を評価する手法等について研修を行うなど、母子保健計画策定の支援をすること。

イ　都道府県の役割

都道府県は、県内の課題の把握等を広域的かつ専門的な立場から行い、都道府県母子保健計画を策定する。また、課題解決に向けて、県型保健所や指定都市、中核市、市町村といった地方公共団体間の役割分担や連携方策の検討等を行うことが求められる。

また、都道府県は市町村、医療機関、教育機関等の一体的な取組を推進する観点から、関係者の連携の強化について中心的な役割を果たすことが期待される。このため、関係者の役割分担の明確化や連携促進のための方策について、広域的かつ専門的に検討を行うとともに、母子保健計画に反映させることが求められる。

具体的には、次のような取組が重要である。

- 母子保健に関する評価に必要な指標に係るデータを正確に把握し、課題を明らかにし、実態に応じた都道府県母子保健計画を関係者及び関係機関（医師会、学識経験者、保健所等の保健医療関係者、福祉関係者及び教育関係者等）と連携・協働して策定すること。
- 都道府県は市町村母子保健計画の策定支援を行うとともに、市町村ごとの分析を行い、市町村間の健康格差の是正に向けた目標を設定するよう努め、計画の進捗を管理すること。
- また、定期的に県内の母子保健事業の指標に基づくデータの分析結果を県型保健所や市町村に還元し、県型保健所や市町村が自ら評価しやすい環境づくりといった支援を行うとともに、県民にも公表すること。
- 各指標について全国値との比較を行う等の方法により、実情を把握し、県全体としての母子保健事業の評価を行うこと。
- 保健所設置市を含めた県全体の課題を明確化し、健康格差の解消に向けた事業の取組を行うこと。
- 県内の母子保健課題を解決するために必要な人材の確保及び資質の向上に努めること。
- 医療計画の中に位置付けられている周産期・小児医療については、都道府県が主体となって取り組むこととされており、県型保健所や市町村と連携して医療体制の整備及び質の向上に努めること。

ウ　県型保健所の役割

県型保健所は、地域保健における広域的、専門的かつ技術的拠点である。管内市町村における事業評価及びそれに基づく改善を円滑に進めるために、積極的に協力・支援に取り組むことが求められる。

具体的には、次のような取組が重要である。

- 母子保健事業の評価に必要な調査・研究等を推進し、管内市町村の情報の収集に努めること。課題解決に向けて都道府県と情報を共有し、必要な専門的・技術的助言等の支援を受けるとともに、管内市町村の母子保健計画立案に協力・支援すること。また、管内市町村とも情報を共有し、市町村の健康格差を解消するため、地域の実情に合った母子保健事業を推進するための方策を市町村と協議・検討し支援内容を立案すること。
- 管内の各市町村間、都道府県及び全国における数値との比較において大きな乖離がないか検証し、取組を評価することで、管内の課題を明らかにし、管内市町村の事業計画立案に活用すること。また大きな乖離がある場合には、対象集団の特性の差異によるものか、精度管理上の問題かなど問題の所在を明らかにするよう努めること。
- 市町村職員等に対する資質向上のための研修等を積極的に推進すること。

エ　市町村の役割

市町村は、各母子保健事業の主たる実施者であり、まずは関連部署や医療機関、教育機関、その他の関係者と連携し、個々の状況に応じた、きめ細かな支援を行うことが必要である。さらに、事業の実施を通じて把握した情報等から、課題を明らかにするとともに対応策を検討し、事業に反映させていくことが求められる。

指定都市・中核市の場合は、前述の県型保健所の役割も同時に担うことになるが、その場合も、より広域的な事業評価等を行っていくためには、都道府県と連携することが重要である。

具体的には、次のような取組が重要である。

- 母子保健に関する評価に必要な指標に基づいたデータを正確に把握し、課題を明らかにし、実態に応じた市町村母子保健計画を関係者及び関係機関（医療機関や、都道府県・県型保健所を含む）等と連携・協働して策定すること。
- また作成した母子保健計画の進捗を管理し、定期的に評価すること。課題解決に当たっては、都道府県や県型保健所等の関係機関や関係者と連携すること。また、地域住民にも評価結果を公表すること。
- 乳幼児健康診査等について、精度管理の徹底が図られているか、評価ツール等を用いて自己点検し、適切な評価をして、母子保健事業を適切に実施すること。
- 母子保健事業評価の結果等を踏まえ、必要に応じて事業の実施体制等を改善すること。
- 母子保健事業の対象者を適切に把握するとともに、対象者に対して母子保健指標のデータ推移等を十分説明すること。また母子保健施策の重要性について、十分な広報・教育活動を行うとともに、母子保健事業の休日・夜間等における実施も含め、受診者の利便性の向上に努めること。
- 市町村職員等は、母子保健事業の運営やその質の担保を図るために必要な知識や技術の習得、研鑽に努めること。

2　効果的な取組方策のあり方について

現行の計画では、これまで各団体が幹事会を中心に活動してきたが、国民運動として更なる推進を図っていくためには、関係機関間の連携を図る体制を再構築するとともに、関係者だけでなく、広く一般の方にも「健やか親子２１（第２次）」の取組を周知し、普及していく必要がある。

（１）関係者による課題の共有や意見交換ができる体制づくり

これまで関係団体においては、課題ごとで連携や調整を図る体制をとってきたが、国民運動として推進していくにあたって、行政や当事者など関係者が一体となって課題を共有し、意見交換や連携・協力を図る仕組みが十分に機能していなかった。そこで、「健やか親子２１（第２次）」では、課題ごと等、取組に参画するすべての関係者を含めて課題の共有等ができる体制を新たに構築することが必要である。また、この検討においては、当事者世代を含めつつ、性、年代、職業など多様なメンバーにより議論できる体制を整えることが求められる。

（２）関係機関間における意見交換及び情報共有の充実

これまで国では、全国大会を開催し、母子保健に関する研究討議を通じて取組の推進を図ってきた。また、母子保健サービスの実施にあたっては、取組事例に関する参考情報を公式ホームページに広く紹介するなど、情報共有にも努めてきたところである。しかし、「健やか親子２１」の目標達成に向け、効果的なプログラムの運用や当事者などが自己チェックできるようなツールの作成や展開が、まだ十分とは言えない。

また、「健やか親子２１」公式ホームページについては、平成 13 年の開設以降、5,600 件にわたる取組がデータベースに登録されているものの、「健やか親子２１」推進協議会のうち、情報を提供した団体は約２割に留まっている。今後、好事例や課題解決のためのプロセス等事例収集を含め、各団体が活用できる取組等のアーカイブ情報の集約化や効果的な活用についても検討していくことが重要である。

（３）多様な媒体を活用した更なる周知広報

「健やか親子２１（第２次）」では、「すべての子どもが健やかに育つ社会」を目指しているため、当事者や関係者のみならず、広く一般に国民運動の意義や趣旨、具体的な取組について認識してもらえるよう更なる周知広報を進めていく必要がある。

また、「健やか親子２１（第２次）」においては、引き続き、次世代の健康や思春期から成人期に向けた保健対策について取り組むこととしているため、若者の興味や関心を引きつけるメディア等媒体を活用した効果的な広報活動や思春期に関する情報提供なども望まれる。具体的には、ウェブサイトのコンテンツ制作・運用、メールマガジン、フェイスブック、ツイッターなどＳＮＳを活用した情報発信、参加型公式サイトの運営などであり、これらの情報を一般的に理解しやすいデータとして提示していく工夫も必要である。また、対象者も多岐にわたるため、対象者や活用場面ごとのサイトを作成したり、多くの団体が活用できるよう自己チェックもできるような形式で資料を提供するなど、国民に寄り添った内容にすることも求められる。

さらに、メディア等を利用したキャンペーンやシンポジウムの開催では、国民運動の主体的な参画を促すだけでなく、「健やか親子２１」の取組を推進する団体の動機付けを高める工夫や、優良事例を表彰し、広く周知することにより、他の参画団体等の取組を後押しできるよう工夫することも重要である。

第７　おわりに

本検討会は、19 人の委員で構成され、21 世紀の母子保健のビジョンに関して幅広く６回にわたり議論を行い、本報告書をとりまとめるに至った。

平成 26 年は、「健やか親子２１」の現計画の最終年となる。平成 27 年４月までの約１年間は、「健やか親子２１（第２次）」が円滑に開始できるよう、十分に周知を行う期間であり、また、地方公共団体や推進協議会等の関連する団体において、現計画の評価を行うとともに、「健やか親子２１（第２次）」の趣旨を踏まえ、さまざまな取組に関する新たな計画を立案する期間と位置付けている。

特に、国においては、国民運動計画である「健やか親子２１（第２次）」について、関係機関・関係団体はもとより、広く国民に周知することを求めたい。併せて、推進体制が活性化されるためには、その具体的な方策の検討や予算面での配慮といった準備が必要である。また「健やか親子２１（第２次）」の中には、今後、追加調査が必要な指標もあるため、平成 26 年度のできるだけ早い時期に調査し、目標値を設定することを求めたい。

地方公共団体においては、「健やか親子２１（第２次）」の趣旨を踏まえ、各地域での母子保健水準の評価や課題を把握し、その地域に必要な母子保健サービスについて、具体的な取組を地域の関係者とともに検討し、新たな計画を策定することが求められる。

関係機関や関係団体が一体となって、それぞれの役割意識をもって連携を図りながら、「健やか親子２１」を国民運動計画として広く国民に周知し、当事者である国民自らが健康行動を実施できるよう、更に取組を充実させることが求められる。

「すべての子どもが健やかに育つ社会」の実現に向けて、「健やか親子２１（第２次）」で設定した課題の解決が着実に図られるよう、国民運動が展開されることを期待する。

○データヘルス時代の母子保健情報の利活用に関する検討会中間報告書

（平成30年7月
データヘルス時代の母子保健
情報の利活用に関する検討会）

目　次

母子保健情報の利活用に関する検討会　中間報告書

＜参考資料＞

参考資料１　検討会での主な意見　略

参考資料２　母子保健法における健診の法定根拠及び様式について　略

参考資料３　乳幼児健診における市町村が電子的に記録・管理する情報について　略

※　参考資料等は下記の厚生労働省 HP よりご覧いただけます。

https://www.mhlw.go.jp/stf/newpage_00452.html

１．はじめに

○　本格的なＩＣＴ時代の到来を迎えるにあたり、ＩＣＴ基盤の整備やビッグデータの利活用等を通じて、保健医療分野における健康情報の管理・利活用等を推進していくことが求められている。

○　厚生労働省においては、患者・国民がメリットを実感できる健康・医療・介護分野のＩＣＴインフラを 2020 年度から本格稼働させるべく、2017 年１月 12 日に「データヘルス改革推進本部」が設置された。

○　「データヘルス改革推進本部」においては 2017 年７月に策定された「国民の健康確保のためのビッグデータ活用推進に関するデータヘルス改革推進計画・工程表」を受け、同計画・工程表に掲げられた７つのサービスの具体化に向け、個別分野ごとにプロジェクトチームを立ち上げ検討を進めてきた。

○　このような動きの中で、2018 年１月に新たな分野として「乳幼児期・学童期の健康情報」の連携を検討するプロジェクトチームが追加された。子ども時代の健康は、生涯を通じた健康の保持・増進、健やかな次世代の育成や健康寿命の延伸にとっても欠かせないものである。そのため、子ども時代に受ける健診の情報や予防接種等の結果を電子的に記録し、一元的に確認できる仕組みの構築、個人情報に配慮した関係機関間での適切な情報の引き継ぎ、乳幼児期の健康と生活習慣病等の将来的な疾病リスクの関係分析や地域診断等ビッグデータとしての活用等を目指し、検討を進めることとなった。

○　こういった仕組みの構築は、子ども時代の適切な健康管理に資するものであり、また従来の紙台帳等によるアナログな情報管理に比べて、効率性が向上するとともに、災害時等の紛失や棄損にも強い仕組みであると考えられる。

○　特に、乳幼児期に母子保健事業として市町村で行われる健診と、学童期に学校保健として教育委員会や学校が実施する健診は、別の制度として運用されており、子どもの成長にあわせて一元的に記録する仕組みや、健診結果等を引き継ぐための仕組みが存在せず、進学時や進学後に、乳幼児期に市町村で受けた健診や予防接種に関する情報が活かされないという課題がある。

○　こういった、乳幼児期・学童期の健診情報の利活用の推進の重要性については、「経済財政運営と改革の基本方針 2018」（いわゆる骨太方針 2018）（平成 30 年６月 15 日閣議決定）においても、「乳幼児期・学童期の健康情報の一元的活用の検討などに取り組む。」とされている。また、「未来投資戦略 2018」（平成 30 年６月 15 日閣議決定）においては、「個人の健康状態や服薬履歴等を本人や家族が把握、日常生活改善や健康増進につなげるための仕組みである PHR（Personal Health Record）について、平成 32 年度より、マイナポータルを通じて本人等へのデータの本格的な提供を目指す。そのため、予防接種歴（平成 29 年度提供開始）に加え、平成 32 年度から特定健診、乳幼児健診等の健診データの提供を開始することを目指す。」とされている。

○　一方で、上記のような健診結果等の情報の利活用を進めるためには、情報が統一された形式で記録され、管理されていることが望ましいが、母子保健分野の健康情報である乳幼児健診や妊婦健診については、統一された記録様式はなく、市町村間で項目や記録方法に差異があり、利活用推進に当たっての課題となっているとの指摘がある。

○　したがって、健診の記録等のうち電子的に記録する様式の策定等について検討を進めるため、2018 年４月に本検討会を設置し検討を開始した。

○　本検討会では、５回にわたる議論を経て、乳幼児健診及び妊婦健診の際に電子化する項目について標準的な記録様式等を定めるとともに、電子的記録の管理・活用等についての検討を行い、今般、その検討結果について中間的なとりまとめを行った。

２．本検討会における検討事項

○　本検討会では、子ども時代の健康情報等のうち、特に乳幼児健診や妊婦健診について、情報を一元的に確認できるよう、電子的に管理する情報の統一的な記録様式を定めるとともに、その管理・活用の在り方について検討を行った。

○　また、乳幼児期の健診情報と学童期の健診情報の連携について検討する上での課題についても検討を行った。

２－１．　検討対象

○　本検討会では、母子保健法（昭和 40 年法律第 141 号）第 12 条に定める健康診査である１歳６か月児健診及び３歳児健診並びに同法第 13 条に定めるその他の乳幼児健診に含まれる３～４か月児健診及び妊婦健診を検討の対象とした。なお、妊婦健診については妊婦健診全体を一括して検討対象とした。対象の選定理由としては以下の通りである。

・　乳幼児健診については、母子保健法第 12 条に基づく１歳６か月児健診及び３歳児健診に加え、同法第 13 条に基づきその他の月齢に対する健診が市町村ごとに実施されている。

・　乳幼児健診は、市町村において行う集団健診又は医療機関等に委託して行う個別健診により実施されるが、平成 28 年度厚生労働省母子保健課調べでは、１歳６か月児健診は、96.2%の市町村（1,741 市町村のうち 1,674 市町村）で、３歳児健診は、97.9%の市町村（1,741 市町村のうち 1,704 市町村）が集団健診により実施している。また、１歳６か月児健診及び３歳児健診については、「乳幼児に対する健康診査の実施について」（平成 10 年４月８日付児発 285 号厚生省児童家庭局長通知。（以下、「局長通知」という。）において、委託して行う際にも結果について速やかに市町村に報告されるよう体制の整備を図ることについて通知しており、健診結果の情報を市町村が把握し保管している。

・　また、法第 13 条に基づく乳幼児健診のうち、３～４か月児健診は 97.7%の市町村（1,741 市町村のうち 1,701 市町村）で実施されており、そのうち 80.0%の市町村（1,701 市町村のうち 1,361 市町村）で集団健診により実施されている。

・　妊婦健診については、法第 13 条に基づき実施されている。また、「妊婦に対する健康診査についての望ましい基準」（平成 27 年３月 31 日厚生労働省告示第 226 号。以下、「大臣告示」という。）により、妊娠各時期に実施する健診内容が定められ、すべての市町村で 14 回分以上の妊婦健診について公費負担がされている。

２－２．検討内容

○　本検討会では、乳幼児健診（３～４か月児健診、１歳６か月児健診及び３歳児健診）及び妊婦健診について、まず、電子的に管理する情報の標準的な記録内容を定めるとともに、電子的な情報の管理・活用に当たっての情報インフラについて検討した。

○　現状、乳幼児健診のうち、１歳６か月児健診及び３歳児健診については、母子保健法施行規則（昭和40年厚生省令第55号）第２条において診査項目が定められているほかは、各健康診査の健康診査票は、「乳幼児に対する健康診査について」（平成10年４月８日付児母発29号厚生省児童家庭局母子保健課長通知。以下、「課長通知」という。）別添５により様式例が示されてはいるが、局長通知に基づき、実施主体である市町村が定めている。

○　また、妊婦健診は、市町村が委託や補助をした上で、医療機関において実施される場合が多く、一義的には医療機関に結果が保管されている。また、大臣告示に定められているもののうち、どの健診項目を実施しているか、結果が医療機関から市町村に報告されているか、どのように結果が記録されているか等については、市町村ごとに異なっている。

○　市町村における情報管理について、母子保健情報の管理のため、情報管理システムを導入している市町村は86.8%である(1)。データ入力方法について特に人口10万人以上の市においては、「健診現場でのシステムへの直接入力」が11.4%、「ＯＣＲ等の自動読み込み」が14.5%、「外部業者への委託」が35.5%であり、一部の市町村では電子化のための仕組みが整えられている(1)。

○　乳幼児健診情報の電子的管理について、乳幼児健診の結果のうち「健診の受診状況」については84.9%、「健診結果総合判定」については81.3%の市町村が全対象者分を電子化し管理している。また、「医師診察所見」等の個別項目については58.8%、「精密検査結果」は51.5%の市町村で電子化されている(1)。

○　妊婦健診の電子的管理について、妊婦健診の結果のうち「健診の受診状況」については73.9%の市町村が全対象者分を電子化し管理している。一方で、毎回実施する検査については結果の把握自体が63.0%、さらに電子化についてはそのうちの67.3%の市町村で行われていた(1)。

○　以上の乳幼児健診や妊婦健診については、現状では、電子的な情報の利活用を進める前提となる統一的な様式が定まっておらず、また、電子化についても全国的に取り組みが進んでいるとは言い難い状況であることから、これらについて検討を進めてきた。

２－２－１．電子的に記録・管理する情報の様式等について

○　市町村が電子的に記録・管理する情報について、標準的な様式を定めるに当たっては、その情報の活用目的を検討した上で、基本的な項目選択基準及び選定に当たって留意すべき事項に基づいて、「標準的な電子的記録様式」を策定するとともに、乳幼児健診については、さらに「最低限電子化すべき情報」を策定した。（様式１及び２のとおり）

○　本検討会において検討した結果、乳幼児健診や妊婦健診の情報の主な活用目的は、「本人の健康履歴を本人又は保護者が一元的に閲覧し、自らの健康を管理すること」及び「市町村が継続的に効率的・効果的な行政事務や保健指導を行うために把握し引き継ぐこと」が考えられるとされ、まず、乳幼児健診及び妊婦健診で把握される情報のうち、前者の目的を達成するために必要な情報を「標準的な電子的記録様式」として定めることとする。

○　さらに、乳幼児健診については、「標準的な電子的記録様式」のうち、転居や子どもの成長に応じて他の市町村や学校へ引き継がれることを前提として、市町村が必ず電子化する情報を「最低限電子化すべき情報」として定めることとする。

○　なお、検討会においては、他の市町村や学校へ引き継ぎが必要な情報には、本人又は保護者が自己の健康管理のために閲覧することを前提とした「標準的な電子的記録様式」に含まれるものだけではなく、虐待の早期発見や、支援のために必要な育児上の問題や養育者の状況に関する情報等必ずしも「標準的な電子的記録様式」に含むことに馴染まない情報も含まれるのではないか、という意見があった。しかしながら、本検討会においては、あくまでも健康管理が一義的な目的であることや、そういった機微に触れる情報について全国的に電子化されるに当たっては、情報の特性に応じた取り扱いや、専門家の関与の在り方等、より詳細な検討が必要であることから、今回は様式には含めないこととした。

○　ただし、養育環境や児童虐待の疑い等の情報については、母子への切れ目ない支援を行うため、転居等の際に個人情報保護に留意しつつ関係機関で個別に引継ぎを行う必要がある。

○　また、妊婦健診は、一部の市町村では受診券方式（検査項目が示された受診券）で結果の把握を行っているものの、一律に市町村への情報集約を行う方法に課題が残るため、「最低限電子化すべき情報」は定めないこととし、「標準的な電子的記録様式」のみ策定することとする。

○　なお、市町村が管理している情報については、本検討会において定める「標準的な電子的記録様式」（青枠内）及び「最低限電子化すべき情報」（赤枠内）以外にも以下に例示するような重要な情報も含まれる（緑枠内）。これらの情報について市町村における情報管理の方法として電子化し効率化を図ることは重要ではあるが、本検討会の目的に照らしてこれらの情報の電子化、管理については別の議論として整理し、本検討会においては検討の対象としない。

・　ビッグデータとして将来的な疾病リスクとの関係の分析に資する情報
・　ＰＤＣＡサイクルの一環として地域診断に資する情報
・　虐待の早期発見や、養育支援のために必要な育児上の問題や養育者の状況に関する情報

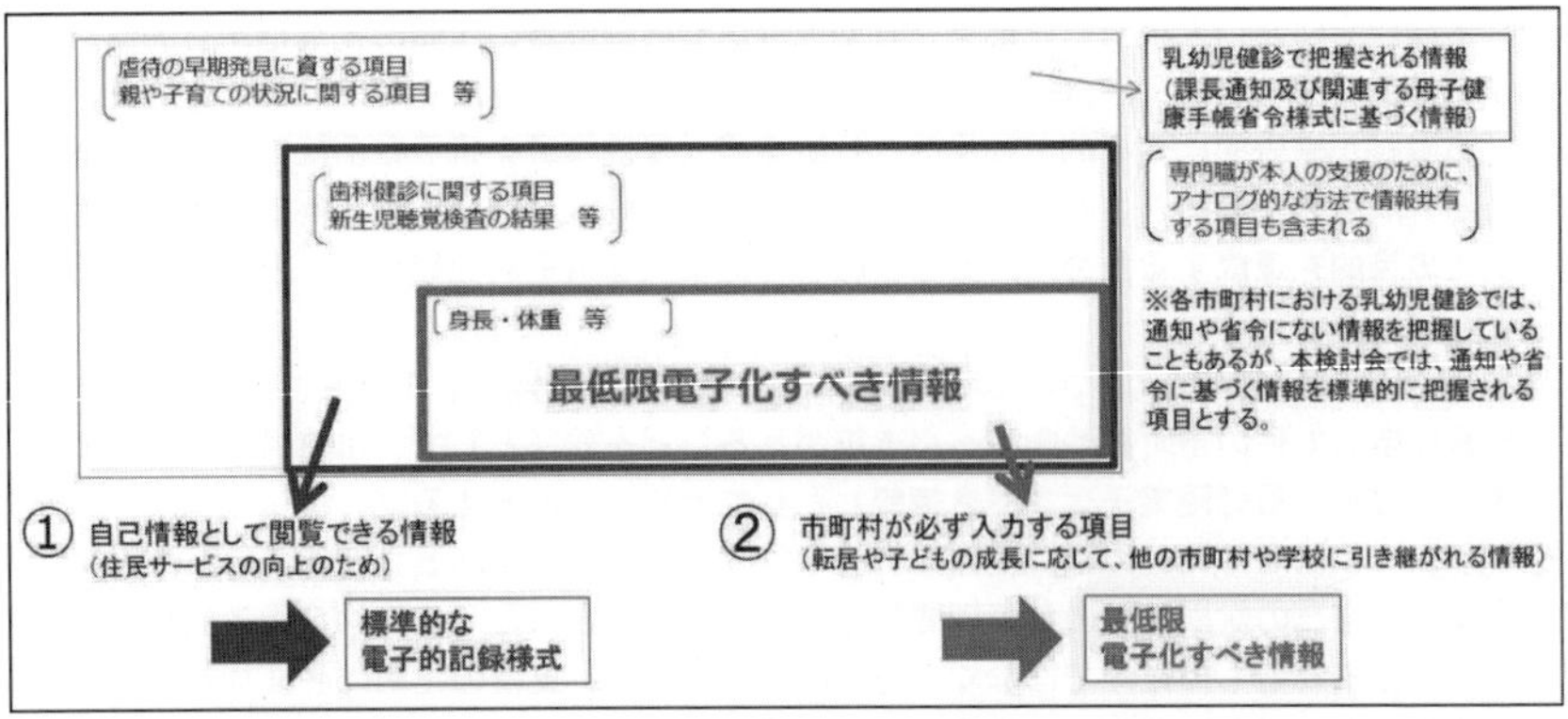

2－2－2．電子的記録の管理・活用について

○　上述のように、乳幼児健診や妊婦健診の情報は必ずしも電子化による管理が進んでいないことや、母子保健の情報については全国的に整備された情報インフラが存在しないこと等に鑑み、本検討会では、乳幼児健診等の管理・活用のために利用すべき情報インフラについて、健康履歴の一元的な閲覧や情報の引継ぎの観点から検討を行った。

2－3．母子保健情報と学校保健情報の連携等について

○　子ども時代の健康管理のためには、乳幼児健診といった母子保健分野の情報だけでなく、学童期の学校健診（学校保健安全法（昭和 33 年法律第 56 号）に基づく就学時の健康診断及び児童生徒等の健康診断）に関する情報も重要である。

○　将来的には、一元的な健康情報の閲覧という観点からも、適切な情報の引継ぎという観点からも、乳幼児健診の情報と学校健診の情報が連携していくことが望ましい。

○　一方で、乳幼児健診と学校健診は、実施主体や実施の目的がそれぞれに異なること等から、制度の構築に当たって様々な課題があることから、本検討会では、まずは、学校健診の現状について把握するとともに、将来的な連携に向けた課題の整理を行った。

○　課長通知及び母子健康手帳省令様式において示していない項目である任意の予防接種歴について、検討を行った。

3．乳幼児健診の「標準的な電子的記録様式」及び「最低限電子化すべき情報」の策定

3－1．活用目的

○　「標準的な電子的記録様式」に基づき電子化された情報については、子どもの健康履歴を本人又は保護者が一元的に閲覧し、子どもの健康を管理することにより次世代を担う子どもの健やかな育ちに資することに活用されるべきである。具体的には、

・　本人又は保護者が、健康状態や発育発達状況を正確に知ることができること、

・　本人又は保護者が、子どもの健康情報を正確に保健医療関係者等へ伝えることに

より、適切な保健指導や診断、治療を受けることができること、
・　災害等により、母子健康手帳や紙による健診結果を紛失した際にも、情報にアクセスできること
等が考えられる。

○　「最低限電子化すべき情報」については、転居や子どもの成長に応じて、他の市町村や学校に引き継がれることにより、効率的・効果的な行政事務や、保健指導等を行うことに活用がされるべきである。具体的には、
・　転入前の乳幼児健診受診歴を把握し、未受診者に対して受診勧奨を行うこと、
・　転入前に受診した乳幼児健診で要経過観察となった旨を確認し、フォローアップを行うこと、
・　進学時に身体測定値が引き継がれることにより、乳児期から学童期にわたる成長曲線が作成できる等、子ども時代を通じて一貫した保健指導が実施できること
等が考えられる。

３－２．基本的な項目選択基準

３－２－１．乳幼児健診の項目の選定方法

○　乳幼児健診の「標準的な電子的記録様式」については、課長通知及び関連する母子健康手帳省令様式（※）において示している項目のうち、子どもの健康管理のために特に必要な項目とし、以下の選択基準に基づき定めることとする。
※母子保健法施行規則第７条に定める様式第３号。

ア）子どもの健やかな育ちに資する情報
追視、定頸等の発達に関する項目や疾病及び異常の診察所見に関する項目等、本人又は保護者が子どもの健康状態や発育発達状況を正確に知ることが、子どもの健康管理をする上で有用な情報。

イ）本人又は保護者が閲覧することに適した情報
一般的に、本人又は保護者に口頭で伝え、又は通知されており、本人又は保護者が保管することに適した情報。

ウ）信頼性が高い情報
新生児聴覚検査等の結果や股関節開排制限の有無等の専門家の判断による情報。自己申告（問診表記載内容等）に基づく情報は含めない。

エ）電子化に適した情報
身長等の定量化できる情報に加えて、コード化（選択肢により数値情報に置換）できる情報。自由記載は含めない。

○　なお、結果の記載方法が課長通知で具体的に定まっていない項目等に関しては、本人が見てわかりやすい記載の方法を定めることとする。

○　また、「最低限電子化すべき情報」については、「標準的な電子的記録様式」で定めた

項目のうち、他の市町村や学校に引き継がれることにより、行政事務や保健指導等の効率的・効果的な運用に資する最低限必要な項目とし、以下の選択基準に基づき定めることとした。

ア）連続的なデータとして学童期以降も含めて把握することで得られる、子ども時代を通じた一貫した保健指導に必要な情報

出生時体重、在胎週数をはじめ、出生時から各健診時における身長・体重・頭囲・胸囲（胸囲については３歳児健診では実施しない）が含まれる。

イ）健診の実施及び健診後の保健指導の実施に当たって必ず必要な情報

市町村は、乳幼児健診を実施する際には、対象者が当該健診を受診済みであるか確認をして、必要に応じて受診勧奨を行い、受診後には、健診結果に基づき、必要な保健指導を行っている。また、精密健康診査が未受診であった場合には受診勧奨を行い、受診後には、精密健康診査の結果を把握した上で、引き続き指導の必要がある場合には、適切な指導を行っている。このため、必ず必要な情報には、診察所見の判定や精密健康診査の所見又は今後の処置が含まれる。

ウ）市町村において、一定程度電子化が進んでいる情報

「健診の受診状況」については 84.9%、「健診結果総合判定」については 81.3%、「精密検査結果」は 51.5%の市町村が全対象者分を電子化し管理しており[(1)]、これらの情報が含まれる。

３－２－２．選定に当たって留意すべき事項

○　前提として、乳幼児健診の結果を管理し、電子化するのは市町村であることから、当該情報が市町村に保存されているか、市町村の事務負担やコストを考慮してもなお電子化することが有用かについて考慮した上で、項目を選定した。

○　養育環境や児童虐待の疑い等の機微に触れる情報については、市町村間又は市町村と学校との間で引き継がれることにより、早期支援や早期介入が可能になる等の利点がある一方で、必ずしも本人若しくは保護者が閲覧することが適切ではない情報でもあり、その取扱いに慎重な検討が必要であるとともに、個々の事例に応じた対応が必要な情報でもあることから、今回は統一の様式に含めないこととした。

○　なお、児童虐待の疑い等の情報は母子に対する支援の観点では適切に引き継がれることが必要であり、個人情報保護に留意し関係機関で個別に引継ぎを行うことが重要である。

○　また、妊娠中の喫煙や飲酒の状況、子育ての状況に関する項目等の親や保護者に関する情報は、子どもの健康にとっても重要な情報である一方、本情報が、子ども時代を通じて記録され、一定年齢以上の場合には本人も閲覧することが想定されることから、子ども本人の情報とは切り離し、様式には含めないこととした。

４．妊婦健診の「標準的な電子的記録様式」の策定

４－１．活用目的

○　妊婦健診の「標準的な電子的記録様式」については、妊娠中の健康履歴を女性の生涯にわたる健康情報の一部として本人が閲覧し、一元的に自身の健康を管理することにより、健康行動に寄与することや、次回以降の妊娠の際、必要に応じて保健医療関係者に情報提供することで、適切な妊娠管理に資することが期待される。
具体的には、

・　妊娠糖尿病、妊娠高血圧症候群の罹患既往のため、生活習慣の見直しや定期健診をうけること、
・　子宮頸がん検診の結果に基づき、出産後も定期的なフォローアップをうけること、
・　早産を経験した場合には次回の妊娠で早産リスクに注意した健康管理を行うこと、
・　乳幼児健診結果同様、災害等により、母子健康手帳や紙による健診結果を紛失した際にも、情報にアクセスできること

等が考えられる。

４－２．基本的な項目選択基準

４－２－１．妊婦健診の項目の選定方法

○　大臣告示及び関連する母子健康手帳省令様式（※）で示している項目のうち、以下の選択基準により「標準的な電子的記録様式」として定めることとする。
（※）母子保健法施行規則第７条に定める様式第３号

ア）本人の健康行動に寄与する情報
毎回行う健診項目や、その判定、必要に応じて行う医学的検査のうち、将来の疾病の予防や早期発見につながる情報。

イ）次回以降の適切な妊娠管理に寄与する情報
妊娠経過、分娩の記録のうち、早産や妊娠合併症等次回の妊娠に際してリスクになり、かつ予防や早期治療につながる情報。

ウ）本人が閲覧することに適した情報
一般的に、医学的検査の結果等、検査結果や判定が本人に口頭で伝え、または通知されていることが想定され、本人が保管することに適した情報。

エ）信頼性が高い情報
身体測定値や検査結果等の情報。自己申告（問診表記載内容等）に基づく情報は含めない。

オ）電子化に適した情報
体重等の定量化できる情報に加えて、コード化できる情報。自由記載は含めない。

○　結果の記載の方法が大臣告示等で具体的に定まっていない一部の項目等に関しては、本人が見てわかりやすい記載の方法を定めることとする。
例えば、

・　受診の有無については、診察月日の日付を入力する、
・　風疹抗体の回答方法を予防接種要相談、免疫ありと表記する、
・　血糖、尿糖を妊娠糖尿病の有無として記載する、
・　血圧、尿蛋白、浮腫を妊娠高血圧症候群の有無として記載する、

等が考えられる。

4－2－2．選定に当たって留意すべき事項

○　前提として、妊婦健診を実施する医療機関から、妊婦健診の助成をしている市町村へ提供され、市町村に保存されている情報であることや、市町村の事務負担やコストを勘案してもなお、電子化することが有用な情報であることに配慮した。

○　子宮頸がん検診、Ｂ型肝炎抗原検査、Ｃ型肝炎抗体検査、ＨＴＬＶ－１抗体検査等に関する情報は慎重な取り扱いが必要な情報である一方で、将来の癌の予防や早期発見につながり、本人の健康管理にとって重要な情報であるため、本人が閲覧することが前提であることから対象に含めることとした。

○　一方、妊娠中の喫煙に関する情報、梅毒、ＨＩＶ等の性感染症、流産や死産の情報等の、医学的には重要であるが、電子化することに必ずしも適した情報とはいえない項目は除外することとした。

5．策定様式の具体的な利活用について

○　本検討会において、乳幼児健診及び妊婦健診に関する「標準的な電子的記録様式」及び乳幼児健診に関する「最低限電子化すべき情報」の策定について議論を行ったが、あわせて、当該健診情報の利活用については、本人や保護者にとって健診結果の一元的な閲覧が可能となる仕組みや、他の市町村への受診の有無等の情報の引継ぎが可能となる仕組みについて、利用すべき情報インフラの観点から検討を行った。

5－1．識別子について

○　前提として、本検討会では、市町村が直接、又は医療機関に委託して実施する乳幼児健診及び妊婦健診を対象に検討を進めており、情報を保有し管理する主体となるのは、市町村である。妊婦健診については、上述の通り、医療機関において受診するものであり、一義的には医療機関に結果に関する情報の詳細が保管されているが、本検討会では、妊婦健診の「標準的な電子的記録様式」については、医療機関から市町村に提供されている情報を、市町村において電子化し、管理することを想定している。

○　上記のように、市町村が情報の保有・管理主体であるとした場合、以下の点を考慮し、特定の個人を識別する識別子としては、本検討会ではまずはマイナンバーを用いることとした。

・　妊婦健診、乳幼児健診ともに「行政手続における特定の個人を識別するための番号の利用等に関する法律」（平成25年法律第27号。以下「番号法」という。）において番号利用事務に規定されており、母子保健情報管理システムを導入している1,030市

町村のうち、569 市町村（55.2%）においてマイナンバーとの連結がされていること[1]。

・　マイナンバー制度のために必要な情報インフラ（自治体中間サーバ）はすでに全国に整備されていることに鑑み、二重投資を避ける観点からも、番号制度のインフラと共有できる部分は共有することがコストの面からも望ましいこと。

○　ただし、市町村が精密健康診査対象者の精密健康診査結果を確認する際に、医療機関から返却される精密健康診査結果を効率的に照合する等の活用を進めることを念頭に、被保険者番号も把握することとする。

○　なお、電子的記録の保存年限について、マイナンバー制度における情報連携において情報照会がなされた場合に情報提供すべき情報は、特別の事情がある場合を除き、情報照会のあった時点から過去５年分とされており、すなわちこの範囲の情報が自治体中間サーバに保存されることとされているところ、標準的な電子的記録様式の保存年限をどの範囲とするかについては引き続き検討が必要である。

５－２．健診情報の一元的な閲覧について

○　乳幼児健診及び妊婦健診の結果については、「標準的な電子的記録様式」に基づき健診を実施した市町村が入力し、マイナンバー制度により管理をしていくことになるが、その情報を本人又は保護者が、閲覧するための仕組みとしては、以下の理由により、マイナポータルを活用することとした。

・　全市町村にマイナンバー制度の情報インフラである自治体中間サーバが整備されており、利用可能であること。

・　既に、定期の予防接種については同制度において閲覧することが可能となっているところ、乳幼児健診等の結果に関する情報についても、同様の仕組みが考えられること。

○　なお、健診情報について、まずは、マイナンバー制度に基づくマイナポータルを活用することとしている。さらに、生涯を通じた PHR 制度構築の観点から、医療機関等においては、健診情報等をマイナンバーにより管理することとなっていないことも踏まえ、医療情報等を含めた個人の健康情報を同一のプラットフォームで閲覧する方法については、今後、検討していくことが必要である。

○　また、マイナポータルによる閲覧以外にも、標準的な電子記録様式に基づき電子化された情報については、本人同意の上で、マイナンバーとは紐付かない形で市町村から本人へ情報提供され、民間事業者が、個人の状況に合わせた健康履歴情報の提供を行う場合にも有用である。

５－３．情報連携について

○　乳幼児健診や妊婦健診の結果は、当該健診を実施した市町村において、保有・管理されるが、効率的な行政事務や継続した保健指導を行う観点からは、転居した場合や進学した場合には、受診状況等の必要な情報が、転出先の市町村や学校に引き継がれること

が望ましい。

○ 既に、定期の予防接種については、マイナンバー制度における情報連携事務（※）に位置づけられており、接種日や種類について、転居先の市町村が確認できる仕組みが構築されている。したがって、乳幼児健診や妊婦健診についても、まずは、マイナンバー制度における情報連携事務として当該制度を活用することとし、その対象とする情報は、乳幼児健診の「最低限電子化すべき情報」の範囲内において今後精査することとした。

（※）番号法第 19 条　何人も、次の各号のいずれかに該当する場合を除き、特定個人情報の提供をしてはならない。

七　別表第二の第一欄に掲げる者（法令の規定により同表の第二欄に掲げる事務の全部又は一部を行うこととされている者がある場合にあっては、その者を含む。以下「情報照会者」という。）が、政令で定めるところにより、同表の第三欄に掲げる者（法令の規定により同表の第四欄に掲げる特定個人情報の利用又は提供に関する事務の全部又は一部を行うこととされている者がある場合にあっては、その者を含む。以下「情報提供者」という。）に対し、同表の第二欄に掲げる事務を処理するために必要な同表の第四欄に掲げる特定個人情報（情報提供者の保有する特定個人情報ファイルに記録されたものに限る。）の提供を求めた場合において、当該情報提供者が情報提供ネットワークシステムを使用して当該特定個人情報を提供するとき。

○ なお、妊婦健診の情報については、一部の市町村においては、受診券方式等により受診情報を把握しているものの、市町村における一律の情報集約には課題が残るため、今回、マイナンバー制度における情報連携事務とはしない。

５－４．学校健診との連携について

○ 母子保健情報を学校保健情報に引き継ぐことには、乳幼児期の情報を活用して児童生徒等の発育評価ができること、正確な予防接種歴を把握できること、視覚・聴覚や発達に関する情報が引き継がれれば、必要な支援を的確に行うことができること等大きな利点がある。一方で、今回、マイナンバー制度における情報連携については、まずは、市町村間で受診の有無等の情報を引き継ぐこととし、市町村から学校への引継ぎについては、以下の点等を考慮し、引き続き検討することとした。

・ 学校健診は、学校教育の円滑な実施のため、その結果に基づき疾病の予防措置や治療勧告を行うこととしており、「疾病のスクリーニング」の目的が大きい。一方で、「母子の健康の保持増進」を目的としている乳幼児健診とは観点が違うことを前提とした検討が必要である。
・ 健診の記録について、学校内では電子的な管理がされている場合もあるものの、紙媒体で管理されていることが多く、また、進学又は転学した場合の情報の引き継ぎも紙媒体でされているため、最終的な保管形態は紙媒体であることが多い。
・ 現状、学校そのものは、番号法における番号利用を行うことができる行政機関、地方公共団体等として位置づけられていないため、学校が保有する学校健診情報と母子保健情報との連携に当たっては検討が必要である。

６．将来に向けた課題

○　本検討会において、将来に向けて引き続き検討が必要とされた課題は以下のとおりである。

・　標準的な電子記録様式に基づき電子化された情報は、個人情報の保護に配慮し匿名化した上で、ビッグデータとして利用できる可能性があり、本検討会でも、乳幼児期の健康と将来的な疾病リスクの分析等の観点からも項目が選定されるべきとの意見もあった。本検討会では、まずは個人の健康管理や保健指導に有効な項目という観点から様式が策定され、ビッグデータとしての利用は項目選定の際の基準とはされなかったが、電子的な記録様式が統一されることにより、将来的に、当該データを用いた研究が進み、有用性が検証されれば、新たな項目の追加に向けた検討が必要である。
　なお、その際には匿名化の手法や情報管理の在り方について検討が必要である。

・　健診結果の利活用に当たっては、本検討会では、まずはマイナンバー制度を活用し、市町村が保有・管理している情報について、マイナポータルでの閲覧や情報連携事務の仕組みの整備を進めることとした。一方で、生涯を通じた健康管理という観点からは、電子的記録の保存年限や、医療機関等においては、健診情報等をマイナンバーにより管理することとなっていないことも踏まえ、特定健診等の情報や医療情報との関係についても検討する必要がある。医療等分野における情報連携に用いる識別子の在り方については、個人単位化される被保険者番号も含めた基盤を活用する方向で検討が行われており、こうした状況を踏まえて、マイナンバー制度との関係にも配慮しつつ、必要に応じて今後、母子保健分野の情報の活用の在り方についても検討することが必要である。

・　市町村が健診の質の向上を図ること等を目的とし、健診情報を活用した定量的な評価をもとにＰＤＣＡサイクルによる母子保健事業を実施することがある。その際に、健診の精度管理という観点で、標準的な記録様式が統一されることにより精密健康診査の結果の市町村間での比較が可能となり健診の精度向上につながるというメリットが考えられるが、「標準的な電子的記録様式」に記載されている情報以外の情報も必要である。また、乳幼児期に保健指導等で介入した結果を、学校健診情報と連結して評価することができれば、アウトカム評価が可能となり、母子保健分野における健診や保健指導等の質の向上に有用であるとの意見もある。今後は、子ども時代に実施される健診情報を活用し、市町村が自らの母子保健事業を評価できるような仕組みの構築についても検討が必要である。

・　一方で、健診結果等の情報をシステムに入力し、保有・管理するには、市町村の事務負担やコストについても一定程度発生することから、電子化した情報が、その目的達成のために効果的効率的に活用できているかどうかについての検証も、将来的には必要である。

・　今回、乳幼児健診の様式の策定に当たっては、本人が閲覧することを前提に、本人の健康管理に資する情報を一義的な項目の選定基準とし、本人が確認することに適さない情報（口内清掃不良、養育環境の情報、虐待疑いに関する情報等）は、「標準的な電子的記録様式」や「最低限電子化すべき情報」には含まれなかった。一方で、検討会では、これらの情報は虐待予防、早期発見に資するものであり、母子への切れ目ない支援を行うためには、転居等の際に引き継がれるべきだとの意見があったところであるが、個人情報保護に留意し関係機関で個別に引継ぎを行うことの重要性にも配慮しつつ検討が必要である。

・　その際には、福祉部門が支援を行うに当たって必要な情報という視点も重要であるが、母子保健分野と福祉分野の連携については、すでに子育て世代包括支援センターにおいて取組が進んでいるところであり、子育て世代包括支援センターにおける支援も念頭に置きつつ検討が必要である。

・　本検討においては、医師による診察所見等の専門家の判断による情報を「標準的な電子的記録様式」に含めることとしたが、定頸や発達状況等は、市町村によって判断基準が異なる課題がある。まずは、電子化的記録様式を策定することが本検討会の目的であったが、今後は電子化される情報の標準化のためにも、健診の質の標準化についても検討をする必要がある。

・　市町村が健診情報を電子化し保存する際にはベンダーが提供する情報管理システムを導入することが想定されることから、データの項目名称、データ型、桁数、その他の属性情報等の電子情報の保存形式についても標準化を図り、保存形式の均一性を保つ仕組みを検討する必要がある。また、システム改修に当たっては、妊婦健診と乳幼児健診で共通する情報の電子化における効率性、拡張性や維持負担等、費用対効果について、十分に配慮する必要がある。

・　子ども時代を通じた一貫した健康管理や保健指導のためには、乳幼児健診から学校健診への情報の引継ぎが重要であり、引き継ぎの仕組みそのものだけではなく、乳幼児健診との一貫した保健指導や、本人の健康管理といった従来の学校保健にはない観点も踏まえ検討が必要である。(例えば学校健診においては、発達障害は「その他」になる等、乳幼児健診の項目の記載方法と違いがある。)

・　妊婦健診情報の電子化については、本検討会では健診を実施する医療機関から、補助をしている市町村に対して結果が伝達されることを前提としているが、仮に補助を行っていても、市町村が医療機関に結果の記載を求めていない場合（補助券等）や結果が市町村に返却されるまでのタイムラグの問題がある。また、そもそも、「標準的な電子的記録様式」において、歯科健診等の市町村が補助していない診察項目がある場合、市町村が情報を医療機関から得られない状況が存在する。こういった状況を踏まえた上で、電子的記録の利活用については更なる検討が必要である。

・　任意の予防接種歴については、本人の健康管理の上で有用な情報であるが、市町村が予防接種歴を把握する方法等について、引き続き検討が必要である。

・　最後に、今後のさらなる検討を進めていくに当たっては、母性や子どもの生涯にわたる健康の保持増進や「次世代への影響」の視点もとり入れ、中長期的な視点に立った検討が行われることが望まれる。その際には、健診結果等のデータは、データ社会が進展する中で、不適切なデータの利用による新たな差別を生み出す危険性もあることにも留意すべきである。

7．おわりに

○　本検討会は、５回にわたる議論を経て、乳幼児健診及び妊婦健診の際に電子化すべき項目について、標準的な記録様式等を定めるとともに、電子的記録の管理・活用等についての検討を行い、本報告書をとりまとめるに至った。

○　国においては、必要な法令等の整備を行うとともに、マイナンバー制度の活用に際して、市町村に発生するシステム改修等における費用については、市町村に対する必要な財政的な支援を検討されたい。

○　市町村においては、制度改正の趣旨を踏まえて、住民サービスの一環として、母子保健情報のＰＨＲの推進に向けた取組が周知されることを期待したい。また、「標準的な電子的記録様式」のうち「最低限電子化すべき情報」については、転居時に適切に情報連携がされるよう健診受診者のすべてについて情報が電子化されるよう取り組んでいただきたい。

○　住民においては、母性や子どもの健康の保持増進が図られるようＰＨＲサービスを積極的に活用していただきたい。

○　今後は、本中間とりまとめを踏まえ、子ども時代に受ける健診の情報や予防接種等の健康情報と学校保健情報を一元的に確認できる仕組み等の実現に向けて、必要な事項への対応が進むとともに、課題については、引き続き検討がなされることを期待する。

引用文献

1　平成 29 年度子ども・子育て支援推進調査研究事業　妊産婦及び乳幼児に実施する健康診査等の情報管理に関する調査研究結果事業報告書

別紙１・２　略

様式１

乳幼児健診における標準的な電子的記録様式

【基本情報票】

大項目	中項目	小項目	最低限電子化すべき情報	回答様式					
				回答方法	1	2	3	4	5
基本情報									
	子ども		住民基本台帳情報として、既に市町村で把握され電子化されているもの						
		氏名							
		生年月日							
		性別							
		出生順							
	父								
		氏名							
		生年月日							
		年齢							
		職業							
	母								
		氏名							
		生年月日							
		年齢							
		職業							
	住所								
	電話番号								
妊娠及び分娩歴									
	妊娠中の特記事項			コード入力	なし	あり			
		妊娠高血圧症候群		コード入力	なし	あり			
		尿蛋白		コード入力	なし	あり			
		尿糖		コード入力	なし	あり			
		高血圧／浮腫		コード入力	なし	あり			
		貧血		コード入力	なし	あり			
		糖尿病		コード入力	なし	あり			
		多胎妊娠		コード入力	なし	あり			
	分娩時の特記事項			コード入力	なし	あり			
		帝王切開術		コード入力	なし	あり			
		骨盤位		コード入力	なし	あり			
	在胎週数		○	数値入力（週）					
	出生時の特記事項			コード入力	なし	あり			
	新生児期の特記事項			コード入力	なし	あり			
出生体重			○	数値入力（g）					
出生時身長			○	数値入力（cm）					
出生時頭囲			○	数値入力（cm）					
出生時胸囲			○	数値入力（cm）					
栄養方法				コード入力	母乳	人工乳	混合		
先天性代謝異常等検査				コード入力	正常	要精密検査	受けていない		
新生児聴覚検査									
	初回検査			コード入力	正常	要精密検査	受けていない		
	再検結果			コード入力	正常	要精密検査	受けていない		
	精密検査			コード入力	正常	異常	受けていない		

乳幼児健診における標準的な電子的記録様式

【基本情報票】

大項目	中項目	小項目	最低限電子化すべき情報	回答様式 回答方法	1	2	3	4	5
予防接種									
	インフルエンザ菌b型（Hib）		既に、番号法に基づき管理され市町村間で電子的に情報連携されているもの						
	小児肺炎球菌								
	B型肝炎								
	DPT-IPV（四種混合）								
	BCG								
	麻しん・風しん								
	水痘								
	日本脳炎								
発達									
	笑う			数値入力（か月）					
	追視			数値入力（か月）					
	定頸			数値入力（か月）					
	人の声のする方に向く			数値入力（か月）					
	おもちゃをつかむ			数値入力（か月）					
	お座り			数値入力（か月）					
	発語			数値入力（か月）					
	ひとり歩き			数値入力（か月）					
	二語文			数値入力（歳　か月）					

乳幼児健診における標準的な電子的記録様式

【１歳６か月児健診】

大項目／中項目／小項目	最低限電子化すべき情報	回答方法	1	2	3	4	5
健診受診日	○	数値入力（年月日）					
健診受診時月齢	○	数値入力（歳　か月）					
身体測定							
身長	○	数値入力（cm）					
体重	○	数値入力（kg）					
胸囲	○	数値入力（cm）					
頭囲	○	数値入力（cm）					
診察所見							
1 身体的発育状況		コード入力	所見なし	所見あり			
2 精神発達		コード入力	所見なし	所見あり			
3 熱性けいれん		コード入力	所見なし	所見あり			
4 運動機能		コード入力	所見なし	所見あり			
5 神経系・感覚器系		コード入力	所見なし	所見あり			
視覚		コード入力	所見なし	所見あり			
聴覚		コード入力	所見なし	所見あり			
6 血液系		コード入力	所見なし	所見あり			
7 皮膚		コード入力	所見なし	所見あり			
8 循環器系		コード入力	所見なし	所見あり			
9 呼吸器系		コード入力	所見なし	所見あり			
10 消化器系		コード入力	所見なし	所見あり			
11 泌尿生殖器系		コード入力	所見なし	所見あり			
12 先天性の身体的特徴		コード入力	所見なし	所見あり			
判定	○	コード入力	異常なし	既医療	要経過観察	要紹介（要精密）	要紹介（要治療）
歯科所見							
歯							
むし歯の状態		コード入力	むし歯なし	要注意	むし歯あり		
未処置のむし歯		数値入力（本）					
処置済のむし歯		数値入力（本）					
歯肉・粘膜		コード入力	所見なし	所見あり			
かみ合わせ		コード入力	所見なし	所見あり			
判定	○	コード入力	問題なし	要指導	要経過観察	要治療	
育児環境等							
栄養		コード入力	良	要指導			
母乳		コード入力	飲んでいない	飲んでいる			
離乳		コード入力	完了	未完了			
精密健康診査受診票							
（健康診査依頼）日付	○	数値入力（年月日）					
所見又は今後の処置	○	コード入力	異常なし	要経過観察	要医療		
（精密検査受診）日付	○	数値入力（年月日）					

乳幼児健診における標準的な電子的記録様式

【３歳児健診】

大項目 / 中項目 / 小項目	最低限電子化すべき情報	回答様式 回答方法	1	2	3	4	5
健診受診日	○	数値入力（年月日）					
健診受診時月齢	○	数値入力（歳　か月）					
身体測定							
身長	○	数値入力（cm）					
体重	○	数値入力（kg）					
頭囲	○	数値入力（cm）					
検尿							
蛋白		コード入力	−	±	＋		
糖		コード入力	−	±	＋		
潜血		コード入力	−	±	＋		
診察所見							
1 身体的発育状況		コード入力	所見なし	所見あり			
2 精神発達		コード入力	所見なし	所見あり			
3 熱性けいれん		コード入力	所見なし	所見あり			
4 運動機能		コード入力	所見なし	所見あり			
5 神経系・感覚器系		コード入力	所見なし	所見あり			
6 血液系		コード入力	所見なし	所見あり			
7 皮膚		コード入力	所見なし	所見あり			
8 循環器系		コード入力	所見なし	所見あり			
9 呼吸器系		コード入力	所見なし	所見あり			
10 消化器系		コード入力	所見なし	所見あり			
11 泌尿生殖器系		コード入力	所見なし	所見あり			
12 先天性の身体的特徴		コード入力	所見なし	所見あり			
判定	○	コード入力	異常なし	既医療	要経過観察	要紹介（要精密）	要紹介（要治療）
眼科所見							
視力							
両目		コード入力	所見なし	所見あり			
右眼		コード入力	所見なし	所見あり			
左眼		コード入力	所見なし	所見あり			
眼位異常		コード入力	所見なし	所見あり			
判定	○	コード入力	異常なし	既医療	要経過観察（　か月位）	要精密検査	
耳鼻咽喉科所見							
聴力（難聴）							
右		コード入力	所見なし	所見あり			
左		コード入力	所見なし	所見あり			
判定	○	コード入力	異常なし	既医療	要経過観察（　か月位）	要精密検査	
歯科所見							
歯の状態							
むし歯の状態		コード入力	むし歯なし	要注意	むし歯あり		
未処置のむし歯		数値入力（本）					
処置済のむし歯		数値入力（本）					

乳幼児健診における標準的な電子的記録様式

【３歳児健診】

大項目	中項目	小項目	最低限電子化すべき情報	回答方法	1	2	3	4	5
	歯肉・粘膜			コード入力	所見なし	所見あり			
	かみ合わせ			コード入力	所見なし	所見あり			
	判定		○	コード入力	問題なし	要指導	要経過観察	要治療	
育児環境等									
	栄養			コード入力	良	要指導			
精密健康診査受診票									
	（健康診査依頼）日付		○	数値入力（年月日）					
	所見又は今後の処置		○	コード入力	異常なし	要経過観察	要医療		
		（精密検査受診）日付	○	数値入力（年月日）					

乳幼児健診における標準的な電子的記録様式

【３～４か月児健診】

大項目 / 中項目 / 小項目	最低限電子化すべき情報	回答方法	1	2	3	4	5
健診受診日	○	数値入力（年月日）					
健診受診時月齢	○	数値入力（歳　か月）					
身体測定							
身長	○	数値入力（cm）					
体重	○	数値入力（kg）					
胸囲	○	数値入力（cm）					
頭囲	○	数値入力（cm）					
診察所見							
1 身体的発育状況		コード入力	所見なし	所見あり			
2 精神発達		コード入力	所見なし	所見あり			
3 けいれん		コード入力	所見なし	所見あり			
4 運動機能		コード入力	所見なし	所見あり			
5 神経系・感覚器系		コード入力	所見なし	所見あり			
6 血液系		コード入力	所見なし	所見あり			
7 皮膚		コード入力	所見なし	所見あり			
8 股関節		コード入力	所見なし	所見あり			
開排制限		コード入力	所見なし	所見あり			
9 斜頸		コード入力	所見なし	所見あり			
10 循環器系		コード入力	所見なし	所見あり			
11 呼吸器系		コード入力	所見なし	所見あり			
12 消化器系		コード入力	所見なし	所見あり			
13 泌尿生殖器系		コード入力	所見なし	所見あり			
14 代謝系		コード入力	所見なし	所見あり			
15 先天性の身体的特徴		コード入力	所見なし	所見あり			
判定	○	コード入力	異常なし	既医療	要経過観察	要紹介（要精密）	要紹介（要治療）
育児環境等							
栄養		コード入力	良	要指導			
栄養法		コード入力	母乳	混合	人工乳		

様式２

妊婦健診における標準的な電子的記録様式

大項目	中項目	小項目	回答方法	1	2	3	4
各回の妊婦健康診査において実施する事項（14回程度）							
	診察月日		数値入力（年月日）				
	妊娠週数		数値入力（週日）				
	体重						
		妊娠前の体重	数値入力（kg）				
		最終健診時体重	数値入力（kg）				
	身長（初回のみ）		数値入力（cm）				
	妊娠高血圧症候群		コード入力	なし	あり		
	妊娠糖尿病		コード入力	なし	あり		
必要に応じた医学的検査の結果							
	血液型等の検査（妊娠初期に１回）						
		ABO血液型	コード入力	A	B	AB	O
		Rh血液型	コード入力	＋	−		
		不規則抗体	コード入力	−	＋		
	B型肝炎抗原検査（妊娠初期に１回）		コード入力	−	＋		
	C型肝炎抗体検査（妊娠初期に１回）		コード入力	−	＋		
	風疹抗体（妊娠初期に１回）		コード入力	予防接種要相談	免疫あり		
	血算検査（妊娠初期に１回、妊娠24週から妊娠35週までの間に１回、妊娠36週から出産までに１回）						
		ヘモグロビン	数値入力（g/dl）				
		ヘマトクリット	数値入力（%）				
		血小板	数値入力（万/μl）				
	HTLV-1抗体検査（妊娠初期から妊娠30週までの間に１回）		コード入力	−	＋		
	子宮頸がん検診（妊娠初期に１回）		コード入力	精密検査不要	要精密検査	判定不能（要再検査）	
妊娠中と産後の歯の状態							
	初回診査		数値入力（年月日）				
	妊娠（週数）		数値入力（週）				
	要治療のむし歯		コード入力	なし	あり		
		（ありの場合の本数）	数値入力（本）				
	歯石		コード入力	なし	あり		
	歯肉の炎症		コード入力	なし	あり（要指導）	あり（要治療）	

大項目	中項目	小項目	回答方法	1	2	3	4
出産の状態							
	妊娠期間		数値入力（週）				
	娩出日時		数値入力（年月日時分）				
	分娩経過		コード入力	頭位	骨盤位	その他	
	分娩方法		コード入力	経腟分娩	帝王切開	器械分娩（吸引・鉗子）	
	分娩所要時間		数値入力（時間）				
	出血量		コード入力	少量	中量	多量	
		出血量	数値入力（ml）				
	輸血（血液製剤を含む）の有無		コード入力	有	無		
	出産時の児の状態						
		性別	コード入力	男	女	不明	
		数	コード入力	単	多		
		体重	数値入力（g）				
		身長	数値入力（cm）				

七訂　母子保健法の解釈と運用

令和元年９月30日　発行

監　修………………厚生労働省子ども家庭局母子保健課

発行者………………荘村明彦

発行所………………中央法規出版株式会社

〒110-0016　東京都台東区台東3-29-1　中央法規ビル
営　　業：TEL 03-3834-5817　FAX 03-3837-8037
書店窓口：TEL 03-3834-5815　FAX 03-3837-8035
編　　集：TEL 03-3834-5812　FAX 03-3837-8032
https://www.chuohoki.co.jp/

印刷・製本…………長野印刷商工株式会社

ISBN978-4-8058-5953-7